LOS RECURSOS EN EL PROCESO CIVIL. CONTINUIDAD Y REFORMA

Manuel Ortells Ramos
Rafael Bellido Penadés
Directores

LOS RECURSOS EN EL PROCESO CIVIL. CONTINUIDAD Y REFORMA

GENERALITAT VALENCIANA
CONSELLERIA D'EDUCACIÓ, INVESTIGACIÓ, CULTURA I ESPORT

Dykinson, S. L.

Este libro ha sido sometido a evaluación por parte de nuestro Consejo Editorial
Para mayor información, véase www.dykinson.com/quienes_somos

Editorial DYKINSON, S.L. Meléndez Valdés, 61 - 28015 Madrid
Teléfono (+34) 91 544 28 46 - (+34) 91 544 28 69
e-mail: info@dykinson.com
http://www.dykinson.es
http://www.dykinson.com

ISBN: 978-84-9148-036-5
Depósito Legal: M-43590-2016

Maquetación:
Germán Balaguer Valdivia - german.balaguer@gmail.com

La presente obra colectiva constituye una recopilación de las ponencias y comunicaciones presentadas en la Jornada Internacional sobre "Los costes de la justicia y el sistema de recursos en el proceso civil", celebrada en la Facultad de Derecho de la Universitat de València los días 10 y 11 de diciembre de 2015, bajo el patrocinio de la Consellería de Educación, Investigación, Cultura y Deporte de la Generalitat Valenciana (Ref. AORG2015-037).

ÍNDICE

INTRODUCCIÓN

SECCIÓN SEGUNDA
PRESENTE Y FUTURO DEL SISTEMA DE RECURSOS EN EL PROCESO CIVIL ESPAÑOL

SECCIÓN TERCERA
TENDENCIAS DE CAMBIO EN LOS RECURSOS EN EL PROCESO CIVIL: DERECHO FRANCÉS Y DERECHO ITALIANO

INTRODUCCIÓN

EFICIENCIA DE LA JUSTICIA CIVIL Y SISTEMA DE RECURSOS. LAS REFORMAS ESPAÑOLAS EN EL CONTEXTO EUROPEO

MANUEL ORTELLS RAMOS
Catedrático de Derecho Procesal
Universitat de València

I. REPERCUSIÓN DEL SISTEMA DE RECURSOS SOBRE LA EFICIENCIA DE LA JUSTICIA CIVIL

La eficiencia de la justicia civil ¿requiere que se establezca un sistema de recursos contra las resoluciones que dicta el tribunal en el proceso? ¿Tal vez el establecimiento de recursos es, por si mismo, contrario a la eficiencia de la justicia civil? ¿Es, en fin, más correcto plantearse si y de qué modo la eficiencia del proceso civil proyecta sus exigencias sobre la ordenación de los recursos en ese proceso?

De las cuestiones enunciadas, sólo la tercera tendría sentido si el establecimiento de un sistema de recursos viniera impuesta por obligaciones internacionales del Estado o por su norma constitucional. Lo primero no ocurre respecto del proceso civil, porque, tanto el art. 14.5 del Pacto Internacional de Derechos Civiles y Políticos (en adelante, PIDCP), como el art. 2 del Protocolo núm. 7 a la Convención Europea de Derechos Humanos (en adelante, Protocolo núm. 7 al CEDH) limitan el deber de previsión de recursos al proceso penal y al recurso en favor del acusado en caso de condena del mismo. En Derecho español[1] el legislador no tiene el deber constitucional de establecer recursos en

[1] Tampoco en otros ordenamientos europeos como, por ejemplo, el alemán –GRUNSKY, W., STEIN/JONAS, *Kommentar zur Zivilprozessordnung*, 5/1, 21 Ed., J.C.B. Mohr, Tübingen, 1994, pp.5-6– y el francés –FERRAND, F., "L'évolution récente de l'appel en droit français",

el proceso civil[2], aunque, si decide establecerlos, deberá respetar las normas constitucionales y, entre ellas, la de la igualdad de las partes en cuanto al derecho a recurrir y, si es el caso, en cuanto al derecho a la prueba en el recurso, así como el respeto al principio de contradicción en el procedimiento del recurso[3].

Consiguientemente, establecer o no recursos en el proceso civil depende de la libertad de configuración normativa del legislador ordinario, de criterios de política jurídica, que, en gran medida, también dominarán la propia regulación de los recursos que se establezcan. En definitiva, estas opciones legislativas podrán (deberán) adoptarse atendiendo a razones de eficiencia, expresivas de la mejor relación entre, de un lado, las garantías procesales y la calidad de los resultados del proceso y, de otro lado, los costes del proceso, incluidos los que derivan de su duración.

No obstante, existe una diferencia entre la apreciación del grado de eficiencia de la primera instancia de un proceso civil y la apreciación de la eficiencia que pueden añadir a un proceso civil los recursos que el legislador decida establecer.

Sintéticamente enunciada, la diferencia es ésta: presuponiendo que, como es exigible, la primera instancia ha sido diseñada (y se ha realizado) de modo respetuoso con las garantías fundamentales del proceso y para producir un resultado de calidad, la posibilidad de uno o más recursos contra la sentencia constituye, en principio, una regulación ineficiente, porque su única consecuencia segura será el incremento de la duración del proceso y de sus costes[4].

ZZPInt, 14.Band 2009, pp. 52-53. Sin embargo, en Derecho italiano el art. 111.7 de la Constitución dispone que "Contro le sentenze e contro i provvedimenti sulla libertá personale, pronunciati dagli organi giurisdizionali ordinary o speciali, è sempre ammesso ricorso in Cassazione per violazione di legge".

2 ORTELLS RAMOS, M., "Los medios de impugnación y los recursos: marco constitucional y criterios político y técnico-jurídicos para su configuración", en *La justicia procesal*, Consejo General del Poder Judicial, Madrid, 2009, pp.285-290.

3 ORTELLS RAMOS, "Los medios de impugnación y los recursos", *La justicia procesal*, cit., pp. 295-298.

4 Esta consecuencia es, en efecto, la única que se destaca en los Informes *Doing Business* que se elaboran por el Banco Mundial y están accesibles en http://www.doingbusiness.org/reports/global-reports/doing-business (última visita 07/01/2016). Con especial referencia a la valoración del sistema de recursos, puede verse *Doing Business, Report 2004*, pp. 44, 51; *Doing Business, Report 2005*, p. 64 y *Doing Business, Report 2008*, p. 52.

En definitiva, para que un sistema de recursos contribuya a mejorar la eficiencia del proceso civil, los recursos que se establezcan y la ordenación de los mismos han de hacer probable, como mínimo, que, en comparación con la primera instancia, se perfeccione el respeto a las garantías fundamentales y la calidad del resultado final del proceso, de modo que ese perfeccionamiento compense el seguro aumento de los factores, negativos, de duración y coste del proceso[5].

Las razones que conducen al legislador a establecer recursos –y recursos con diferentes características– representan una aproximación a esa idea de probable perfeccionamiento que un recurso puede aportar a la primera instancia de un proceso. Para considerar estas razones y las reformas en el sistema de recursos orientadas hacia la eficiencia, distinguiré entre los recursos ante un tribunal superior y los recursos ante el Tribunal Supremo.

II. LOS RECURSOS ANTE UN TRIBUNAL SUPERIOR: POSIBILIDAD DE ERRORES, PROBABILIDAD DE ERRORES. TENDENCIAS EN LA REGULACIÓN DE ESTOS RECURSOS ORIENTADA HACIA LA EFICIENCIA

En este apartado revisaré las razones de política jurídica que conducen a establecer una cierta clase de recurso contra resoluciones dictadas por el juez de la primera instancia ante un tribunal superior, e intentaré, en el ámbito del Derecho español, una aproximación a comprobar si los datos de la realidad demuestran que esas razones están suficientemente fundadas. A continuación, analizaré los aspectos del recurso de apelación en el proceso civil español que están más directamente relacionados con la eficiencia, así como reformas recientes dirigidas a mejorarla, todo ello considerando las principales tendencias de los ordenamientos europeos en los puntos tratados.

---

[5] Esta visión más equilibrada es la expresada por la CEPEJ, *Study on Council of Europe Member States Appeal and Supreme Courts' Lengths of Proceedings*, disponible en http://www.coe.int/t/dghl/cooperation/cepej/evaluation/default_EN.asp (última visita 07/01/2016) p.2. Una reflexión acertada sobre la incidencia de los recursos sobre la eficiencia entendida como relación entre utilización óptima de los medios y garantía de un proceso justo, en CAPONI, R., "La riforma dei mezzi di impugnazione", *Rivista Trimestrale di Diritto e Procedura Civile*, 2012, núm. 4, pp. 1174-1176.

1. Razones o fundamentos generales de los recursos ante un tribunal superior

La razón más general por la que el legislador establece recursos ante un tribunal superior es la posibilidad de errores en la actividad del juez. Ciertamente esta razón va acompañada por el principio de iniciativa de parte, sin el cual los instrumentos de control no serían recursos, sino técnicas de control de oficio, que tienen manifestaciones muy limitadas en Derecho español[6] y que no serán tratadas en este trabajo.

A) Diversas clases de errores y algunas observaciones sobre la idoneidad de los recursos para corregirlos

Los errores en la actividad del juez pueden afectar a su actividad procesal, porque ésta no se ajuste a lo dispuesto por las normas sobre la dirección del proceso o, más en general, sobre la delimitación de las potestades del juez en el proceso. A la posibilidad de errores de esta clase se añade otra razón: el recurso ante un tribunal superior garantiza un control "imparcial" de la aplicación de las normas procesales, porque, en realidad, el juez que ha dirigido la primera instancia ha "auto-aplicado" esas normas, las ha aplicado a su propia relación con las partes en el proceso.

El juez también puede incurrir en errores al resolver sobre el objeto del proceso en la sentencia. La complejidad del juicio sobre ese objeto explica la correlativa complejidad de los errores posibles.

Los errores sobre los hechos relevantes para la decisión de la sentencia pueden tener diferente origen. Pueden deberse, en primer lugar, a una incorrecta apreciación de las alegaciones de hecho de las partes que vinculen al juez o a una incorrecta valoración de las pruebas practicadas. Hasta qué punto esta valoración de las pruebas puede mejorar mediante un recurso ante un tribunal superior, y puede hacerlo sin un incremento desproporcionado de costes, de-

6 ORTELLS RAMOS, "Los medios de impugnación y los recursos", *La justicia procesal*, cit., p. 302.

pende de la clase de prueba[7], de la forma en que las pruebas consistentes en declaraciones de personas fueron practicadas y documentadas en la primera instancia[8], y del modo en que el tribunal superior deba tomar conocimiento de las pruebas cuya errónea valoración haya sido afirmada por el recurrente[9].

Los errores del juicio sobre los hechos pueden también deberse a una deficiencia en los materiales de hecho que han sido aportados en la primera instancia –mediante alegaciones sobre hechos y práctica de pruebas sobre ellos– y a cuya consideración se ha limitado el juez. A su vez, esta deficiencia puede provenir de que el juez de la primera instancia haya denegado la admisión de alegaciones de hechos o la práctica de pruebas que debieron haberse admitido y practicado, o de que las alegaciones de hecho y las pruebas no pudieron ser introducidas en el proceso a pesar de la diligencia de las partes, porque lo impide un riguroso régimen de preclusión. Así como puede dudarse, en algunos casos, que el recurso produzca una mejora por corrección de los errores en la valoración de la prueba[10], es más objetivo sostener que hay perfeccionamiento de la calidad de los resultados del proceso si, en el recurso, se suple una deficiencia en el material de hecho de la primera instancia. En efecto, si se cumplen los requisitos legales para admitir ese complemento de información, se está reconociendo que el juicio sobre los hechos del juez de la primera instancia fue imperfecto porque se apoyó sobre una base incompleta.

---

[7] Los documentos y los informes periciales pueden ser examinados por un tribunal superior con la misma facilidad con la que lo fueron por el tribunal inferior.

[8] En un procedimiento escrito, tanto el tribunal inferior como el superior toman conocimiento de las declaraciones por lo documentado en las actas. En un procedimiento oral, el tribunal inferior, por lo general, habrá presenciado las declaraciones, mientras que el conocimiento de las mismas por el tribunal superior será menos o más perfecto en función de que deba tomar conocimiento a partir de documentación escrita, de grabaciones de voz o de grabaciones audiovisuales –como se establece en Derecho español (arts. 146 y 147 Ley de Enjuiciamiento Civil de 2000, en adelante LEC/2000)–.

[9] Lectura de actas escritas y frecuentemente insuficientes para transmitir la riqueza informativa que se obtiene mediante la presencia en la declaración, audición de registros sonoros o visión de medios audiovisuales. Por fin, en un estricto cumplimiento de la forma de oralidad, la toma de conocimiento por el tribunal superior se realizaría mediante la repetición ante él de la prueba de declaración.

[10] En función de la clase de pruebas y de la forma en la que el tribunal superior toma conocimiento de los medios de prueba para valorarlos de nuevo, podría argumentarse que este tribunal no está en mejores condiciones que el tribunal de la primera instancia para valorar las pruebas.

Los errores en la resolución sobre el objeto del proceso pueden producirse en los juicios jurídicos, de muy diversas clases, que deben realizarse para construir esa resolución: juicios sobre la validez y la vigencia de las normas, sobre la interpretación de las mismas, sobre la correcta integración de lagunas normativas y la acertada determinación del contenido de los principios generales del Derecho. Son también juicios jurídicos aquellos mediante los que los tribunales concretan el significado de conceptos jurídicos indeterminados que, con frecuencia, forman parte de las normas.

Salvo que la concreción de un concepto jurídico indeterminado dependa muy estrechamente de circunstancias concretas del caso o de que ocurra algo similar con el ejercicio de potestades discrecionales que la ley atribuya al juez, la revisión de la corrección de los juicios jurídicos por un tribunal superior puede contribuir a mejorar la calidad de las sentencias. La razón principal es que la convergencia ante un tribunal de asuntos litigiosos que ya han sido resueltos por diversos tribunales inferiores, posibilita que el tribunal superior unifique, si es debido, los parámetros jurídicos de las resoluciones, lo que por si mismo tiene valor jurídico porque contribuye a hacer efectivo el principio de igualdad en la aplicación de la ley[11].

B) Una aproximación a la realidad de los errores

No es fácil cuantificar los casos en los que los jueces incurren en errores de las diversas clases mencionadas, pero es conveniente proponerse una aproximación razonable a esa cuantificación, porque es útil tanto para evaluar la eficiencia de la actual regulación de los recursos, como la adecuación de una reforma de los mismos.

El **cuadro núm. 1**, que figura a continuación, presenta datos relevantes para esa aproximación en Derecho español y respecto del recurso de apelación, que es el principal recurso ante un tribunal superior[12].

---

[11] ORTELLS RAMOS, M., "Gleichheit bei der Gesetzesanwendung, Zugang zur Kassation und bindende Wirkung der Rechtsprechung des spanishen Tribunal Supremo. Kommentare zur aktuellen Krise der Kassation im spanishen Zivilprozess", *Festchrift für Dieter Leipold zum 70. Geburtstag*, Mohr Siebeck, Tübingen, 2009, pp. 736-737.

[12] Los datos para elaborar el cuadro del texto provienen de la publicación *Justicia Dato a Dato*, accesible en http://www.poderjudicial.es/cgpj/es/Temas/Estadistica-Judicial/Analisis-estadistico/

	1	2	3	4	5
Año/Tribunal que han dictado la resolución recurrida	% Recursos presentados por resoluciones dictadas	% Recursos totalmente desestimados	% Recursos parcialmente desestimados	% Declaraciones de nulidad	% Recursos totalmente estimados
2004 JPI	--	63'9	18'18	1'47	16'45
2005 JPI	--	63'56	19,56	1,1	15,77
2006 JPI	--	63,7	19,8	0,9	15,6
2006 JM	--	77,6	10,1	1,2	11,1
2007 JPI	--	63,6	19,5	0,8	16,1
2007 JM	--	70,7	12,6	0,9	15,9
2008 JPI	16,8	63,3	19,9	0,7	16,1
2008 JM	16,2	70,2	13,8	0,9	15,1
2009 JPI	16,4	63,7	19,6	0,7	16,0
2009 JM	8,2	68,9	14,8	1,6	14,7
2010 JPI	15,1	63,8	19,6	0,7	15,9
2010 JM	9,6	67,1	15,2	1,3	16,5
2011 JPI	15,9	64,0	19,7	0,7	15,6
2011 JM	11,9	68,0	15,9	0,7	15,5
2012/JPI	16,0	64,6	19,3	0,7	15,4
2012/JM	11,4	67,9	15,1	0,8	16,3
2013/JPI	11,7	62,7	20,9	0,6	15,8
2013/JM	12,9	63,6	16,0	0,9	19,5
2014/JPI	10,6	62,7	20,8	0,8	15'7
2014/JM	13,8	62,1	16,8	1,7	19,5

La consideración de estos datos permite formular, con la prudencia que he invocado al empezar este apartado, las siguientes observaciones:

1º) La **columna número 4** muestra los **porcentajes de declaraciones de nulidad sobre recursos interpuestos**. El índice es sorprendentemente bajo en si mismo y, en todo caso, en comparación con los porcentajes de estimación total y parcial de los recursos. Excepcionalmente alcanza el 1'7 %, pero predominantemente no llega al 1 %. En principio estos datos pueden interpretarse en el sentido de que son muy escasos los errores determinantes de nulidad en

La-Justicia-dato-a-dato (última visita 07/01/2016). En cuanto a las siglas usadas en el cuadro: JPI equivale a Juzgado de Primera Instancia; JM, a Juzgado de lo Mercantil.

la actividad procesal de los jueces de la primera instancia. Ciertamente esta interpretación habría que matizarla atendiendo a que el Derecho español tiende a una concepción restrictiva de las causas de nulidad[13], impone a las partes una rigurosa carga de denunciar diligentemente la causa de nulidad si quieren hacerla valer en el recurso[14], y favorece, en lo posible, la rectificación de los actos realizados con infracción de las normas procesales, para evitar la antieconómica nulidad del proceso o de parte de él y la necesidad de repetición[15]. Otra matización deriva de que las indebidas inadmisiones y omisiones de práctica de prueba en la primera instancia pueden ser corregidas mediante la admisión y la práctica de la prueba en el recurso[16]. No obstante, los mínimos porcentajes de declaraciones de nulidad continúan siendo llamativos.

2ª) Las **columnas números 2, 3 y 5** de la tabla proporcionan los datos sobre el **éxito o el fracaso de los recursos en cuanto a la modificación del contenido de las resoluciones recurridas**. Los porcentajes de desestimaciones totales de los recursos oscilan, con mínimas diferencias, entre el 62'7 % y el 64'6 %, aproximándose en la mayor parte de los años al 64 %. En el caso de recursos contra resoluciones de los Jueces de lo Mercantil los porcentajes son más altos, habiendo llegado a situarse en el entorno del 70 %, si bien han tendido a decrecer.

Dentro de los porcentajes de recursos estimados, los de estimación parcial se sitúan entre tres y cuatro puntos por encima de los de estimación total de los recursos contra resoluciones de los Jueces de Primera Instancia. Esos mismos porcentajes están más aproximados entre si en el caso de recursos contra resoluciones de Jueces de lo Mercantil.

---

13 Sin descender a detalles, esa concepción restrictiva de los supuestos de nulidad se muestra, en las nulidades originarias, en la necesidad de que no sólo la norma procesal haya sido incumplida, sino que, adicionalmente, ello haya tenido por consecuencia una pérdida real de la posibilidad de defensa de la parte; en las nulidades derivadas se manifiesta en que la transmisión de la nulidad a los actos posteriores requiere una real y estricta conexión con el primer acto nulo.

14 Salvo en supuestos de nulidad muy limitados, el examen de un supuesto de nulidad en un recurso depende de que la parte, al producirse la nulidad, la haya denunciado diligentemente y haya pedido, sin éxito, la corrección si fuera posible (arts. 459, 469.2 LEC/2000).

15 Son importantes, en el sentido expuesto en el texto, las siguientes disposiciones: arts. 240.2, 243 Ley Orgánica del Poder Judicial (en adelante, LOPJ); arts. 227.2, 230, 231 y 465.4 LEC/2000.

16 Art. 460.2.1ª y 2ª LEC/2000.

Con todos los matices, puede afirmarse que estos resultados avalan un suficiente nivel de calidad –de acierto en los juicios sobre los hechos y de justicia en los juicios de Derecho– de las resoluciones de los jueces de la primera instancia.

Desde la perspectiva de los litigantes que recurren y no alcanzan la plena estimación de su recurso puede argumentarse que estos porcentajes no son ilustrativos de la calidad de las resoluciones recurridas, sino que se deben a que el trabajo que la revocación de una sentencia exige al tribunal que decide el recurso es mayor que el que requiere una resolución revocatoria, o a una estrategia de los tribunales superiores frente a un riesgo de sobrecarga de trabajo que derivaría del aumento de los recursos estimulado por las expectativas generadas por un mayor porcentaje de estimaciones. No obstante, el único modo en el que, dentro del sistema judicial de un país, se puede controlar la calidad de las resoluciones es el de los recursos y –en ausencia de una disconformidad amplia y profunda con esta técnica de control– a los resultados expuestos se les debe conceder importancia.

3ª) La **columna número 1** muestra –sólo desde 2007– los **porcentajes de resoluciones recurridas sobre las dictadas por los jueces de la primera instancia**. Estas cifras tienen especial interés porque trasladan la perspectiva de apreciación de la calidad de las resoluciones de los jueces de la primera instancia desde los tribunales competentes para resolver los recursos hacia las partes que deciden o no recurrirlas, manifestando con ello su apreciación subjetiva de la calidad de la resolución que las ha perjudicado. Además, esta apreciación de las partes no se expresa como respuesta, más o menos meditada o comprometida, a una pregunta de encuesta[17], sino como decisión sobre el ejercicio de la facultad procesal de recurrir, fundada en una valoración técnica de las expectativas de éxito del recurso. Es, por lo dicho, una apreciación más razonada y objetiva.

Hasta el año 2012, los porcentajes de recursos interpuestos se mueven en una horquilla del 15 % al 16 %, con claro predominio de la última cifra en el caso de resoluciones de Jueces de Primera Instancia, mientras que son hasta cuatro puntos inferiores en caso de resoluciones de Jueces de lo Mercantil. En

[17] Por ejemplo: "¿Cree usted que las resoluciones que dictan los jueces de la primera instancia son acertadas y justas?".

los años 2013 y 2014 los porcentajes bajan comparativamente con los de 2012 en, respectivamente, casi o un poco más de cinco puntos para las resoluciones de los Juzgados de Primera Instancia, mientras que crecen en uno y dos puntos, respectivamente, en caso de resoluciones de Juzgados de lo Mercantil.

Estos porcentajes merecen dos comentarios. En primer lugar, revelan un grado bastante elevado de aceptación de la calidad de las resoluciones dictadas, o, más neutramente, un elevado grado de aceptación de que el sistema de recursos no abre amplias expectativas de conseguir lo que, desde la perspectiva subjetiva del litigante, significaría una mejora de calidad. En segundo lugar, son ilustrativos de que la decisión de recurrir no sólo depende del pronóstico sobre la expectativa de éxito del recurso, sino que muestran, en 2013 y 2014, la incidencia desincentivadora de las tasas judiciales que el recurrente habrá de asumir sin posibilidad de trasladarlas a la parte recurrida[18].

La estadística judicial no ofrece datos sobre un aspecto de gran importancia para evaluar la amplitud del recurso ante un tribunal superior, como es el de la efectiva utilización de las posibilidades de nuevas alegaciones de hechos y de práctica de nuevas pruebas en el procedimiento del recurso. La LEC/2000 ha previsto esas posibilidades para corregir una actividad contraria a ley del juez de la primera instancia en la admisión y la práctica de la prueba, así como para establecer excepciones justificadas a la preclusión.

Para obtener alguna información cuantitativa sobre la utilización de estas posibilidades en la realidad he comprobado el número de autos y de sentencias de los tribunales competentes para el recurso de apelación que citan el art. 460 LEC/2000, que es el regulador de la materia[19], para compararlo con el número de recursos de apelación interpuestos. De acuerdo con los datos que figuran en

---

[18] Téngase en cuenta que los años 2013 y 2014 son de plena aplicación de la regulación de las tasas judiciales establecida por la Ley 10/2012, de 20 de noviembre, por la que se regulan determinadas tasas en el ámbito de la Administración de Justicia y del Instituto Nacional de Toxicología y Ciencias Forenses. Por lo demás, que la incidencia fuera mayor en los recursos contra sentencias de Juzgados de Primera Instancia que en los interpuestos contra resoluciones de Juzgados de lo Mercantil creo que se explica por la diferente posibilidad que tienen quienes, de manera preponderante, son parte ante unos y otros tribunales para repercutir los costes judiciales en los precios de productos y servicios.

[19] Para esta comprobación he utilizado la base de datos de jurisprudencia del CENDOJ, que reúne exhaustivamente las resoluciones dictadas por los tribunales españoles, y que está accesible en http://www.poderjudicial.es/search/indexAN.jsp.

la publicación *Justicia Dato a Dato*[20], entre los años 2004 y 2011, ambos inclusive, fueron interpuestos 729.336 recursos de apelación en el proceso civil. La busca del número de resoluciones que mencionan el art. 460 LEC/2000 y que están recogidas en la base de datos del CENDOJ entre 2004 y 2011, ofrece como resultado el número de 1498. Ciertamente esta aproximación cuantitativa debe ser interpretada todavía con mayor prudencia que los datos del cuadro que aparece más arriba en el texto. No obstante, el número extremadamente bajo de casos de nuevas alegaciones de hecho y nuevas pruebas en comparación con el número de recursos en los que, en general, la ley las permite, coincide con la experiencia personal del autor, basada en el frecuente análisis de las resoluciones de las Audiencias Provinciales.

2. La regulación de los recursos ante un tribunal superior: El recurso de apelación en el proceso civil español y sus recientes reformas en el contexto europeo

La regulación del recurso de apelación en la LEC/2000, unida al conjunto de la nueva ordenación del proceso civil que hizo esta ley y a los medios que se destinaron a que la misma fuera correctamente aplicada, han conducido, si se aceptan las consideraciones expuestas en el anterior apartado 1, a un razonable grado de satisfacción respecto de uno de los factores relevantes para apreciar la eficiencia: respeto a las garantías fundamentales del proceso civil y buena calidad de sus resultados.

Respecto del otro factor relevante –incidencia del recurso de apelación sobre la duración y los costes del proceso– los datos disponibles justifican también una valoración razonablemente positiva.

No conozco estudios sobre los costes directos específicamente imputables al recurso de apelación, pero los datos sobre la duración del recurso –que repercuten sobre los costes y, principalmente, sobre los costes ocultos– muestran mejoras notables respecto de la situación anterior.

---

[20] Las sucesivas ediciones de la publicación pueden encontrarse en http://www.poderjudicial.es/cgpj/es/Temas/Estadistica-Judicial/Analisis-estadistico/La-Justicia-dato-a-dato (última visita 07/01/2016).

Por un lado, el servicio de estadística judicial viene presentando estimaciones sobre la evolución de la duración media de este recurso, desde el año inmediatamente anterior a la entrada en vigor de la LEC/2000[21]. Como refleja el siguiente cuadro, la mejora es patente, aunque la tendencia a reducir los tiempos medios estimados se ha invertido desde 2007.

Cuadro 2. Apelaciones ante las Audiencias Provinciales. Duración media estimada (en meses).

2000	**2001**	**2002**	**2003**	**2004**	**2005**	**2006**	**2007**	**2008**	**2009**	**2010**	**2011**	**2012**	**2013**	**2014**
9.91	9.20	7.35	6.52	5.63	4,91	4,9	5,1	5,4	5,4	5,7	5,9	6,5	7,5	7,1

Por otro lado, en el informe del CEPEJ, publicado en 2011, sobre las duraciones de los recursos, España queda situada en una buena posición en comparación con otros Estados europeos, en cuanto al indicador "disposition time", que estima el número de días necesarios para que un caso pendiente (en apelación, por lo que ahora importa) sea resuelto por el tribunal[22].

En los apartados que siguen analizaré algunos aspectos del régimen del recurso de apelación en la LEC/2000, así como reformas aprobadas desde finales de 2009, directamente referidas a este recurso o que le afectan indirectamente, que están, o dicen estar, justificados por el objetivo de mejorar la incidencia del recurso de apelación sobre la eficiencia del proceso civil. Incorporaré a este análisis unas notas comparativas con la regulación de recursos similares en otros ordenamientos europeos y con los cambios –o proyectos de cambio– que se han producido también en esos ordenamientos con el mismo objetivo.

---

21 Estos datos pueden encontrarse en el capítulo *Calidad de la Justicia. Duración estimada de los asuntos* de la publicación *Justicia Dato a Dato*, cuyas sucesivas ediciones (2004 a 2014) están disponibles en http://www.poderjudicial.es/cgpj/es/Temas/Estadistica-Judicial/Analisis-estadistico/La-Justicia-dato-a-dato (última visita 07/01/2016).

22 CEPEJ, *Study on Council of Europe Member States Appeal and Supreme Courts' Lengths of Proceedings*, accessible en http://www.coe.int/t/dghl/cooperation/cepej/series/default_en.asp (última visita 07/01/2016). En su p. 23 puede leerse: "The Disposition time of litigious civil (and commercial) cases at second instance courts presents a great variation, ranging from less than one month (25 days) of the Russian Federation to more than three years (1229 days) of Italy, with an average of 258 days and a median of 181. Eight states (Russian Federation, Poland, Moldova, Georgia, Armenia, Azerbaijan, FYROMacedonia, Slovenia) have a 2008 Disposition time of less than 100 days, further twelve of less than one year (Hungary, Lithuania, Switzerland, Denmark, Romania, Estonia, Sweden, Spain, Finland, Croatia, Bosnia and Herzegovina, Latvia), six between one and two years (France, Albania, Luxembourg, Malta, San Marino, Monaco) and just one, Italy, over three years".

A) Restricción del acceso al recurso

Un modo, ciertamente radical, de influir en la eficiencia consiste en restringir el acceso al recurso, excluyendo que determinadas resoluciones puedan ser recurridas, lo que, obviamente, elimina costes y duración adicionales de los procesos afectados[23].

Antes de la LEC/2000, en Derecho español se había utilizado esa técnica en una reforma de 1992, que excluyó el recurso de apelación de las sentencias dictadas en procedimientos aplicables por razón de la cuantía, si la concreta cuantía del caso no era superior a las 80.000 pesetas (aproximadamente 480 euros) y el fundamento de la pretensión era un derecho de crédito.

La LEC/2000 no conservó esa restricción, lo que diferenciaba al Derecho español de otros ordenamientos europeos, que establecían esta restricción o una parecida[24].

Esta diferencia desapareció como consecuencia de la Ley 37/2011, de 10 de octubre, que excluyó el recurso de apelación de las sentencias dictadas en el juicio verbal, si este procedimiento es aplicado por razón de la cuantía y ésta no excede de 3000 euros[25].

Esta norma de exclusión del recurso es más amplia que la de su precedente en Derecho español. Responde a una técnica que sólo atiende a una parte –el coste y la duración– de los factores implicados en el criterio de eficiencia, pero prescinde absolutamente de la posible –incluso de la probable– contribución del recurso a la mejora de la calidad de la sentencia que termina el proceso.

---

[23] Otras consecuencias impiden, en Derecho español, registrar esa eliminación de duración y costes como un saldo neto favorable a estos factores. Por un lado, ante la falta de una alternativa, las nulidades procesales serán planteadas en el procedimiento incidental de nulidad procesal. Por otro, esa norma deja inmediatamente abierto el acceso a la demanda de amparo ante el Tribunal Constitucional. Similares críticas, en otros ordenamientos, p. ej. en Francia, por facilitar el directo acceso a la casación, FERRAND. F., "Justizentlastung in Frankreich", *ZZPInt*, 7 (2002), p. 59.

[24] En Derecho francés no son apelables las sentencias dictadas en asuntos de cuantía inferior a 4000 euros –CADIET, L., JEULAND, E., *Droit judiciaire privé*, LexisNexis, 7ª ed., Paris, 2011, p. 593. En Derecho alemán la referencia cuantitativa no es la cuantía del objeto del proceso, sino la cuantía del gravamen –superior a 600 euros– y la exclusión puede ser exceptuada por expresa resolución del juez de la primera instancia (§ 511.2 ZPO).

[25] ORTELLS RAMOS, M., con otros autores, *Derecho Procesal Civil*, Cizur Menor (Navarra), Thomson Reuters Aranzadi, 2015, p. 440.

Aunque existe una tendencia a justificar fácilmente esta norma de restricción, invocando la mínima cuantía de los procesos afectados[26], en Derecho español ha tenido una consecuencia muy criticable: ha excluido del recurso de apelación las sentencias dictadas por los jueces de paz, únicos jueces no profesionales, ni necesariamente juristas, existentes en la organización judicial[27]. A pesar de su denominación, estos jueces no están autorizados para decidir según equidad[28], sino que deben sentenciar aplicando las leyes y otras normas del sistema de fuentes del Derecho. Como consecuencia, la supresión del recurso de apelación que antes podía ser interpuesto ante los Jueces de Primera Instancia –primer grado de la judicatura profesional– elimina el único control que puede garantizar que sea respetada esa regla de juicio.

En Derecho español no rigen, en el recurso ante un tribunal superior, otra clase de restricciones como las que hacen depender la admisión del recurso contra determinada resolución de la concreta probabilidad de éxito del recurso que se quiere interponer o de otras razones. Las técnicas de esta clase son diversas: el antiguo *leave* del Derecho inglés[29], que tiene sustancial continuidad en la actual regulación de la *permission* en *Rule* 52.3 *Civil Procedure Rules*[30]; en Derecho alemán, el control de la admisión de la apelación por las

---

26 Así, el art. 3, a) de la Recomendación No. R (95) 5 del Comité de Ministros del Consejo de Europa sobre la Introducción y mejora del funcionamiento de los sistemas de recursos en asuntos civiles y comerciales indica que pueden excluirse de recurso ante un tribunal superior ciertas clases de asuntos, "por ejemplo, los asuntos de pequeña cuantía".

27 Los jueces de paz son competentes para juicios verbales, que deban seguirse por razón de la cuantía y si ésta no excede de 90 euros. Según los datos publicados en las sucesivas ediciones (2004 a 2014) de *Justicia Dato a Dato* –disponible en http://www.poderjudicial.es/cgpj/es/Temas/Estadistica-Judicial/Analisis-estadistico/La-Justicia-dato-a-dato (última visita 07/01/2016)–, el número de sentencias dictadas por estos jueces ha sido el siguiente en los años que se citan: 2005: 286; 2006: 154; 2007: no hay datos; 2008: 4245; 2009: 3821; 2010: 4993; 2011: 4690; 2012: 5.117; 2013: 5.227.

28 Como ocurre, por ejemplo, en Derecho italiano, que, en coherencia con la potestad de sentenciar en equidad, limita, aunque no excluye, el alcance de la apelación contra las sentencias de estos jueces –SASSANI, B., *Lineamenti del proceso civile italiano*, Giufré Editore, 2ª ed., Milano, 2010, p. 486.

29 ANDREWS, N., "Development in English Civil Procedure: How far can the English courts reform their own procedure", *ZZPInt*, 2 (1997), p. 7.

30 Sobre esta regulación, ANDREWS, N., "A New Civil Procedural Code for England: Party-Control 'Going, Going, Going", *ZZPInt*, 4 (1999), p. 21; ANDREWS, N., "The Marriage of Public and Private Civil Justice", *ZZPInt*, 16 (2011), pp. 16-18.

causas y según el procedimiento previstos por el § 522 ZPO en la redacción que le dio la Ley para la reforma del proceso civil de 27 de julio de 2001[31], y que ha sido recientemente reformado[32], en el sentido de mitigar el rigor de la anterior redacción del precepto, por la *Gesetz zur Änderung des § 522 der Zivilprozessordnung*, de 21 de octubre de 2011 ZPO; por fin, en Derecho italiano, una reforma de 2012[33] ha introducido en el *Codice di Procedura Civile* los arts. 348-bis y 348-ter que establecen nuevas causas y reglas de procedimiento para resolver sobre la admisión del recurso de apelación[34].

Por lo demás, las técnicas últimamente citadas no son, en sentido estricto, restricciones de las resoluciones recurribles, sino modalidades simplificadas, abreviadas y sumarias de tramitación y de resolución del recurso[35].

---

[31] Sobre esta reforma y su incidencia en la apelación, véase, por ejemplo, RIMMELSPACHER, B, "Berufungsrichter: Tatrichter oder Revisionsrichter -Systematisierung der Praxisfragen aus der Sicht der Wissenschaft", *2.Hannoveraner ZPO-Symposion 20. September 2003, NJW-Sonderheft*, pp. 11-17.

[32] Una útil exposición de los planteamientos que han conducido a esta última reforma en WELLER, M., "Rechtsfindung und Rechtsmittel: zur Reform der Zurückweisung der Berufung durch Beschluss", *ZZP*, 124 (2011), pp. 343-358.

[33] Art. 54 Legge 7 agosto 2012 , n. 134, Conversione in legge, con modificazioni, del decreto-legge 22 giugno, 2012, n. 83, recante misure urgenti per la crescita del Paese.

[34] La reacción de los autores ha sido netamente crítica. Véanse, entre otros, CAPONI, R., "La riforma dei mezzi d'impugnazione", *Rivista Trimestrale di Diritto e Procedura Civile*, 66, 2012, pp. 1153-1178; CONSOLO, C., "Lusso o necessità nelle impugnazioni delle sentenze?"; GROSSI, D., "Il diritto di difesa ed i poteri del giudice nella riforma delle impugnazioni"; VERDE, G., "Diritto di difesa e nuova disciplina delle impugnazioni"; DE CRISTOFARO, M., "Appello e cassazione alla prova dell'ennesima "riforma urgente": quando i rimedi peggiorano il male (considerazioni di prima lettura del d.l. n. 83/2012)", los cuatro últimos artículos citados pueden encontrase en http://www.judicium.it (último acceso 08/01/2016).

[35] Así, por ejemplo, para la regulación italiana, VERDE, "Diritto di difesa e nuova disciplina delle impugnazioni", pp. 6-7; DE CRISTOFARO, "Appello e cassazione alla prova dell'ennesima "riforma urgente", pp. 4-5. Me parece muy significativa esta manifestación de Lord Wolf en *Access to Justice. Final Report* (disponible en http://webarchive.nationalarchives.gov.uk/+/http:/www.dca.gov.uk/civil/final/index.htm –último acceso 08/01/2016), capítulo 14, apartado 1: "Save in exceptional cases, an individual who has grounds for dissatisfaction with the outcome of a case should in my view have at least the right to have his case looked at by a higher court, *if only to consider whether to allow an appeal to proceed any further* (cursiva de MOR)".

B) Demora –tal vez evitación– del acceso al recurso

La regulación de algunos aspectos del recurso permite aplicar una técnica orientada a una realización equilibrada del criterio de eficiencia. No se trata de excluir el recurso –por lo tanto, continuará abierta la posibilidad de que, si es necesario, el recurso contribuya a la mejora de la calidad del resultado del proceso–, sino de demorar el tiempo de su presentación. Durante esa demora, el proceso continúa su desarrollo y pueden producirse situaciones que hagan innecesario el recurso, de modo que éste no será interpuesto, lo que es positivo para los factores de duración y coste del proceso.

Esta técnica puede aplicarse –y la LEC/2000 la aplica– en dos supuestos: al regular el recurso de apelación contra resoluciones interlocutorias y al autorizar el recurso de apelación incidental o por adhesión.

En cuanto a lo primero, contra las resoluciones interlocutorias la LEC/2000 sólo establece el llamado recurso de reposición, que ha de ser interpuesto ante el mismo órgano jurisdiccional que ha dictado la resolución y ha de ser resuelto por el mismo. Contra esta resolución no cabe otro recurso de modo inmediato, pero la parte puede proponer de nuevo la cuestión en el recurso que sea admisible contra la sentencia definitiva del proceso o resolución equiparada (art. 454 LEC/2000). Desaparecen así los últimos vestigios de apelación independiente de resoluciones de dirección procesal sin efectos de finalización, que, cuando además tenía eficacia suspensiva del proceso, era causa de dilaciones importantes, y, en todo caso, introducía complejidad innecesaria en la tramitación[36].

En principio, como ya apunté antes, esta regulación es adecuada para la eficiencia porque, al dictarse la sentencia final, la parte puede considerar que la resolución interlocutoria no ha acabado causándole perjuicio, de modo que no interpondrá el recurso.

---

[36] La regulación española coincide, en lo esencial, con la del Derecho francés – CADIET, JEULAND, *Droit judiciaire privé*, p. 593– y con la del § 512 de la ZPO alemana –GRUNSKY, W., STEIN-JONAS, *Kommentar zur Zivilprozessordnung*, Band 5-1, 21ª ed., J.C.B. Mohr (Paul Siebeck) Tübingen, 1994, pp. 64-65–. Diverge de la ordenación italiana, porque ésta permite que la parte opte entre el recurso inmediato y la declaración de reserva del recurso –BIAVATI, P., *Argomenti di Diritto Processuale Civile*, Bononia University Press, 2011, pp. 446-447; SASSANI, *Lineamenti del proceso civile italiano*, p. 487-489–.

No obstante, ha de reconocerse que esta regulación tiene riesgos. Si, por fin, el recurso de apelación se interpone contra la sentencia definitiva, incluyendo en ese recurso la impugnación sobre la que la parte, en su momento, se limitó a hacer una declaración de reserva, es posible que esta impugnación sea estimada, con la consecuencia de una declaración de nulidad de actuaciones y de la pérdida de la actividad procesal realizada. Tal vez esta consecuencia se hubiera podido evitar con un recurso inmediatamente tramitado. La busca de una solución eficiente aboca a una difícil elección entre los eventuales costes de una regulación tolerante del recurso inmediato contra resoluciones interlocutorias y los eventuales costes de una nulidad del procedimiento declarada por el tribunal superior al resolver el recurso cuya presentación fue, en su momento, demorada[37].

La técnica del aplazamiento de la posibilidad de interponer el recurso funciona de otra manera en el caso de la apelación incidental, pero también puede conducir a que, en definitiva, el recurso acabe por no ser presentado. La parte a la que la resolución dictada hubiera perjudicado podría presentar recurso de apelación en el plazo legal ordinario desde la notificación de la resolución. El régimen de la apelación incidental posibilita, sin embargo, que esa parte no presente inmediatamente el recurso porque está dispuesta a aceptar el gravamen que le ha causado la resolución notificada, a condición de no quedar expuesta a que el mismo sea incrementado a consecuencia del recurso de la contraparte. Si esta última condición no se cumple, la parte que no recurrió inicialmente podrá apelar en el momento de oponerse al recurso interpuesto por la contraparte y, con ello, abrirá la posibilidad de que el tribunal superior elimine el gravamen que le causó la resolución recurrida[38].

---

[37] Esta preocupación aparece en el informe de Lord WOLF, *Access to Justice. Final Report*, cit., capítulo 14, apartado 7: "any decision, whether management or dispositive, can have a crucial effect on a case (eg, fixing a date for a hearing which it is said that an essential witness cannot attend) and it does not therefore seem reasonable to bar appeals from management decisions altogether. Furthermore, even if there were to be no appeal from such decisions, judicial review would continue to lie in respect of county court decisions, and this would probably cause more delay than an appeal".

[38] ORTELLS RAMOS, *Derecho Procesal Civil*, cit., pp. 446-447. El Derecho español comparte, con diferencias de carácter técnico, este modo de interponer la apelación que también está previsto en Derecho francés –CADIET, JEULAND, *Droit judiciaire privé*, p. 597–, en Derecho italiano –BIAVATI, *Argomenti di Diritto Processuale Civile*, pp. 430-431; SASSANI, *Lineamenti del proceso civile italiano*, pp. 496-498– y en Derecho alemán –§ 524 ZPO–. Sin embargo, la

Por el contrario, si aquella condición se cumple –es decir, si la contraparte no presenta recurso– la posibilidad de apelación incidental queda excluida. Así es como esta técnica contribuye a la reducción de tiempo y de costes del proceso: ningún recurso será presentado y ello, además, por una libre decisión de las partes, basada en la valoración que cada una de ellas habrá hecho de sus expectativas procesales.

C) Desmotivación del acceso al recurso

La razón de política jurídica que justifica el establecimiento de recursos[39] no es criticable, en si misma, desde una perspectiva de eficiencia de la justicia civil, porque uno de los factores relevantes de la eficiencia –respeto a las garantías fundamentales del proceso y mejora de la calidad de sus resultados– coincide plenamente con aquella razón.

Ahora bien, la interposición de un recurso depende de la voluntad de una parte, y es difícil, tal vez imposible, verificar si los motivos de ese acto de voluntad se aproximan a aquella razón –porque responden a un examen objetivo de la corrección de la sentencia y del proceso que la ha precedido–, están alejados de ella o, incluso, son contrarios a la misma –lo que significaría un abuso del derecho o de la posibilidad procesal de recurrir–.

Este problema explica que en el régimen de los recursos se introduzcan normas que, sin excluir el acceso al recurso, contrarrestan o reducen la influencia sobre la voluntad de los eventuales recurrentes de motivos ajenos a la razón objetiva del recurso. El razonamiento básico sería el siguiente: si una parte decide recurrir, a pesar de que hacerlo únicamente le proporcionará el beneficio de mantener abierta la posibilidad de obtener una resolución justa, y no otros beneficios adicionales, el motivo de recurrir coincide con la razón objetiva del recurso y, por lo tanto, también con uno de los factores que son relevantes para el criterio de eficiencia.

Las normas de esta clase en Derecho español son variadas y algunas son recientes. Las examinaré con brevedad, procurando resaltar algunas aporías

LEC/2000 ha reducido el carácter accesorio de la apelación incidental respecto de la apelación principal, porque si el apelante desiste de la segunda la primera no debe dejar de tramitarse.

[39] Véase supra apartado II.1.

o, por lo menos, alternativas difíciles con las que se enfrenta la busca de la eficiencia precisamente mediante esta clase de normas.

a) Recurso contra sentencia que ordena dejar libre un inmueble arrendado y pago de las rentas durante la tramitación del recurso

El art. 449.1 LEC/2000 recoge una norma tradicional en Derecho español, según la cual, en el supuesto del epígrafe, la falta de cumplimiento por el recurrente de su obligación de pagar las rentas, si continúa en la posesión del inmueble durante la tramitación del recurso, determina la inadmisión del recurso y la firmeza de la sentencia recurrida.

Esta consecuencia debe producirse aunque el proceso no hubiera tenido por objeto una pretensión de resolución del arrendamiento por falta de pago de las rentas. De este modo, la consecuencia procesal desfavorable opera como un medio de coerción indirecta para forzar el cumplimiento de obligaciones sobre las que no ha versado formalmente el proceso. Pero es una idónea reacción práctica para impedir los recursos cuyo motivo real sea prolongar la posesión arrendaticia sin cumplir la contraprestación del pago de la renta.

b) Recurso contra sentencias de condena al pago de cantidades determinadas de dinero y devengo de intereses según un tipo agravado

El art. 576 LEC/2000 da continuidad a una disposición que se introdujo en Derecho español en 1980 y que, principalmente, establece que, en el supuesto descrito en el epígrafe, la cantidad de dinero fijada en la sentencia recurrida devengará intereses en aplicación de un tipo más elevado que el tipo de interés legal ordinario.

En un momento en el que el legislador no había generalizado las técnicas que veremos en los apartados siguientes –que pueden conducir a que la parte favorecida por la sentencia cobre, a pesar del recurso[40]– la aplicación de un

[40] La disposición se ha mantenido una vez esas otras técnicas han sido establecidas con amplitud. La coexistencia de los intereses agravados y alguna de esas técnicas –depósito o consignación de la cantidad impuesta por la sentencia recurrida– planteó problemas, que fueron correctamente resueltos en el sentido de que no son técnicas excluyentes –DE PADURA BALLESTEROS, M., T.,

tipo de interés agravado combatía la motivación ilegítima de recurrir con el fin de prologar una (involuntaria) financiación a cargo del actor y, además, con aplicación de tipos de interés bajos.

Por lo demás, esta norma ha dado oportunidad de cuestionar la asignación que la misma realiza de (una parte de) los costes indirectos derivados del recurso. En principio, esos costes son asignados al recurrente, pero es razonablemente discutible que eso deba ser así sin límite temporal. Las dilaciones indebidas en la tramitación del recurso justifican que parte de esos costes indirectos deban ser imputados al Estado, que debería reembolsar al recurrente la parte de los intereses agravados que ha debido abonar por la excesiva duración del recurso.

c) La ausencia de efecto suspensivo del recurso y otras variantes de esta técnica

El principal (y más general) posible motivo ilegítimo que puede inducir a interponer recurso es impedir que, mientras el recurso no se resuelva, pueda ser forzosamente ejecutada la sentencia recurrida. La técnica más radical para contrarrestar esta motivación consiste en disponer que el recurso no tenga efecto suspensivo.

No obstante, la consideración de la posibilidad o de la probabilidad de anulación o de reforma de la sentencia recurrida, principalmente cuando se trata del recurso más amplio ante un tribunal superior –otro debe ser el planteamiento en el supuesto del último recurso ante el Tribunal Supremo – conduce al legislador a matizar esa respuesta radical y a establecer diversas variantes atenuadas de la misma.

En este amplio abanico de variantes[41], el legislador español optó, con la LEC/2000, por establecer con gran amplitud el derecho a la ejecución provi-

Los intereses procesales por demora, Editorial Trivium, Madrid, 1999, pp. 173-184–, porque los intereses deben devengarse hasta que el actor percibe la cantidad, sin que deban dejar de hacerlo simplemente porque la parte condenada al pago "asegura" éste de una o de otra forma.

41 Especialmente complejo y, a veces, contradictorio es el tratamiento de esta cuestión en la legislación, en los planteamientos reformadores y en la doctrina francesa: CADIET, JEULAND, *Droit judiciaire privé,* p. 602; FERRAND, F., "L'évolution récente de l'appel en droit français", cit., pp. 46, 53-54; CADIET, L., NORMAND, J., AMRANI-MEKKI, S., *Théorie générale du*

sional y, además, por dotar a ésta de un régimen en el que las limitaciones a los actos ejecutivos están muy acotadas (arts. 524-531 LEC/2000).

La ejecución provisional de sentencias –tanto de las dictadas en primera como en segunda instancia– es autorizada directamente por la ley, como regla general, con las muy limitadas excepciones del art. 525 LEC/2000.

Sobre la solicitud de ejecución provisional el juez resuelve sin previa audiencia del condenado por la sentencia y previa comprobación, únicamente, de que la sentencia contiene pronunciamientos de condena y no es de las legalmente excluidas de ejecución provisional. Es decir, frente a la que suele ser regla general en otros ordenamientos, no es necesaria una previa resolución judicial que, tras la apreciación de diversos presupuestos y –en ocasiones– la prestación de cauciones y contra-cauciones, asigne a la sentencia la calidad de provisionalmente ejecutiva[42].

Contra la resolución que ordena la ejecución el ejecutado puede oponerse por causas legalmente tasadas. Aparte de las causas de oposición a toda ejecución, se establecen causas específicas de oposición a la ejecución provisional, que revelan las limitaciones de la misma que la ley ha considerado imprescindibles[43].

---

procés, PUF, Paris, 2010, pp. 926-928. Significativo de esta inseguridad me parece que fuera recomendado el abandono del efecto suspensivo como regla general en el informe dirigido por MAGENDIE, J. C., *Célérité et qualité de la justice – la gestion du temps dans le procès*, 2004, pp. 62-66, 201, mientras que en *Célérité et qualité de la justice devant la cour d'appel*, 2008, informe elaborado por una comisión también presidida por MAGENDIE, la cuestión del efecto suspensivo de la apelación no sea tratada (los textos de ambos informes están disponibles en http://www.ladocumentationfrancaise.fr –última visita 08/01/2016–). En Derecho inglés, a pesar de la clara formulación de la regla general (*CPR* 52.7: "an appeal shall not operate as a stay of any order or decision of the lower court"), se autorizan excepciones en los casos que el tribunal superior considere apropiados (ANDREWS, N., *English Civil Procedure. Fundamentals of the New Civil Justice System*, Oxford University Press, 2003, p. 923).

[42] En Derecho alemán, el complejo juego de los requisitos establecidos por los §§ 708-712 *ZPO*, básicamente las diversas circunstancias que condicionan la exigencia de diversas cauciones y contra-cauciones, hace necesaria una apreciación judicial expresada en la correspondientes resolución. Esa resolución es también necesaria en Derecho francés –salvo en los supuestos limitados de *exécution provisoire de droit*–, ha de fundarse en que el juez considere necesaria esa ejecución por la naturaleza del asunto y puede subordinarse a la prestación de caución (CADIET, JEULAND, *Droit judiciaire privé*, pp. 550-553).

[43] Una explicación general de estas limitaciones puede verse en CÁMARA RUIZ, J., con otros autores, *Derecho Procesal Civil*, Cizur Menor (Navarra), Thomson Reuters Aranzadi, 2015, pp.

Ahora bien, si la sentencia de primera instancia es anulada o revocada por la sentencia de apelación, el ejecutado tiene derecho a la restitución de prestaciones en forma específica o al resarcimiento de daños y perjuicios, y puede hacer efectivos estos derechos mediante ejecución forzosa ante el mismo tribunal que realizó la ejecución provisional. Esto debe ser motivo de reflexión, incluso si se opina que la opción por una amplia posibilidad de ejecución provisional es adecuada para mejorar la eficiencia del proceso civil. Eso sólo es del todo cierto si el recurso no llega a ser interpuesto –a conciencia de que hacerlo no impedirá la ejecución– o si, interpuesto, es desestimado. De no ser así, los resultados son netamente contrarios a la eficiencia: no se habrán evitado la duración y los costes del recurso de apelación, se habrán generado costes adicionales de diversa clase por una ejecución indebidamente realizada, y más actividad procesal –con su duración y sus costes– será necesaria para restablecer el estado de cosas previo a la ejecución provisional.

d) El cumplimiento de la sentencia recurrida –o el depósito, consignación o caución de la cantidad de dinero impuesta– como presupuesto de admisión del recurso

Una ejecución provisional, más o menos severa con la parte vencida e interesada en recurrir la sentencia, puede ser iniciada y no alcanzar su resultado –es decir, la satisfacción de los derechos reconocidos a la parte vencedora en la primera instancia– por causas independientes de la voluntad de la parte ejecutada. La imposibilidad, tal vez temporal, de desarrollar con éxito la ejecución carece de consecuencias sobre la interposición, la tramitación y la resolución del recurso que se hubiera interpuesto.

774-778. La restricción de la ejecución provisional después de haber sido decretada, que puede derivar de estas causas de oposición y de su estimación, no depende de circunstancias tan imprecisas como los "gravi motivi" que permiten suspender, total o parcialmente, la ejecución provisional en Derecho italiano, según el art. 283 *Codice di Procedura Civile* (BIAVATI, *Argomenti di Diritto Processuale Civile*, pp. 451-453). Por otra parte, fuera de las especificas causas de oposición a la ejecución provisional en el procedimiento de la misma, el tribunal que conoce del recurso contra la sentencia que esté siendo ejecutada no tiene las potestades de suspensión que atribuye –sobre fundamentos muy genéricos– el art. 524 *Code de Procédure Civile* (CADIET, JEULAND, *Droit judiciaire privé*, pp. 601-603).

La situación es completamente diferente si, para desmotivar el acceso al recurso, la ley no se limita a permitir la ejecución provisional de la sentencia recurrida, sino que condiciona la admisión inicial del recurso y la continuación de su tramitación al cumplimiento de la sentencia recurrida, o al depósito o la consignación del importe de una condena al pago de dinero –aunque la cantidad no deba ser entregada a la parte vencedora hasta la sentencia firme– o a la constitución por la parte vencida de un garantía de pago de esa cantidad. La imposibilidad de la parte vencida de cumplir estos requisitos determina, directamente, una consecuencia que no se produce si la ejecución provisional fracasa: el recurso no deberá ser admitido, o deberá considerarse extinguido si se admitió inicialmente.

Esta técnica se diferencia notablemente de la de simplemente permitir la ejecución provisional. Libra a la parte vencedora de acudir a una ejecución, tal vez azarosa en su duración y en sus resultados. Implica una gran exigencia para la parte vencida, lo que refuerza la apreciación de que su decisión de recurrir se ha tomado de buena fe. Incluso en el caso de que el recurso tenga éxito tiene la ventaja –frente a la ejecución– de acotar y minimizar los costes que derivan del deber de atenerse a la nueva sentencia[44].

En el proceso civil español, esta técnica tiene una aplicación muy limitada. Está prevista para los recursos contra sentencias de condena al pago de indemnizaciones por daños y perjuicios causados por la circulación de vehículos de motor (art. 449.3 LEC/2000) y al pago de aportaciones debidas por un copropietario para atender a los gastos de la copropiedad en régimen de propiedad horizontal (art. 449.4 LEC/2000). En ambos casos el requisito puede cumplirse mediante el depósito o la consignación de las cantidades en una cuenta judicial, o mediante la presentación de un aval de características regladas por la ley –de las que resulta una gran efectividad– o, en última instancia, de una garantía que el juez considere suficiente (art. 449.5 LEC/2000). En el proceso laboral –que, en sustancia, es un proceso civil especial– este requisito está previsto para todos los recursos contra sentencias que condenen al pago de cantidad determinada de dinero (art. 231 Ley Reguladora de la Jurisdicción Social; en

[44] Si el requisito se ha limitado al depósito, la consignación o la caución, no se habrán producido los costes de una ejecución inútil y la compensación a la parte vencida se limitará a los costes de la inmovilización patrimonial o de la prestación de la caución.

adelante, LRJS) y, como brevemente comentaremos después, es objeto de una depurada regulación que falta en los supuestos del proceso civil ordinario.

Diferente a las regulaciones mencionadas, pero próxima a las mismas por su funcionalidad, es la previsión del art. 526 *Code de Procèdure Civile* –introducido por una reforma de 2005– que habilita al *premier president* y al *conseiller de mise en état* de la *Cour d'Appel* para ordenar la *radiation* de una apelación pendiente si, debiendo procederse a la ejecución provisional, el recurrente no justifica haber ejecutado la sentencia recurrida o, en algunos casos, consignado cantidades, salvo que la ejecución comportara consecuencias manifiestamente excesivas o fuera imposible para el recurrente[45].

Estas técnicas –que pueden considerarse muy útiles desde el punto de vista de la eficiencia– pueden chocar con una objeción radical. Establecido un recurso en un ordenamiento, los requisitos de los que dependa el acceso al mismo no pueden ser tales que nieguen sustancialmente el derecho de acceso al tribunal –en este caso, al del recurso–, respondan a fines no legítimos o representen una falta de proporción entre los fines perseguidos y los medios puestos a su servicio[46]. Más concretamente, estas técnicas pueden constituir, si las partes que quieren recurrir o han recurrido se hallan en determinadas situaciones, una violación del derecho a acceder a un recurso en condiciones de igualdad, no porque la ley niegue ese derecho a una parte por un criterio ilegitimo de discriminación, sino porque las diferencias de capacidad económica de los posibles recurrentes puede impedir que algunos de ellos cumplan requisitos como los que ahora tratamos.

La conclusión no debe ser el rechazo absoluto de estas técnicas, sino la exigencia de que las normas que las establezcan consideren los supuestos en los que la igualdad puede ser lesionada y dispongan los medios idóneos para evitarlo[47].

---

45 Un amplio análisis y crítica en FERRAND, F., "L'évolution récente de l'appel en droit français", cit., pp. 53-64.

46 Estas expresiones sintetizan la doctrina jurisprudencial del TEDH en casos en los que ha debido juzgar demandas por inadmisión o cancelación de un recurso por falta de cumplimiento de requisitos de la clase que ahora consideramos: Annoni di Gussola and others V. France, Judgement 14 November 2000, § 53; García Manibardo V. Spain, Judgement 15 February 2000, § 36; Loncke C. Belgique, Arrêt 25 septembre 2007, §§ 46, 47.

47 En Derecho español esos medios tienen una variedad que permite ajustarlos a distintas situaciones de falta de capacidad económica del recurrente, principalmente en la regulación del

e) El régimen de las costas en los recursos y la exigencia de un "depósito para recurrir"

La parte es desmotivada para presentar un recurso si ha de asumir el riesgo de un perjuicio económico en el caso de que el recurso sea desestimado, y, más aún, incluso si el recurso es estimado. El efecto desmotivador depende de la cuantía del perjuicio y de la posibilidad de evitarlo, total o parcialmente.

El llamado "depósito para recurrir" no tiene cuantías elevadas[48], pero llama la atención que este requisito, que en Derecho español había quedado tradicionalmente limitado a los recursos ante el Tribunal Supremo, haya sido generalizado, con alguna excepción, a todos los recursos por una Ley de 3 de noviembre de 2009.

Mayor influencia desmotivadora puede tener el régimen de las costas en el recurso. Así como en la primera instancia la parte vencedora puede, como regla general, conseguir que sus costas le sean reembolsadas por la parte vencida, la parte cuyo recurso es estimado, total o parcialmente, sólo consigue evitar que se le impongan las costas de la parte contraria, pero en ningún caso puede eludir el pago de sus propias costas (art. 398.4 LEC/2000)[49]. El efecto disuasorio de esta regulación se ha incrementado con la reintroducción de las tasas judiciales con unos importes que pueden llegar a ser muy elevados.

Las dos regulaciones mencionadas pueden ser lesivas del principio de igualdad en el acceso al recurso si deben ser cumplidas por partes cuya falta de

---

Derecho laboral: prestación de una caución de determinada calidad, o de una garantía similar, si el recurrente puede asumir su coste, pero no el de constituir un depósito o el de consignar cierta cantidad; exención del requisito si el recurrente tiene reconocido el derecho a justicia gratuita (art. 230.1 LRJS), aunque en este caso, si las cantidades que debieron depositarse debían ser, total o parcialmente, entregadas a la parte vencedora, la exención va acompañada de la asunción por el Estado de la obligación de pagar, sin perjuicio de su derecho al reembolso frente a la parte que resulte deudora según la sentencia del recurso. Respecto del Derecho francés ya se ha hecho antes una breve mención en el texto. El art. 526 Code de Procédure Civile dispone que no será ordenada la *radiation* si "*l'exécution serait de nature à entrainer des conséquences manifestement excessives ou (que) l'appelant est dans l'impossibilité d'exécuter la décission* ».

[48] 50 euros, para el recurso de apelación.

[49] Tal vez sería difícil establecer la consecuencia lógica de que las costas del apelante vencedor deban ser reintegradas por el Estado, pero es menos comprensible que en este caso no se haya establecido, por lo menos, un derecho a la devolución total o parcial de las tasas devengadas por la interposición del recurso.

capacidad económica les impida realizar los pagos. No obstante, esa situación puede ser adecuadamente tratada mediante el régimen de asistencia judicial gratuita.

D) Reducción de medios personales para resolver el recurso y reducción de su amplitud y de sus trámites

Si el recurso llega a ser interpuesto, una regulación orientada hacia la eficiencia ha de consistir, por lo que se refiere a los componentes de duración y coste del proceso, en una reducción de los medios humanos y organizativos y de la actividad procesal destinados a la tramitación y resolución del recurso. Pero, dado que esos no son los únicos componentes relevantes para apreciar la eficiencia, deberá examinarse en qué medida esa reducción es contraria a las garantías del proceso civil y a la calidad de sus resultados, e, incluso, si, en algunos casos, puede acabar generando otros costes.

a) Juez individual, en vez de órgano jurisdiccional colegiado, para los recursos en procesos de escasa cuantía

La LOPJ fue reformada por una ley de 3 de noviembre de 2009 para atribuir la resolución del recurso de apelación a jueces unipersonales, integrados en el tribunal superior, en vez de a órganos colegiados, si el objeto del proceso tenía un valor no superior a 6.000 euros.

Es obvio que este medida persigue optimizar la capacidad de trabajo de los jueces y, al mismo tiempo, reducir las dificultades (y los costes que implican) derivadas del desarrollo de una actividad colegiada[50]. No obstante, no queda claro en qué medida ese incremento de la tarea individual de los jueces puede repercutir negativamente en el ritmo de trabajo de los órganos colegidos, de los que esos jueces continúan formando parte. El hecho es que, como muestra el **cuadro número 2**, la duración estimada en meses de los recursos de apela-

---

[50] Es una reforma aconsejada por el art. 6, a) de la Recomendación No. R (95) 5 del Comité de Ministros del Consejo de Europa sobre la Introducción y mejora del funcionamiento de los sistemas de recursos en asuntos civiles y comerciales.

ción no se ha reducido, sino que se ha incrementado, desde que esta reforma entró en vigor en 2009.

Respecto del otro componente de la apreciación de la eficiencia, esta solución elimina el valor añadido que puede aportar la colegialidad a la mejora de la calidad del resultado del proceso.

b) La amplitud del recurso ante un tribunal superior

La LEC/2000 diseñó un recurso de apelación con la amplitud que, sustancialmente, tenía ese recurso en la legislación anterior. A diferencia de lo que ha sucedido en algunos ordenamientos europeos en tiempos menos o más recientes, en esta materia no se han producido reformas.

En líneas muy generales, la amplitud de este típico recurso ante un tribunal superior se caracteriza por lo siguiente:

1º) La parte recurrente establece el objeto del recurso, mediante la determinación de los pronunciamientos que impugna de la sentencia recurrida y la exposición de las alegaciones en las que basa su impugnación (art. 458.2 LEC/2000). Estas alegaciones no están sujetas a ninguna limitación legal. Se puede alegar infracción de normas procesales y, en consecuencia, pedir una declaración de nulidad (art. 459 LEC/2000). La resolución del recurso "deberá pronunciarse exclusivamente sobre los puntos y cuestiones planteadas" en el acto de interposición del recurso (art. 465.5 LEC/2000)[51].

2º) Si las mencionadas alegaciones versan sobre los hechos relevantes para resolver la pretensión y la prueba de los mismos, se limitarán, como regla general, a los hechos ya alegados en la primera instancia y a la prueba de los mismos ya practicada durante la misma. Serán, pues, alegaciones de carácter argumentativo destinadas a que el tribunal superior corrija los hechos que el juez de la primera instancia hubiera establecido erróneamente como ciertos.

---

[51] También sobre las cuestiones y puntos que hubiera planteado una apelación incidental o los actos de oposición a las apelaciones principal o incidental.

3º) Excepcionalmente, las alegaciones relativas a los hechos podrán fundarse en (art. 460.2 LEC/2000) el resultado de prueba practicada en el recurso, porque el juez de la primera instancia, en su tiempo y de manera indebida, no admitió esa prueba o no la practicó, o porque son documentos que no fueron accesibles durante la primera instancia. También excepcionalmente, y de modo previo a la eventual necesidad de prueba, son admisibles alegaciones sobre hechos relevantes que ocurrieron o fueron descubiertos cuando ya habían precluido las posibilidades de alegación de hechos en la primera instancia y las formuladas por la parte demandada que, habiendo sido válidamente llamada al proceso, no pudo actuar en el mismo durante la primera instancia por causas ajenas a su voluntad.

4º) No son admisibles en el recurso pretensiones o defensas nuevas en comparación con las que fueron presentadas, o debieron serlo, en la primera instancia. No obstante, la admisión excepcional de alegaciones de hechos nuevos o desconocidos pueden conducir a la introducción de nuevas defensas por la parte demandada y de nuevas "causae petendi" para la pretensión ya interpuesta por la parte actora[52].

La LEC/2000 se ajusta a las orientaciones sobre esta materia de la Recomendación No. R (95) 5 del Comité de Ministros del Consejo de Europa sobre la Introducción y mejora del funcionamiento de los sistemas de recursos en asuntos civiles y comerciales, según las cuales, como regla general, toda pretensión, defensa y prueba debe ser aportada en la primera instancia (art. 2), por lo que su admisión en el recurso debe regularse restrictivamente y siempre que concurran razones justificadas (art. 5).

En la delimitación del objeto del recurso de apelación por la parte recurrente, la LEC/2000 ha rectificado la indefinición de la legislación anterior[53].

---

52 Dado que la ley permite esta posibilidad de alegación, si la parte no la utilizara sufriría la preclusión de alegar esos hechos como "causa petendi" de la pretensión que intentara presentar en un proceso posterior (arts. 400 y 222.2 LEC/2000).

53 Salvo una reforma, de alcance parcial, del año 1992, la parte recurrente no debía concretar sus pretensiones mediante un acto escrito, sino que era principalmente el informe de su abogado en la audiencia del recurso el que establecía el impreciso límite para la congruencia de la sentencia de apelación –ORTELLS RAMOS, M., *Derecho Jurisdiccional*, II, 1º, J. M. Bosch Editor, Barcelona, 1993, pp. 397-401–.

No obstante, si bien el recurso debe ser interpuesto mediante un escrito que delimita su objeto y acota el poder de decisión del tribunal del recurso[54], ni la LEC/2000, ni posteriores reformas, han impuesto a la fundamentación del recurso el rigor que tiene en Derecho alemán desde la reforma del § 520 ZPO por la Ley de reforma del proceso civil de 2001, y, más recientemente, en Derecho italiano, con la reforma del art. 342 CPC por la Ley de 7 de agosto de 2012[55].

En cuanto a la admisión excepcional, y por causa justificada, de hechos nuevos y de nuevas pruebas en apelación, la LEC/2000 está más próxima a lo previsto por el § 529.2 ZPO y en Derecho italiano[56], que a la mayor tolerancia que rige en Derecho francés[57].

La posibilidad de innovar en el recurso de apelación el objeto del proceso –en sentido amplio; es decir, las pretensiones del demandante y las defensas del demandado– es, en la LEC/2000, aparentemente más restrictiva que en otros Derechos europeos[58]. No obstante, debe tenerse en cuenta que, en Derecho español, pretensiones accesorias de la presentada en primera instancia (p. ej., pago de intereses o de frutos y rentas producidos por el derecho que la

---

[54] La delimitación es, con seguridad, más efectiva que en Derecho francés – CADIET, JEULAND, *Droit judiciaire privé*, p. 609–, porque en la práctica los tribunales no consideran que ha sido recurrido lo que no ha sido claramente expresado en el escrito como tal.

[55] Es útil contrastar el régimen anterior –BIAVATI, *Argomenti di Diritto Processuale Civile*, pp. 448-450; SASSANI, *Lineamenti del proceso civile italiano*, pp. 493-494– con las exigencias de fundamentación de la nueva regulación – CAPONI, "La riforma dei mezzi d'impugnazione", cit., p. 1166; GROSSI, "Il diritto di difesa ed i poteri del giudice nella riforma delle impugnazioni", pp. 13-14; VERDE, "Diritto di difesa e nuova disciplina delle impugnazioni", pp. 1-2; los dos últimos artículos citados pueden encontrase en http://www.judicium.it (última visita 07/01/2016).

[56] La anterior redacción del art. 345 CPC ya era restrictiva – BIAVATI, *Argomenti di Diritto Processuale Civile*, pp. 445-446; SASSANI, *Lineamenti del proceso civile italiano*, pp. 502-503–, pero la Ley de 7 de agosto de 2012 la ha restringido más al eliminar que, junto al supuesto de prueba no aportada sin culpa de la parte, el tribunal pueda admitir la prueba que considere indispensable para la decisión del proceso.

[57] CADIET, JEULAND, *Droit judiciaire privé*, p. 609 ; CADIET, NORMAND, AMRANI-MEKKI, *Théorie générale du procés*, p. 931 ; FERRAND, "L'évolution récente de l'appel en droit français", cit., p. 75.

[58] En Derecho francés, la función del recurso de apelación como "vie d'achèvement du litige" sólo ha sido sometida a alguna rectificación, pero no ha sido eliminada - CADIET, JEULAND, *Droit judiciaire privé*, p. 613-614 ; CADIET, NORMAND, AMRANI-MEKKI, *Théorie générale du procès*, p. 933 ; FERRAND, "L'évolution récente de l'appel en droit français", cit., p. 72-73 ;

sentencia ha reconocido al actor) e, incluso, pretensiones que la sustituyen porque, debido a causas sobrevenidas, esa pretensión no podría ser ya satisfecha, pueden ser juzgadas en procedimientos incidentales previos a la ejecución de la sentencia del proceso principal[59].

¿Qué valoración merecen las opciones del legislador español sobre la amplitud del recurso de apelación desde la perspectiva de la eficiencia del proceso civil?

La carga de delimitar el objeto del recurso y de fundamentar la impugnación, aunque sin impedir que los fundamentos se refieran a toda clase de errores que haya podido cometer el juez –errores procesales, errores al declarar los hechos ciertos, al formular juicios de valor y errores en los juicios jurídicos– me parece una respuesta equilibrada a lo que exige la eficiencia. Abre una posibilidad de mejorar la calidad del resultado del proceso, pero lo hace con el coste mínimo de limitar el nuevo examen del asunto a los errores que la parte agraviada ha pedido que sean corregidos.

La excepcional admisión de alegaciones de hechos nuevos y de la proposición y práctica de pruebas nuevas introduce, ciertamente, una complicación en el procedimiento del recurso, pero, a pesar de eso, es una solución eficiente por razones diferentes en cada caso. La introducción en el recurso de hechos y de pruebas que el juez de la primera instancia había dejado indebidamente fuera, restablece el respeto a los derechos fundamentales en el proceso civil y contribuye a mejorar la calidad de su resultado. Esta mejora también se produce si la introducción de nuevos hechos y pruebas se debe a la corrección de las consecuencias injustas de una preclusión severa, como la que rige en Derecho español. La admisión de alegaciones y pruebas de la parte demandada que se hallaba en situación de rebeldía involuntaria tiene la evidente ventaja

---

MAGENDIE, *Célérité et qualité de la justice devant la cour d'appel*, cit., pp. 34-38 (el texto de este informe está disponible en http://www.ladocumentationfrancaise.fr –última visita 07/01/2016–)

En Derecho italiano son admisibles las pretensiones que dependan o sean consecuencia de las presentadas en primera instancia y las nuevas excepciones si plantean una cuestión que puede examinarse de oficio –BIAVATI, *Argomenti di Diritto Processuale Civile*, pp. 444-445; SASSANI, *Lineamenti del proceso civile italiano*, pp. 501-503–. Para el Derecho alemán, véanse §§ 531 y 533 ZPO.

[59] ORTELLS RAMOS, M., *La ejecución de condenas no dinerarias en la Ley de Enjuiciamiento Civil*, La Ley, 2005, pp. 381-419.

de evitar un procedimiento de mayor duración y coste previsto por la ley para esos casos de rebeldía[60].

Las regulaciones muy restrictivas de las modificaciones del objeto del proceso en el recurso de apelación tienen una relación ambivalente con la eficiencia. Con ellas el recurso evita complicaciones y un mayor coste y duración, pero es posible que la cuestión a la que no se ha dado entrada en el recurso deba ser, después, tratada en un nuevo proceso o en un procedimiento incidental previo a la ejecución, cuyo coste y duración dejarán el saldo a cero o en negativo.

c) La reducción de los actos procesales del recurso

Esta reducción sin duda comporta una correspondiente disminución de la duración y de los costes que un recurso añade al proceso civil. Pero no cualquier reducción merece la misma apreciación. El principal parámetro de los actos procesales que la ley debe prever con vistas al tratamiento del recurso es la de la amplitud de ese recurso. Deben mantenerse los actos que son necesarios para la función del recurso y suprimirse los que no tengan esa justificación. En un segundo escalón, debe explorarse el modo de minimizar la duración y coste de los actos que estén justificados por la función del recurso.

En el primer nivel del ajuste entre actos y función del recurso, la LEC/2000, desde su redacción inicial, acertó al regular las condiciones de las que depende que sea preceptiva o discrecional la celebración de una audiencia en el procedimiento del recurso. La audiencia es preceptiva si ha sido admitida la práctica de nuevas pruebas, porque esa práctica debe tener lugar en la audiencia. En otro caso, la audiencia sólo se celebrará si el tribunal la considera necesaria. Obviamente, aunque la audiencia no se celebre, el derecho de las partes a debatir sobre el objeto de la apelación habrá quedado garantizado mediante los escritos de interposición y de oposición. Por otro lado, la necesidad de que el tribunal del recurso conozca los actos de la primera instancia, especialmente las pruebas practicadas durante la misma, está asegurada por la documenta-

60 Me refiero a la rescisión de sentencias firmes en determinados supuestos de rebeldía, ORTELLS RAMOS, con otros autores, *Derecho Procesal Civil*, cit., pp. 505-506.

ción de esa instancia, que incluye la grabación en soporte audiovisual de las audiencias previa y principal.

Una reforma introducida por la Ley 37/2011, de 10 de octubre, ha rectificado el procedimiento de la apelación en la LEC/2000 para ajustarlos a la amplitud del recurso. Ha sido suprimido un escrito de anuncio del recurso que, por su contenido mínimo, era inútil e innecesario. Un escrito de esas características tuvo sentido en la apelación del antiguo proceso civil, porque, al menos según la ley, su alcance era replantear genéricamente en el recurso las cuestiones tratadas en la primera instancia que no se hubieran resuelto de modo favorable a la parte recurrente. Sin embargo, era absurdo mantener ese escrito cuando la LEC/2000 había optado por imponer al recurrente que –en un plazo siguiente al anuncio– determinara, mediante otro escrito, qué pronunciamientos de la sentencia impugnaba y cuáles eran los fundamentos de su impugnación. El resultado era una clara ineficiencia: un acto inútil, pero que ocupaba al recurrente y, sobre todo, a la oficina judicial, con los costes correspondientes.

III. LOS RECURSOS ANTE EL TRIBUNAL SUPREMO: ALGO MÁS, ALGO DISTINTO, A LA CORRECCIÓN DE ERRORES DE LAS SENTENCIAS DE SEGUNDA INSTANCIA

Una regulación orientada a la eficiencia del proceso civil de los recursos ante el Tribunal Supremo, no puede consistir simplemente en establecer un tercer escalón en el sistema de recursos, sino que debe hacerse de modo que el recurso aporte un específico valor añadido al sistema[61].

---

61 Para una visión panorámica de los recursos ante los tribunales supremos en algunos ordenamientos europeos, CADIET, L., "The system of French Cassation"; CHIARLONI, S., "Fundamental tasks of the Corti di Cassazione, heterogeneous objectives arose from the constitutional right to appeal and recent reforms"; GOTTWALD, P., " Review Appeal to the German Federal Supreme Court after the reform of 2001", todos ellos en *Appeals to Supreme Courts in Europe*, ORTELLS RAMOS, M. (Ed.), Difusión jurídica, Madrid,, 2008, respectivamente en pp. 47-53, 77-86, 87-106. FERRAND, F., "Les cas d'ouverture à cassation en Droit français" ; AMRANI MEKKI, S., "La sélection des pourvois à la Cour de Cassation" ; SASSANI, B., "In nome della `nomofilachia' : Il ricorso per cassazione dal 'quesito' al filtro" ; ZOPPELLARI, M., "Casación y nomofilaxis : el principio de derecho en interés de la ley y el pronunciamiento en Sezione Unite", todos ellos en *El recurso de casación civil*, BONET NAVARRO, J., MARTIN PASTOR, J. (Eds.), Thomson Reuters, Navarra, 2010, pp. 589-675.

Dedicaré este último apartado a exponer[62] cómo ha afrontado el Derecho español el reto de dotar al recurso de casación en el proceso civil de un régimen que haga posible que ese recurso cumpla una finalidad propia dentro del sistema. La cuestión fundamental era, y sigue siendo, cómo determinar qué resoluciones pueden ser recurridas ante el Tribunal Supremo (en adelante, TS)[63].

1. De la selección por el valor económico del asunto a la selección en atención al valor constitucional de la igualdad

En Derecho español nunca ha existido un acceso indiscriminado de asuntos al recurso de casación, en el sentido de que la calidad de recurrible de determinada resolución judicial no sólo dependía de características procesales de la misma (p. ej., ser una resolución contra la que no fuera admisible ningún otro recurso u otra impugnación ante los tribunales inferiores al Tribunal Supremo), sino que también estaba subordinada a requisitos, sea cuantitativos, sea cualitativos, de la cuestión decidida por la resolución correspondiente. Siempre ha habido, pues, una selección de asuntos para acceso a la casación. Es oportuno decir ahora que, tanto los antiguos, como los nuevos criterios de selección son definitivamente aplicados por el Tribunal Supremo. Los tribunales de grado inferior sólo pueden examinar aspectos formales de la presentación del recurso y, además, con eficacia no definitiva.

En el proceso civil, y antes de la nueva Ley Procesal Civil de 2000, junto con las reglas muy especiales –pero escasamente significativas para el número de asuntos a los que abrían las puertas del recurso– de la materia de los asuntos sobre los que se había dictado la sentencia, la regla que, si bien rea siempre especial, tenía más amplio ámbito de aplicación, era la de un mínimo de cuantía del asunto.

---

62 La exposición será sintética. Para un tratamiento más amplio, véase ORTELLS RAMOS, "Gleichheit bei der Gesetzesanwendung", *Festchrift für Dieter Leipold*, cit., pp. 731-752; ORTELLS RAMOS, M., "La casación en España: Selección de recursos y carga de trabajo del Tribunal Supremo", *El recurso de casación civil*, BONET NAVARRO, MARTIN PASTOR (Eds.), cit., pp. 31-86, y otros textos en esa obra colectiva.

63 Sobre el tema de la selección de casos para acceder al Tribunal Supremo versó el *Hoge Raad Seminar on Selection of Cases*, La Haya, 16 de abril-2 de junio de 2010. Un informe sobre este seminario, en el que participé como ponente, puede encontrarse en http://www.hiil.org/events/dutch-hoge-raad-seminar-and-complementary-on-selection-of-cases (última visita 12 enero 2016).

En el contexto de estos criterios de selección de asuntos, la capacidad de reacción del legislador ante un aumento notable de la carga de trabajo del TS, se limitaba, de una parte, a incrementar periódicamente la cuantía mínima de los asuntos cuyas sentencias eran recurribles en casación, y, de otra parte, a evitar el abuso del acceso a la casación por cuantía inestimable. Las razones de esta política legislativa consistían, principalmente, en evitar el desbordamiento de la capacidad de trabajo del Tribunal Supremo.

Otro modo de tratamiento legislativo de la sobrecarga de trabajo del TS consistió en establecer dos causas de inadmisión a trámite de los recursos: carencia manifiesta de fundamento del recurso y anterior desestimación de otro recurso sustancialmente igual.

Con anterioridad a los trabajos de elaboración de la Ley Procesal Civil de 2000 había sido abierto el debate sobre la superación del criterio del valor económico del asunto litigioso como predominante para determinar la recurribilidad en casación. El debate se abrió no sólo en el proceso civil, sino también en los procesos contencioso-administrativo y laboral.

El criterio predominante de selección de asuntos –mínimo de cuantía– impedía que el TS formara jurisprudencia sobre todas las clases de asuntos de los diversos sectores jurídicos.

En la introducción de nuevos criterios de selección influyó de modo decisivo, aunque no único, la doctrina jurisprudencial del Tribunal Constitucional.

De esta doctrina se deduce, por una parte, que no hay preceptos constitucionales que impongan la previsión legal de un recurso de casación y, menos, una configuración determinada del mismo, y, por otra parte, unos criterios político-jurídicos orientativos para el régimen de la casación.

Por otra parte, la doctrina jurisprudencial del TC que, de modo más general, ha servido para formar criterio sobre la selección de asuntos con acceso a la casación es la elaborada, con base en el art. 14 de la CE, respecto de la igualdad en la aplicación de la ley. El Tribunal Constitucional ha entendido que el principio de igual es infringido si una autoridad que aplica las normas (especialmente, un tribunal de justicia) las aplica en casos iguales de modo diferente, sin dar una justificación suficiente. Pero el TC también ha establecido que no puede acoger una reclamación por lesión del principio de igualdad

con precisión la potestad del TS para comprobar el imprescindible requisito de la sentencia recurrible.

La estricta concepción de la igualdad entre los casos de la sentencia impugnada y de la sentencia de contraste, particularmente en cuanto a los hechos jurídicamente relevantes de ambos, excluye o dificulta que ciertas clases de asuntos accedan a un pronunciamiento de fondo, en el que se determine cuál es la más correcta interpretación y aplicación de las normas al caso litigioso cuya sentencia se ha recurrido, y, con ello, qué doctrina jurisprudencial ha de ser mantenida o establecida –*ex novo* o mediante un cambio evolutivo razonado– con relevancia para casos de características similares al enjuiciado. Esa dificultad se proyecta sobre aquellos asuntos para cuya resolución son decisivos principios del Derecho o normas que utilizan conceptos jurídicos indeterminados. Por el contrario, tienen más fácil acceso a la casación los asuntos litigiosos que derivan de relaciones jurídicas masificadas, porque éstas originan series de litigios iguales.

Podría decirse que el modo en que los recursos de casación para unificación de doctrina han fijado la atención en la igualdad en la aplicación de la ley, ha tenido como consecuencia –al menos en algunos supuestos– descuidar la igualdad en la interpretación de la ley.

En la casación civil, el "interés casacional", como requisito que determina que una resolución sea recurrible, es diferente. Así como en los procesos administrativo y laboral hay que comparar sentencias sobre casos iguales y con pronunciamientos diferentes, en el proceso civil también hay que comparar la sentencia que se pretende impugnar por "interés casacional", pero no directamente con otra sentencia, sino con doctrina jurisprudencial que se deduce de sentencias del TS –con la que la sentencia impugnada ha de hallarse en oposición–, o con sentencias de varias AP –con las que la sentencia impugnable coincide en haber resuelto un punto o cuestión sobre el que aquellas sentencias sostienen jurisprudencia contradictoria–. Completamente distinto es el supuesto de "interés casacional" consistente en que la sentencia impugnable aplique normas de reciente vigencia sobre las que falte doctrina jurisprudencial del TS.

Aunque para establecer si existe "interés casacional" también hay que comparar aspectos concretos de la sentencia que se quiere recurrir con los de otras sentencias, esos aspectos no están acotados tan estrictamente como en la casación para unificación de doctrina. Para el supuesto de oposición a la doctrina jurisprudencial del TS vale remitirse a la clásica doctrina de ese tribunal acerca de lo que él entiende que constituye jurisprudencia o doctrina jurisprudencial propia, así como llamar la atención sobre la interesante circunstancia de que es el propio TS quien determina las características de este parámetro de contraste. No es infrecuente en la práctica del TS la tendencia a invocar como sentencias de las que deriva doctrina jurisprudencial, sentencias entre las que falta toda igualdad o analogía de hechos relevantes, aunque coinciden en la formulación de determinadas tesis doctrinales.

En el segundo supuesto de "interés casacional" no existe doctrina jurisprudencial del TS, pero hay contradicción entre jurisprudencia de Audiencias Provinciales. El TS ha sostenido tesis generales rigurosas y contra la letra de la ley, que sólo requiere jurisprudencia contradictoria sobre "puntos y cuestiones" y no controversias sustancialmente iguales. La doctrina científica ha entendido que bastan divergencias interpretativas de normas aplicadas a hechos no necesariamente idénticos, sino análogos o meramente parangonables, siempre que esas divergencias sean causales del sentido de los pronunciamientos. Y el examen de las resoluciones del TS sobre admisión del recurso parece darles la razón a los autores.

3. Valoración de las dos técnicas y posibilidades de mejora del sistema de selección de asuntos

Las dos técnicas de recurribilidad analizadas merecen valoraciones encontradas desde los dos criterios con los que es conveniente examinar la selección de asuntos para su acceso a la casación.

En cuanto a la incidencia en la carga de trabajo del TS, los resultados de la casación para unificación de doctrina han sido reconocidos como apreciables –al menos en el proceso laboral–, mientras que los de la técnica del "interés casacional" de la LEC/2000 no parecen haber sido satisfactorios, principalmente en el ámbito judicial.

En cambio, por lo que hace a la posibilidad de que opten a un pronunciamiento de fondo del TS asuntos litigiosos de las clases más variadas, la recurribilidad por "interés casacional" ha resultado ser una técnica más adecuada. En

en el caso de que la lesión se afirme causada por la resolución de un tribunal contradictoria con otra (u otras) dictadas en casos sustancialmente iguales por un tribunal diferente, del mismo o de superior grado. La responsabilidad de hacer posible una solución a ese problema corresponde al legislador ordinario, que ha de configurar un sistema adecuado de recursos.

2. Dos técnicas para determinar las resoluciones recurribles en casación y que persiguen la igualdad en la aplicación de la ley

El legislador afrontó esa responsabilidad en los procesos laboral, administrativo y civil. En esos procesos sigue habiendo resoluciones que son recurribles en casación en atención a la cuantía y porque versan sobre determinadas (y limitadas) materias, pero también hay supuestos de recurribilidad especialmente diseñados para garantizar la uniformidad de la jurisprudencia y la igualdad en la aplicación de la ley. Respecto de esos supuestos se ha optado por una determinación legal, frente a la atribución de una potestad discrecional, aunque el grado de determinación no es el mismo en todas las regulaciones.

En el proceso laboral y en el proceso administrativo, este supuesto de recurribilidad se aplica en una modalidad de casación que se denomina "para unificación de doctrina". Su configuración es, en lo que importa, igual en ambos procesos.

En el proceso civil el supuesto hubiera podido tener una configuración similar, pero ésta fue sustituida en el Proyecto de ley por el requisito de "interés casacional".

El modo de expresar los criterios de selección de asuntos, aun estando orientados en todo caso a fines de uniformidad de la jurisprudencia y de igualdad en la aplicación de la ley, no es indiferente.

Los requisitos de la recurribilidad en casación para unificación de doctrina consisten, principalmente, en que la sentencia, de cuya impugnación se trata, comparada con otra u otras sentencias de tribunales determinados, haya llegado a pronunciamientos distintos, respecto de los mismos litigantes u otros diferentes en idéntica situación, y con base en hechos, fundamentos y pretensiones sustancialmente iguales. En definitiva, esta descripción acota

efecto, aunque las dos técnicas parten de una preocupación por la igualdad en la aplicación de la ley, el régimen del "interés casacional" parece más efectivo para tratar esa preocupación.

La selección de asuntos en la casación para unificación de doctrina se halla muy condicionada por la igualdad de los casos, de modo que cuanto mayor sea la heterogeneidad de los mismos en la realidad, menor será la oportunidad de acceso al TS por falta de caso comparable. Diferentemente, el "interés casacional" de la LEC/2000 atiende, con preferencia, a la igualdad en la interpretación, se centra en la norma y demás componentes del sistema de fuentes, especificando su significado. Si las sentencias del TS realizan esa especificación de significado con claridad, la toma en consideración de la misma, tanto por el TS, como por los tribunales de instancia, tendrá una eficacia expansiva de la interpretación igual de una norma (o de la fijación del contenido de un principio jurídico) a un mayor número de casos litigiosos, lo que favorecerá una correlativa aplicación igual de esa norma o principio jurídico.

Una observación final. El legislador español ha evitado, hasta ahora, atribuir al TS una potestad discrecional de selección de asuntos. En mi opinión, existe cierta discrecionalidad para-legal que afecta estrictamente a esa selección. Muy claramente la Sala Primera del TS afirma esa discrecionalidad, aunque no para excluir recursos, sino para admitirlos aunque falte la cobertura legal, al establecer en el apartado II.2 del "Acuerdo sobre criterios de admisión de los recursos de casación y extraordinario por infracción procesal" de 30 de diciembre de 2011, que, como excepción a la concepción del supuesto de "interés casacional" por "oposición o desconocimiento en la sentencia recurrida de la doctrina jurisprudencial del TS", se entenderá que ese interés existe:

"Cuando, a criterio de la Sala Primera del TS, la parte recurrente justifique debidamente la necesidad de modificar la jurisprudencia en relación con el problema jurídico planteado porque haya evolucionado la realidad social o la común opinión de la comunidad jurídica sobre una determinada materia.

Esta última excepción tiene el carácter extraordinario que se desprende de su naturaleza. Por ello, el recurso no es admisible cuando la Sala Primera del TS no aprecie la posibilidad razonable de que deba ser modificada la jurisprudencia".

También existe una discrecionalidad menos intensa, porque no se proyecta sobre la selección, sino sobre el modo de tratar un asunto ya seleccionado –por el Pleno de la Sala o, como regla general, por una sección; según el orden de registro del recurso o anticipando el debate y la sentencia por sus repercusiones en la resolución de otros asuntos–.

SECCIÓN PRIMERA
COSTES, EFICACIA DEL PROCESO Y SISTEMA DE RECURSOS

TASAS JUDICIALES Y FINANCIACIÓN DE LA JUSTICIA

VICENTE GIMENO SENDRA
Catedrático de Derecho Procesal de la UNED.
Magistrado emérito del T.C.

I. LA FINANCIACIÓN DE LA JUSTICIA Y EL ART. 119 C.E.

Como es sabido, la Justicia se financia a través de ingresos públicos y privados. Los ingresos públicos vienen determinados por los **impuestos** y las **tasas**, que pueden ser tanto estatales, como autonómicas (así el tramo autonómico del IRPF o las tasas judiciales autonómicas existentes en algunas autonomías[1] y que contribuyen a financiar los medios materiales y personales de las C.C.A.A. con competencia sobre la materia) y que están destinadas a satisfacer los gastos materiales y personales del Poder Judicial y de su personal auxiliar y colaborador. Y los ingresos privados consisten en el pago de los **honorarios de los Abogados y derechos arancelarios de los Procuradores** por su intervención en un proceso determinado.

Así, pues, impuestos y tasas, honorarios de Abogados y derechos de arancel de los Procuradores integran la totalidad de las vías de financiación de nuestra Justicia, cuya aplicación no puede ser reclamada en cualquier caso, ya que el art. 119 de nuestra Constitución dispone que "*La justicia será gratuita cuando así lo disponga la ley y, en todo caso, respecto de quienes acrediten insuficiencia de recursos para litigar*".

---

[1] Así, por ej. el art. 16 de la Ley 5/2012 de Cataluña o el anuncio que efectuó el Presidente del Consejo valenciano ante Las Cortes autonómicas el 26 de Abril de 2012.

Lo que viene a establecer este precepto constitucional es un doble derecho subjetivo público: a) un derecho constitucional de configuración legal, conforme al cual el Poder Legislativo es dueño de establecer la gratuidad de la justicia ante supuestos determinados[2], y b) un derecho fundamental "*...de quienes acrediten insuficiencia de recursos para litigar*".

La existencia de este segundo derecho fundamental deviene de la puesta en relación del art. 119 con el 24.1 C.E., ya que, si el derecho a la tutela judicial efectiva conlleva, como primera exigencia, la de que a toda persona le asiste el derecho al libre acceso a la justicia, cuando no pudiera satisfacer los gastos de dicho acceso, se vulneraría este derecho fundamental si no se le otorgara el beneficio de la justicia gratuita, puesto que, como señala el T.C., este beneficio "trata de asegurar que ninguna persona quede procesalmente indefensa por carecer de recursos para litigar" (STC 183/2001).

El derecho a la asistencia jurídica gratuita de *quienes carezcan de recursos para litigar* es, pues, un auténtico derecho fundamental instrumental del derecho a la tutela judicial efectiva, cuya infracción, a diferencia del derecho constitucional contenido en el art. 2 de la LGA, **abre las puertas al recurso de amparo**.

II. GRATUIDAD TOTAL Y PARCIAL

Aunque este derecho fundamental sea absoluto en todo lo referente al acceso a la primera instancia (no así, en su versión del derecho a los recursos[3]), no sucede otro tanto con el derecho constitucional de configuración legal que permite al Poder Legislativo establecer una gratuidad total o parcial, tanto objetiva como subjetivamente, siempre que, en este último caso, respete el no menor principio constitucional a la igualdad, contenido en el art. 14 C.E.

---

[2] Así los relacionados en el art. 2 de la Ley 1/1996, de 10 de enero, de Asistencia Jurídica Gratuita, de entre los que cabe señalar las Entidades Gestoras y Servicios Comunes de la Seguridad Social, las víctimas de violencia de género, de terrorismo y de trata de seres humanos o las asociaciones que tengan como fin la promoción y defensa de los derechos de las víctimas del terrorismo.

[3] Pues el derecho a los recursos lo ha de ser con arreglo al sistema de recursos preestablecido y bajo el cumplimiento de todos y cada uno de los requisitos que condicionan su admisibilidad (SSTC 37 y 58/1995).

Así, desde un punto de vista objetivo puede suprimir las tasas judiciales y decidir que la financiación de la justicia se efectúe exclusivamente a través de los impuestos o puede también mantener las tasas judiciales, pero reclamar su aplicación exclusivamente a las personas jurídicas y nunca a las físicas.

Lo primero es lo que efectuó el Gobierno socialista, al tramitar y obtener la aprobación de la Ley 25/1986, de 24 de diciembre de abolición de las tasas judiciales y del antiguo impuesto de actos jurídicos documentados que todavía gravaba la presentación de escritos judiciales, en cuya exposición de motivos expresamente se invocaba el art. 119 C.E.

Pero la Ley 25/1986 (que estuvo plenamente vigente hasta la promulgación de la Ley 53/2002, de 30 de diciembre de medidas fiscales, administrativas y de orden social, la cual reintrodujo las tasas judiciales para las personas jurídicas hasta que la Ley "Gallardón" 10/2012, de 20 de noviembre, extendiera también las tasas a las personas físicas) no estableció la gratuidad de la Justicia, sino tan sólo la exención del pago de uno de los tributos de su financiación: las tasas judiciales.

Ciertamente esta Ley se encuadraba en una política legislativa tendente a la obtención de la gratuidad de la justicia, de la que son fruto la Ley Orgánica 14/1983, de 12 de diciembre, por la que se garantiza la Asistencia Letrada al Detenido y al Preso o la instauración de la gratuidad de la acción popular (art. 20.3 L.O.P.J. 6/1985[4]), pero, ni consagró la gratuidad de la justicia, ni obedeció al desarrollo normativo del art. 119 C.E., sino que su causa fue muy otra: hacer desaparecer la circulación de dinero por los Juzgados para suprimir la, en aquella época, tristemente famosa "astilla".

III. LA CONSTITUCIONALIDAD DE LAS TASAS JUDICIALES

Como se ha dicho, las tasas judiciales fueron reintroducidas por la Ley 53/2002, de 30 de diciembre, de medidas fiscales, administrativas y de orden social, si bien limitadas a las personas jurídicas que ejercitaran su derecho a la tutela. Posteriormente, el Ministro Gallardón, a través de la Disposición

---

[4] Que debiera ser revisada ante el surgimiento de querellas políticas y espurias. Vide mi trabajo, *Justicia y Política*, en "El Cronista del Estado social y democrático del Derecho", noviembre de 2015, núm. 56, pág.29.

Final 3ª de la Ley 10/2012, de 20 de noviembre, las extendió también a las personas físicas, hasta que el Ministro Catalá, mediante el art. 11 del R.D-Ley 1/2015, de 27 de febrero, haya suprimido su aplicación en todo lo referente a las personas físicas.

Así, pues, en el momento actual, la vigencia de las tasas judiciales hay que reconducirla subjetiva y exclusivamente a las **personas jurídicas** que decidan ejercitar su derecho a la tutela, con lo que inmediatamente ha de surgir la pregunta siguiente: ¿son constitucionales las tasas judiciales?

Aunque el Consejo General de la Abogacía se haya manifestado por su inconstitucionalidad, la respuesta a la enunciada pregunta ha de ser, en principio, negativa, toda vez que el T.C. tuvo ya ocasión de pronunciarse sobre esta materia, en la STC 20/2012, de 16 de febrero, con ocasión de la declaración de constitucionalidad de la Ley 53/2002, que, como se ha dicho, estableció las tasas judiciales para las personas jurídicas.

Afirma esta sentencia que "*la justicia puede ser declarada gratuita, como hizo la Ley 25/1986. Pero resulta obvio que la justicia no es gratis. Si los justiciables no abonan el coste del funcionamiento de la justicia, el Poder Judicial debe ser financiado mediante impuestos, sufragados por los contribuyentes. Aunque resulta evidente que la justicia, en tanto que garantía del Estado de Derecho, implica beneficios colectivos que trascienden el interés del justiciable considerado individualmente, lo cierto es que la financiación pura mediante impuestos conlleva siempre que los ciudadanos que nunca acuden ante los Tribunales estarían coadyuvando a financiar las actuaciones realizadas por los Juzgados y las Salas de justicia en beneficio de quienes demandan justicia una, varias o muchas veces. Optar por un modelo de financiación de la justicia civil mediante impuestos o por otro... mediante tasas o aranceles..., es una decisión que en una democracia, como la que establece la C.E., corresponde al legislador*".

Así, pues, de la anterior doctrina, cabe destacar dos conclusiones, en mi opinión fundamentales: 1ª) Que el establecimiento de tasas judiciales es perfectamente constitucional, perteneciendo a la libertad de configuración del Poder Legislativo, y 2ª) que la supresión de las tasas judiciales traslada, a través de los impuestos, la carga fiscal de la justicia a los demás ciudadanos que no litigan, beneficiando a los querulantes que abusan torticeramente del derecho a la tutela judicial efectiva.

IV. LA INCONSTITUCIONALIDAD DE LA LEY 10/2012, DE 20 DE NOVIEMBRE

Si bien el T.C., como ha quedado dicho, declaró la constitucionalidad de la Ley 53/2002, también tuvo ocasión de afirmar, en la referida STC 20/2012, que "*esta conclusión general* (la de la constitucionalidad de las tasas) *sólo podría verse modificada si se mostrase que la cuantía de las tasas establecidas..., son tan elevadas que impiden en la práctica el acceso a la jurisdicción o la obstaculizan en un caso concreto en términos irrazonables...*".

Y esto es precisamente lo que sucedió con las cuotas fijas y variables de la Ley 10 /2012. Sirva, a título de ejemplo, el informe al Anteproyecto de Ley de tasas efectuado por el C.G.P.J., el cual ya puso de relieve, mediante un caso práctico, que, para una reclamación de cantidad de 3.001 euros efectuada en un juicio verbal, con recurso de apelación, se devengaría una cuota tributaria de 980 euros, lo que supondría un **36%** del total de lo reclamado. Si a dicha cantidad se suman los honorarios del Abogado, los aranceles del Procurador y (en el caso, al menos, de la C. A. catalana, la tasa judicial autonómica) y el depósito para recurrir previsto en la Disposición Adicional 15ª.3 de la L.O. 1/2009 (que la Ley 10/2012 no derogó), bien podríamos concluir en el efecto disuasorio del ejercicio del derecho fundamental a la tutela judicial efectiva, haciendo realidad la maldición de la gitana: "*pleitos tengas y los ganes*"...

De lo expuesto claramente se infiere que **lo que puede resultar inconstitucional es el establecimiento de unas cuotas de las tasas judiciales que impidan el libre acceso de los ciudadanos a sus tribunales**[5]. De aquí que haya de reputar como muy afortunado el R.D-Ley 1/2015 de abolición de las

---

[5] Del que fue consciente el propio gobierno, ya que mediante el R.D-L. 3/2013, de 22 de febrero (es decir, a los 3 meses de la publicación de la Ley de tasas), se rebajaron, en la jurisdicción contencioso-administrativa, sustancialmente las cuotas, las cuales provocaban que las tasas fueran superiores al importe de la sanción, de tal suerte que su nuevo art. 7.1 estableció que «*Cuando el recurso contencioso-administrativo tenga por objeto la impugnación de resoluciones sancionadoras, la cuantía de la tasa, incluida la cantidad variable que prevé el apartado siguiente, no podrá exceder del 50 por ciento del importe de la sanción económica impuesta.*».

tasas judiciales de las personas físicas, el cual ha evitado un pronunciamiento de inconstitucionalidad de la Ley 10/2012.

V. ¿INCONSTITUCIONALIDAD DE LAS TASAS DE LAS PERSONAS JURÍDICAS?

Pero las tasas judiciales siguen siendo reclamables para las personas jurídicas, ya que el art. 4.2.b de la Ley 10/2012, conforme a su nueva redacción operada por el R.D-Ley 1/2015 dispone que están exentas del pago de las tasas judiciales "*las personas jurídicas a las que se les haya reconocido el derecho a la asistencia jurídica gratuita, acreditando que cumplen los requisitos para ello de acuerdo con su* ***normativa reguladora***", normativa reguladora que ha desaparecido, porque la Disposición derogatoria Única de la Ley 10/2012, derogó el art. 35 de la Ley 53/2002, con lo que inmediatamente ha de surgir la duda consistente en determinar si el establecimiento indiscriminado de dichas tasas a toda persona jurídica puede ser inconstitucional.

Por una respuesta negativa abonaría la doctrina sustentada por la STC 117/1998, conforme a la cual el contenido indisponible del art. 119 CE sólo es reconducible a la persona física, única de la que puede predicarse "*un nivel mínimo de subsistencia personal o familiar*".

Pero permítasenos reconocer mi error al suscribir esta sentencia (de la que fui ponente) y discrepar con esta doctrina, pues ni el art. 119, al establecer que "*la justicia será gratuita...* ***en todo caso****, respecto de quienes acrediten insuficiencia de recursos para litigar*", ni el art. 24.1, al afirmar que "***todos*** *tienen derecho a la tutela*", efectúan distinción alguna entre las personas físicas y las jurídicas, pudiendo suceder, como así ocurre en la práctica forense, que una determinada sociedad se encuentre en las puertas de un concurso con "insuficiencia de recursos para litigar", por lo que, de denegarle el beneficio de la justicia gratuita, se le ocasionaría una indefensión material.

Por ello, y porque como dispone, por ejemplo, el art. 19.3 de la "*Grundgesetz*" alemana, «*Los derechos fundamentales se extienden a todas las personas jurídicas nacionales, en la medida en que, con arreglo a su respectiva naturaleza, aquéllos les sean aplicables*» (derechos fundamentales de entre los que se encuentra el derecho a la tutela judicial efectiva con respecto al cual no existe duda alguna de que es también de la titularidad de las personas jurídicas), es claro que a las personas jurídicas les ha de asistir el también derecho fundamental a la gratuidad de la justicia, sin que exista justificación objetiva y razonable alguna de la existencia de esta discriminación con respecto a las personas físicas.

Quizás hayan sido éstas las razones las que indujeron al propio T.C. a modificar su jurisprudencia del "nivel mínimo de subsistencia personal". Y, así, en la STC del Pleno 20/2012, de 16 de febrero, tuvo ocasión de afirmar implícitamente la capacidad de las personas jurídicas para obtener el beneficio de la justicia gratuita. Y es que el T.C. no declaró entonces inconstitucional la tasa de las personas jurídicas, porque el art. 35 de la Ley 53/2002 contemplaba no pocas exenciones en el pago de dicha tasa a fin de evitar la indefensión material. De este modo, comprobó que "*...se encuentran exentas las entidades sin fines lucrativos, las que no están sujetas al impuesto de sociedades y los sujetos pasivos que, según la legislación de dicho impuesto, son considerados de reducida dimensión. Como precisa el Abogado del Estado, estas exenciones legales conducen a que solamente queden sujetas al pago de las tasas judiciales las personas jurídicas con ánimo de lucro cuya cifra de negocios hubiere alcanzado, en el período impositivo anterior, un importe neto superior a seis millones de euros. El Fiscal concluye, igualmente, que quienes vienen obligadas al pago de las tasas judiciales son las grandes empresas que acuden a la justicia a reclamar sus derechos económicos, como son las compañías de seguros de grandes dimensiones*".

Pero, tal y como se ha avanzado, la Disposición derogatoria Única de la Ley 10/2012, derogó el art. 35 de la Ley 53/2002 y, con él, las exenciones contempladas en dicho precepto, por lo que las únicas personas jurídicas que gozan del beneficio de la justicia gratuita son hoy las contempladas en el art. 2.c de la Ley 1/1996, de asistencia jurídica gratuita (esto es, las asociaciones de utilidad pública y las fundaciones inscritas en el Registro).

Esta falta de regulación o anomia legislativa puede provocar, en la práctica forense, situaciones de indefensión material de las demás personas jurídicas no contempladas en el referido art. 2 de la L. 1/1996, a las que no les quedará otro remedio que interponer el pertinente recurso de amparo.

VI. CONCLUSIÓN

Ante esta situación debiera el Gobierno promover una nueva Ley que, bien aboliera las tasas judiciales, bien las estableciera tanto a las personas físicas, como a las jurídicas, siempre y cuando tengan un nivel de renta o de capacidad tributaria por el impuesto de sociedades que les permita sufragar el coste parcial de la justicia sin que en ningún caso se les produzca indefensión.

CALIDAD Y EFICIENCIA DE LA JUSTICIA: HACIA UNA POLÍTICA DE LOS MEDIOS DE IMPUGNACIÓN

FRANCISCO RAMOS ROMEU[1]
Universidad Autónoma de Barcelona

RESUMEN
El presente trabajo elabora un modelo de análisis económico del derecho que sienta las bases para una política coherente sobre la regulación de los medios de impugnación como instrumento para mejorar la calidad de la justicia. Se analizan los principales parámetros del sistema –probabilidad de acierto de la primera instancia, probabilidad de acierto de la segunda, selectividad del sistema, costes y cuantía de los recursos–, se examinan sus relaciones y se derivan algunas consecuencias. Entre otras conclusiones, se demuestra que no son deseables los medios de impugnación cuando no hay gravamen; cuando los costes de la segunda instancia superan a la cuantía del recurso; cuando la calidad de la segunda instancia es inferior a la primera y el filtro de recursos es antiselectivo; y que un sistema con recursos puede ser mejor aunque en los recursos correctos la probabilidad de acierto de los tribunales sea inferior que en los recursos incorrectos.
PALABRAS CLAVE: Calidad de la justicia, Medios de impugnación, Análisis económico

SUMMARY
This paper develops a model of economic analysis of law to ground a coherent policy of the regulation of appeals mechanisms as a means to improve the

[1] Profesor Titular de Derecho Procesal de la Universidad Autónoma de Barcelona, Doctor en Derecho por la Universidad Autónoma de Barcelona 2005 y Juris Science Doctor por la New York University School of Law 2003. Agradezco los comentarios de los participantes en la "Jornada internacional sobre coste de la justicia y el sistema de recursos en el proceso civil", celebrada en la Facultad de Derecho de la Universidad de Valencia los días 10 y 11 diciembre 2015. También agradezco a mi familia su paciencia. Cualquier comentario es bienvenido: francisco.ramos@uab.es.

quality of justice. It analyzes the main parameters of the system –probality of error of the first instance, probability of error of the second instance, selectivity of the system, costs of the second instance and amount at stake–, examines its relations and derives some consequences. Among others, it shows that appeals mechanisms are not desirable if there is no harm to justify the appeal; if the costs of the appeal are higher than the amount of the case; if the quality of the first instance is lower than the quality of the second instance and the system is anti-selective of appeals; and that a system with appeals can still be better even if correct appeals have a lower probability of reaching a correct decision than do incorrect appeals.
KEYWORDS: Quality of justice, Appeals mechanism, Economic analysis

I. CALIDAD Y EFICIENCIA DE LA JUSTICIA Y MEDIOS DE IMPUGNACIÓN

Cuando hablamos de la calidad de la justicia podemos referirnos, implícita o explícitamente, a una variedad de aspectos del funcionamiento de la justicia. Así, decimos que una justicia de calidad es una justicia que tiene una duración razonable, identificando mayor calidad con menor duración. También decimos que una justicia de calidad es una justicia profesional en que se decide conforme a derecho, y no conforme a presiones, amiguismos, y sobornos, identificando mayor calidad con menor corrupción. Y también decimos que una justicia de calidad es una justicia que acierta, es decir una justicia que da la razón a quién la tiene según los hechos y el derecho, y aquí mayor calidad quiere decir mayor acierto y menos errores.

Sin descartar que todos estos aspectos de la calidad son importantes, en este estudio me detendré en la última concepción de "calidad", ya que es la que está íntimamente relacionada con la impugnación de las resoluciones judiciales. En efecto, el establecimiento de recursos contra las sentencias se justifica principalmente por el riesgo de que el juez de primera instancia pueda haber cometido un error, error que podrá ser corregido en vía de recurso por otro tribunal. Los medios de impugnación son el principal mecanismo mediante el cual el sistema judicial corrige errores y mejora su calidad. El concepto de "calidad" puede aplicarse tanto a un juzgado en concreto, como a un sistema judicial en su conjunto, y así lo haremos a lo largo de este trabajo.

No todos los medios de impugnación tienen una función "correctora". Hay otros cuya función es "creadora" de derecho, aunque a veces es difícil separar ambas funciones. Así, en el sistema procesal español de la LEC, el recurso de apelación es el recurso corrector por antonomasia: su objetivo es que la Audiencia Provincial revise y corrija cualquier error del juzgado de instancia. En cambio, el recurso extraordinario por infracción procesal y el recurso de casación significativamente son recursos cuya función no es meramente correctora, sino creadora de derecho. Ambas funciones han sido tratadas por el análisis económico del derecho (Ver Cooter y Ulen 1998: 533-535, Daughety y Reinganum 2000, para modelos de recursos de creación del derecho; ver Shavell 1995 y Cameron y Kornhauser 2005 y 2006 para modelos de recursos correctores).

Ahora bien, centrados en la función "correctora", todavía pueden distinguirse dos grandes concepciones del "error" en la administración de justicia. Así, una primera concepción "política", equipara el error con la divergencia entre el resultado de la sentencia dictada por el juez *a quo* y el resultado que hubiera sido preferido por el juez *ad quem*. Es decir, una sentencia errónea es aquella en que el juez de instancia se aparta de las preferencias "políticas" de los jueces de apelación. Parte de que cuando los jueces juzgan expresan preferencias, no emiten juicios. Aunque es una concepción más frecuente en estudios políticos del sistema judicial, también se ha utilizado en modelos de análisis económico del derecho (Mialon, Rubin, Schrag 2005; Shavell 2006).

Esta puede diferenciarse de una concepción "jurídica", que es la que nos interesa a los efectos de este trabajo, en la que el parámetro de corrección viene determinado por el derecho. Una sentencia "incorrecta" en esta concepción es aquella en que el juez *a quo* no ha determinado correctamente los hechos –en cuyo caso hablamos de "error de hecho"– o no ha aplicado correctamente el derecho –lo que se llama "error jurídico" o "error de derecho"–. Es la concepción de la que suele partir la doctrina procesal y también la encontramos en el análisis económico del derecho (Shavell 1995; Cameron & Kornhauser 2006)[2].

---

[2] La concepción de "error" de que se parte tiene influencia decisiva sobre la configuración del sistema de medios de impugnación. Una concepción "política" de error justifica fácilmente que no haya resoluciones que escapen al control de tribunales superiores, ni límites a los extremos que se puedan revisar. En cambio, una concepción "jurídica" de error puede considerar motivos válidos para limitar las sentencias o extremos recurribles, como también para que se "delegue" a

El diseño del sistema de medios de impugnación ha sido una constante preocupación de la doctrina procesal para ajustar la calidad del sistema. También ha sido parte de las políticas públicas, especialmente en época de recortes, dando lugar a controversia. Desde la promulgación de la LEC, se han producido diversas modificaciones del sistema. La calidad de la justicia va a tener efectos importantes sobre las decisiones que toman los actores que se ven sometidos al sistema judicial. El objeto de este trabajo es por tanto presentar un modelo que pueda servir para sentar unas bases coherentes de una política de medios de impugnación correctores de errores jurídicos, en aras a mejorar la calidad de la justicia. Además, la calidad es un aspecto del derecho a la tutela judicial efectiva, que se tiene que prestar con el mejor uso de los recursos sociales posibles. Tenemos que hablar de la eficiencia de la calidad y ver los mínimos que tiene que cumplir el régimen de recursos para que valga la pena. Aquí se ofrece un modelo que puede ayudar a analizar los problemas, que se apoya en estudios previos de análisis económico del derecho, pero incorpora también variaciones y mejoras.

Este es nuestro objetivo, que se desarrolla del siguiente modo: el apartado II analiza el modelo estándar de la calidad de la justicia, sin que existan medios de impugnación, e introduce el concepto de eficiencia de la calidad; en el apartado III, se modifica el modelo para añadir los medios de impugnación; seguidamente, el apartado IV compara la calidad de un sistema procesal sin medios de impugnación con la de otro con ellos y se derivan diversas consecuencias. El apartado V concluye con algunas consideraciones generales sobre lo que aporta el modelo y líneas de posibles investigaciones futuras.

II. CALIDAD DE LA JUSTICIA SIN RECURSOS

Empezaremos por exponer el modelo económico estándar de la calidad de la justicia, tal y como se explica en los manuales de análisis económico del derecho (Shavell 2004:548; Cooter y Ulen 1998:531-532). Se definen y explican sus parámetros, y luego se estudian variaciones de estos parámetros, y se presenta el concepto de eficiencia de la calidad.

---

las partes la decisión de recurrir, en atención a su mayor conocimiento del caso. Qué concepción incorpora su sistema jurídico es una cuestión que dejo al lector.

1. Parámetros del modelo

Simplificando, cuando el juez dicta una sentencia en un determinado caso, resulta uno de los dos tipos de sentencia que se indican en la Tabla 1: sentencias correctas y sentencias incorrectas. La distinción es consecuencia de comparar la decisión del juez, con lo que, conforme a derecho, sería la decisión correcta.

Tabla 1. Decisión del juez y error judicial.

		Ordenamiento jurídico	
		Demandante tiene razón	Demandante no tiene razón
Juez	Desestima demanda	Sentencia incorrecta (Daños = d)	Sentencia correcta (Daños = 0)
	Estima Demanda	Sentencia correcta (Daños = 0)	Sentencia incorrecta (Daños = d)

Como se ve, si el demandante tiene razón conforme al ordenamiento jurídico y el juez estima la demanda, la sentencia es correcta. También lo es si el demandante no tiene razón conforme a derecho y el juez desestima la demanda. En cambio, nos encontraremos frente a una sentencia incorrecta si conforme a derecho el demandante tiene razón pero el juez no se la da, o bien si no la tiene, pero el juez se la da igualmente. En un determinado caso, la sentencia es correcta o incorrecta, pero hay dos tipos de errores: dar la razón a quién no la tiene y quitársela a quién la tiene. No es necesario a los efectos de este trabajo dar mucho más contenido al concepto de "corrección" de la resolución judicial, pero sí aceptar que es un fin compartido por los actores del sistema judicial, en particular jueces y abogados, y que tiene un núcleo mínimo, aunque a veces cueste encontrarlo y sea discutido.

Cuando se produce un error al juzgar, resultan unos daños, que llamaremos d d, y que será una magnitud de valores numéricos sólo positivos. Puede interpretarse como la gravedad del error e identificarla con el interés litigioso –la cuantía del proceso–. Es decir, si en una reclamación de cantidad de un millón de euros, el juez no le da la razón a quién la tiene, la consecuencia es que el millón de euros no se asigna a quién le corresponde conforme a derecho, y por tanto $d_1 = 1.000.000$ €[3]. Este error es más grave que el que se produce si la reclamación es de mil euros, ya que entonces $d_2 = 1.000$ €, y obviamente $d_1 > d_2$. Por tanto, d es la magnitud del error y denota su gravedad. Si no hay daño, $d = 0$[4].

Definiremos la calidad de la justicia como la probabilidad p p entre [0,1] de que la decisión del juez sea correcta en el caso concreto. Si el juez siempre acierta, es decir si $p = 1$, la justicia será de máxima calidad y nunca habrá errores judiciales. En cambio, si el juez nunca acierta, lo que se representa en que $p = 0$, entonces la justicia será de calidad nula, y todo serán equivocaciones. La calidad de la justicia varía entre estos extremos, de forma que diremos que a mayor p, mayor calidad. El opuesto, es decir $1 - p$, será por tanto la probabilidad de que se produzca un error.

La calidad p del sistema judicial estará en función de diversos factores de dos tipos principalmente: por un lado, los que entrañan un coste, tales como el número, formación y experiencia de sus jueces y funcionarios, los medios materiales y tecnológicos de que dispongan, pero también de los abogados y procuradores, y un largo etcétera. En general, todos estos factores, sean aportados por el Estado o por las partes, tendrán un coste c, variable que adopta valores numéricos positivos; por otro lado, los que no entrañan coste pero sí definen el rendimiento de la inversión en justicia, como pueden ser la ley y las instituciones procesales, pero también las prácticas establecidas y la motivación de las personas que trabajan en la administración[5]. Estos se incorporan

---

3 Para clarificar: si el juez no le da la razón al demandante que la tiene, la consecuencia es que el demandante pierde un millón de euros que le corresponderían conforme al ordenamiento jurídico. Y vice-versa: si el juez le da la razón al demandante que no la tiene, es el demandado el que sufre un daño $d = 1.000.000$ €. El lector atento no dejará de observar que según quién tiene razón y el sentido de la decisión, el damnificado puede ser el demandante o el demandado, lo que no es lo mismo para los involucrados. Pero socialmente, tanto si el afectado es el demandante como si es el demandado, es un error igual de importante.

4 Si el juez se equivoca en el importe de la responsabilidad, entonces la magnitud del error se reduce a la diferencia entre la cuantía concedida y la que hubiera correspondido conforme a derecho. Se simplifica la cuestión para centrar el estudio en el núcleo de la teoría y sus consecuencias. Pero valdría sin duda la pena investigar el error en el importe en una extensión de este modelo.

5 Por ejemplo, los jueces pueden disponer de los medios tecnológicos ya para realizar comunicaciones por vía telemática. Ahora bien, mientras la ley procesal restrinja el uso de dichas comunicaciones, o establezca el uso de otros, no se le está sacando todo el partido a los medios de que se disponen. Con un simple cambio de la norma procesal relativa a la forma de llevar a

al modelo en la función $p()$. Así, diremos que la calidad de la justicia es una función de la inversión c, y su rendimiento $p()$, es decir $p(c) = f(c)$. Ahora bien, es de suponer que esta relación $p()$ es decreciente y llegará un punto en que una inversión más en justicia, no mejorará mucho más su calidad: no en el mismo grado como lo hizo el estipendio pagado al primer juez, y será más parecido a poner a dos jueces a resolver un solo y mismo caso sencillo. La Ilustración 1 muestra la relación $p(c)$ posible entre gasto y calidad del sistema judicial con rendimientos decrecientes[6].

Ilustración 1. Función de calidad de la justicia.

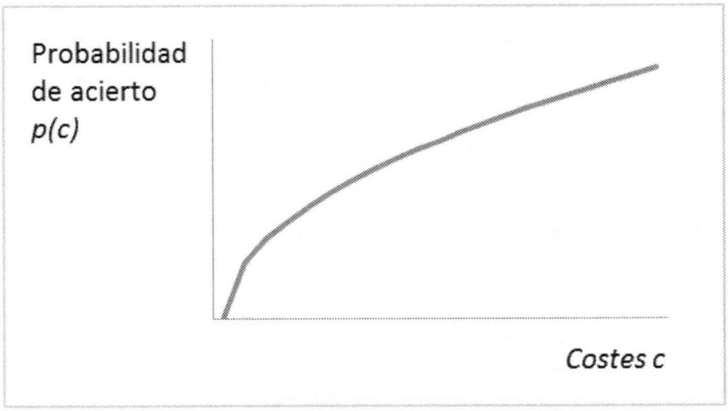

Con los anteriores parámetros básicos, el grado de calidad de un sistema judicial sin recursos se puede caracterizar con la siguiente ecuación [1] que pone en relación los daños d, el rendimiento de la inversión en la probabilidad de acierto $p()$, y el coste c del sistema, y nos permite decir que el grado de calidad de un sistema judicial concreto vendrá determinado por los daños esperados por errores judiciales que se producen dada su inversión en justicia

cabo las notificaciones, que podemos suponer no tiene prácticamente coste, se puede mejorar el rendimiento que los tribunales sacan a sus ordenadores.

[6] La forma concreta de la relación f entre c y p, es decir cómo cambia p en función de c, dependerá de la ley procesal pero también de muchos otros factores empíricos que podemos dejar de lado en esta teoría general.

y su rendimiento. La suma de estas magnitudes constituye los costes sociales de la calidad de ese sistema[7]:

Costes sociales de la calidad =

Daños esperados por sentencias incorrectas

\+ Costes de justicia

$$\text{Costes sociales de la calidad} = \left(1 - p(c)\right) \times d + c \qquad [1]$$

En un sentido amplio, la calidad del sistema judicial no es sólo la probabilidad de acierto, sino los daños que se causan si no se acierta, y los costes que son necesarios para obtener ese grado de acierto, y el rendimiento que la define. Este es un modelo bastante sencillo, con sólo cuatro parámetros. Hay muchas cosas que no tiene en cuenta y sobre las que no dice nada, pero por algo hay que empezar y nos permite ya algunas reflexiones[8].

2. Efectos de variaciones de los parámetros sobre la calidad

Veamos ahora los efectos que tienen variaciones de los parámetros de la ecuación [1] sobre el grado de calidad global del sistema. *Ceteribus paribus*, es decir, si se mantienen los demás parámetros iguales, el aumento del ren-

---

[7] Hablamos de "costes sociales de la calidad" por convención con la terminología usada por los economistas, ya que "daños" y "costes" se valoran negativamente. Pero podemos hablar también, y de hecho hablamos, de un grado de calidad determinado por la "inversión en calidad", la "mejora en el acierto de la justica" y el "ahorro en daños por errores".

[8] Para ser más precisos, habría que especificar que, en un sistema judicial dado con n casos i, si es posible ajustar el gasto y probabilidad de acierto en cada caso i, los costes sociales totales será la suma para todos los casos $i = 1, 2, 3 \ldots, n$: $\sum_{i=1}^{n}\left(1 - p_i(c_i)\right) \times d_i + c_i$. Si no es posible ajustarlos en cada caso ii, sería la suma $\sum_{i=1}^{n}\left(1 - p(c)\right) \times d_i + c$. En esta ecuación, el gasto total en calidad y la probabilidad de acierto son generales, sólo varía la cuantía de cada caso. Posiblemente haya algunos gastos que sí sea posible ajustar en cada caso (*i.e* el tiempo del juez) y otros que no (*i.e.* el gasto en ordenadores), con lo que la ecuación se podría complicar más. Con varios casos, también se ve mejor que los costes sociales totales dependen de la distribución de d en los n casos: es decir, si son todos casos de mucha cuantía, de poca cuantía, cuántos hay de cada tipo, etc. Igualmente, pO_i es una distribución que puede variar en los n casos, y por ejemplo sería interesante tener en cuenta su varianza. El modelo del texto es simple, pero estructura ya bastante el análisis.

dimiento de la inversión en calidad $p()$, hará disminuir los daños esperados, mejorando la justicia; la reducción de la magnitud de las cuantías involucradas en los casos d, mejorará también la calidad de la justicia; en cambio, la reducción de los costes c tiene efectos ambiguos: aunque puede contribuir a reducir los costes sociales totales, también reducirá la probabilidad de acierto de los jueces y por tanto aumentará los costes sociales totales. Esto es algo que vale la pena recordar, que las políticas de mera reducción de costes tienen efectos perniciosos que deben considerarse. Veamos la cuestión del valor óptimo de c para que cosas como estas no ocurran.

Pero antes obsérvese que influir sobre estos parámetros en el sentido deseado no está siempre al alcance. La magnitud de los daños por error judicial d vendrá principalmente dada por la cuantía de los litigios, y normalmente el legislador no podrá actuar sobre la misma de forma directa en el corto plazo, aunque quizá sí indirectamente y dentro de políticas más amplias. En cambio, el legislador puede actuar con mayor facilidad tanto sobre c, invirtiendo más en justicia, como sobre $p(c)$, es decir, mejorando el rendimiento de la inversión en calidad de la justicia. A su vez, esto primero es, en principio, más fácil que lo segundo[9].

3. Eficiencia de la calidad de la justicia

La ecuación [1] permite concretar el concepto de eficiencia de la calidad de la justicia. El parámetro normalmente de interés es c, el gasto en justicia, porque como hemos visto es aquel sobre el que el sistema político puede operar más fácilmente. Supongamos que se está diseñando un paquete de medidas de mejora de la calidad de la justicia, y hay que decidir a cuántos jueces más contratar. Contratar un juez aumenta c, pero también reduce p. ¿Cuantos jueces hay que contratar, si hay que contratarlos?

---

[9] Así, en cuanto a aumento de gasto, puede contratar más jueces, de forma que mejore la ratio de casos por juez, y por tanto el tiempo que cada juez puede dedicar a los casos de su juzgado, reduciendo la probabilidad de errores. En cuanto al aumento del rendimiento del gasto, puede por ejemplo permitir el uso de las nuevas tecnologías, liberando tiempo de trabajo que puede invertirse en estudiar asuntos judiciales, pero también se puede vigilar más el desempeño de cada juez con mejores medios tecnológicos.

Un ejemplo numérico puede ser útil para clarificar la existencia de una inversión óptima en la calidad de la justicia. Imagínese que c, $p()$ y d tienen las magnitudes y relaciones que se muestran en la Tabla 2. El legislador tiene que decidir cuánto jueces contratar: cada juez cuesta 10, cuantos más jueces contrata, más acierto tiene el sistema, y hay varios litigios a decidir con una cuantía total agregada de 100.

Tabla 2. Costes sociales de la calidad de la Administración de Justicia.

Costes justicia c	Probabilidad de acierto $p(c)$	Daños de errores d	Costes sociales $(1-p(c)) \times d + c$
10	0,5	100	60
20	0,8	100	40
30	0,85	100	45

La magnitud de los daños por errores judiciales es en agregado 100 €, y la magnitud en sí es independiente de cuántos jueces se contraten. Si se contrata sólo un juez, se invierte 10 € en justicia, la probabilidad de acierto es de 0,5, con lo que los costes sociales totales del sistema son 60 €, 10 € de gasto en jueces más 50 € en daños esperados de errores judiciales. Si se contratan dos jueces con una inversión total de 20 €, la probabilidad de acierto aumenta a 0,8 y los costes sociales totales disminuyen a 40 €. Sería pues deseable hacer una inversión total de 20 € en justicia y contratar dos jueces, ya que con la contratación de un juez adicional por 10 € se han disminuido marginalmente los costes sociales totales en 60 - 40 = 20 €. Si se contrata un tercer juez, aumenta la inversión en justicia a 30 €, la probabilidad de acierto aumenta a 0,85, pero ahora los costes sociales totales aumentan también a 45 €, y hay más costes sociales totales que antes. ¿Qué ha sucedido? Como existen rendimientos decrecientes de la inversión en justicia, resulta que si se contrata un tercer juez e invierte 10 € más en justicia, sólo se consigue un pequeño aumento en la probabilidad de acierto de los tribunales, lo que conlleva una pequeña reducción de los daños esperados de un error judicial. La reducción es de (0,85 - 0,80) $\times$ 100 = 5. Se contrataría un tercer juez por 10 € más, para sólo una mejora marginal en reducción de daño esperado de 5 €, y por eso los costes sociales totales han aumentado. No se justificaría por tanto contratar a 3 jueces e invertir 30 € en justicia. Con los números de este ejemplo, el gasto eficiente c^* en calidad de la justicia es contratar dos jueces por 20 €. Pero vale la pena no olvidar que esto depende del rendimiento $p()$ que hemos postulado y mejorando este rendimiento, podría cambiar c^*.

De forma más general, dado que la inversión en calidad de la justicia tiene rendimientos decrecientes, existirá un nivel de gasto c^*, el gasto eficiente en calidad de la justicia, en que no saldrá a cuenta invertir más en aumentar la calidad de la justicia porque no se justificará por la reducción en daños esperados. Esto se evidencia en la Ilustración 2 de una posible relación entre el gasto en justicia y el coste social de la calidad, teniendo en cuenta este gasto c, su rendimiento $p(c)$ y la cuantía de los litigios d:

Ilustración 2. Calidad y costes sociales de la justicia.

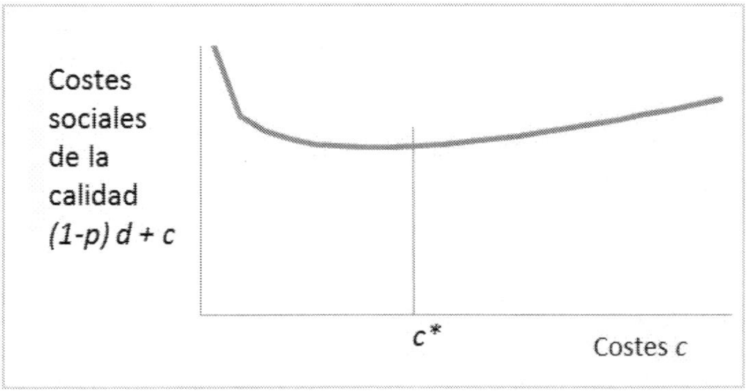

Existe por tanto un gasto eficiente en calidad de la justicia. El concepto sirve para saber cuándo y cuánto gastar, pero también sirve para saber si hay que recortar un determinado gasto o no. El razonamiento en caso de ahorrar es sólo a la inversa: será eficiente recortar un gasto en calidad de la justicia si no comporta un aumento del daño esperado de los errores judiciales mayor. Habrá un nivel c^* en que no saldrá a cuenta ahorrar más en calidad de la justicia. Lo difícil a menudo es saber de qué lado del punto c^* se está.

4. Objetivos y limitaciones

Planteemos ahora la cuestión del objetivo que debe perseguirse al tratar de la calidad de la justicia.

El único objetivo no puede ser el de maximizar sólo p, la probabilidad de acierto como propondrían seguramente muchas teorías deontológicas, porque esto podría ser carísimo y tener beneficios triviales[10]. Tampoco es obviamente reducir los costes c, como podría presuponer una interpretación simple de las teorías económicas. Pero tampoco sólo es reducir o minimizar los costes sociales totales de la calidad de la justicia, es decir, minimizar la ecuación [1]. Este último es el objetivo habitual, y posiblemente único, que se marcan muchos analistas económicos del derecho. Esto es coherente si se supone que el modelo incorpora todo lo relevante. Pero puede haber otros posibles objetivos, o limitaciones que hay que tener en cuenta. Quizá el objetivo de reducir los costes sociales totales de la calidad, debe compatibilizarse con el de mantener un nivel mínimo de acierto p^*, exigido, por ejemplo, por mandato constitucional. Es decir, puede haber otros condicionantes, que no están en el modelo.

El objetivo global pues lo tiene que determinar el interés del investigador, del planificador de políticas públicas, quienes tengan que actuar sobre la calidad de la justicia, y lo mejor es desde luego discutir de frente cuál es el objetivo que debemos marcarnos. Ahora bien, suponiendo por regla general que hay un nivel de calidad deseable, no es una mala política tratar de mejorar la eficiencia del sistema. La eficiencia del sistema sería un objetivo más que, en su caso, debería compatibilizarse con otros. El modelo nos ayuda a

---

[10] Una interpretación de una teoría deontológica, no-consecuencialista, dentro del marco que proponemos podría ser esta: no debemos tener en cuenta las consecuencias del error, sino la calidad intrínseca de la justicia p, porque un error al juzgar, es un daño absoluto, independiente de sus consecuencias. No está claro entonces qué parámetro podría limitar la tendencia de una teoría deontológica a exigir un p máximo, aunque tuviera que empeñar todos el gasto público y el beneficio fuera insignificante. Una teoría económica consecuencialista no estaría dispuesta a eso, diría que debemos tener en cuenta las consecuencias de nuestras decisiones, y por tanto pd, a la hora de decidir qué grado de calidad/error es aceptable. Primero se plantearía si la inversión cc realmente tiene alguna consecuencia deseable en términos de pd. La pregunta para una teoría deontológica es entonces: existe algún parámetro externo que nos diga cómo se determinan el gasto c^*o la calidad p^* óptimas. No me cabe la menor duda de que debe haber una respuesta, quizá en términos previos de qué dinero está disponible para distribuir entre distintos servicios públicos.

entender los efectos de variaciones en los parámetros del modelo, de cambios normativos, de políticas de gasto, sobre la calidad de la justicia y su eficiencia. En ocasiones, podremos dar por supuestas otras limitaciones, y centrarnos en reducir los costes sociales totales de la calidad. Por ejemplo, a la hora de escoger entre dos sistemas con parámetros distintos, suponiendo que ambos cumplen con el nivel mínimo de calidad, hay un argumento para preferir el sistema en que los costes sociales de la calidad sean menores. Esta es la base de las comparaciones que siguen.

5. Comparaciones entre sistemas

Desde otro punto de vista, la ecuación [1] permite aproximarnos a la comparación de dos sistemas judiciales con sus propios parámetros, y que nos demos cuenta de que es más complejo de lo que parece. Así, entre dos sistemas s_1 y s_2, s_1 es mejor que s_2 si el coste social total de la calidad de su justicia es menor:

Costes sociales de la calidad s_1 < Costes sociales de la calidad s_2

$$(1 - p(c)_1) \times d_1 + c_1 < (1 - p(c)_2) \times d_2 + c_2$$

De esta inecuación, se aprecia que para comparar el grado de calidad de cada sistema no es suficiente comparar el gasto en justicia, es decir c_1 y c_2. Para verlo, asumamos que el gasto es igual en los dos sistemas, es decir $c_1 = c_2$. Aún pueden ser mejor uno u otro según cuál acierte más porque tiene mejor rendimiento $p()$ y/o casos de menor cuantía dd. De hecho, cada sistema puede tener necesidades muy distintas por los casos que se le plantean y su rendimiento de la inversión en justicia. En definitiva, el grado de calidad de un sistema justicia medido por sus costes sociales totales, puede ser muy distinto a lo que resulte de comparar su gasto en justicia.

Tampoco es suficiente comparar la probabilidad de acierto. Como antes, si se asume que la probabilidad de acierto en los dos sistemas es igual, es decir si $p(c)_1 = p(c)_2$, será mejor el sistema que saque mayor partido a su inversión c y tenga litigios de menor cuantía d. En otras palabras, aunque dos sistemas tengan ratios de sentencias revocadas en vía de recurso iguales, ello no quiere decir que sean de igual calidad, ya que su inversión en calidad puede ser muy distinta y la gravedad de los errores también.

Si costes y probabilidad de acierto son iguales en los dos sistemas, entonces será mejor el sistema en que la cuantía de los litigios sea inferior. Esto sugiere una política para aumentar la calidad: expulsar del sistema a los litigios grandes. En el marco de un sistema judicial integrado de varios ordenamientos jurídicos, esto puede introducir interesantes problemas de competencia entre jurisdicciones y también perfilar intereses comunes.

III. CALIDAD DE LA JUSTICIA CON RECURSOS

Ahora presentamos el modelo de la calidad de la justicia con recursos, reflexionamos sobre las variaciones de los nuevos parámetros del modelo y destacamos algunas limitaciones prácticas. El modelo se inspira en la caracterización de un sistema con recursos elaborada por Cameron y Kornhauser (2006).

1. Parámetros del modelo

Para entender el funcionamiento de un sistema judicial con medios de impugnación y el impacto que tiene sobre la calidad de la justicia, debemos especificar primero este sistema con recursos. En sus términos más simples, es como se reproduce en la Ilustración 3.

Ilustración 3. Caracterización de un sistema judicial con medios de impugnación.

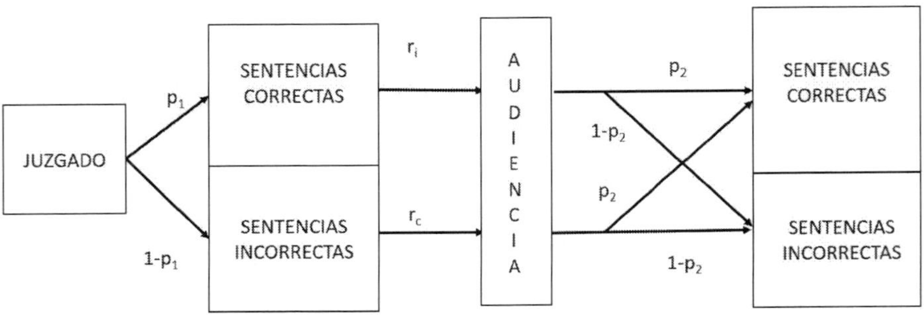

En este sistema, el juzgado de primera instancia invierte c_1 en el caso y dicta una sentencia que tiene una probabilidad p_1 de ser correcta y $1 - p_1$ de ser incorrecta y que si es incorrecta causa unos daños d[11]. Hasta aquí, serían los mismos parámetros que el modelo sin recursos.

Sin embargo, ahora tanto las sentencias correctas como las incorrectas, tienen una probabilidad r entre [0,1] de ser recurridas en apelación ante la Audiencia Provincial. Llamaremos r_i a la probabilidad de que se recurra una sentencia correcta, donde el subíndice *i* en r_i indica que se trata de un recurso incorrecto o indeseable, y r_c a la probabilidad de que se recurra una sentencia incorrecta, donde el subíndice *c* en r_c denota que se trata de un recurso correcto o deseable.

Cuando se interpone un recurso, sea del tipo que sea, se invierte una cantidad adicional en el caso c_2, que es un número positivo, y que podemos conceptualizar como los costes de la intervención de los abogados y de la Audiencia Provincial en el recurso, pero también incluye el coste fijo medio del aparato de justicia en segunda instancia atribuible al asunto.

Tras la tramitación del recurso, la Audiencia Provincial dicta una nueva sentencia que acierta con la decisión correcta conforme a derecho del asunto con probabilidad p_2 entre [0,1] y que yerra con probabilidad $1 - p_2$. Ahora bien, dado que aquí había sentencias que ya eran correctas conforme a derecho en primera instancia, puede que la Audiencia Provincial acierte y confirme la sentencia pero también puede que revoque una sentencia correcta, dictando una nueva resolución incorrecta. Igualmente, las sentencias de primera instancia incorrectas pueden ser corregidas o no. Es decir, el recurso puede corregir errores pero también puede introducirlos[12].

---

[11] Para simplificar la notación, prescindo de indicar que p es en realidad una función $p(c)$. Esto no afecta a los resultados.

[12] Cameron & Kornhauser (2006) distinguen entre la probabilidad p_i de que el tribunal de segunda instancia acierte dado que el recurso es incorrecto y la probabilidad p_c de que el tribunal de segunda instancia acierte dado que el recurso es correcto. Es decir, la probabilidad de que el tribunal acierte es distinta en función del tipo de recurso. Por ahora simplificamos y asumimos que la probabilidad es única y la misma tanto en recursos correctos como recursos incorrectos y luego volveremos sobre el caso en que son distintos.

Con estos parámetros podemos ya especificar la ecuación que caracteriza los costes totales de la justicia cuando existen medios de impugnación y que relaciona p_1, p_2, c_1, c_2, r_i, r_c y d:

Costes sociales de la calidad con recursos =

Daños esperados por sentencias incorrectas en 1ª instancia no recurridas

\+ Daños esperados por sentencias incorrectas en 1ª instancia recurridas y no corregidas en 2ª instancia

\+ Daños esperados por sentencias correctas en 1ª instancia recurridas y revocadas en 2ª Instancia

\+ Costes de la 1ª instancia

\+ Costes esperados de la 2ª instancia cuando se recurren sentencias

Es decir:

Costes sociales de la calidad con recursos =

$$[(1-p_1)(1-r_c)+(1-p_1)(r_c)(1-p_2)+p_1(r_i)(1-p_2)]\times d + c_1 + [p_1 r_i + (1-p_1)r_c]\times c_2 \qquad [2]$$

2. Efectos de variaciones en los parámetros y eficiencia del sistema

Aunque no nos detenemos en detalle en los efectos de variaciones en los parámetros ya que muchos son iguales a los del modelo sin recursos, sí vale la pena mencionar los nuevos.

Si aumenta el rendimiento de la inversión en calidad de la segunda instancia p_2, igual que si aumenta el de primera, se reducen los daños esperados del sistema; si se reducen los costes de la segunda instancia c_2, los efectos son ambiguos ya que por un lado esto reduce directamente los costes sociales totales, pero también afecta a la probabilidad de acierto en segunda instancia, y por tanto de igual forma los aumenta. Esto ya ocurría con los costes de la primera instancia también. Además, igual que ocurría con la ecuación de un sistema sin recursos, existirá una inversión óptima en justicia c_1^* y c_2^* en que el gasto marginal se igualará con los beneficios marginales en términos de reducción de daños esperados.

En cuanto a la probabilidad de recursos incorrectos r_i, si aumenta, aumentan también los costes sociales totales, porque se da la posibilidad de que la segunda instancia desbarre en un caso ya correctamente resuelto con el daño y gasto inútil que conlleva. Esto sugiere una política clara: es necesario reducir los recursos contra sentencias correctas. Es muy frecuente que se utilice esta justificación por el legislador, por ejemplo cuando invoca a los recurrentes de "mala fe". Pero así como es un argumento válido, también es una política difícil de aplicar, ya que requiere identificar estos recursos "incorrectos", lo que es más fácil de decir que de hacer. Volveremos sobre esta cuestión más adelante.

Por otro lado, si aumenta la probabilidad de recursos correctos r_c, el efecto sobre los costes sociales totales es ambiguo: por un lado, estos recursos pueden eliminar errores y reducir los costes sociales, pero por otro puede que no lo consigan, y por tanto sólo generen un coste inútil, que aumente los costes sociales totales. Es una cuestión que vale la pena no olvidar: los recursos corrigen errores, pero no siempre.

Para concluir, si conjugamos los efectos de las variables r_i y r_c nos damos cuenta de porqué la introducción de medios de impugnación es tan sensible. No tiene un efecto claramente positivo sobre el sistema de justicia: por un lado, si el recurso corrige errores, también los genera, y será necesario determinar qué efecto predomina; por otro lado, el recurso no siempre corrige todos los errores, y en ese caso habrá generado gastos inútiles. Es necesario investigar con mayor detalle cuándo un sistema procesal con medios de impugnación es superior a un sistema sin ellos, lo que hacemos en el próximo apartado.

3. Comentarios sobre el factor tiempo

Pero antes tenemos que salir al paso de una crítica. El modelo representado en la ecuación [2] no tiene en cuenta el factor tiempo. O dicho alternativamente, el modelo presupone que el tiempo no afecta a los parámetros del modelo. Esto es una simplificación importante respecto de la realidad y que debe tenerse en cuenta a la hora de extraer consecuencias.

Podría argumentarse que, si el sistema judicial prevé la posibilidad de ejecución provisional de la sentencia de primera instancia, el tiempo no es problema. Pero ¿representa el modelo de la ecuación [2] un sistema en que cabe la ejecución provisional? No exactamente ya que, por un lado, cuando existe ejecución provisional, pueden producirse daños adicionales por sentencias que se ejecutan provisionalmente y luego es necesario revertir con costes también y, por otro lado, siguen existiendo pretensiones que se demoran con los recursos: aquellas para las que la primera instancia yerra y que no se corrigen hasta la apelación. Estos daños adicionales y costes no se han tenido en cuenta.

Tampoco la ecuación [2] representa un sistema procesal sin ejecución provisional porque si no hay ejecución provisional, entonces como decía la crítica, existen demandantes con sentencias correctas que se recurren injustamente, y que no se pueden ejecutar hasta que termina el recurso y se confirma, sufriendo ulterior daño en el ínterin. Y esto no lo tiene en cuenta la ecuación [2].

Por tanto, el modelo sólo representa y se aproxima a lo que ocurriría en un sistema con justicia rápida en que los recursos son breves y no entrañan alargar el proceso. Queda en manos del lector determinar si teniendo en cuenta la duración de los recursos en segunda instancia, son apropiadas las recomendaciones que siguen en su sistema jurídico. Pero sería necesario elaborar un modelo que incorpore tanto el factor tiempo como, en su caso, la posibilidad de ejecución provisional, con los daños y costes adicionales que entraña.

IV. COMPARACIÓN DE SISTEMAS CON Y SIN RECURSOS

Hemos visto en el apartado anterior que la introducción de medios de impugnación no tiene un efecto claramente positivo sobre la calidad de la justicia, en cuanto a sus costes sociales totales. ¿Podemos precisar algunas condiciones que nos permitan decir cuando es mejor tener medios de impugnación?

Con las ecuaciones [1] y [2] podemos comparar los costes sociales totales de un sistema sin medios de impugnación con los costes sociales de un sistema con medios de impugnación. Un sistema con medios de impugnación será mejor que un sistema sin medios de impugnación si los costes sociales del primero son inferiores a los costes sociales del segundo, es decir si:

Costes sociales Sistema sin recursos > Costes sociales Sistema con recursos

$$(1-p_1)\times d + c_1 > [(1-p_1)(1-r_c) + (1-p_1)(r_c)(1-p_2) + p_1(r_i)(1-p_2)] \times d + c_1 + [p_1 r_i + (1-p_1) r_c] \times c_2$$

simplificando, si

$$\frac{c_2}{d} < \frac{(1-p_1)r_c(p_2) - p_1 r_i (1-p_2)}{p_1 r_i + (1-p_1) r_c} \qquad [3]$$

Esta inecuación tiene del lado izquierdo la ratio de los costes de la segunda instancia y la magnitud de los daños en caso de error. Del lado derecho, pone en relación la probabilidad de que el sistema corrija errores y le resta la probabilidad de que el sistema cometa errores, sobre la probabilidad total de que haya recursos. Lo primero debe ser inferior a lo segundo. La inecuación podría leerse así:

$$\frac{\textit{Costes 2ª instancia}}{\textit{Daños}} < \frac{\textit{Prob.Sistema Corrija} - \textit{Prob.Sistema Yerre}}{\textit{Probabilidad de recursos}}$$

1. Algunas condiciones mínimas de un sistema con recursos

De la anterior ecuación [3] y los valores que pueden adoptar p_1, p_2, c_1, c_2, r_c y d, podemos extraer algunas condiciones mínimas para que un sistema con medios de impugnación sea superior a un sistema sin medios de impugnación[13].

En primer lugar, si no existe daño posible, entonces no es deseable la segunda instancia. En efecto, si el daño es igual a cero, $d = 0$, la fracción a la izquierda de la inecuación [3] es indefinida. Cuando el daño se aproxima a cero, la inecuación no se puede dar, porque c/d, tiende al infinito. Por tanto, tiene que haber algún posible daño para que la segunda instancia tenga sentido y sea mejor que una instancia única. Obsérvese que nuestro sistema jurídico normalmente exige un gravamen para recurrir, que se conceptualiza como la diferencia entre lo dado y lo pedido por el recurrente en la instancia, es decir

[13] Sin ánimo de exhaustividad. Creo que puede haber otras deducciones interesantes del modelo, pero las que presento aquí son algunas de las más directas en cuanto a mínimos para que sea deseable la segunda instancia.

la magnitud del daño que se podría producir si la sentencia no se revisa. La ecuación nos permite confirmar la necesidad de que haya "gravamen" como presupuesto para recurrir[14].

En segundo lugar, si los costes de la segunda instancia son superiores al daño que se puede producir en el asunto, es decir si $c_2 > d$, entonces la segunda instancia tampoco es deseable. En efecto, del lado izquierdo de la inecuación [3], si $c_2 > d$, la ratio será superior a 1. Pero, del lado derecho de la inecuación [3], p_1, p_2, r_i, y r_c son todos parámetros cuyos valores están en el intervalo [0,1], y dadas sus relaciones, la ratio no puede ser nunca superior a 1, para cualquier valor de los parámetros[15]. Este resultado no depende de la calidad de la primera instancia, ni de la calidad de la segunda instancia, ni de la probabilidad de que se recurra. Tan sólo depende del hecho que cuando los costes de la segunda instancia son superiores a la magnitud del daño, no podemos reducir ya los costes sociales totales. Esto indica que el sistema con recursos debe diseñarse de forma que se excluyan los recursos en los casos en que la cuantía del asunto sea inferior a los costes de la segunda instancia. Esta no es, de hecho, una regla infrecuente, aunque sea discutida la cuantía mínima para recurrir porque depende en parte de valores difíciles de calcular[16].

En tercer lugar, un sistema con recursos no es nunca preferible a un sistema sin recursos cuando 1) la calidad de la primera instancia es superior a la calidad de la segunda instancia ($p_1 > p_2$) y 2) la probabilidad de que se recurra una sentencia correcta es superior a la probabilidad de que se recurra una sentencia incorrecta ($r_i > r_c$). Son dos condiciones que deben darse simultáneamente, y son necesarias y suficientes para esta conclusión. En efecto, dado que c_2 y d son positivos, el lado izquierdo de la inecuación será como mínimo 0. Para que

---

14 Tampoco sería deseable un sistema con recursos si no hubiera casos en el sistema judicial o no hubieran recursos, lo que en principio es bastante obvio, pero también lo es que de repente se podrían poner trabas de forma que *"de facto"* no hubiera recursos y entonces haríamos bien en suprimir los tribunales de segunda instancia que no tienen trabajo.

15 La demostración es que $\frac{(1-p_1)r_c(p_2)-p_1r_i(1-p_2)}{p_1r_i+(1-p_1)r_c} > 1$, requeriría que $(1-p_1)r_c(p_2) - (1-p_1)r_c > p_1r_i + p_1r_i(1-p_2)$, lo que no es posible, ya que el primer término de la inecuación será necesariamente negativo, mientras que el segundo será necesariamente positivo.

16 Los costes de la segunda instancia incluyen no solo el tiempo de los abogados y del juez, y dependen del mercado de servicios jurídicos y del salario de los jueces, sino también una parte de los costes fijos por caso, que es un dato no disponible de entrada, aunque se puede calcular.

la inecuación se pueda dar, el lado derecho de la inecuación tendrá por tanto que ser superior a 0 también, es decir:

$$0 < \frac{(1-p_1)r_c(p_2) - p_1 r_i(1-p_2)}{p_1 r_i + (1-p_1)r_c}$$

simplificando

$$\frac{r_i}{r_c} < \frac{(1-p_1)}{p_1} \times \frac{p_2}{(1-p_2)} \qquad [4]$$

Pues bien, la inecuación [4] no se da nunca si $r_i > r_c$ y $p_1 > p_2$. En efecto, dado que p_1, p_2, r_i y r_c son probabilidades en el intervalo [0,1], si $r_i > r_c$, la ratio r_i/r_c del lado derecho de [4] es superior a 1, pero si además $p_1 > p_2$, la ratio $(1-p_1)p_2/p_1(1-p_2)$ del lado izquierdo es inferior a 1, y la desigualdad [4] no puede darse. Como no se da, no puede darse tampoco la inecuación [3] y por tanto el sistema con recursos no es nunca mejor que el sistema sin recursos. Vale la pena hacer algunos comentarios.

Por un lado, la inecuación [4] es muy interesante en sí y nos permite perfilar los conceptos. A la izquierda, tenemos la ratio de recursos incorrectos y correctos r_i/r_c, lo que podríamos llamar la selectividad del sistema de recursos: si $r_i = r_c$, la ratio es igual a 1 y entonces hay igual de recursos correctos que incorrectos y la selectividad del sistema es neutra; si $r_i < r_c$, la ratio es inferior a 1 y el sistema selecciona más recursos correctos que incorrectos, es selectivo "positivamente"; pero si $r_i > r_c$, entonces el filtro de recursos genera más recursos incorrectos que correctos, y diremos que el sistema es selectivo "negativamente", o "antiselectivo".

A la derecha, tenemos la calidad y tendencia al acierto global del sistema judicial, que depende de la calidad y tendencia de cada instancia: la calidad global es igual a la calidad de la primera instancia $(1-p_1)/p_1$ –si $p_1 > 0{,}5$ la primera instancia tiende al acierto- multiplicado por la calidad de la segunda instancia $p_2/(1-p_2)$ invertido porque la segunda instancia es correctora de la primera –si $p_2 > 0{,}5$, la segunda instancia tiende a corregir–. Obsérvese que desde el punto de vista global del sistema, la tendencia de la primera instancia se puede compensar con la tendencia de la segunda instancia: si la primera instancia tiende al error, pero la segunda instancia tiende a la corrección, globalmente el sistema puede tender al acierto.

Por otro lado, este resultado marca un mínimo que debe cumplir el sistema procesal con medios de impugnación para que no perjudique a la calidad: la calidad de la segunda instancia no puede ser peor a la de la primera y el filtro de recursos no tiene que ser antiselectivo. Obsérvese que las magnitudes son relativas[17]. Es necesario que se den antes de poder entrar a valorar los otros parámetros. Claro que la probabilidad de acierto de la segunda instancia p_2 dependerá de la inversión c_2 que hagamos en ella y su rendimiento. Se deberá hacer una inversión mínima c_2, que consiga que $p_2 > p_1$[18]. Si no conseguimos que con la inversión c_2 se alcance ese mínimo, entonces será mejor que suprimamos la segunda instancia. Sin duda habrá también una inversión eficiente c_2^*. Pero volviendo a las condiciones, superado el mínimo que indican no hay aún garantía que la segunda instancia sea deseable, lo deseable que sea la segunda instancia dependerá de los valores concretos de los parámetros del modelo[19].

En cuarto lugar, si 1) la segunda instancia es de mayor calidad que la primera ($p_1 < p_2$) y 2) el sistema es positivamente selectivo ($r_i < r_c$), el sistema de recursos será más deseable si mejora la ratio c_2/d, la relación de costes de la segunda instancia s sobre la cuantía del asunto. El razonamiento que lleva a esta conclusión utiliza también la inecuación [4]. Si $p_1 < p_2$ y $r_i < r_c$, entonces la inecuación [4] se da siempre, y por tanto el lado derecho de la inecuación

[17] Para clarificar, no se trata de que la segunda instancia tenga muy pocas probabilidades de acertar, sino de que tenga menos probabilidades de acertar que la primera. Ambas instancias pueden ser de muy baja calidad. Igualmente, no se trata de que haya muchos recursos incorrectos –contra sentencias correctas–, sino de que haya más recursos incorrectos que recursos correctos. Puede haber muchos recursos correctos, pero si hay más incorrectos, entonces no es deseable mantener la segunda instancia.

[18] Esto genera otro interrogante, quizá más fundamental: ¿se debería invertir más en la primera instancia, para aumentar p_1, o invertir en la segunda instancia para aumentar p_2? Dependerá del rendimiento que tenga cada inversión, es decir de la forma concreta de la función $p()$ de cada instancia.

[19] Para verlo más claro, si, como antes, la calidad de la segunda instancia es inferior a la calidad de la primera pero la selectividad del sistema es positiva, los medios de impugnación pueden ser deseables dependiendo de cuan positivamente selectivo sea el sistema y de la diferencia en la probabilidad de acierto entre las instancias. Y si la calidad de la segunda instancia es superior a la calidad de la primera, también dependerá del grado de selectividad del sistema y de la diferencia entre ambas instancias.

[3] será siempre positivo. A partir de aquí, si la inecuación [3] se da, dependerá de la cuantía del asunto y de los costes de la segunda instancia. Aunque como para conseguir que $p_1 < p_2$, habremos tenido que fijar una inversión c_2, lo más probable es que tendremos que actuar sobre d.

Este resultado, aunque no es muy fuerte, sí puede ser muy útil en la orientación de políticas sobre los medios de impugnación. En efecto, estructuralmente no es difícil asegurar cierta superior calidad a la segunda instancia, por ejemplo haciendo que el tribunal de segunda instancia sea colegiado[20], y tampoco debería ser difícil conseguir que el filtro de recursos sea positivamente selectivo: de hecho, como los litigantes que pierden correctamente tienen una menor probabilidad de ganar en vía de recurso, pero tienen que asumir los costes del recurso, muchos de ellos no recurren porque el recurso no es rentable en expectativa[21]; además podemos condenar en costas a los recurrentes con sentencias de instancia correctas para que recurran aún menos; y también podemos facilitar la ejecución provisional para evitar que haya recurrentes que sólo recurran por los beneficios espurios de alargar el caso. En estas circunstancias, para mejorar la eficiencia del sistema podemos concentrar los esfuerzos en calibrar la cuantía de los casos que deben acceder al recurso, dados los costes de la segunda instancia[22]. Aunque también serían aceptables reformas legales que mejoraran $p_2()$ y sacaran mejor partido a los recursos c_2.

---

[20] Me remito aquí al teorema de Condorcet (1785), sobre las decisiones que se toman por mayoría de votos y que en su versión más simple dice que el aumento del número de votantes hará que aumente la probabilidad de acierto de la mayoría.

[21] El método de selección de casos tiene por tanto un impacto diferencial sobre los litigantes con recursos correctos y los litigantes con recursos incorrectos y eso es algo que lo hace atractivo. Para clarificar, siguiendo a Shavell 2004 (458-461) y Cooter y Ulen 1998 (532), la teoría detrás de esto sería la siguiente: cuando se atribuye la decisión de recurrir a las partes, sabemos que si el litigante tiene que asumir el coste de recurrir, no recurrirá a menos que, dadas las probabilidades de que se revoque la sentencia y las ventajas que obtendrá con ello, recurrir sea rentable. Si la probabilidad de que gane el recurso un litigante justamente vencido es inferior a la probabilidad de que gane el recurso un litigante que ha perdido erróneamente, podemos teorizar que una consecuencia será que habrá menos recursos incorrectos de los primeros que recursos correctos interpuestos por los segundos, cuanto menos en determinadas circunstancias, que una teoría podría concretar.

[22] Es necesario puntualizar que incluso si no se dieran esas dos condiciones, el sistema con recursos podría ser superior a un sistema sin medios de impugnación, pero sería más difícil en la práctica. Por ejemplo, cabría pensar en un sistema con recursos, en que la calidad de la primera instancia fuera ligeramente superior a la segunda, pero el filtro de recursos fuera muy selectivo positivamente, y si los costes de la apelación fueran muy reducidos, y en cambio el posible daño

En quinto lugar, y como extensión del análisis, los resultados anteriores se mantienen, aunque haya probabilidades distintas de acierto al resolver el recurso en función de si es contra una sentencia correcta o no, siempre que la capacidad correctora de la segunda instancia se mantenga. Así supongamos que la probabilidad de acierto dado que un recurso correcto es p_c y que la probabilidad de acierto dado que es un recurso incorrecto es p_i. Aunque normalmente se asume que $p_i < p_c$, por ahora no postulemos ninguna relación entre ambas. La inecuación [3] que debe darse para que sea deseable tener medios de impugnación se convierte en:

$$\frac{c_2}{d} < \frac{(1-p_1)r_c(p_c) - p_1 r_i(1-p_i)}{p_1 r_i + (1-p_1)r_c}$$

Y la selectividad y calidad mínimas para que la apelación aporte algo son:

$$\frac{r_i}{r_c} < \frac{(1-p_1)}{p_1} \times \frac{(p_c)}{(1-p_i)}$$

Con esta inecuación, igual a la inecuación [4] pero con los nuevos parámetros, podemos ver que mientras $p_c > p_i > p_1$ o $p_i > p_c > p_1$, la calidad de la segunda instancia es superior a la de la primera, y entonces los resultados serán los mismos que antes, que es lo que se quería demostrar. Pero, además, también vemos que es indiferente si $p_c > p_i$, mientras la segunda instancia tenga mayor probabilidad de acierto que la primera. Por tanto, lo más importante es la capacidad de acierto de la segunda instancia frente a la primera, y es lo que determina que sea deseable un sistema con recursos. Pero $p_c > p_i$ puede ser importante a otros efectos, como por ejemplo para mantener la selectividad del sistema de recursos si atribuimos a las partes la selección de los casos que van a revisarse[23].

de un error muy grande, aún fuera deseable tener recursos. O también cabría pensar en un sistema con un filtro de recursos antiselectivo, pero en que la segunda instancia fuera tan superior a la primera, que los escasos costes de hacer un recurso justificara tenerlo. En estos escenarios no se dan las condiciones indicadas, pero el sistema de recursos es deseable. Su propia descripción empero revela que son bastante poco plausibles.

[23] Vale la pena comparar estos resultados con el obtenido por Cameron y Kornhauser (2006): en su modelo, encuentran que para que un sistema con recursos sea mejor que un sistema sin recursos, es necesario que o bien 1) el filtro de recursos sea suficientemente "selectivo", o bien 2) la segunda instancia sea suficientemente "correctora", o bien que 3) la introducción de la segunda instancia mejore el rendimiento de la primera instancia. Este resultado está formulado en positivo,

2. Efectos de variaciones en los parámetros

La ecuación [3] nos permite extraer algunas consecuencias sobre las variaciones de los parámetros sobre lo deseable que sea un sistema con medios de impugnación y que se resumen en la Tabla 3.

Tabla 3. Efectos de variaciones en parámetros sobre los medios de impugnación.

Parámetro	Variación	Efectos sobre medios de impugnación
Calidad de la 1ª Instancia	Aumento	Menos deseable
Calidad de la 2ª Instancia	Aumento	Ambiguo
Probabilidad de Recurso correcto r_c	Aumento	Más deseable
Probabilidad de Recurso incorrecto r_i	Aumento	Menos deseable
Costes la 2ª instancia (c_2)	Aumento	Ambiguo
Gravedad de error (*d*)	Aumento	Más deseable

Hay parámetros que tiene efectos claros sobre lo deseable que sean los recursos. Así, puede verse que, *ceteribus paribus*, si aumenta la gravedad del error, es más deseable la segunda instancia; si disminuye la calidad de la primera, son más deseables los recursos; si disminuye la probabilidad de recursos incorrectos es más deseable la segunda instancia; y si aumenta la probabilidad de recursos correctos es más deseable la segunda instancia también. En cuanto a la calidad de la primera instancia p_1, tenemos que recordar que estará en función de los costes de la primera instancia c_1. Por tanto, cuando invertimos en la primera instancia, indirectamente estamos haciendo los recursos menos deseables.

---

y su equivalente podría ser nuestro resultado nº 4. Pero nuestro resultado es más exigente. Cameron y Kornhauser (2006) concluyen que cualquiera de sus tres condiciones mínimas, independiente de las demás, haría que la segunda instancia fuera deseable, mientras que en el nuestro las condiciones tienen que darse cumulativamente: *i.e.* no basta con que el sistema judicial sea positivamente selectivo, sino que es además necesario que la segunda instancia tenga capacidad correctora. Pero además. El modelo de Cameron y Kornhauser (2006) no tiene en cuenta los costes de la segunda instancia, ni la magnitud del daño, que en nuestro modelo sí se incluyen, y que también deben ser tenidos en cuenta para el cálculo definitivo según nuestro modelo.

Pero hay otros dos parámetros cuya variación puede generar o entrañar efectos ambiguos en lo deseables que sean los recursos. No tiene efectos claros el aumento de la inversión en la segunda instancia. Como aumentan los gastos, la hacen menos deseable; pero como mejora el rendimiento $p_2()$, la hacen más deseable. Será necesario buscar esa inversión eficiente c_2^*. Lo mismo ocurre con el aumento de la calidad de la segunda instancia: aunque en principio con el aumento de su calidad disminuyen los errores y la hacen más deseable, esto en realidad dependerá de dónde provenga la mejora: si proviene de un aumento de la inversión en la segunda instancia c_2, este aumento de gasto la hace menos deseable; si proviene en cambio de mejorar el rendimiento de la inversión, entonces el efecto podría ser positivo. Por tanto, el aumento de la calidad de la segunda instancia sólo es inequívocamente positivo si proviene de un aumento del rendimiento, no del aumento del gasto. O dicho de otra manera también, la mejor política sería aquella que mejorara la calidad de la segunda instancia mejorando el rendimiento de la inversión en calidad –*i.e.* una reforma de la ley procesal que tenga este efecto–, pero sin entrañar mayor gasto. La más difícil de hacer.

V. HACIA UNA POLÍTICA COHERENTE DE MEDIOS DE IMPUGNACIÓN

El modelo que se ha expuesto nos permite reflexionar sobre una política de mecanismos de impugnación correctores de la instancia con un marco coherente. Nos facilita ver cuáles son los grandes componentes del sistema procesal, cómo se interrelacionan entre ellos, los efectos de variaciones, y las condiciones mínimas que garantizan el adecuado funcionamiento de los recursos. Es útil tanto para legisladores que consideran una reforma de la legislación vigente, como para jueces y otros intérpretes del derecho, en cuanto a las interpretaciones que deben ser admisibles o no bajo una determinada ley.

Por ejemplo, podemos perfilar los grandes ejes de una política sobre medios de impugnación: un primer eje, lo constituiría trabajar sobre la selectividad del filtro de recursos, la ratio r_i/r_c, para lograr que el sistema sea positivamente selectivo: reduciendo los recursos incorrectos y aumentando los correctos; un segundo eje, sería controlar que la calidad de la segunda instancia, no bajara por debajo de la de la primera. Trabajar para que $p_1 < p_2$; y un tercer eje, lo podría constituir el tratar de encontrar la inversión eficiente c_2^* y la mejor ley procesal $p_2()$.

El modelo también nos permite ver que políticas pueden ser más sencillas, porque hay parámetros que tienen efectos claramente positivos (la calidad de la primera instancia, la cuantía de los asuntos, la selectividad del sistema), sobre los que podemos actuar en el sentido deseado. Y por otro, como los factores están interrelacionados, también nos damos cuenta de que las cosas no son tan fáciles. Una propuesta puede tener efectos sobre distintos parámetros y lo que se obtiene por un lado, se puede perder por otro. Para ejemplificar, supongamos que queremos mejorar la calidad de la segunda instancia y se decide limitar cuantitativamente el número de asuntos que acceden al recurso, para hacer que cada juez tenga menos casos. Sin duda podrá mejorar la probabilidad de acierto del tribunal en vía de recurso, pero a su vez aumentará el número de sentencias erróneas en primera instancia que no pueden revisarse, se reducen los recursos correctos, y por tanto se producen más daños de estos errores. Esta política tiene efectos ambiguos sobre el sistema, y para valorar si globalmente mejora el sistema hay que tener en cuenta ambos efectos, y que las ventajas superen a los inconvenientes. En otras palabras, existen efectos perniciosos inadvertidos que es necesario identificar y anticipar, y el modelo nos ayuda a ello.

Hemos visto cómo el modelo nos permite relacionar presupuestos legales con los objetivos del sistema de recursos: así ocurría con el gravamen como presupuesto para recurrir o la imposición de restricciones a la cuantía del asunto para recurrir. No sólo nos facilita entender la regulación de los recursos, sino también identificar los límites que debería tener y elaborar las normas e interpretaciones para dicho fin.

En fin, el modelo también nos permite identificar un sistema procesal disfuncional. Hemos visto que si la calidad de la primera instancia es elevada, la calidad de la segunda es baja, y el filtro de recursos antiselectivo, haríamos mejor en adoptar políticas correctoras rápidamente o bien suprimir los recursos. De hecho, una política de aumento de la calidad de la primera instancia, puede convertir a la segunda instancia en indeseable e innecesaria.

El siguiente paso para hacer que la teoría sea operativa y nos permita orientar políticas prácticas sería identificar las variables reales que mejor representan los parámetros. Por ejemplo, creo que la mayoría considerará que un determinante fundamental de la calidad de la primera y de la segunda instancia será la carga de trabajo del juez, entendida como el número de asuntos por juez. Con mayor número de asuntos por juez, y pudiendo dedicar menos tiempo a cada caso o a grupos de casos, será más probable que el juez pase por alto algún hecho importante o no acierte en la interpretación de la norma al caso. Por tanto, mejorar la calidad de la justicia se puede traducir por mejorar la ratio de asuntos por juez. Los costes de la apelación tampoco deberían plantear muchas dudas, aunque sean difíciles de calcular.

Pero existen otros parámetros que son más difíciles de concretar. Paradigmáticamente, la selectividad del sistema de recursos es sin duda un determinante del funcionamiento adecuado de los medios de impugnación. Pero ¿cómo identificamos los recursos incorrectos y los correctos? ¿Cómo podemos reducir sólo los recursos incorrectos para aumentar la selectividad del sistema? De entrada, hay que decir que no es totalmente imposible identificar los recursos incorrectos, cuanto menos *a posteriori*: son los recursos que no se han estimado en segunda instancia. La ratio de estimación en segunda instancia nos da información sobre la selectividad del sistema. Aquí podría ser útil ver si esos recursos incorrectos tienen algo en común, que nos permita mejorar una política de filtro.

Por otro lado, aunque no podemos ver directamente *ex ante* si un recurso es correcto o no, sí podemos diseñar filtros e instituciones que tengan un impacto diferencial. Por ejemplo, en un sistema como el de la LEC, en que son las partes las que deciden si recurrir y no, sí podemos elaborar un modelo de la decisión de recurrir de los litigantes y ver si existen instituciones que tengan un impacto diferencial en los litigantes con recursos correctos y los litigantes con recursos incorrectos. A mi entender, el listado incluye instituciones tan variadas como la condena en costas en vía de recursos, la ejecución provisional de sentencias, las tasas judiciales con sus bonificaciones y exenciones, los controles en la admisión de recursos, las restricciones cuantitativas de los recursos, las restricciones cualitativas, la selección de recursos por las partes o los tribunales, etc.

Para terminar, el presente trabajo es una invitación a utilizar las herramientas conceptuales e instrumentos metodológicos del análisis económico del derecho para el estudio del sistema de medios de impugnación y la legislación procesal en general. Existen varios desarrollos a los que apunta este trabajo. Primero, el modelo presentado, por ejemplo, no incorpora los efectos del factor tiempo en el recurso. Su utilidad es por tanto limitada. Pero puede partirse de este modelo para elaborar uno más complejo que incorpore los efectos del tiempo y –¿por qué no?– de la ejecución provisional, para que las deducciones y recomendaciones prácticas del modelo sean más realistas y útiles aún. Otra extensión del modelo podría variar el daño del error: que no se asociara solamente a la cuantía del caso concreto, sino también a los efectos sobre otros casos, o al comportamiento sustantivo y extraprocesal de las partes.

Segundo, es necesario elaborar modelos de las instituciones procesales y sus efectos sobre los parámetros de la calidad de la justicia. Por ejemplo, están los trabajos que permitan entender cómo interactúan estratégicamente los juzgados de instancia, los tribunales de segunda instancia, y los litigantes. Estos modelos permitirán estudiar mejor los efectos de distintos mecanismos procesales –por ejemplo, la ejecución provisional, la condena en costas, etc.– y por tanto cómo conseguir mejorar el funcionamiento del sistema procesal con recursos[24].

Tercero, y no menos importante, vale la pena ahondar en los estudios empíricos del sistema de recursos que nos aporten un conocimiento más detallado de los parámetros de interés: ratio de asuntos por juez, costes de la segunda instancia, recursos incorrectos, etc. Son datos importantes para valorar el sistema y orientar las políticas de mejora. En definitiva, la ciencia es acumulativa, progresiva, y este trabajo sólo es un pequeño paso de un investigador[25].

---

[24] Para un repaso a la literatura ver Kornhauser (1999). Existen trabajos inspiradores: ver Posner (1998: 643-645) sobre diversas reglas de funcionamiento de los recursos. Cameron y Kornhauser (2004) y (2006), que estudian el comportamiento de los litigantes y los tribunales en función de diversas distribuciones de información sobre la solución correcta del caso, las estrategias de equilibrio y grado de error del sistema. Shavell (2006), dentro de un modelo político de "error", compara un sistema en que son las partes las que seleccionan los recursos tras la sentencia con otro en que es el tribunal *ad quem* el que selecciona las sentencias que revisa, y otras variaciones dentro de este modelo. Shavell (2009) que compara un sistema con acceso al recurso de derecho y otro en que el acceso al recurso es discrecional y también con otro en que el apelante puede escoger entre un recurso de derecho y otro que entraña primero un filtro discrecional.

[25] Bibliografía consultada: CAMERON, Charles M., y KORNHAUSER, Lewis A., "Decision rules in a judicial hierarchy", *Journal of Institutional and Theoretical Economics*, nº 161, pp. 264-292 (2005); CAMERON, Charles M., y KORNHAUSER, Lewis A., "Appeals mechanisms, litigant

selection, and the structure of judicial hierarchies", en *Institutional Games and the Supreme Court* (James R. Rogers, Roy B. Flemming, Jon R. Bond, Editoress) (2006); CONDORCET, Marquis de, *Essai sur l'application de l'analyse à la probabilité des décisions rendues à la pluralité des voix* (1785) ; COOTER, Robert y ULEN, Thomas, *Derecho y economía*, Fondo de Cultura Económica (1998); DAUGHETY, Andrew F. y REINGANUM, Jennifer F., "Appealing judgments", *Rand Journal of Economics*, Vol. 31, No. 3, pp. 502-525 (2000); KORNHAUSER, Lewis A., "Appeals and Supreme Courts", en *Encyclopedia of Law & Economics* (Boudewijn Bouckaert & Gerrit De Geest Editores) (1999): MIALON, Hugo M., RUBIN, Paul H., SCHRAG, Joel L., "Judicial hierarchies and the rule-individual tradeoff", *Emory Legal Scholarship Working Paper Series*, nº 3 (2005); POSNER, Richard A., Economic Analysis of Law, 5th Ed. (1998); SHAVELL, Steven, "The appeals process as a means of error correction", *Journal of Legal Studies*, Vol. 24, No. 2, pp. 379-426 (1995); SHAVELL, Steven, *Foundations of Economic Analysis of Law* (2004); SHAVELL, Steven, "The Appeals Process and Adjudicator Incentives", *Journal of Legal Studies*, Vol. 35 (1), pp. 1-29 (2006); SHAVELL, Steven, "On the design of the appeals process: the optimal use of discretionary review versus direct appeal", *Harvard John M. Olin Discussion Paper Series*, nº 625 (2009).

LA MEDIACIÓN: UN RECURSO QUE OPTIMIZA EL COSTE DE LA JUSTICIA

MAR ARANDA JURADO
Profesora Doctora
Universidad Católica de Valencia San Vicente Mártir

I. LA MEDIACIÓN: UNA APUESTA POR LOS INSTRUMENTOS QUE COMPLEMENTAN LA ADMINISTRACIÓN DE JUSTICIA

La tutela judicial efectiva es el derecho fundamental de más amplia titularidad de entre los consagrados en la Constitución española[1], en el que el acceso a la jurisdicción se constituye tan sólo como una parte esencial del mismo.

Representa una función cardinal del Estado de Derecho, la garantía de la tutela judicial de los ciudadanos en el ejercicio de sus derechos e intereses legítimos. En este sentido este derecho fundamental "impone que cualquier interés legítimo obtenga tutela judicial efectiva (porque) allá donde exista un derecho o interés legítimo digno de tutela existirá el derecho de exigir la tutela de los jueces y tribunales" (STC de 8 de abril de 1991).

La evolución de España hacia una sociedad plural, moderna, compleja, con capacidad de acceso inmediato y seguro a la información universal, con grandes desarrollos en la comunicación y con capacidad de contacto inmediato con cualquier persona o entidad desde cualquier parte del mundo[2], presupone un reto para la Administración de Justicia traducido en la necesidad de convertirse en un servicio público eficaz, eficiente, transparente y accesible, capaz de dar

---

[1] DIEZ-PICAZO GIMÉNEZ, I., "Reflexiones sobre algunas facetas del derecho fundamental a la tutela judicial efectiva", *Cuadernos de Derecho Público, nº 10,* 2000. p. 37.

[2] CARNICER DÍEZ, C., "El acceso a la Justicia en España", *Estudios de Derecho Judicial, nº 109*, 2006. p. 217.

respuesta, sin dilación, a las demandas de los ciudadanos y de los diferentes órdenes sociales y económicos.

La considerable tasa de litigiosidad española, cuyo índice ha ido incrementando desde el año 1999[3] y que según los últimos datos ofrecidos por el Consejo General del Poder Judicial en el año 2014 se sitúa en 185,0 (asuntos ingresados por cada 1.000 habitantes)[4], se ha posicionado en una de las preocupaciones del Ministerio de Justicia, y cuya reducción fue incluida como uno de los objetivos en el llamado "Plan de modernización de la Justicia 2009-2012"[5].

En respuesta al citado Plan, siguiendo la estela de países europeos de nuestro entorno, e instado por los organismos internacionales de los que nuestro país forma parte[6], desde el Consejo General de Poder Judicial se diseñó una "Hoja de ruta para la modernización de la Justicia", en la que se fijó como objetivo, entre otros, la necesidad de analizar fórmulas que pudieran permitir la reducción del número de asuntos que ingresan cada año en los Juzgados y Tribunales, optimizando los recursos disponibles en la Administración de Justicia. Para ello, se consideró necesario impulsar la aprobación de aquellas reformas legislativas –tanto orgánicas como procesales–, que resultaran imprescindibles para profundizar en el proceso de modernización de la Justicia y así reducir la litigiosidad, a la par que se consigue dar soluciones más ágiles y efectivas.

---

[3] Hay que advertir, no obstante, que según los datos ofrecidos por el Consejo General del Poder Judicial en su Informe estadístico sobre la situación de los órganos judiciales en el año 2014, durante cuatro años consecutivos (2010, 2011, 2012 y 2013), se produjo una tendencia hacia el leve descenso en el número de los asuntos ingresados en los Juzgados españoles, que se ha interrumpido en el año 2014.

[4] Informe estadístico sobre la situación de los órganos judiciales en el año 2014 realizado por el Consejo General del Poder Judicial. Puede consultarse el documento en:

http://www.poderjudicial.es/cgpj/es/Temas/Estadistica-Judicial/Informes-estadisticos-periodicos/Indicadores-clave-del-conjunto-de-las-jurisdicciones-2014

[5] Aprobado en Madrid por el Pleno del Consejo General del Poder Judicial el 12 de noviembre de 2008.

[6] Con el objetivo de mejorar el acceso a la Justicia, el Consejo Europeo en su reunión de Tampere de 15 y 16 de octubre de 1999, ya instó a los Estados miembros a que instauraran en sus legislaciones internas procedimientos alternativos de resolución de conflictos de carácter extrajudicial.

Entre todas las reformas legislativas propuestas[7], es de interés al objeto de esta investigación, el impulso que se le da a la utilización de la mediación en el orden civil.

Así y a requerimiento de la Directiva 2008/52/CE del Parlamento Europeo y del Consejo, de 21 de mayo de 2008, sobre ciertos aspectos de la mediación en asuntos civiles y mercantiles, en el año 2012, se aprobó la Ley 5/2012, de 6 de julio, de mediación en asuntos civiles y mercantiles –que transpone a nuestro Derecho interno la Directiva antes citada– que representó un importante impulso para aliviar la carga de trabajo a Juzgados y Tribunales mediante la resolución de este tipo de conflictos en el ámbito extrajudicial, pero sobre todo, supuso la ordenación general de este instrumento en los diversos asuntos de naturaleza civil y mercantil, de la que hasta la aprobación del Real Decreto-ley 5/2012, se carecía en nuestra legislación.

Esta acción legislativa supone una clara apuesta por fórmulas válidas y aceptadas en el Estado de Derecho, orientadas a dimensionar el creciente volumen de asuntos que llegan a la Jurisdicción favoreciendo un uso más racional de los recursos disponibles. En este sentido, se potencia la mediación, en palabras de la propia Ley 5/2012, como "un instrumento complementario de la Administración de Justicia (...) que entre sus ventajas es de destacar su capacidad para dar soluciones prácticas, efectivas y rentables a determinados conflictos entre partes y ello la configura como una alternativa al proceso judicial o a la vía arbitral, de los que se ha de deslindar con claridad"[8].

Siendo imprescindible que la Administración de Justicia corrija sus tiempos de resolución de los asuntos ingresados, con una gestión eficiente de los recursos de los que dispone, la proliferación en la utilización de la mediación, simplificará y mejorará el acceso a la Justicia.

Esta actividad normativa llevada a cabo por el legislador en el año 2012 referida a la mediación en asuntos civiles y mercantiles, se une a las, ya an-

---

[7] Fueron varias las reformas legislativas señaladas en la Hoja de ruta para la modernización de la Justicia, a saber: los juicios rápidos civiles, el nuevo proceso penal, la doble instancia penal, la reforma de la casación civil, los procesos civiles regulados en normas de la Unión Europea, la desjudicialización de los Registros Civiles, los órganos específicos para la resolución de conflictos menores y el desarrollo de las previsiones estatutarias.

[8] Ley 5/2012, de 6 de julio, Preámbulo, I.

teriormente, iniciadas en trece Comunidades autónomas que aprobaron sus respectivas leyes autonómicas de mediación en el ámbito familiar[9], siendo el balance de su práctica muy positivo, por contribuir este instrumento –entre otras cosas– a preservar las relaciones interpersonales de aquellas partes implicadas en la controversia.

El recurso a la mediación, en este sentido, constituye una especial ventaja –respecto a otras fórmulas de resolución de conflictos de carácter adversarial– en aquellos ámbitos de la vida donde, además de la resolución de la controversia, se considera de gran importancia para las personas implicadas, el restablecimiento –en la medida de lo posible– de los lazos personales y la reducción del nivel de conflictividad. Así, la mediación en el ámbito familiar, permite a los miembros de la pareja reconstruir la relación y favorecer la comunicación, elevando la satisfacción psicológica y personal. Por otro lado, les ayudará a identificar los intereses comunes y a establecer un acuerdo que se ajuste a las necesidades reales de toda la familia, evitando el negativo sentimiento "ganador-perdedor", lo que, sin duda, redundará en un beneficio adicional a los hijos, previniendo posibles respuestas negativas de éstos posteriores a la separación o divorcio y, reduciendo significativamente su coste emocional. Además, de la disminución del coste afectivo, económico y temporal, con el recurso a la mediación familiar intrajudicial, se conseguirá un alto grado de cumplimiento de las resoluciones judiciales.

---

[9] Galicia (con su Ley 4/2001, de 31 de mayo, reguladora de la mediación familiar) junto a la Comunidad Valenciana (con su Ley 7/2001, de 26 de noviembre, reguladora de la mediación familiar en el ámbito de la Comunidad Valenciana), fueron las primeras Comunidades autónomas que aprobaron leyes en materia de mediación familiar. Más tarde siguieron su estela, por orden cronológico: Canarias (Ley 15/2003, de 8 de abril, de la mediación familiar, que más tarde se modificó por la Ley 3/2005, de 23 de junio), Castilla La Mancha (Ley 4/2005, de 24 de mayo, del Servicio Social Especializado en Mediación Familiar), Castilla y León (Ley 1/2006, de 6 de abril, de mediación familiar en Castilla y León), Madrid (Ley 1/2007, de 21 de febrero, de Mediación Familiar de la Comunidad de Madrid), Asturias (Ley del Principado de Asturias 3/2007, de 23 de marzo, de Mediación Familiar), País Vasco (Ley 1/2008, de 8 de febrero, de mediación familiar), Andalucía (Ley 1/2009, de 27 de febrero, reguladora de la Mediación Familiar en la Comunidad autónoma de Andalucía), Cataluña (Ley 15/2009, de 22 de julio, de mediación en el ámbito del derecho privado), Islas Baleares (Ley 14/2010, de 9 de diciembre, de Mediación Familiar de les Illes Balears) y Cantabria (Ley 1/2011, de 28 de marzo, de mediación de la Comunidad autónoma de Cantabria).

Agotado el Plan de modernización de la Justicia 2009-2012 y con el objetivo de convertir a la Administración de Justicia en un elemento que "favorezca la competitividad de la economía"[10], el Ministerio de Justicia elaboró un Plan de Acción 2012-2015 de la Secretaría General de la Administración de Justicia[11] como una herramienta que pretendía, especialmente, la eficiencia en la gestión y en el funcionamiento de la Justicia[12], entendiendo por tal, no sólo la adecuada utilización de los recursos que conforma dicha Administración, sino además –y especialmente–, satisfaciendo las necesidades y deseos de los individuos que conforman la sociedad en la que debe realizar su servicio público. En dicho Plan destaca, una vez más –por lo que al objeto de este estudio se refiere– la promoción del recurso a la mediación como vía alternativa a la resolución de controversias, que junto a las reformas organizativas y la revisión del sistema de tasas judiciales para la financiación de la asistencia jurídica gratuita, se constituye en una de las líneas estratégicas que se trazan.

II. LA MEDIACIÓN COMO RECONOCIMIENTO DE LA CAPACIDAD DE AUTORREGULACIÓN DE LAS PARTES QUE, ADEMÁS, CONTRIBUYE A OPTIMIZAR EL COSTE DE LA JUSTICIA

No obstante la potencial bondad de la utilización de la mediación no sólo tiene su reflejo en el efecto positivo que provoca en el sistema judicial, reduciendo la carga de trabajo de Juzgados y Tribunales, y su consiguiente ahorro de los costos –económicos, de recursos y de tiempo– que genera un proceso judicial. La mediación es y debe ser, principalmente, un instrumento de resolución de controversias que, con la ayuda de un tercero imparcial y neutral, favorece que las personas enfrentadas por un conflicto, sean capaces

[10] Plan de Acción 2012-2015, Secretaría General de la Administración de Justicia, Ministerio de Justicia, p.11.

[11] Que sustituye al anterior Plan Estratégico de Modernización de la Justicia 2009-2012.

[12] En este sentido, el Plan de Acción 2012-2015 de la Secretaría General de la Administración de Justicia se centra en las actuaciones dirigidas a la transformación del modelo organizativo, la coordinación de actuaciones, la modernización y mejora de las infraestructuras y la mejora de la gestión, tal y como se recoge en el resumen del propio Plan. Puede consultarse en:

http://www.mjusticia.gob.es/cs/Satellite/Portal/1292427277121?blobheader=application%2Fpdf&blobheadername1=ContentDisposition&blobheadervalue1=attachment%3B+filename%3DPlan_de_Accion_de_la_SGAJ_(2012-2015).PDF

de entender el origen de sus diferencias, ayuda a que conozcan las causas y las consecuencias del conflicto y promueve la búsqueda de una solución negociada satisfactoria para todos, al ser propuesta por las propias personas afectadas por el litigio y además contribuye a preservar las relaciones entre las partes.

Ésta última debe ser la razón, que impulse a los poderes públicos, a la Administración de Justicia y a los operadores jurídicos, a potenciar la utilización de la mediación, siendo el beneficio para una Justicia de calidad, una bienvenida y apreciada consecuencia.

La mediación está alcanzando gran importancia en la actualidad ya que se trata de un procedimiento de fácil tramitación, poco costoso y de corta duración en el tiempo basado en la voluntariedad y libre decisión de las partes y en la intervención neutral e imparcial del mediador, del que se pretende que ayude a encontrar una solución dialogada y voluntariamente querida por las partes, en la que se enfatiza la nota de flexibilidad frente a la rigidez del proceso judicial[13].

Pese a que desde una perspectiva procesalista clásica, se ha considerado antagónico el proceso judicial con otras formas de resolución de conflictos interpersonales[14], la mediación no puede ser entendida como una forma alternativa al proceso –en el sentido de que su existencia suponga el desplazamiento de éste– pero tampoco como una opción inferior a aquél por el hecho de que el cumplimiento del acuerdo resultante de la mediación dependa de la buena voluntad de las partes, aspecto éste que se supera con el reconocimiento de la fuerza ejecutiva al acuerdo alcanzado.

En relación a lo dicho en el párrafo anterior, avala el recurso a la mediación, el reconocimiento en la Constitución española a la disponibilidad de los derechos subjetivos ya que, salvo en los casos de interés público, la perspectiva constitucional de las relaciones entre los particulares es la de conferir a éstos la libertad para regular sus interés privados, para disponer de ellos y para

---

13 PÉREZ GURREA, R., "Estudio sistemático, normativo y doctrinal de la mediación en asuntos civiles y mercantiles: una especial referencia a la mediación electrónica". Documento electrónico.

14 ALASTRUEY GRACIA, R., "Argumentario para la búsqueda de soluciones negociadas en el proceso civil". Documento electrónico. Disponible en el web site: www.poderjudicial.es.

voluntariamente decidir sobre su defensa[15]. Así, se describen dos de los ejes sobre los que se vertebra la mediación –la deslegalización y la desjuridificación– que, junto a la desjudicialización, conforman la naturaleza ontológica de este instrumento.

El recurso a la mediación y su potenciación debe realizarse bajo los parámetros del análisis económico del Derecho, de la eficiencia del proceso y de las necesidades reales del sistema español[16], debiendo garantizarse al ciudadano, desde el respeto a su autonomía de la voluntad, el derecho a elegir entre las diferentes formas de resolver la lesión a sus derechos e intereses. No se trata, por tanto, de un medio para sustraerse a la Justicia, sino de una opción libremente consentida por la partes, ofreciéndoles un procedimiento alternativo que contribuye, además, a garantizar su derecho fundamental a la tutela efectiva de los tribunales.

Resultan evidentes los beneficios que el recurso a fórmulas extrajudiciales de resolución de conflictos tienen respecto al proceso. Además de la reducción del coste económico y de tiempo que lleva aparejada la utilización de la mediación respecto al proceso judicial, recurrir a este instrumento da respuesta a una –en ocasiones– manifiesta insatisfacción por el funcionamiento de la Justicia actual, por sus elevadas tasas de congestión, su alto coste económico y emocional y por la sensación de que lo transmitido por los letrados y Ministerio Público en el Juzgado –las pretensiones procesales–, nada o poco tiene que ver con sus necesidades, reivindicando la necesidad de volver a fórmulas autocompositivas o heterocompositivas para la resolución de sus controversias, sin necesidad de acudir a los Tribunales.

Y es que como dice Alastuey[17], el planteamiento judicial del conflicto escapa a los propios litigantes porque la situación conflictual se viste de legalidad con la finalidad de obtener el pronunciamiento beneficioso para el cliente. Para ello, los letrados, en ocasiones rehusarán a usar ciertos datos y alegar circunstancias referidas al conflicto, haciendo uso de una diseñada estrategia procesal para la defensa de los intereses de su cliente, que, en ocasiones, puede

---

15 ALASTRUEY GRACIA, R., "Argumentario para la búsqueda de soluciones", cit.

16 COBAS COBIELLA, M.E., VALERO LLORCA, J., BARAT TREJO, J., "Modernización de la justicia y mediación. Una visión desde la Ley Valenciana", *REDCV* (Revista Electrónica Derecho Civil Valenciano), *nº 10*, 2011. Documento electrónico.

17 ALASTRUEY GRACIA, R., "Argumentario para la búsqueda de soluciones", cit.

incluso llegar a impedir la comprensión por su propio cliente de qué es lo que ha ocurrido a lo largo del proceso. El cliente, no en pocas ocasiones, ni entiende ni reconoce su problema en el proceso judicial ni tampoco encuentra una solución a su conflicto "real" –aparejado a la cuestión jurídica, que no siempre guardan identidad– cuando recibe la ansiada sentencia. De esta forma, se puede afirmar que la mediación, como fórmula autocompositiva, es un instrumento eficaz para la resolución de controversias cuando el conflicto jurídico afecta a derechos subjetivos de carácter disponible.

Por otro lado, el coste económico para las partes enfrentadas en un proceso judicial se elevan considerablemente frente al soportado en un procedimiento de mediación que, siendo más breve en el tiempo y más ágil y sencillo, contribuye a ser una menor carga económica para las personas que voluntariamente opten por participar en él. Más importante incluso que el económico por sus evidentes efectos negativos en la persona que los sufre, es el coste emocional y psicológico que tienen que sufrir los litigantes que al tiempo de espera para la resolución judicial tienen que sumar la incertidumbre del contenido de la sentencia y, en su caso, la decepción por haber perdido un juicio que, con mucha seguridad, seguirá adelante con el planteamiento del correspondiente recurso que, una vez más, vuelve a enfrentar a las partes aún no repuestas.

Los beneficios de la solución negociada y acordada en la mediación, contempla, por tanto, no sólo el litigio que los ha llevado allí sino, además, otros que puedan tener las partes previamente y que todavía no se hayan planteado, pero que con seguridad saldrán a lo largo de las sesiones de mediación –por la propia idiosincrasia del procedimiento–, evitando costes y tiempos, además de contribuir a la preservación de las relaciones personales establecidas entre los mediados.

No obstante, lo dicho anteriormente debe ir acompañado de un buen funcionamiento y disponibilidad de los servicios de mediación. Para ello es necesaria la correspondiente dotación de los medios personales y materiales suficiente para su efectivo ejercicio, así como de acciones de publicidad y promoción de la mediación.

III. CONCLUSIÓN

El objetivo de asegurar un mejor acceso a la Justicia, como parte de la política de la Unión Europea encaminada a establecer un espacio de libertad, seguridad y justicia, debe abarcar no sólo el acceso a métodos judiciales sino también el recurso a fórmulas extrajudiciales de resolución de litigios, que reconozcan capacidad de autorregulación de las partes implicadas en el mismo.

ALGUNAS CONSIDERACIONES SOBRE EL PROCEDIMIENTO POR CUENTA MANIFESTADA TRAS LA LEY 42/2015, DE 5 DE OCTUBRE, DE REFORMA DE LA LEC

JOSÉ BONET NAVARRO
Catedrático de Derecho Procesal
UVEG

Entre los numerosos preceptos alcanzados por la vorágine reformadora que azota el ordenamiento jurídico procesal español al final de la legislatura que termina en 2015, destacan los arts. 34 y 35 de la LEC. Estos preceptos, como es conocido, regulan un procedimiento especial denominado "de cuenta manifestada", "de manifestación de cuentas" o expresión similar, para la reclamación de las minutas por los abogados frente a sus clientes así como de los derechos y suplidos de los procuradores frente a sus representados. Y como el objeto de este procedimiento permite aproximarnos a un conocimiento real del coste de la justicia y de los mecanismos para su efectividad, considero adecuado formular ahora unas breves referencias al mismo, en el contexto de una Jornada Internacional titulada "El coste de la justicia y el sistema de recursos en el proceso civil", celebrada en Valencia, los días 10 y 11 de diciembre de 2015.

En líneas generales, y al margen de consideraciones más de fondo o de detalle, las reformas introducidas en este punto merecen una valoración positiva en cuanto suponen una importante mejora técnica. Es más, incluso considero sorprendente que buena parte de las mismas no hayan sido objeto de atención mucho antes.

I. LA SUCESIÓN PROCESAL *MORTIS CAUSA* EN LA LEGITIMACIÓN DEL ABOGADO

Uno de los puntos más significativos de la reforma es el referente a la ampliación de la legitimación a favor de los herederos de los abogados para poder instar este procedimiento. Resultaba ciertamente chocante que los correlativos herederos de los procuradores, conforme preveía expresamente el artículo 34.1 LEC, tuvieran reconocido "igual derecho que los procuradores" respecto de los créditos objeto del presente procedimiento que les dejare. Previsión que, sin embargo, no constaba que alcanzara al menos expresamente a los herederos del abogado. Tal desigualdad en el trato venía ya de antiguo[18], y se había intentado explicar en que el procurador, a diferencia del abogado, asumía con su encargo ciertas obligaciones económicas que se transmiten *mortis causa*[19]. Sin embargo, este agravio comparativo no encontraba un fundamento definitivo y completo, de modo que merecía ser criticado. Prieto Castro[20] recordaba que al adaptar el 220 de las Ordenanzas de las Audiencias, la Ley de Enjui-

[18] Esta ha sido la interpretación tradicional, puesto que la previsión viene heredada de la regulación precedente. Así, por ejemplo, GENEROSO HERMOSO, F., *Práctica del procedimiento de jura de cuentas de los artículos 8 y 12 de la Ley de Enjuiciamiento Civil,* Dykinson, Madrid, 1998, p. 66, manifestaba la legitimación de los herederos del procurador y no los del abogado.

[19] Así lo mantenían, con vigencia de la LEC 1881, MARTÍNEZ MEGÍAS, R. y RODRÍGUEZ MONTEYS, J. M., *La jura de cuentas. Honorarios profesionales de abogados y procuradores,* Atelier, Barcelona, 1998, p. 122. En la actualidad, mantienen esta consideración DAZA VELÁZQUEZ DE CASTRO, R., *Comentarios a la Ley de Enjuiciamiento Civil (artículos 1 al 98),* Comares, Granada, 2003, p. 207. MARTÍN CONTRERAS, L., *La tasación de costas y la liquidación de intereses y sus impugnaciones en los órdenes jurisdiccionales civil, penal, contencioso-administrativo y social (Legislación, doctrina, jurisprudencia y casos prácticos),* Comares, Granada, 5ª ed., 2005, p. 339. PÉREZ UREÑA, A. A., "Los artículos 34 y 35 LEC. La llamada jura de cuentas", en *Práctica de tribunales: revista de derecho procesal civil y mercantil,* núm. 48, p. 44.

[20] PRIETO CASTRO Y FERRÁNDIZ, L., "El procedimiento privilegiado de exacción de los artículos 7.°, 8.°, y 12.° de la Ley de Enjuiciamiento Civil", en *Estudios y comentarios para la teoría y la práctica procesal civil,* II Reus, Madrid, 1950, p. 585. Actualmente, mantiene similar posición crítica ILLESCAS RUS, A. V., "La cuenta y la minuta jurada. Tutela sumaria de los créditos de Procuradores y Abogados", en *Sepín LEC Forum. Ley de Enjuiciamiento Civil,* núm. 36, diciembre 2003, p. 30. ACHÓN BRUÑÉN, M. J., "Los procedimientos de reclamación de la cuenta del procurador y de los honorarios del letrado. Respuesta a lagunas y deficiencias legales", en *Diario La Ley,* núm. 6891, 2008, p. 2. Por su parte, CEDEÑO HERNÁN, M., *Retribución de Abogados y Procuradores: la llamada «Jura de Cuentas»,* Aranzadi, Elcano, 2002, p. 78, critica la sucesión en la legitimación pues no se justifica en cuanto a la condición de colaboradores.

ciamiento precedente se olvidó de prever el supuesto. Decía literalmente este maestro del derecho procesal que *"no existe razón alguna para discriminar casos"*. Con todo, minoritariamente se había defendido ya la legitimación de los herederos de los abogados pues, si nada se decía en el artículo 35 sobre la competencia a que se hacía alusión en el artículo 34 y nadie dudaba en que la norma competencial era aplicable en ambos casos, no obstante la omisión, el mismo o similar expediente interpretativo podía caber en relación con la legitimación. Sin embargo, la posición mayoritaria en doctrina y jurisprudencia era la de excluir la legitimación de los herederos del abogado con base en la carencia de una atribución específica como la del procurador.

Este difícilmente justificable trato diferenciado, y, en cualquier caso, todo atisbo de duda interpretativa, se resuelve por último con la reforma operada por la Ley 42/2015. La nueva redacción del artículo 35.1 LEC reproduce literalmente la del artículo 34, y deja zanjado por fin que "igual derecho que los abogados tendrán sus herederos respecto a los créditos de esta naturaleza que aquéllos dejaren". Lo sorprendente es que no se hubiera solventando esta cuestión mucho antes.

II. POSTULACIÓN FACULTATIVA

Hasta la reforma de octubre de 2015, los artículos 34 y 35 LEC, al igual que los artículos 23 y 31 LEC, habían omitido referirse expresamente a la postulación en el procedimiento que ahora nos ocupa. Pero lo bien cierto es que nunca se había puesto en tela de juicio el carácter facultativo de la postulación en el mismo. Para ello se aportaban diversos argumentos, en mi opinión, carentes de suficiente sustento. En unos casos, el fundamento pretendía encontrarse en la condición profesional del legitimado activo[21]. Lamentablemente, lo que no se explicaba es por qué había de eximirse de la asistencia técnica en el caso de que el legitimado sea el procurador, así como con base en qué se ha de eximir de procurador cuando el legitimado sea el abogado[22]. Y, por supuesto, cuando se legitima a los herederos, que no tienen por qué tener necesariamente aptitud

---

[21] Así, entre otras muchas, SAP Madrid, Sección 10ª, 7 de octubre de 2008. AAP Madrid, Sección 19ª, 9 de julio de 2008.

[22] Véase un resumen jurisprudencial, entre otras, en las SSAP Madrid, Sección 28ª, de 5 de octubre de 2007; y Sección 21ª, de 5 de junio de 2007.

profesional alguna, el argumento carece de cualquier fundamento ni siquiera parcial. Y es que, en realidad, el único e inconfesable fundamento del carácter facultativo de la postulación se encontraba únicamente en la tradición[23].

Sin necesidad de acudir a intentos más o menos afortunados para justificar el carácter facultativo, en mi opinión, los artículos 23.2.1° y 31.2.1° LEC ya permitían fundar el carácter facultativo de la postulación entendiendo que genéricamente alcanzaba al mismo la excepción a la regla general de la postulación referida a "la petición inicial de los procedimientos monitorios".

Así y todo, la Ley 42/2015, de reforma de la LEC se ocupa de otorgar cobertura expresa al carácter facultativo de la postulación cuando introduce una última frase en el punto 1 de los artículos 34 y 35 LEC que derechamente aclara que "no será preceptiva la intervención de abogado ni procurador". E igualmente, elimina la por lo demás incoherente previsión del punto 2 de los artículos 34 y 35 LEC por la que en el requerimiento a la suma debida, se sumaban "las costas". Incluso se elimina la misma previsión del punto 3 de los mismos preceptos, omitiendo que en el supuesto de que se despache ejecución, se incluyan "las costas". Se supone que en este último caso se estará refiriendo a las del procedimiento previo, pues no parece que el proceso de ejecución que derive esté exento de las mismas. Así y todo, hubiera convenido alguna mayor claridad en este punto.

III. REFORZAMIENTO DE LAS FUNCIONES DEL LETRADO DE LA ADMINISTRACIÓN DE JUSTICIA

Como debía ser conocido incluso para el propio legislador, la Ley Orgánica 7/2015, de 21 de julio, por la que se modifica la Ley Orgánica 6/1985, de 1 de julio, del Poder Judicial, entró en vigor justamente el 1 de octubre de 2015.

---

23 MANRESA Y NAVARRO, J., Mª., *Comentarios a la Ley de Enjuiciamiento Civil: reformada con las bases aprobadas por la ley de 21 de junio de 1860*, I, Reus, Madrid, 1943, cit., pp. 121-2, nota I, a la pregunta de si es necesaria la dirección letrada en las "diligencias de cuenta jurada", cita la Sentencia del Tribunal Supremo de 1 de abril de 1903, que resuelve la duda negativamente de modo que los honorarios devengados por el letrado en la dirección del "expediente" no son exigibles al cliente moroso que haya dado lugar a él. Posteriormente, PRIETO CASTRO Y FERRÁNDIZ, L., "El procedimiento privilegiado de exacción de los artículos 7.°, 8.°, y 12.° de la Ley de Enjuiciamiento Civil", cit., p. 587, con base en la misma sentencia de 1 de abril de 1903, afirma que la "simple solicitud", "no requiere la intervención de abogado".

Según la disposición final décima de esta ley orgánica, el cuerpo de Secretarios Judiciales pasa a denominarse cuerpo de Letrados de la Administración de justicia. Y aclara al respecto su preámbulo, que *"con ello se da respuesta a una demanda histórica del mismo, que considera que la denominación de secretarios judiciales conduce a equívocos sobre la función realmente desempeñada"*. La relevancia normativa de esta norma, sin emgargo, no ha impedido al legislador olvidar lo que acababa de legislar cuando, cinco días después de la entrada en vigor de la primera norma citada, publica en el BOE la Ley 42/2015, de 5 de octubre, de reforma de la LEC, en la que retoma la vieja denominación de "Secretarios Judiciales" para ese cuerpo de recientemente inaugurada denominación de "Letrados de la Administración de Justicia". Norma esta última que, no obstante ser posterior, es obvio que carecerá de toda virtualidad derogatoria, pues es patente que una ley ordinaria no resulta apta para derogar una ley de superior rango aunque sea anterior.

Al margen de esta patente falta de memoria y de rigor en nuestro flamante legislador, es claro que la reforma profundiza en la tendencia a reforzar las funciones del Letrado de la Administración de Justicia en el ámbito de este procedimiento tan especial que se denomina o debería denominarse algo así como "de manifestación de cuentas". En efecto, se modifica el artículo 34.2 LEC para expresar que, una vez presentada la cuenta por el procurador, el "secretario judicial" (léase letrado de la administración de justicia") requerirá al poderdante para que pague dicha suma, pero siempre que la cuenta haya sido "admitida" por el mismo "secretario judicial". Esta aclaración ha de considerarse como una mejora en la redacción pues sirve para prevenir alguna suerte de expediente interpretativo por el que pudiera inferirse que la mera presentación de la cuenta debía traer aparejada un automático deber de requerimiento sin trámite de admisión. Y en cualquier caso, aunque dicho expediente interpretativo fuera más que discutible cuando no claramente rechazable, lo bien cierto es que tal previsión expresa no puede más que merecer una valoración positiva. Parece claro que el requerimiento debe ser consecuencia de una previa petición que cumpla con los presupuestos y requisitos de forma y de fondo y, por tanto, que deba ser objeto de valoración a efectos de admisión. Y, siendo así, es coherente que el legislador incluya tal previsión en el tenor literal del artículo 34.1 LEC. En definitiva, la previsión expresa de este punto merece sin duda valorarse positivamente.

Lo curioso es que si bien hemos visto como el legislador ha intentado otorgar coherencia a la regulación y solventar posibles dudas interpretativas por la omisión expresa de ciertas previsiones, como es el caso de la relativa a la legitimación de los herederos de los abogados como hemos visto en el punto I de este trabajo, con esta previsión introduce un nuevo elemento de diferencia sin ningún género de sentido entre el procedimiento instado por procurador o por abogado. En efecto, mantiene incólume el tenor del artículo 35.2 LEC de modo que, exclusivamente en el caso del abogado y a diferencia de lo introducido para el procurador: *"presentada esta reclamación, el secretaria judicial requerirá al deudor..."* Ante ello, cabe preguntarse si el legislador pretende limitar el control de admisión únicamente a la reclamación del procurador; o, por el contrario, quizá sencillamente se ha olvidado de nuevo de la coherencia y de incluir la misma previsión en el caso de la reclamación por abogado. En mi opinión, está segunda posición resulta más plausible. No encuentro justificación alguna para entender que las reclamaciones de los abogados deban quedar exentas del control de los presupuestos y de los requisitos correspondientes. Todo ello a pesar de que, menos sentido hay todavía para que en una reforma que se supone de mejora técnica, en la que en otros puntos ha introducido buenas dosis de coherencia y resuelto algunas dudas interpretativas, sirva para introducir nuevas incoherencias y renovadas dudas interpretativas. Como mínimo, demuestra así una flagrante falta de rigor sistemático.

IV. NATURALEZA DE LA IMPUGNACIÓN DE LA CUENTA DEL PROCURADOR

La reforma introduce una previsión en la que se aclara que la impugnación de la cuenta del procurador únicamente se base en el carácter de indebida. Por más que pueda sorprender, ha sido necesario incluir expresamente en el tenor del artículo 34 LEC esta previsión o recordatorio. Quizá sea porque los "errores" en las cuentas de los procuradores objeto de impugnación suelen ser, cuando no son siempre, de los que implican pagar euros de más, ocasionalmente se provoca alguna confusión a la hora de distinguir la impugnación entre indebidos o excesivos. Al menos ocasionalmente, no se llegaba a tener claro que la impugnación de la cuenta del procurador única y exclusivamente puede se impugnada por indebidos y, en ningún caso, por excesivos, a pesar de que la cuenta sea superior –o exceda– a la debida. Esto provocaba que algunos juzgados procedieran tal y como previene el artículo 246 LEC, precepto previsto para la impugnación por excesivos, por remisión del artículo 35.2.III LEC. En esos casos, los colegios profesionales son instados a emitir informe innecesario e inútil por tratarse de cuestiones tales como si se había realizado o no el acto correspondiente; si el acto fue o no necesario en atención a las circunstancias; y, por último, habiéndose realizado el acto y siendo necesario, si se había aplicado debidamente el baremo sobre el mismo. Circunstancias todas ellas que pueden y deben ser apreciadas por el órgano jurisdiccional, sin que tenga utilidad ni sentido alguno que el colegio deba emitir informe al respecto. Otra cosa es que no exista baremo y que, en un contexto de libertad en la determinación de la cantidad minutada, los honorarios solicitados excedan unos límites razonables para unas determinadas actuaciones profesionales. En tal caso, resulta crucial el informe del colegio profesional para ilustrar convenientemente sobre si han de considerarse excesivos a efectos de la decisión que tome el letrado de la administración de justicia sobre la impugnación de los honorarios de un abogado.

Aunque tampoco cabe afirmar que fuera habitual la confusión, en cualquier caso esta previsión debería impedir toda duda sobre el trámite a seguir, cualquiera que sea la razón por la que se impugna la cuenta del procurador, por cuanto única y exclusivamente cabe su impugnación "por ser indebida". De ese modo, el "letrado de la administración de justicia" dará traslado al procurador por tres días para que se pronuncie sobre la impugnación. A continuación, el mismo letrado examinará la cuenta y las actuaciones procesales, así como la documentación aportada, y dictará en el plazo de diez días decreto determinando la cantidad que haya de satisfacer al procurador, bajo apercibimiento de apremio. Por tanto, sin seguir en modo alguno el trámite previsto para la impugnación por excesivos en que pueda fundarse también la minuta de los abogados y procuradores.

En fin, la reforma en este punto, por tanto, tiene la virtualidad de prevenir cualquier errónea consideración de la minuta del procurador que pueda plantearse, excluyéndose la impugnación por excesivos por mucho que el procurador pida de más o "excesivamente" en su cuenta; y, en cualquier caso, resulta coherente con la naturaleza por indebidos que corresponde a toda impugnación de la cuenta del procurador.

V. MEJORAS PUNTUALES EN EL PROCEDIMIENTO

La reforma se ocupa igualmente de atender cuestiones que pueden ser consideradas como mejoras en el procedimiento. Reformas que, además, revisten cierta relevancia en atención a la importancia de los derechos que refuerzan.

1. Reforzamiento de la contradicción

Se introduce un trámite que, con vocación de otorgar cierta sistemática en relación a la nueva configuración del juicio verbal con contestación escrita, subsana una grave deficiencia en lo referente a la contradicción. Hasta ahora, si se formulara oposición, el "secretario judicial" examinará la cuenta y las actuaciones, así como la documentación aportada (se supone que en la oposición), directamente dictaba decreto en el plazo de diez días determinando la cantidad a pagar. Como se observa, el procurador, o en su caso, abogado, impugnado por indebidas no tenía oportunidad de alegar nada al respecto, quedando la contradicción y el derecho de defensa seriamente en entredicho. Frente a ello, la reforma prevé que una vez formulada oposición, el "secretario judicial" dará traslado al procurador (o en su caso al abogado) por tres días para que se pronuncie sobre la impugnación. Procediéndose a continuación a examinar la cuenta, las actuaciones y la documentación aportada (y se supone también que el pronunciamiento del procurador o abogado) para dictar decreto en el que se determine la cantidad debida. Esta previsión contenida en el artículo 34.2.II LEC será también aplicable a la impugnación de la minuta de los honorarios del abogado en el supuesto en que la misma se funde en el carácter de indebida por remisión del artículo 35.2.II LEC.

Esta previsión, probablemente solo con cierta vocación sistemática, favorece de modo significativo la contradicción y, por tanto, el derecho de defensa. Por mucho que se trate de un procedimiento especial, y a pesar de que no produzca efectos de cosa juzgada, como no podía ser de otro modo, al quedar en manos de un letrado de la administración de justicia, que no tiene atribuida en absoluto función jurisdiccional en los términos del art. 117.3 LEC, la reforma en este punto ha de recibir una valoración positiva por favorecer el derecho de defensa y, por ende, el principio de igualdad de armas. Además, la contradicción redundará en un decreto del letrado de la administración de justicia que determinará la cantidad debida con mayores garantías y condiciones de certeza. Otra cosa es que esta actividad, en mi opinión, se corresponde con una neta actividad de juzgar que, en los términos del mismo precepto constitucional citado, debía quedar reservado a quienes tienen atribuida en exclusiva la potestad jurisdiccional, y entre ellos no se halla el secretario judicial ni el letrado de la administración de justica.

2. Aclaración de las consecuencias en caso de pasividad

El requerimiento que debe realizar el letrado de la administración de justicia debía contener el "apercibimiento de apremio si no pagare ni formulare impugnación". De ese modo, podían inferirse las consecuencias de la actitud pasiva del mismo requerido, nota característica de la llamada técnica monitoria que informa este más que especial procedimiento. En cualquier caso, faltaba una previsión expresa que ofreciera cobertura a las consecuencias de dicho apercibimiento, cosa que se subsana introduciendo un punto tercero a los artículos 34 y 35 LEC. De ese modo, se prevé que si "el poderdante" o "el deudor de los honorarios" no formularen "oposición dentro del plazo establecido, se despachará ejecución por la cantidad a que ascienda la cuenta". A pesar del tenor literal del precepto, parece claro que tal circunstancia se producirá si no se formula oposición y, además, tampoco se haya pagado. Sin embargo, por más evidente que resulte esto último, no hubiera estado de más incluir la previsión en aras de la precisión y el rigor. Así y todo, la reforma considero que resulta en general positiva una vez más, en cuanto que da cobertura legal a un apercibimiento tan severo como es un eventual despacho de ejecución, con las graves consecuencias que pueden derivar sobre el patrimonio del deudor.

VI. A MODO DE CONCLUSIÓN

La reforma operada por la Ley 42/2015, de 5 de octubre, de reforma de la LEC, a pesar de algunos matices y puntuales defectos, ha supuesto un significativo avance. Así, entre otras cosas, introduce coherencia a la legitimación, otorgándola no solo a los herederos del procurador sino a los del abogado, subsanando un olvido histórico que ha ido arrastrándose hasta el siglo XXI; por fin otorga fundamento legal a la tradicional pero carente de cobertura expresa y, en cualquier caso, clara, al carácter facultativo de la postulación en este procedimiento; recuerda que la impugnación de la cuenta del procurador es –únicamente– "por ser indebida", previsión que debería terminar con cualquier práctica que confunda cuenta del procurador indebida con excesiva, aunque el procurador pretenda cobrar más de la cuenta; refuerza la contradicción permitiendo que el acreedor pueda alegar lo que estime oportuno sobre la impugnación; y, por último, otorga cobertura legal al apercibimiento de ejecución en caso de pasividad, estableciendo expresamente las consecuencias de la falta de oposición (y del pago, se entiende o se supone aunque curiosamente no se diga).

Sin embargo, el problema fundamental de este procedimiento es de concepción y no se soluciona en absoluto. Actualmente, el protagonismo del Letrado de la Administración de Justicia en este procedimiento es completo y absoluto, hasta el punto que excluye cualquier intervención judicial. Y por mucho que sea sobre una cuestión accesoria o derivada del proceso, la determinación de lo que corresponde pagar al representado por procurador o al defendido por letrado, especialmente cuando hay impugnación sobre la determinación cuantitativa de la cuenta o la minuta, implica actuar el derecho objetivo en el caso concreto con heteroturela. Tal actividad puede ser más o menos engorrosa, gustar o no, pero creo que no hay duda de que forma parte de la función jurisdiccional que corresponde exclusivamente a jueces y magistrados. Por tanto, las dudas de inconstitucionalidad que genera este procedimiento, en mi opinión, son excesivas y no precisamente irrelevantes.

Al margen de lo anterior, la reforma no termina de atinar en lo que se refiere al cuerpo de letrados de la administración de justicia. Al margen de insistir aludiendo al secretario judicial, cuando justo desde cinco días antes se le debía denominar como letrado de la administración de justicia conforme la reforma operada por la LO 7/2015, de 21 de julio, la reforma profundiza otorgando funciones a dicho cuerpo. Así, prevé que, presentada la cuenta por el procurador, se requerirá previa admisión de la petición. Cosa que se ha de compartirse y hasta celebrarse. Pero la celebración concluye porque incomprensiblemente no hace lo propio con la reclamación del abogado. Esta imprevisión abre nuevas incoherencias y dudas, forzando una interpretación integradora sin cobertura legal clara pero que impida llegar al absurdo de que el requerimiento en el caso de reclamación por el abogado se producirá con alguna suerte de automatismo, en mi opinión, inaceptable. Por este camino, las mejoras técnica que, en líneas generales, aporta la reforma, quedan empeñadas por la incoherencia y la falta de rigor sistemático que lamentablemente demuestra nuestro legislador otorgándose todavía mayor protagonismo.

LA JUSTICIA SUFRE ALZHEIMER

LAS TASAS JUDICIALES, ENTRE EL BLANCO Y EL NEGRO HAY UNA ESCALA DE GRISES. ESPECIAL REFERENCIA A LAS VÍCTIMAS DE VIOLENCIA DE GÉNERO

RAQUEL BORGES BLÁZQUEZ
Grado en Derecho y Máster Universitario en Abogacía. Universidad de Valencia

> "Ten fe en el Derecho, como el mejor instrumento para la convivencia humana; en la Justicia, como destino normal del Derecho; en la Paz, como substitutivo bondadoso de la Justicia; y sobre todo, ten fe en la Libertad, sin la cual no hay Derecho, ni Justicia, ni Paz"
> - Eduardo J. Couture

I. PLANTEAMIENTO

El Estado social y democrático de derecho reconoce entre sus pilares fundamentales la presencia de una Administración de Justicia eficaz, eficiente, rápida y de calidad. Al fin y al cabo, *justicia es la que se hace bien y pronto*. Estamos cansados de escuchar que la justicia es lenta, que los juzgados están colapsados, que hacen falta más medios y que el tiempo que tardan los jueces en dictar sentencia, lamentablemente, dista mucho de los plazos que estudiamos en los manuales de las facultades de derecho. La comunidad exige a nuestros tribunales que la función jurisdiccional sea brindada de forma satisfactoria y a tiempo, pero olvida que para que los tribunales puedan ofrecer un buen servicio necesitan dotarse de los medios necesarios personales y materiales ya que a lo largo del proceso hay muchas personas implicadas y muchos sueldos que, consecuentemente, deben pagarse entre otros muchos gastos. Dos respuestas alternativas responden al interrogante. La primera, financiación íntegra por parte del Estado, esto es, por todos los contribuyentes con independencia de que acudan o no a los tribunales de justicia, por medio de los Presupuestos Generales. La segunda, plantear la viabilidad constitucional y la oportunidad política de repercutir el coste del proceso (todo o parte) en el usuario mediante un tributo, la llamada "tasa judicial" que grava la recepción del servicio concreto que acciona aquel que acude a los tribunales con su problema solicitando el amparo de la justicia.

II. LAS TASAS EN EL DERECHO COMPARADO

Si acudimos al derecho comparado, observamos que en los países de nuestro entorno la gran mayoría han optado por repercutir el coste (en parte) de la justicia en aquel que insta el procedimiento siendo las tasas de la administración de justicia un elemento común en el paisaje de la práctica totalidad de países europeos e incluso americanos[1], y ofreciendo un dato ilustrativo a favor del binomio tasas y respeto al derecho fundamental a la tutela judicial efectiva el hecho de que la mayor parte de estados del Continente Europeo cuenten con un sistema de tasas judiciales.

Según el informe de la Comisión del Consejo de Europa por la eficacia de la Justicia sobre sistemas judiciales de 2011, en la practica totalidad de Estados Europeos las partes deben pagar una tasa u otros gastos para poder iniciar un procedimiento judicial distinto a los de naturaleza penal, y en algunos países incluso para ejercitar acciones penales (Bélgica, Chipre, Portugal, Serbia, Suiza e Irlanda del Norte según datos del informe). En el informe de la citada comisión del año siguiente, Luxemburgo resultó ser el único país que no había establecido tasas, si bien Francia en enero de 2014 las eliminó, siendo los dos únicos países europeos que a día de hoy cuentan con un sistema de justicia financiado íntegramente por el Estado[2]. En la mayoría de los casos éstas son considerablemente mas elevadas que las que fueron establecidas por el derecho

[1] LOREDO COLUNGA, MARCOS. "Las tasas judiciales: una controvertida alternativa a la financiación de la Justicia". *InDret, Revista para el análisis del derecho,* 2005 p. 3.

[2] ALVAREZ-OSSORIO MICHEO, FERNANDO. "Tasas judiciales: entre principio de proporcionalidad y política de derechos fundamentales". *Revista Española de Derecho Constitucional,* Enero-Abril 2014. ISNN: 0211-5743 p. 231.

español por medio de la ley 10/2012, hoy derogada[3]. Y el reino de España es uno de los países donde mas se pleitea ¿casualidad?[4]

III. BREVE EVOLUCIÓN HISTÓRICA

Si algo tiene la justicia en nuestro país es Alzheimer. Las tasas no son un concepto nuevo creado con el objetivo de recaudar en tiempos de crisis (si bien resulta innegable el afán recaudatorio de éstas entre otras finalidades que más tarde trataremos), éstas se remontan a la época del derecho romano (sobre las tasas judiciales en el derecho romano AGUDO RUIZ; 2012), y en textos antiguos como el Ordenamiento de Alcalá (1348) o la Novísima Recopilación (1807) se refleja la existencia de un arancel que se imponía al litigante que se dirigía a los órganos jurisdiccionales[5]. Sin necesidad de remontarnos a antecedentes tan lejanos, en el Decreto 1035/1959, de 18 de Junio, se regulaba la obligación de pagar tasas judiciales con diferentes tarifas, recaudando su importe en efectos timbrados. En un primer momento, una parte de éste se destinaba a la financiación de la Administración –con el reintegro en papel de pagos al Estado– y las Mutualidades –con el pago de las pólizas correspondientes– y otra parte se aplicaba a la remuneración complementaria de los funcionarios de la Administración de Justicia, más tarde pasó a ser un ingreso integrado en los PGE. Estas tasas eran exigidas en todos los órdenes, con excepción del social, no obstante con importantes exenciones en el penal[6].

El pago de tasas se mantuvo de forma ininterrumpida hasta que el año 1987 fueron derogadas por medio de la Ley 25/1986, de 24 de Diciembre, que entró en vigor el 1 de Enero del año siguiente. En ese momento se valoró que la supresión de las tasas supondría la erradicación de cualquier barrera a la tutela judicial efectivas y se facilitó el acceso de los ciudadanos a la justicia al ser un servicio gratuito. Se eliminó también la circulación de dinero en efectivo por los órganos jurisdiccio-

---

3 DOMENECH PASCUAL, GABRIEL. "Las tasas judiciales. Una valoración global." *Seminari de la facultat de Dret de la Universitat de València,* 28 de mayo de 2014. p. 6.

4 ORGANISATION FOR ECONOMIC CO-OPERATION AND DEVELOPMENT, Judicial performance and its determinants: a cross-country perspective, OECD Economic Policy Paper No. 5, 2013.

5 LOREDO COLUNGA. "Las tasas judiciales", cit; p. 3.

6 SANCHEZ BARRIOS, INMACULADA. "Tasas-Administración de Justicia". Crónica de Legislación. *Ars Iuris Salmanticensis vol. 1,* Junio 2013. ISNN: 2340-5155 p. 2.

nales poniendo freno, al menos sobre el papel, de forma definitiva a la corruptela generalizada que suponían las tristemente populares "astillas". Este cambio de política legislativa trajo consigo la adopción de un nuevo sistema de financiación de la justicia, asumiendo el Estado la totalidad de los gastos y renunciando a repercutirlos, ni siquiera en parte, a los litigantes (con la excepción de ciertas fianzas en el orden penal o de depósitos para recurrir en casación cuyo ánimo resultaba más disuasorio que financiador). Aún así, cabe recordar que durante muchos años antes se habían pagado tasas para acceder a la justicia y éstas eran consideradas como una "cuestión de mera legalidad ordinaria" siendo que la constitución española no dispone en ningún precepto la inconstitucionalidad de las tasas y correspondiendo, por tanto, al legislador esta concreción[7].

Así, en la primavera del 2002, el entonces ministro de justicia Ángel Acebes, manifestó la necesidad de abrir un debate en torno a la gratuidad de la justicia para las grandes empresas. Y en septiembre de ese mismo año, el presidente del CGPJ en su discurso de apertura del año judicial, retomó esta idea y llamó a *iniciar una reflexión sobre la posibilidad de introducir la figura de las tasas judiciales como medio para potenciar la financiación de la justicia.* Y de forma sorpresiva, fueron restauradas las tasas judiciales que entraron en vigor el 1 de Abril de 2003. Por lo que al sujeto pasivo respecta (aquel que de acuerdo con el art 36 LGT debe hacer frente a la obligación tributaria), son las personas jurídicas que cumplan el requisito de haber desarrollado durante el ejercicio anterior un volumen de negocio neto superior a 6.000.000 euros[8]. Saltó la alarma en la opinión pública y se sucedieron las reacciones tanto a favor como en contra de la restauración de las tasas judiciales. Pero el fuego acababa de comenzar, y se avivaría aún mas cuando diez años después las tasas se reinstaurasen no solo para personas jurídicas con un amplio volumen de negocio sino para todo aquel que decida dirigirse a los órganos jurisdiccionales para ventilar una pretensión, dejando a salvo desde la perspectiva objetiva determinadas materias y desde la perspectiva subjetiva aquellas personas a las que la ley conceda el derecho a la asistencia jurídica gratuita.

A resultas de la evolución esbozada nos encontramos con la reintroducción de las "tasas judiciales" a través de la ley 53/2002, de 30 de diciembre,

[7] LOREDO COLUNGA. "Las tasas judiciales", cit; pp. 4-6.
[8] LOREDO COLUNGA. "Las tasas judiciales", cit; p. 16.

de política económica, medidas fiscales, administrativas y del orden social. Y en consonancia con ésta se promulgó la Orden del Ministerio de Hacienda, HAC/661/2003, de 24 de Marzo. El legislador de 2002 decidió calificar a este nuevo tributo como "tasa", la cual se adapta a lo que por tal se considera en la legislación vigente, esto es, los arts. 2.1.a de la LGT y 6 de la LTPP. Las tasas son el tributo que graba la recepción por parte del sujeto pasivo de un servicio que no se presta por el sector privado o cuya solicitud o recepción no devienen voluntarios. Nos encontramos dentro del primer supuesto pues la potestad jurisdiccional de acuerdo con el art 117 CE se ejercita a través de los órganos jurisdiccionales, funcionarios al servicio del Estado, no se concibe una empresa privada de jueces. Si bien, también cabría incluirlas dentro del segundo supuesto dado que si el ciudadano acude a la jurisdicción es porque las circunstancias han forzado ésta como la única solución a su conflicto.

La finalidad de la citada tasa obedece principalmente a instrumentos de política financiera, y de manera mas especifica busca repercutir parte del coste del servicio publico en aquél que hace uso mismo, siendo ésta una evidente intención recaudadora. Igualmente la tasa opera como un mecanismo disuasorio, provocador de una reducción de la litigiosidad. El problema es que la imposición de restricciones, aunque sean de carácter tangencial como las tasas, al ejercicio del derecho a la tutela judicial efectiva deviene una materia notoriamente comprometida. Estudiosos en el tema como Navarro Sanchis o Ruiz Garijo se cuestionaron el hecho de que se pretenda gravar la prestación de un servicio que ellos calificaron de esencial e inmaterial, más aún cuando resulta que la obligación tributaria del pago de la tasa nace en un momento anterior, con la solicitud de puesta en marcha del proceso, y no con el ejercicio de dicha actividad. Se pide el pago anticipado de un servicio que no se sabe a ciencia cierta cuanto va a costar[9].

Otras leyes posteriores han afectado a las tasas judiciales: la LO 1/2009, de 3 de noviembre, que implantó el deposito judicial para recurrir; la ley 4/2011, de 24 de marzo, de modificación de la LEC para facilitar la aplicación en España de los procesos europeos monitorio y de escasa cuantía o la ley de medidas de agilización procesal de 10 de octubre de 2011[10].

---

9 LOREDO COLUNGA. "Las tasas judiciales" cit; pp. 8-13.

10 SANCHEZ BARRIOS. "Tasas-Administración", cit; p. 2.

Y así pasaron los años, hasta que un buen día, en plena crisis económica, el legislador decidió ampliar los sujetos pasivos de la tasa mediante la ley 10/2012, de 20 de noviembre, por la que se regulan determinadas tasas en el ámbito de la administración de justicia y del instituto nacional de toxicología y ciencias forenses, publicada en el BOE de 21 de Noviembre de 2012. Y es aquí donde empiezan los verdaderos quebraderos de cabeza para los juristas.

Esta polémica ley entró en vigor el 22 de noviembre de 2012, con excepción de su artículo 11 que tendría que esperar hasta el 1 de Enero del año siguiente. Mediante la ley 10/2012 se exigía el pago de tasas en los órdenes civil, contencioso-administrativo y social, con carácter estatal, con el objetivo de repercutir en el interesado el coste de la actuación de jueces y magistrados así como del resto del personal de la Administración de Justicia y la obtención de copias de documentos e instrumentos judiciales. Ahora si, el proceso se ha convertido en objetivo recaudatorio de los poderes públicos. Consecuentemente, esta ley trajo consigo un descenso de la litigiosidad, sobretodo en cuanto a la interposición de recursos de apelación y casación.

Los aspectos a destacar de esta ley son, por un lado, que el no pago de la tasa conlleva la inadmisión de la demanda o recurso y que mediante el pago de la tasa el legislador ha buscado otro camino para la resolución de conflictos, la mediación, pues *más vale un mal acuerdo que un buen pleito.* Así, el hecho imponible es el acto de pedir justicia a los tribunales existiendo una serie de exenciones objetivas (a modo de ejemplo procesos de capacidad, filiación, menores, protección de DDFF y LLPP, inicio de monitorio, verbal que no supere los dos mil euros…). Los sujetos pasivos se ampliaron a toda clase de personas (físicas y jurídicas) con la exención subjetiva de aquellos a los que se le reconoce el derecho a la AJG, el ministerio fiscal y las AAPP así como el 60% en recursos del orden social por parte de los trabajadores y en el contencioso administrativo a los funcionarios en defensa de sus derechos estatutarios al interponer los ya nombrados recursos. Si bien, esta ley ha sido modificada por el RDL 3/2013 de 22 de febrero por el que se modifica el régimen de las tasas en el ámbito de la administración de justicia y el sistema de AJG, con la idea de evitar en determinados casos que la tasa resulte excesiva así como para coordinar de manera más efectiva esta ley con el entonces anteproyecto de LAJG[11].

[11] SANCHEZ BARRIOS. "Tasas-Administración", cit; p. 2-3.

IV. EL REAL DECRETO LEY 3/2013. ESPECIAL REFERENCIA A LAS VÍCTIMAS DE VIOLENCIA DE GÉNERO

Después de que la ley 10/2012 recibiese numerosas críticas, el gobierno suavizó significativamente algunos de sus aspectos mas polémicos mediante el RDL 3/2013 por el que se modifica el régimen de tasas y el sistema de asistencia jurídica gratuita. Son muchas otras las exenciones introducidas por éste, que por razones de espacio no vamos a poder desarrollar aquí y únicamente haremos referencia al caso de las víctimas de Violencia de Género, pues el RDL en su art. 2.1.g) les reconoce el derecho a la AJG, con independencia de la existencia de recursos para litigar, en aquellos procesos que tengan vinculación, deriven o sean consecuencia de su condición de víctima, derecho que asistirá también a los causahabientes en caso de fallecimiento siempre y cuando no sean el agresor. Introducir este artículo en ese momento histórico fue un acierto, al igual que sigue siendo un acierto que a día de hoy las víctimas de violencia de género dispongan del derecho a la AJG, pues al fin y al cabo las tasas o cualquier otro coste que suponga la justicia son restricciones tangenciales al artículo 24 de nuestra constitución y la Violencia de Género durante muchísimo tiempo ha sido considerada un asunto privado. Si queremos erradicarla y queremos pedir a las mujeres que denuncien no podemos poner obstáculos al ejercicio de este derecho y el establecimiento de la tasa podría llevar consigo que muchos casos permaneciese bajo la pantalla del anonimato que caracteriza este tipo de violencia[12].

V. EL REAL DECRETO LEY 1/2015, ¡ADIÓS TASAS!

El viernes 27 de febrero de 2015, el consejo de ministros aprobó un Real Decreto Ley para la modificación inmediata de las tasas judiciales, por el que las personas físicas quedan exentas del pago de las mismas en todos los órdenes e instancias, y el sábado 28 fue publicado el RDL 1/2015 de mecanismo de segunda oportunidad, reducción de carga financiera y otras medidas de orden social, que entró en vigor al día siguiente de su publicación y cuyo artículo 11 establece exenciones objetivas y subjetivas a la tasa.

---

[12] RDL 3/2013 por el que se modifica el régimen de tasas y el sistema de asistencia jurídica gratuita.

Entre las exenciones objetivas se encuentran la interposición de demanda y la presentación de ulteriores recursos cuando se trate de los procedimientos especialmente establecidos para la protección de los derechos fundamentales y libertades públicas, así como contra la actuación de la Administración electoral, la solicitud de concurso voluntario por el deudor, la presentación de petición inicial del procedimiento monitorio y la demanda de juicio verbal en reclamación de cantidad cuando la cuantía de las mismas no supere dos mil euros (si bien no será de aplicación ésta cuando en estos procedimientos la pretensión ejercitada se funde en un documento que tenga el carácter de título ejecutivo extrajudicial de conformidad con lo dispuesto en el artículo 517 de la Ley 1/2000, de 7 de enero, de Enjuiciamiento Civil), la interposición de recursos contencioso-administrativos cuando se recurra en casos de silencio administrativo negativo o inactividad de la Administración, la interposición de la demanda de ejecución de laudos dictados por las Juntas Arbitrales de Consumo, las acciones que, en interés de la masa del concurso y previa autorización del Juez de lo Mercantil, se interpongan por los administradores concursales y los procedimientos de división judicial de patrimonios con carácter general.

Desde el punto de vista subjetivo, están, en todo caso, exentos de esta tasa las personas físicas, las personas jurídicas a las que se les haya reconocido el derecho a la asistencia jurídica gratuita, el Ministerio Fiscal, la Administración General del Estado, las de las Comunidades Autónomas, las entidades locales y los organismos públicos dependientes de todas ella y las Cortes Generales y las Asambleas Legislativas de las Comunidades Autónomas[13].

VI. EXAMEN DE CONSTITUCIONALIDAD DE LAS TASAS JUDICIALES

Creemos conveniente hacer un examen acerca de la constitucionalidad de las tasas, pues, tal y como hemos puesto de manifiesto a lo largo del trabajo, nada obsta puedan volver a introducirse las tasas en un futuro más o menos lejano. Cabe elegir dos tipos de modelo de financiación a la justicia: por todos mediante impuestos o por los justiciables por aquellos gastos que generan

[13] RDL 1/2015 de mecanismo de segunda oportunidad, reducción de carga financiera y otras medidas de orden social.

al acudir a los tribunales mediante el pago de tasas o aranceles. En medio podemos imaginar un modelo mixto. Y esta es una opción que corresponde al legislador siempre y cuando respete el artículo 24 de nuestra constitución, esto es, el derecho a obtener la tutela judicial efectiva que deberemos poner en relación con el art 119 CE que indica que *la justicia será gratuita*, –pero no siempre– *cuando así lo disponga la ley y en todo caso respecto de quienes acrediten insuficiencia de recursos para litigar*, quedando éstos exentos del pago de tasas[14].

Las cosas claras y el chocolate espeso, el debate desde el punto de vista constitucional no es entre el "sí " o el "no" a las tasas, las preguntas que debemos hacernos son qué tipo de tasas, para qué tipo de procesos y sobre qué sujetos pasivos "sí" y sobre cuales "no" recae la obligación tributaria del pago de tasas. Como ya hemos adelantado la cuestión de las tasas está íntimamente conectada con el derecho fundamental que tienen todas las personas *a obtener la tutela efectiva de los jueces y tribunales en el ejercicio de sus derechos e intereses legítimos, sin que, en ningún caso pueda producirse indefensión*. Introducir un requisito de naturaleza económica para que se pueda interponer una acción en defensa de los propios derechos es un límite a ese mismo derecho, si bien la legitimidad de este límite va a depender del contenido y naturaleza de ese derecho que queremos limitar mediante las tasas, y es por ello que solo conociendo el contenido esencial del derecho y su finalidad podrá analizarse si las tasas resultan o no excesivas para el caso concreto[15].

Hace ya muchos años que nuestro Tribunal Constitucional definió el derecho del art. 24.1 como el derecho de poder acceder a la jurisdicción para promover la actividad jurisdiccional. La expectativa de que, tras plantear las pretensiones, los jueces y tribunales dicten una resolución fundada en derecho, pero esa resolución no tiene que resolver sobre el fondo del asunto porque la decisión de inadmisión también es una decisión judicial constitucionalmente amparada siempre y cuando ésta se funde en una causa predeterminada por la ley y haya sido dictada de manera razonada por el juez o tribunal. No es un derecho de libertad, sino de prestación y para poder ejercerlo resulta impres-

---

[14] SANCHEZ BARRIOS. "Tasas-Administración". cit. p. 2.

[15] ALVAREZ-OSSORIO MICHEO. "Tasas judiciales" cit; p. 222.

cindible la intervención del legislador mediante el artículo 117.3 CE. En este sentido, el ya citado artículo 119 de nuestra constitución.

En la misma línea del 24 CE, el artículo 6.1 del CEDH. El Tribunal de Estrasburgo viene repitiendo que lo que garantiza este artículo es el derecho a acceder al tribunal, a poder plantear demandas para proteger los derechos y discutir obligaciones pero que el derecho a un tribunal puede verse limitado por concretas condiciones impuestas para la admisión de las demandas, siempre y cuando dichas limitaciones no limiten el derecho de forma que lo hagan impracticable.

Las recientes SSTC 20/2012 y 164/2012, si bien fueron en relación con la anterior ley de tasas de 53/2002, reconocieron su constitucionalidad en el acceso a la justicia. La legitimidad de los fines que persigue la tasa es financiar la administración de justicia con cargo a los justiciables que se benefician de ésta, disminuyendo la financiación a cargo de otros ciudadanos que no hacen fruto de ésta, mediante los impuestos.[16] El límite establecido tanto por el TC como por el TEDH es el carácter proporcional o no de las tasas.

Especialmente explicativo es el FJ 8 de la STC 20/2012 con respecto a las tasas, que si bien es largo, merece la pena citarlo textualmente pues resume el quid de la cuestión en un solo párrafo, *no se han suscitado dudas en este proceso acerca de la legitimidad de los fines que persigue la tasa en cuanto se dirige a financiar el servicio público de la administración de justicia con cargo a los justiciables que más se benefician de la actividad jurisdiccional, disminuyendo correlativamente la financiación procedente de los impuestos, a cargo de todos los ciudadanos, conviene precisar ese acierto, en el que coinciden el FGE y el AE. La justicia puede ser declarada gratuita, como lo hizo la Ley 25/1986. Pero resulta obvio que la justicia no es gratis. Si los justiciables no abonan el coste del funcionamiento de la justicia, el poder judicial debe ser financiado mediante impuestos, sufragados por los contribuyentes. Aunque resulta evidente que la justicia, en tanto que garantía del Estado de Derecho, implica beneficios colectivos que trascienden el interés del justiciable considerado individualmente, lo cierto es que la financiación pura mediante impuestos conlleva siempre que los ciudadanos que nunca acuden ante los tribunales estarían coadyuvando a financiar las actuaciones realizadas por los*

16 SANCHEZ BARRIOS "Tasas-Administración". cit; p. 2.

juzgados y las salas de justicia en beneficio de quienes demandan justicia una, varias o muchas veces. Optar por un modelo de financiación de la justicia civil mediante impuestos o por otro en el que sean los justiciables quienes deben subvenir a los gastos generados por su demanda de justicia mediante tasas o aranceles, o bien por cualquiera de los posibles modelos mixtos en donde el funcionamiento de los Tribunales de orden civil es financiado parcialmente con cargo a los impuestos y con cargo a tasas abonadas por quienes resultan beneficiados por la actuación judicial en distintas proporciones, es una decisión que en una democracia como la que establece la CE, corresponde al legislador"[17].

La posibilidad de sufragar los gastos de la justicia mediante tasas es una restricción posible y legitima. De la misma forma que se sufraga la enseñanza no básica mediante tasas, de la misma forma que se paga peajes por el uso de las autopistas y de la misma forma que se paga una tasa cuando queremos que la administración nos expida un título entre otros muchos ejemplos. Distinto es el dilema moral de que la justicia debería ser gratuita, pero esto no es más que una quimera pues el gran entramado que hay detrás del telón debe ser financiado bien por los contribuyentes ya sea mediante PGE o mediante el pago de una tasa, o mediante un sistema mixto.

El art 31.1 CE establece que *todos contribuirán al sostenimiento de los gastos públicos de acuerdo con su capacidad económica mediante un sistema tributario justo inspirado en los principios de igualdad y progresividad que, en ningún caso tendrá alcance confiscatorio.* Se ha dicho que las tasas judiciales no respetaban el principio de capacidad económica pues la cuota tributaria no se hace depender de los recursos económicos de los litigantes sino de la cuantía del pleito y la fase del proceso de que se trata. En contra de esta tesis, el amplio margen establecido por el legislador democrático en el art 31.1 CE hace que no se establezca una determina y concreta relación entre la capacidad económica de los contribuyentes y la cuantía de los tributos. Nuestra constitución exige tengamos en cuenta la capacidad económica pero no impone la existencia de una relación directamente proporcional capacidad-cuota. Del tenor literal del art. 31.1 se desprende que no resulta necesario que en todos los casos la cuota tributaria tenga una relación estricta y proporcionalmente creciente con la

---

[17] ALVAREZ-OSSORIO MICHEO . "Tasas judiciales" cit; p. 221-232.

renta/riqueza de los ciudadanos, este precepto pide que el sistema tributario se inspire en la medida de lo posible en los principios de capacidad económica igualdad y progresividad, pero no exige que todos los impuestos sean progresivos (tasa de basuras, IVA entre otros)[18].

Es por ello que siempre y cuando el legislador tenga en cuenta el principio de capacidad económica a la hora de regular las tasas judiciales estarán dentro de la legalidad, y esto puede hacerse mediante la definición de algunas exenciones objetivas y subjetivas y el establecimiento de un gravamen reducido para las personas físicas en relación con las jurídicas entre muchas otras medidas posibles.

VII. SOBRE LA UTILIDAD DE LAS TASAS JUDICIALES

Para conocer la utilidad y el coste de las tasas judiciales conviene analizar qué gana y qué pierde la sociedad cuando una persona promueve un proceso.

En cuanto a los costes personales, la decisión de involucrarse en un proceso conlleva significativos costes derivados de la inseguridad del resultado que encierra, el tiempo que lleva su tramitación y la necesidad de pagar abogado y procurador. Pero esta decisión también conlleva costes para otras personas. La parte contraria deberá defenderse con los mismos medios y los contribuyentes son, a fin de cuentas, los que financian el funcionamiento de la administración de justicia. Esta decisión trae consigo aquello que los economistas denominan "externalidad negativa", a las claras y sin andaros con rodeos significa que la acción de un agente reduce el bienestar de otras personas sin que el agente iniciador del procedimiento soporte el coste de la reducción de ese bienestar. Consecuentemente, el coste marginal que soporta el agente por su actuación es inferior al coste marginal que soporta el resto de la sociedad. Cabe pensar que al soportar solo una parte de los costes sociales que genera el procedimiento, el agente tenderá a elevar su nivel de litigiosidad por encima de lo que sería socialmente deseable y los justiciables tenderán a litigar demasiado, pero este problema puede ser corregido "internalizando" esas externalidades mediante el establecimiento de una tasa que grave la realización de la actividad. Es esta

---

18 DOMENECH PASCUAL. "Las tasas judiciales." cit.

la lógica que hay detrás de los tributos ambientales, de las autopistas de peaje y también de las tasas judiciales.

Por lo que respecta a los beneficios, si partimos del razonamiento lógico que los justiciables tenderán a escoger de entre todas las posibles alternativas de acción aquella que, a su juicio, les resulte más conveniente quien decida sostener un pleito espera obtener un beneficio privado como resultado del mismo y en caso de no ser así se abstendrá de litigar. No podemos obviar que la decisión del agente conllevará una externalidad positiva pues su acción puede beneficiar a otras personas bien de manera directa y positiva (anulación de un reglamento), bien de manera tangencial (creación de jurisprudencia que reduzca la inseguridad jurídica).

Atendiendo al binomio costes-beneficios las tasas no deben ser las únicas encargadas de sostener los costes del proceso, sino que parte de estos deben ser sufragados con cargo a PGE. Pero tampoco los PGE deben ser los únicos llamados a sostener dichos costes. Tanto el TEDH como nuestro TC han señalado que las tasas sirven para lograr fondos con los que financiar la justicia, no obstante cabria pensar en otros medios alternativos que podrían ser preferibles. El mayor problema de la externalidad es que exista una discordancia entre la utilidad privada y la utilidad social de litigar, pues en ese caso los justiciables carecerán de los alicientes económicos necesarios para pleitear en la medida que resultaría optima para el conjunto de ciudadanos siendo que en determinadas ocasiones las externalidades positivas del pleito superan a las negativas convirtiendo la utilidad social en mayor que la utilidad privada, y aquí las tasas harán que se pleitee menos de lo socialmente necesario. Con el objetivo de reducir el problema, se puede hacer uso de variados instrumentos jurídicos que permitan continúen existiendo tasas como puede ser otorgar AJG a quienes carecen de recursos para sostener procesos socialmente valiosos, declarar exentos de tasas determinados procedimientos que persiguen el interés general por encima del individual, condenar en costas a determinadas personas bajo ciertas condiciones...[19].

---

19 DOMENECH PASCUAL. "Las tasas judiciales." cit; 18-23.

VIII. CONCLUSIONES

La imposición por ley de tasas judiciales es una decisión política posible en nuestro Estado de Derecho que, por tratarse de un límite al derecho a la tutela judicial efectiva reconocido en el artículo 24 de nuestra constitución, su creación queda sujeta a que pueda demostrarse la necesidad e idoneidad para la protección de otro bien o valor: el buen funcionamiento de los servicios públicos.

Sin embargo, la superación en abstracto de dicho test de proporcionalidad puede que no coincida con los resultados de su aplicación practica (cuando el test se aplique a casos en los que la cuantía objetiva de la tasa impida el ejercicio del derecho a la vista de la capacidad económica del titular o la escasa cuantía a ventilar en el pleito) y en este caso las tasas no serían constitucionalmente aceptables.

La decisión de cómo se debe financiar la administración de justicia corresponde al legislador y los márgenes para elegir entre las opciones serán todo lo amplios que la constitución le permita. Los derechos fundamentales tienen como titulares a ciudadanos concretos, y es con respecto del ciudadano y caso concreto que hemos de valorar la legitimidad o no de la tasa.

Que la justicia es gratuita es una quimera, pues esta debe haberse previamente financiado mediante presupuestos generales del estado a cargo de todos los ciudadanos. Es por ello que resulta injusto que aquel que más utiliza la justicia pague lo mismo por ésta que aquel que no la utiliza. Mediante el pago de una tasa, de carácter simbólico, se disminuye la litigiosidad temeraria y se hace que pague más por el coste del servicio aquel que lo utiliza. La justicia no trabaja en balde y alguien tiene que hacerse cargo de los costes que entraña su funcionamiento y no parece que la forma mas adecuada será distribuirlos entre todos los ciudadanos. Obligar siempre al pago de tasas por pleitear agravará los problemas de infra-litigación en algunos ámbitos, en cambio suprimirlas por completo provocará que se pleitee demasiado. La solución pasa por establecer reglas diferentes para los diversos casos típicos existentes a día de hoy.

En el caso de que en el futuro se diese una nueva ley de tasas, siempre y cuando ésta mantuviese exentos aquellos supuestos donde el interés social hace que sea necesaria la exención, podría imponerse un sistema de tasas perfectamente compatible con la tutela judicial efectiva proclamada por nuestra constitución de acuerdo con la jurisprudencia de nuestro TC y del TEDH. Es por ello que, siempre y cuando el precio a pagar por la tasa no sea desproporcionado sino más bien algo simbólico que no restrinja el derecho del 24 CE, y finalmente en costas le sea repercutido dicho pago a aquel que ha visto desestimada todas sus pretensiones, soy partidaria de la imposición de tasas al igual que en la gran mayoría de países de nuestro entorno. Mediante las tasas se disminuye la litigiosidad y se da un mejor servicio y mas rápido al ciudadano, se consigue que el coste de la justicia repercuta en quien más la utiliza y existiendo un buen sistema de exenciones subjetivas como objetivas nadie queda fuera del sistema de justicia, siendo éste el principal peligro que conllevan las tasas.

Entre el blanco y el negro hay toda una escala de grises, y el debate no es el "sí" o el "no" a las tasas. Lo que estamos debatiendo es en qué supuestos, a qué sujetos pasivos, y bajo qué circunstancias "sí" cabe aplicar una tasa simbólica que persuada de iniciar procesos temerariamente y en qué supuestos, a qué sujetos pasivos y bajo qué circunstancias "no" puede aplicarse una tasa porque quebraría principios constitucionales tan básicos como la igualdad de todos ante la ley o el derecho a acceder a los tribunales.

RECLAMACIONES DE PEQUEÑA CUANTÍA POR DEUDAS NO CONTRADICTORIAS: COSTE, EFICIENCIA Y EL IMPACTO DE LA REFORMA DE LA LEY 42/2015 SOBRE *JUSTICIA DIGITAL*

RICARDO JUAN SÁNCHEZ
Profesor Titular de Derecho Procesal
Universitat de València

I. INTRODUCCIÓN Y DELIMITACIÓN DEL ÁMBITO DE ANÁLISIS

El presente análisis se centra en las distintas posibilidades de obtener un título ejecutivo derivado de una reclamación dineraria líquida, determinada, vencida, exigible, no contradictoria y de escasa cantidad (*small claims*), fijando para ello el límite económico propio del juicio verbal, esto es, 6000 euros (art. 250.2 LEC).

Desde esta perspectiva tres son las referencias a las que debe prestarse atención: el juicio verbal (arts. 437 a 447 LEC), el procedimiento monitorio (arts. 812 a 818 LEC) y el llamado procedimiento monitorio *notarial* (arts. 70 y 71 LNot[1]). Existen otras posibilidades legales de reclamar créditos similares si bien la elección aquí propuesta obedece, de una parte, a que estos procedimientos reúnen un número de características comunes que permiten realizar un análisis contrastado de los mismos y, de otra, a que esos otros créditos tienen un cauce procedimental específico y exclusivo para ellas, es decir, no reúnen una

[1] Ley del Notariado, de 28 de mayo de 1862, modificada por la Disposición Final 11ª de la Ley de Jurisdicción Voluntaria.

nota de generalidad, o bien porque esos créditos están expresamente excluidos de su reclamación por las vías procedimentales que se analizan a continuación. Es el caso, singularmente, de las reclamaciones dinerarias basadas en la legislación cambiaria o en materia de propiedad horizontal.

La selección de estos tres procedimientos ofrece la oportunidad de constatar las ventajas e inconvenientes del uso de cada de uno de ellos para formular idéntica reclamación dineraria, y de analizar el impacto que en ello tiene o puede tener la implantación de la llamada justicia electrónica (*e-justicia, justicia digital* o procesos telemáticos), esto es, la implantación de los sistemas informáticos en la administración de justicia al ciudadano.

Los procedimientos elegidos tienen en común las siguientes características: se trata de tres procedimientos de fácil o breve tramitación (*fast track proccedings*) y además dos de ellos comparten específicamente la nota de ausencia de contradicción de la deuda (*uncontested claims*). Este es un factor diferenciador con respecto a las reclamaciones a plantear a través del juicio verbal, que si bien en puridad no reúne necesariamente esta nota siempre ha permitido la posibilidad del allanamiento en la fase de vista (art. 443.2, en su anterior redacción) y ahora en la contestación a la demanda (art. 438.1, nueva redacción), a lo que cabe añadir también ahora el factor de que se dicte sentencia sin celebrar vista (art. 438 nueva redacción; esto no constituye propiamente un reconocimiento de deuda, pero aproxima el juicio verbal, al menos en su dinámica procedimental, al procedimiento monitorio.

Finalmente otro aspecto común es el hecho de que será siempre el actor acreedor el que dispondrá de la elección de uno de esos instrumentos legales de reclamación de su crédito, no disponiendo el deudor (ni el tribunal) de capacidad de maniobra al respecto, salvo el pago.

II. LA APLICACIÓN DE LAS NUEVAS TECNOLOGÍAS TELEMÁTICAS Y ELECTRÓNICAS Y SU IMPACTO EN LA JUSTICIA

El uso de las tecnologías de la información y de la comunicación (en adelante TIC) en el ámbito de la justicia ya estaba previsto en la LEC desde su redacción originaria (art. 162). Posteriormente la Ley 18/2011, de 5 de julio, reguladora del uso de las tecnologías de la información y comunicación ha tratado de impulsar su uso que ahora viene impuesto, según condiciones, por la Ley 42/2015, de 5 de octubre, de reforma de la LEC. Todas estas previsiones legislativas se completan con el RD 1065/2015, de 27 de noviembre, sobre comunicaciones electrónicas en la Administración de Justicia en el ámbito territorial del Ministerio de Justicia y por el que se regula el sistema LexNET.

Con la aprobación de la Ley 42/2015 se establecen distintas fechas para la efectiva implantación del expediente judicial electrónico como regla de trabajo de los tribunales y de los profesionales que se relacionan con ellos. Este régimen temporal de aplicación de las diversas previsiones de uso de las TIC no es claro del todo y obliga a la lectura de tres disposiciones distintas: la Disposición adicional primera, la Disposición transitoria cuarta y la Disposición final duodécima. De la lectura de esas tres disposiciones se puede concluir el siguiente cronograma: 1) 1 de enero de 2016: los tribunales, las oficinas judiciales, los abogados y procuradores deberán hacer uso de las TIC para la práctica de los actos de comunicación y la presentación/recepción de escritos/documentos; 2) 1 de enero de 2017: entrada en funcionamiento del registro de apoderamientos electrónicos. Por lo tanto, hasta dicha fecha no pueden utilizarse. 3) 1 de enero de 2017: posibilidad de que los interesados que intervengan sin procurador hagan uso de las TIC para la presentación/recepción de escritos/documentos así como para la práctica de actos de comunicación en los términos del art. 273 LEC.

El preámbulo de la Ley 42/2015 sostiene que el uso generalizado y normal de las TIC "conseguirá una mayor eficacia y eficiencia en la tramitación de los procedimientos, … también un ahorro de costes al Estado y a los ciudadanos y se reforzarán las garantías procesales".

Si atendemos a las novedades introducidas por la propia Ley 42/2015 el impacto de las TIC en la justicia en orden tanto a abaratar su coste como acortar la duración de los procedimientos, puede ser el siguiente, a título de ejemplo: 1) apoderamiento apud acta electrónico (art. 24.3); 2) reducción de gastos en copias, atendiendo al régimen general previsto en el art. 273 según el cual no alcanzará a los escritos y documentos que den lugar al primer emplazamiento, citación o requerimiento (art. 273.4, II); 3) la posibilidad de presentar escritos y documentos cualquier día del año, a cualquier hora, lo que podemos denominar una justicia 365x24 (arts. 1305. y 135); 4) aceleración del cómputo de los plazos que en aquellos supuestos en los que no requerirá intervención judicial para su inicio (art. 278).

Además de estas previsiones en la propia LEC, no cabe olvidarse de lo que el art. 10 de la Ley 10/2012, de 20 de noviembre, sobre tasas judiciales dispone: "Se establece una bonificación del 10 por ciento sobre la tasa por actividad judicial para los supuestos en que se utilicen medios telemáticos en la presentación de los escritos que originan la exigencia de la misma y en el resto de las comunicaciones con los juzgados y tribunales en los términos que establezca la ley que regula las mismas".

La implantación de las TIC en la administración de justicia implica al Ministerio de Justicia, a las CCAA con competencia en justicia, al CGPJ, y a los colegios de profesionales que se relacionan con la justicia, principalmente abogados y procuradores, si bien no exclusivamente. Pero algunas administraciones implicadas ya están anunciando la imposibilidad de cumplir con el calendario exigido por la Ley.

III. LOS PROCEDIMIENTOS ALTERNATIVOS PARA LA OBTENCIÓN DE UN TÍTULO EJECUTIVO POR PEQUEÑAS DEUDAS

1. El juicio verbal

Del art. 250.2 se deduce que el acreedor podrá seguir el juicio verbal para "las demandas cuya cuantía no exceda de seis mil euros". Pero para optar por el juicio verbal también se deberá tener presente que en realidad las reglas cambian sustancialmente según se traten de reclamaciones inferiores o superiores a los 2000 euros. Por lo tanto se debe formular un análisis separado del juicio verbal en atención a esa circunstancia.

Pero antes de ese análisis separado cabe exponer las cuestiones comunes a todo juicio verbal por reclamación dineraria.

Dado que los criterios de competencia territorial implican un coste adicional para el acreedor es preciso determinar cuáles son los que se aplican en este caso. Así cabe distinguir contra quién se dirige la demanda: 1) deudor persona física: el fuero del domicilio/residencia del deudor (art. 50.1); 2) deudor persona física empresario/profesional: el fuero de la sede de la actividad/establecimiento (art. 50.3); 3) deudor persona jurídica: el fuero de su domicilio/establecimiento abierto al público o representante autorizado (art. 51.1).

Así pues el criterio común en los tres supuestos de determinación de la competencia territorial atiende a las circunstancias del deudor y no del acreedor. Además no es posible un pacto de sumisión a otro tribunal según lo dispuesto en el art. 54.1. Y hay que tener en cuenta que para el caso de las reclamaciones inferiores a 90 euros la demanda se deberá presentar ante el Juzgado de Paz competente según las reglas de competencia territorial señaladas.

También es común la posibilidad de que el juicio se desarrolle sin necesidad de celebrar vista. La nueva redacción del art. 438 permite que si es del interés de las partes sentencia como paso siguiente a la contestación a la demanda, salvo que motivadamente el juez considere lo contrario.

Por lo tanto, en función de que se celebre o no la vista el desarrollo del procedimiento consistirá esencialmente en la presentación de los escritos demanda y contestación de demanda, la celebración de la vista oral, en su caso, y el dictado de la sentencia.

Si bien el contenido de la demanda puede ser diferente en las modalidades analizadas del juicio verbal, en todo caso es idéntico el régimen de documentos y copias que deben acompañarse a la misma (arts. 264 y 265).

A) Juicio verbal para reclamaciones inferiores a 2000 euros

Las notas distintivas del juicio verbal en estos casos son: 1) comparecencia personal (art. 23.2.1°); 2) sin necesidad de abogado (art. 31.2.1°); 3) uso de la demanda sucinta o impresos normalizados (art. 437.2); 4) contestación mediante impresos normalizados (art. 438.1); 5) sin acceso a la apelación (art. 455.1).

En atención a estas características puede considerarse un procedimiento económico para el acreedor, pero es conveniente analizar estas notas y constatar las posibilidades de mayor abaratamiento por el uso de las TIC o por el contrario las posibilidades de mayor encarecimiento por el uso de procurador y/o abogado.

a) La comparecencia personal comporta que los escritos se redactan y firman a nombre del acreedor (art. 274.1) y que en el supuesto de celebrarse la vista oral también será él quien deba personarse a defender sus intereses. Esto último no impide que pueda mandatar a otra persona que actúe en la vista en su nombre (arts. 1709 ss CC)[2].

La intervención directa del acreedor no es un obstáculo para el uso de los medios telemáticos o electrónicos para la presentación de escritos/documentos y la práctica de comunicaciones en el juicio verbal (art. 273.2). Pero hasta el 1 de enero de 2017 no está permitida su utilización para quienes comparezcan por sí mismos y por lo tanto deberán aplicarse las reglas generales. A partir de la fecha indicada en todo caso estarán obligados a utilizar las TIC los acreedores que sean personas jurídicas o entidades sin personalidad (arts. 273.2 y 3).

En cualquier caso, cuando de forma voluntaria –por ejemplo actualmente mediante la intervención facultativa de procurador (art. 32.1)– u obligatoriamente se haga uso de las TIC para la presentación de la demanda y los documentos que la acompañan, en el plazo de tres días siguientes de su remisión electrónica se tendrán que presentar en la sede judicial tantas copias literales cuantas sean las partes contrarias (art. 273.4, II). Hecha está presentación de las copias, su traslado "a las demás partes ser realizará por la oficina judicial por el medio que proceda" (art. 274, II). Pero esto último también puede realizarse a cargo del procurador si se le contrata facultativamente (arts. 23.4, 152.1.2º, 274, II), si bien todo ello correrá a cargo del propio acreedor (art. 243.2, II).

La intervención personal tampoco impide que pueda recaer condena en costas, como se analizará más adelante.

b) Que la intervención del abogado no sea preceptiva tampoco impide su utilización (art. 32.1) y en cuyo caso será de aplicación lo que se dirá sobre las costas procesales.

Procesalmente el uso de abogado se limitará al acto de la vista (art. 32.1), en caso de celebrarse. Es posible que el abogado también se utilice para la

---

2 Véase el Auto A.P. Madrid 200/2010 de 7 de septiembre (ROJ: AAPM12795/2010), que aunque dictado en el contexto de un procedimiento monitorio también es aplicable a este caso.

redacción del escrito de demanda, pero será el acreedor quien lo firme si interviene personalmente; en otro caso además del abogado deberá firmarlo también el procurador.

Desde el punto de vista del demandado, el art. 32.2 contempla la posibilidad de que ante el hecho de que el acreedor haga uso de abogado el demandado requiera que se le asigne un abogado de oficio. Pero en tal caso es preciso saber que el coste del mismo será sufragado por el demandado salvo que tenga derecho a la justicia gratuita (art. 33.2).

Puede darse la circunstancia de que el acreedor tenga que contratar los servicios de un abogado si ha sido el demandado el que lo ha utilizado en su contestación a la demanda (art. 32.4). El demandante también puede pedir justicia gratuita (art. 32.3).

Todas estas vicisitudes apuntadas comportarán la paralización del procedimiento.

c) El procedimiento se iniciará mediante demanda sucinta (cuyo contenido viene determinado por la propia LEC) o mediante el uso de impresos normalizados (art. 437.2). En todo caso esto implicará que con la misma se tenga que presentar también los documentos materiales a los que se refiere el art. 265 LEC, y tantas copias –siempre en papel– como partes demandadas (art. 273.4, II) y en el caso de los acreedores personas jurídicas además el documento que acredite la representación que ostente la persona que actúa en su nombre (art. 264.º).

d) A los efectos de facilitar al deudor la presentación de su contestación a la demanda también se podrían usar impresos normalizados (art. 438.1), en los que se deberá cuidar de advertir, además de otras posibilidades procesales, que es también es posible renunciar a la celebración de vista oral, algo sobre lo que preceptivamente debe manifestarse el demandado (art. 438.4).

El art. 438.4 traslada a un momento posterior a la contestación a la demanda el acto en que el acreedor debe interesar o no la celebración de vista. Es comprensible que el acreedor pueda esperar a la respuesta del demandando pero entendemos que si su interés al respecto está claro con independencia de la respuesta del demandado que lo pueda expresar así en la demanda evitando de este modo tener que presentar otro escrito posterior al respecto y además permitirá que el juez tome la decisión definitiva a la vista de la contestación de la demanda.

B) El juicio verbal superior a 2000 euros

En estos casos las notas distintivas del juicio verbal son: 1) comparecencia mediante procurador (art. 23.); 2) intervención preceptiva de letrado (art. 31.2.1°); 3) uso de la demanda completa (art. 437.1); 4) acceso a la apelación a partir de los 3000 euros (art. 455.1).

a) El acreedor deberá comparecer necesariamente a través de procurador, que deberá firmar la demanda (arts. 399 y 433). En el caso de que se celebre vista el acreedor deberá comparecer personalmente o bien podrá hacerlo a través del procurador con poder para renunciar, allanarse o transigir (arts. 25.2 y 414.2).

La actuación de procurador obligará al uso de las TIC tanto en la presentación de la demanda/documentos y para la práctica de los actos de comunicación (art. 23.4). En todo caso también será de aplicación el art. 273.4, II que obliga a presentar en la sede judicial copia de la demanda y documentos que la acompañan.

b) La intervención del abogado se centra en la redacción del escrito de la demanda que también deberá firmar (art. 31.1), pero esencialmente en la vista oral que se celebre en su caso (arts. 185.2, 414.2).

c) La demanda deberá ser completa (art. 437.1), acompañada de todos los documentos procesales necesarios para el caso (art. 264) y de los documentos materiales oportunos para el caso (art. 265), y de las copias en papel requeridas según el art. 273.4, II.

d) Las sentencias dictadas serán en todo caso susceptibles de recurso de apelación ante la Audiencia Provincial de la circunscripción del juzgado que la dicte.

2. El procedimiento monitorio (común)

Las características del procedimiento monitorio son: 1) comparecencia personal del acreedor (arts. 23.2.1° y 814.2) y sin necesidad de dirección letrada (art. 31.2.1º y 814.2); 2) limitado a deudas de documentación tasada (art. 812); 3) no existen límites de cuantía; 4) iniciación mediante escrito de contenido simple (art. 814.1, I); 5) posibilidad de usar impresos o formularios (art. 814.1, II); 6) más gravoso para el deudor que desea formular oposición (art. 818.1, II).

a) Como en el caso del juicio verbal para reclamaciones inferiores a 2000 euros, el acreedor deberá firmar personalmente el escrito de iniciación (arts. 274.1 y 814).

En el procedimiento monitorio aunque es posible la intervención facultativa de procurador (art. 23.2.1º) tiene menor sentido su contratación, pues una vez presentada la de petición de pago ante el secretario judicial, éste requerirá de pago al deudor (art. 815.1). Pero puede ser práctico hacer uso del mismo atendido que la petición se tendrá que presentar en el tribunal del domicilio del deudor (art. 813) y que en caso de intervenir también puede asumir la entrega al deudor del requerimiento de pago (arts. 23.4, 152.1.2º), si bien todo ello correrá a cargo del propio acreedor (art. 243.2, II).

La contratación de abogado y procurador será obligatoria para presentar, en su caso, demanda de juicio ordinario si el deudor formula oposición (art. 818.1). En el caso de que ante la oposición del deudor deba seguirse el juicio verbal, el art. 818.1 dispone que directamente se pase a sustanciar la reclamación por los trámites del juicio verbal. Pero en realidad se trata de un juicio verbal especial dado que el acreedor deberá impugnar por escrito en el plazo de 10 días la oposición formulada por el deudor (art. 818.2, I), en dicho escrito el que deberá indicar si desea que se celebre vista. La Ley no aclara si el escrito de impugnación de la oposición del deudor se puede presentar personalmente por el acreedor o en debe estar firmado por abogado y procurador. Lo apropiado será estar a si la cuantía es inferior o superior a 2000 euros para aplicar las reglas generales del juicio verbal. Tampoco está contemplado si se pueden usar formularios tanto para formular oposición como, en su caso, para impugnarla.

Si el deudor no paga ni formula alegación alguna al respecto, el secretario dictará decreto con el que el acreedor deberá instar personalmente el despacho de la ejecución sin necesidad de esperar a que trascurra el plazo general de 20 días para su petición (art. 816.1 LEC).

En las reclamaciones derivadas de arrendamientos urbanos se seguirá siempre el verbal cualquiera que sea la cuantía reclamada (art. 818.3).

b) El contenido del escrito de iniciación del procedimiento monitorio es muy simple y viene a coincidir con el previsto para la demanda sucinta del juicio verbal para reclamaciones inferiores a 2000 euros.

Monitorio (art. 814.1, I)	Verbal – 2000 euros (art. 347.1, II)
"... petición del acreedor en la que se expresarán (:) - la identidad del deudor, - el domicilio o domicilios del acreedor y del deudor o el lugar en que residieran o pudieran ser hallados y - el origen y cuantía de la deuda, - acompañándose el documento o documentos a que se refiere el artículo 812".	"...demanda sucinta, donde se consignarán (:) - los datos y circunstancias de identificación del actor y del demandado, - y el domicilio o los domicilios en que pueden ser citados, - y se fijará con claridad y precisión lo que se pida, concretando los hechos fundamentales en que se basa la petición".

También como en el caso del juicio verbal el acreedor deberá acudir por regla al juzgado del domicilio o residencia del deudor para reclamar su crédito (art. 813, I), sin que tampoco quepa en estos casos la sumisión tácita o expresa (art. 813, II).

c) La formulación de la oposición por el deudor siempre ha de ser expresa y por escrito, que en el caso de reclamaciones superiores a 2000 euros tendrá que estar firmado por abogado y procurador (art. 818.1, II).

Tras la Ley 42/2015 se exige que la oposición se haga de "forma fundada y motivada" (art. 815.1, I), lo que no debe ser un obstáculo para el uso de impresos formalizados. Es más, este tipo de documentos sería muy conveniente atendiendo que el art. 815.1, I quiere que el deudor distinga su oposición en que no debe tanto como se le reclama o en que no debe ninguna cantidad.

En términos similares a lo establecido para el juicio verbal, para el monitorio la reforma de 2015 también ha introducido la previsión expresa de que tanto el acreedor como el deudor en sus escritos podrán solicitar la celebración de vista, de modo que cabe entender que si no alegan nada al respecto se ha de proceder directamente al dictado de sentencia (art. 818.2).

d) Se han ido aumentando progresivamente las facultades de control del secretario judicial y paralelamente el riesgo de que la petición no sea tramitada (art. 815). En el caso que se tenga que rectificar la cantidad expresada en el escrito de petición se requiere la intervención del secretario y del juez (art. 816.3), lo que no resulta del todo justificado. Además se obliga al acreedor a volver a presentar un escrito a este respecto.

3. El procedimiento monitorio notarial

El Reglamento Notarial (arts. 202 a 206) siempre han permitido realizar actas de notificación y/o requerimiento de deudas. Ahora la novedad del procedimiento regulado en los arts. 70 y 71 LNot está en la creación de un título ejecutivo extrajudicial.

Características: 1) intervención directa y personal tanto del acreedor como del deudor; 2) abierto a deudas con muy diferente documentación (art. 70.1 LNot); 3) efectivo exclusivamente contra deudores fácilmente localizables (art. 70.3, II LNot); 4) solicitud verbal de la autorización notarial de acta de requerimiento (art. 70.1 LNot) y posterior reclamación de la deuda mediante acta notarial (art. 71.1 LNot).

a) Se trata a priori del procedimiento más expeditivo de los tres y además como se verá debe ser el más económico, si bien también es el que está más expuesto a su fracaso ante la reacción del deudor. A diferencia del monitorio común la negativa del deudor a pagar provoca simplemente que el notario ponga fin a su actuación y por lo tanto el acreedor deberá valorar si reitera su reclamación ante la vía judicial (juicio verbal o monitorio común).

La regulación es parca y no está claro qué régimen de días y horas hábiles y su cómputo debe aplicarse. Tampoco cómo debe actuarse ante las diversas vicisitudes que pueden plantearse, por ejemplo cuando el modo elegido por el deudor para satisfacer la deuda es un pago parcial o fraccionado.

El uso de las nuevas tecnologías por los notarios es obligatorio, por lo tanto el acreedor podrá acudir a su notario más cercano asumiendo los gastos adicionales que comportará la comunicación telemática que dicho notario realizará con el competente para formular el requerimiento del pago, que será en todo caso el del domicilio del deudor (art. 70.1 LNot).

Aunque fracase la reclamación, el cierre del acta notarial permitirá en el caso de los empresarios y profesionales deducirse el IVA definitivamente no cobrado (art. 80.3 Ley 37/1992, de 28 de diciembre, del Impuesto sobre el Valor).

b) Los términos en que está redactado el art. 70.1 LNot permite que el tipo de deudas que se puedan reclamar a través de este procedimiento sea más amplio que el que se puede tramitar a través del monitorio común. El contraste de ese artículo con el relativo al monitorio común permite apreciar que en realidad será el notario el que debe determinar si considera que los documentos aportados son apropiados para autorizar el acta de requerimiento de pago.

Art. 70.1 LNot	Art. 812 LEC
… cuando la deuda, se acredite en la forma documental, que a juicio del Notario, sea indubitada. La deuda habrá de desglosar necesariamente principal, intereses remuneratorios y de demora aplicados (…)	1º. Mediante documentos, cualquiera que sea su forma y clase o el soporte físico en que se encuentren, que aparezcan firmados por el deudor o con su sello, impronta o marca o con cualquier otra señal, física o electrónica. 2.ª Mediante facturas, albaranes de entrega, certificaciones, telegramas, telefax o cualesquiera otros documentos que, aun unilateralmente creados por el acreedor, sean de los que habitualmente documentan los créditos y deudas en relaciones de la clase que aparezca existente entre acreedor y deudor (…) 1.º Cuando, junto al documento en que conste la deuda, se aporten documentos comerciales que acrediten una relación anterior duradera.

c) El factor de la localización del deudor es determinante de la viabilidad de este procedimiento. El acreedor deberá facilitar al notario todos los datos relativos a su paradero pues a diferencia de lo que ocurre en el monitorio de la LEC el notario no dispone de las mismas facultades de averiguación de su localización.

Será muy importante la identificación del deudor en el caso de que se formule oposición expresa y es de la estricta competencia del notario determinar si dispone de "legitimación" para ello.

d) El notario practica la notificación siguiendo lo dispuesto en los arts. 202 y ss Reglamento Notarial.

4. Coste económico y eficiencia de los procedimientos analizados

Son diversos los criterios a tener presentes en la elección de una de estas vías legales de constitución de un título judicial y/o cobro de una deuda de escasa cuantía. Desde una estricta valoración práctico/económica en todos ellos pueden concurrir circunstancias fácticas que alteren su coste, en términos económicos, de duración y de eficiencia.

Un primer contraste de buena parte de esos elementos se exponen en la siguiente tabla:

	Juicio Verbal	Monitorio LEC	Monitorio LNot
Fuero del deudor imperativo	SI	SI	SI
Obligatoriedad de abogado/ procurador	NO/SI	NO	NO
Uso de impresos normalizados	SI	SI	NO
Pago de tasas	NO/SI	NO/SI	NO
Título ejecutivo judicial o extra-judicial	Judicial	Extrajudicial	Extrajudicial
Condena en costas	SI	NO	NO
Uso de TIC*	NO/SI	NO	SI

* Antes del 1 de enero de 2017.

Por otra parte una traducción económica de estos elementos puede verse en la siguiente tabla:

	Juicio Verbal	Monitorio LEC	Monitorio LNot
Tasas*	150 €*	100 €*	
Procurador	9 a 165 €	35 €**	
Abogado	750 €***	180 €****	
Notario	30-50 €		90 €*****

* Para sujetos no exentos. Parte fija. Más parte variable: 0,5 de la base imponible. Art. 4.1.c) L. 10/2012, las exenciones en el juicio verbal y el monitorio; art. 5.1.a) y c), para el momento del devengo de la tasa; art. 6.1 para la determinación de la base imponible; art. 7.1 para la determinación de la cuota tributaria.

** En caso de uso facultativo: mínimo 35 € más un 25% del indicador aplicable según lo efectivamente pagado por el deudor.

*** Según baremo de honorarios del Ilustre Colegio de Abogados de Madrid.

**** En caso de uso facultativo, para la redacción del escrito de petición.

***** Calculado conforme al Real Decreto 1426/1989, de 17 de noviembre, por el que se aprueba el Arancel de los Notarios, arancel número 2.1.a).

Aparte las conclusiones que fácilmente pueden extraerse es preciso formular una serie de observaciones. Aparentemente el procedimiento más económico es el del procedimiento monitorio notarial si bien cabe tener presente que la relación actual de aranceles fijada por el RD 1426/1989 no contempla expresamente el acta de requerimiento derivada de ese tipo de procedimiento y que según disposición adicional 4ª de la Ley de la Jurisdicción Voluntaria el Gobierno deberá aprobar los nuevos aranceles notariales. Además, si bien no se satisfacen tasas para solicitar la iniciación de dicho procedimiento, si se pagarán en caso de tener que ejecutar el título extrajudicial resultante del mismo, siendo su cuota tributaria de 200 euros (art. 7.1 L. 10/2012), más la parte variable de la tasa, lo que claramente no ocurrirá en el supuesto del juicio verbal (art. 2.a L. 10/2012), siendo dudoso en el caso del monitorio común (art. 2.a L. 10/2012)[3].

En cuanto al juicio verbal los honorarios de los abogados deberán adaptarse a la nueva regulación del mismo para contemplar la posibilidad de que se tramite sin celebración de vista oral, y diferenciar su coste sobre el juicio verbal completo. Es además aconsejable que al igual que se prevé en los aranceles de los procuradores un arancel para la mera redacción de la petición de procedimiento monitorio también los abogados deberían contemplar dicha posibilidad y la de la redacción de la demanda sucinta del juicio verbal así como el coste del acto de comparecencia en la vista oral para la defensa de la parte.

En cuanto al uso y eficiencia de estos procedimientos las conclusiones son provisionales en estos momentos atendiendo a la novedad que representa el procedimiento monitorio notarial y su impacto sobre los otros dos, sobre todo sobre el monitorio común. Actualmente las estadísticas ponen de manifiesto el uso preponderante del procedimiento monitorio común respecto del juicio verbal, en una

[3] En el procedimiento monitorio común además si se formula oposición por el deudor posteriormente el acreedor presenta demanda para juicio ordinario el apartado último del art. 7.1 L. 10/2012 prevé que se descuente de la tasa que debe devengarse lo ya abonado en el petición inicial del monitorio. Pero ello realiza exclusivamente sobre la cuota fija, pero no sobre la variable. Además, la Consulta V0259-12 de 07/02/2012 advierte de que la presentación inicial del procedimiento monitorio implica el pago no solo de una cuantía fija sino también de una variable en función del importe del procedimiento. Por otra parte, según la consulta V1308-10 fecha de 10/06/2010, de la Dirección General de Tributos en los supuestos de que mediando oposición del demandado, se tramita juicio verbal sin interposición de demanda, y por ello no se produce el hecho imponible de la tasa y, en consecuencia, no procede su exigencia.

relación de tres a uno aproximadamente como se puede comprobar en las tablas que se exponen a continuación, pero es de suponer que también su nueva regulación del juicio verbal –y el consiguiente abaratamiento que debe comportar– puede representar un cambio en el uso del mismo. El procedimiento monitorio común según los datos que constan en las distintas memorias del CGPJ apunta a un paulatino descenso en su uso desde el año 2011, al que habrá contribuido la introducción desde 2012 de las tasas judiciales. Pero los datos de eficacia de este procedimiento ponen de manifiesto que habrá que estudiar las verdaderas razones de ello.

Las tablas que a continuación se reproducen corresponden a los datos que constan en la estadística judicial del CGPJ relativas a los Juzgados de Primera Instancia de Valencia durante el año 2014 y corresponden en esencia con los datos que se ofrecen a nivel nacional. Dada la homogeneidad de esos datos no se ofrecen los correspondientes a todos los Juzgados de esa clase de Valencia.

Monitorios: Número de ingresados y resueltos y modos de resolución.

JPI nº	Ingresados/ resueltos	Pagados	Ejecución	Verbal	Ordinario	Otras formas
1	668/717	51 (7,12%)	218 (30,44%)	28 (3,91%)	8 (1,11%)	412 (57,54%)
2	686/688	40 (5,81%)	225 (32,70%)	20 (2,90%)	8 (1,16%)	397 (57,70%)
3	664/624	45 (7,21%)	242 (38,78%)	37 (5,92%)	6 (0,96%)	297 (47,59%)
4	697/1096	45 (4,10%)	205 (18,70%)	41 (3,74%)	10 (0,91%)	798 (72,81%)
5	650/691	58	263	44	9	317
6	681/653	47	293	49	18 (2,75%)	247
7	681/609	47	208	35	8	311

Elaboración propia. Fuente datos: CGPJ. Media de asuntos por juzgado: 725.

Juicios verbales: número de ingresados y resueltos.

JPI. nº	Ingresados/resueltos
1	247/271
2	215/242
3	222/198
4	207/214
5	182/193
6	215/181
7	199/157

Media por juzgado: 208.

5. Las costas procesales en estas reclamaciones

Las costas representan la posibilidad que tiene el acreedor de recuperar lo invertido en la formulación de su reclamación. Por lo tanto cuando se analiza el coste de los diversos procedimientos examinados es preciso también tener presente la posibilidad o no de que recaiga una condena en costas sobre el deudor.

En el juicio verbal no existe particularidad alguna en materia de condena en costas, aplicándose los criterios del vencimiento como regla general, o bien el de la temeridad o mala fe procesal, o la no imposición por las dificultades del caso (art. 394 LEC).

La intervención personal no impide que pueda recaer condena en costas y en ese caso los honorarios de procurador y abogado están expresamente excluidos de su tasación como regla (art. 32.5 LEC) y se aplicarán los criterios generales de los arts. 241 y 243 LEC para que se paguen otras partidas. En cambio sí será posible incorporar la minuta del abogado y el procurador en dos supuestos, uno en el caso de que el juez aprecie temeridad en la conducta del condenado en costas y otro que el favorecido por la condena en costas tenga su domicilio en localidad distinta a la de la sede del tribunal competente (art. 35.2 LEC), lo que puede ser muy probable atendidas las reglas de competencia territorial expuestas anteriormente. En estos casos será de aplicación el régimen general de las costas y su tasación.

En el procedimiento monitorio común no existe previsión legal expresa sobre la materia y los criterios jurisprudenciales al respecto son muy dispares si bien puede decirse que mayoritariamente no se formula imposición de las mismas. La única previsión al respecto –lo que constituye un criterio clave para la toma de decisiones al respecto– es la del art. 818.2, II LEC para el supuesto de que el acreedor no presente la demanda de juicio ordinario ante la oposición del deudor en cuyo caso aquel será condenado a las costas.

Pero debe tenerse presente que el art. 8 de la Ley 3/2004, de 29 de diciembre, por la que se establecen medidas de lucha contra la morosidad en las operaciones comerciales, y por la que se desarrolla la Directiva 2000/35/CE, del Parlamento Europeo y del Consejo, de 29 de junio de 2000, por la que se establecen medidas de lucha contra la morosidad en las operaciones comerciales, el acreedor ha de tener derecho a una "compensación razonable" por los costes de cobro. Algún tribunal español ha llegado a plantear la posibilidad de que esta Directiva constituyera base suficiente para realizar una lectura del art. 35.2 LEC que permitiera al acreedor recuperar en todo caso los gastos de procurador, pero dicha cuestión elevada al Tribunal de Justicia de la Unión Europea ha sido resuelta de forma negativa en su sentencia de 10 de marzo de 2005 (C-235-2003).

Por último en el procedimiento monitorio notarial no existe ningún sistema de imposición de los gastos derivados del mismo, siendo en todo caso de aplicación lo dispuesto en el art. 1168 CC que establece que los gastos extrajudiciales que ocasione el pago de una deuda son de cuenta del deudor. Cabría computarlos en la petición misma de solicitud de autorización de la reclamación notarial de la deuda principal[4].

[4] Bibliografía consultada: Bonet Navarro, J., *Los procedimientos monitorios civiles en el derecho español*, Pamplona, 2014. Echevarría Echevarría, G., "Los costes de cobro en el proceso monitorio", en CEFLegal: revista práctica de derecho. Comentarios y casos prácticos, núm. 145, 2013, págs. 7-30. Garberí Llobregat, J., *El nuevo juicio verbal en la Ley de Enjuiciamiento Civil*, Barcelona, 2015. Martín Pastor, J., "Estudio estadístico sobre el éxito de los procesos monitorios y su contribución a la minoración de los costes de la administración de justicia", en Justicia: revista de derecho procesal, núm. 2, 2012, págs. 229-246. Vallespín Pérez, D., *El juicio verbal: teoría y práctica*, Lisboa, 2013.

LA ASISTENCIA JURÍDICA GRATUITA EN EL ORDENAMIENTO DE LA UNIÓN EUROPEA: UN DERECHO FUNDAMENTAL RECONOCIDO POR EL ARTÍCULO 47 DE LA CARTA

PATRICIA LLOPIS NADAL
Investigadora predoctoral *UV-Atracció de Talent*
Departament de Dret Processal. Universitat de València

I. INTRODUCCIÓN

La Carta de Derechos Fundamentales de la Unión Europea destina su Título VI al reconocimiento de los derechos fundamentales relacionados con la *Justicia*. Encabezando este Título, el artículo 47 de la Carta establece las condiciones mínimas para el respeto del *derecho a la tutela judicial efectiva y a un juez imparcial*; entre estas condiciones, el legislador de la Unión impone a sus Instituciones y a los Estados Miembros la obligación de prestar asistencia jurídica gratuita a quienes no dispongan de recursos suficientes, siempre que ello sea necesario para garantizar la efectividad del acceso a la justicia.

Sobre la base de la citada disposición, cuando se violen derechos o libertades garantizados por el Derecho de la Unión, el afectado podrá solicitar asistencia jurídica ante los tribunales –nacionales o supranacionales– encargados de velar por la protección de los derechos de este ordenamiento jurídico. Conforme a lo establecido por el TJUE en el asunto *DEB*, el derecho a la asistencia jurídica gratuita podrá incluir, en particular, la dispensa del pago de las costas del procedimiento y/o de la asistencia letrada[1]. No obstante, de acuerdo con el *principio de autonomía procesal*, son los Estados Miembros quienes han de concretar el contenido de la asistencia jurídica gratuita, de modo que lo

---

1 T.J.U.E., Sentencia *DEB*, C-279/09, EU:C:2010:811, apartados 48 y 59.

señalado por el Tribunal de Justicia debe entenderse como constitutivo de un mínimo a respetar por todos los ordenamientos nacionales cuando se alegue la infracción del Derecho de la Unión.

El órgano competente para decidir sobre la prestación de asistencia jurídica en estos supuestos examinará si procede o no su concesión atendiendo a una serie de criterios. Sin embargo, las características y el ámbito de aplicación de la asistencia gratuita en el ordenamiento jurídico de la Unión responden a la autonomía del mismo y difieren de lo previsto por las legislaciones nacionales. Esto se explica por el hecho de que, si bien en materia de derechos fundamentales la Unión toma como punto de partida las tradiciones constitucionales comunes de los Estados Miembros y el Convenio Europeo de Derechos Humanos según ha sido interpretado por los jueces de Estrasburgo, en materia de asistencia jurídica gratuita la Carta y el Tribunal de Justicia han ido más allá, concediendo mayor protección a este derecho fundamental.

Con el objetivo de delimitar la extensión de esta protección autónoma, el presente trabajo examina las características y el ámbito de aplicación del derecho fundamental a la asistencia jurídica gratuita en el marco del ordenamiento jurídico de la Unión Europea[2], atendiendo a la repercusión que el mismo puede tener sobre el coste de la justicia en los Estados Miembros de esta organización supranacional.

II. ANÁLISIS DEL MARCO DE RECONOCIMIENTO DE LA ASISTENCIA JURÍDICA GRATUITA COMO UN DERECHO FUNDAMENTAL

1. La Carta de Derechos Fundamentales de la Unión: un instrumento vinculante con un ámbito de aplicación difícil de delimitar

La Carta de Derechos Fundamentales de la Unión Europea es el instrumento mediante el cual el ordenamiento de la Unión positiviza su listado de

---

[2] A este propósito, el Tribunal de Justicia ha afirmado recientemente "la autonomía de que goza el Derecho de la Unión con respecto a los Derechos de los Estados Miembros [...] exige que esos derechos fundamentales [los previstos en la Carta] se interpreten en el marco de la estructura y de los objetivos de la Unión" [T.J.U.E., Dictamen 2/13, EU:C:2014:2454, apartado 170].

derechos humanos. Si bien la Carta fue adoptada inicialmente por la Conferencia Intergubernamental de Niza como un *pacto de caballeros* entre los jefes de Estado y de Gobierno, la entrada en vigor del Tratado de Lisboa la convirtió en un instrumento con valor jurídico vinculante y la elevó a norma de rango superior dentro del ordenamiento de la Unión –pasando a formar parte del derecho originario–. De este modo, mediante el artículo 6.1 del TUE, el catálogo de derechos fundamentales proclamado en Niza adquiere carácter obligatorio para todos sus destinatarios: las Instituciones de la Unión Europea y sus 28 Estados Miembros.

Reconocido el carácter vinculante de la Carta y su rango de norma superior, la cuestión de delimitar su ámbito de aplicación deviene más problemática. *A priori*, el artículo 51 de la Carta concreta cuándo debe aplicarse esta desde la perspectiva subjetiva y material; en virtud del mismo las disposiciones que contiene la Carta se dirigen a las Instituciones, órganos y organismos de la Unión así como a los Estados Miembros *únicamente cuando apliquen el Derecho de la Unión*. A través de esta redacción, se determina los sujetos obligados a garantizar los derechos fundamentales reconocidos en la Carta y se limita los supuestos en que los Estados deben respetar estos derechos.

Sin embargo, la exigencia de que los derechos que la Carta reconoce sean respetados en el marco del ordenamiento jurídico de la Unión genera un problema práctico. Según la redacción, su aplicación se limita al ordenamiento de la Unión Europea, y la Carta forma parte de este ordenamiento con un valor equivalente al del derecho originario. Esta premisa debe ponerse en relación con el artículo 4.3 del TUE donde se prevé el *principio de cooperación leal*, esto es, la obligación de los Estados Miembros de respetar el Derecho de la Unión y de no adoptar normas de derecho nacional que sean contrarias al mismo.

A ello debe añadirse que el Tribunal de Justicia ha mantenido que la Carta no crea nuevos derechos, libertades y principios, sino que solo reafirma aquellos que ya habían sido reconocidos por la Unión haciéndolos más visibles[3]. Asimismo, ha extendido la obligación de respetar la Carta a las medidas nacionales por las que se aplica el Derecho de la Unión Europea, llegando a afirmar que debe respetarse el nivel de protección previsto en la Carta –tal

[3] T.J.U.E., Sentencia *N.S. y M.E.*, asuntos acumulados C-411/10 y C-493/10, EU:C:2011:865, apartado 119.

cual ha sido interpretada por este Tribunal–, en las situaciones en que la acción de los Estados no esté totalmente determinada por el Derecho de la Unión[4].

Sobre la base de las anteriores declaraciones, es posible concluir que cualquier actuación de los Estados Miembros debe respetar el contenido de la Carta –sobre todo, en aquellos casos en que la aplicación de las normas de derecho nacional pueda tener repercusión en el Derecho de la Unión–. La idea defendida por el Tribunal de Luxemburgo de que el contenido de la Carta debe respetarse *cuando la aplicación de las normas nacionales pueda incidir sobre el marco del Derecho de la Unión* deja en manos de la Institución jurisdiccional de la Unión Europea un amplio margen de apreciación para determinar en qué supuestos se da tal incidencia[5]. En consecuencia, conforme a este amplio margen de actuación, el Tribunal de Justicia podrá examinar si una norma interna es conforme a los derechos reconocidos en la Carta –en la medida en que este texto, que reconoce derechos fundamentales, se integra en el ordenamiento de la Unión y los Estados deben respetar su contenido y no adoptar normas que sean contrarias al mismo–.

2. La Carta de la Unión Europea: una protección que va más allá del Convenio Europeo de Derechos Humanos

Tanto la Carta como el Convenio persiguen la misma finalidad: la protección de los derechos humanos. A pesar de ello, mientras el Convenio se redacta en 1950 como un mínimo estándar y común a todos los Estados del continente Europeo, la Carta, adaptada en 2007, establece en la Unión un elevado nivel de protección de los derechos humanos, introduce novedosos derechos fundamentales y extiende el tradicional campo de aplicación de algunos de estos –como sucede con la asistencia jurídica gratuita–.

---

[4] T.J.U.E., Sentencia *Fransson*, C-617/10, EU:C:2013:280, apartado 29; y, T.J.U.E., Sentencia *Melloni*, C-399/11, EU:C:2013:107, apartado 60.

[5] En el caso *Fransson*, tras entender que el supuesto quedaba cubierto por el artículo 51.1 de la Carta, y en contra de lo mantenido por los gobiernos nacionales y la Comisión, el Tribunal de Justicia se declaró competente para conocer de la supuesta violación de la Carta provocada por una norma nacional que, si bien no fue adoptada para transponer a nivel interno una directiva de la Unión, sí era utilizada para imponer sanciones cuando la directiva era infringida. El Tribunal de Justicia consideró que, con esta norma, Suecia cumplía con la obligación de combatir toda actividad que afectara a los intereses financieros de la Unión –obligación impuesta por el artículo 325 del TFUE–.

La clave de cómo la Carta y el Convenio deben articularse en el ordenamiento de la Unión se encuentra en el artículo 52.3 de la primera, donde se establece que, en la medida en que la Carta tenga derechos que se correspondan con los del Convenio, su sentido y alcance será igual al del Convenio, pudiendo la Unión ofrecer una protección más extensa. Por tanto, el artículo 52.3 introduce el *principio de homogeneidad* y determina que la Carta queda vinculada al respeto del contenido del Convenio de manera indirecta. Sin embargo, nada impide que la Unión conceda una protección más amplia que la prevista en el texto del Consejo de Europa –tal y como se estudia en este trabajo, así ha sucedido con el derecho fundamental a la asistencia jurídica gratuita–[6].

3. El derecho fundamental a la tutela judicial efectiva reconocido por el artículo 47 de la Carta

A) La asistencia jurídica gratuita como parte de los derechos fundamentales relacionados con la Justicia

El Título VI de la Carta contiene los derechos fundamentales relacionados con la *Justicia*; en él se reconoce el derecho a la tutela judicial efectiva y a un juez imparcial, la presunción de inocencia y el respeto a los derechos de la defensa, los principios de legalidad y proporcionalidad en materia penal y el principio de *non bis in ídem*. Desde la década de los ochenta, el Tribunal de Justicia ha calificado de Principio General del Derecho de la Unión la posibilidad de hacer valer por vía jurisdiccional los derechos de este ordenamiento jurídico[7]; es a través del artículo 47 de la Carta como este derecho fundamental se positiviza, precisándose su contenido.

---

[6] No obstante, la correcta interpretación del artículo 52.3 sigue siendo objeto de debate, motivado por el hecho de que el Convenio es un instrumento vivo de modo que la referencia al mismo implica atender a sus modificaciones. Partiendo del dinamismo del Convenio, la duda reside en si las interpretaciones del Tribunal Europeo de Derechos Humanos deben incluirse en el mínimo garantizado por el artículo 52.3 de la Carta. Sobre esta cuestión, el Tribunal de Justicia, en el asunto *J. McB*, se posicionó a favor de tener en cuenta también la jurisprudencia de Estrasburgo cuando se aplicaran en el ordenamiento de la Unión los derechos previstos en la Carta [T.J.U.E., Sentencia *J. McB y L.E.*, C-400/10 PPU, EU:C:2010:582, apartado 53].

[7] T.J.C.E., *Johnston*, C-222/84, EU:C:1986:206, apartado 18.

El párrafo primero del citado artículo delimita el ámbito material en que se exige el respeto del derecho fundamental a la tutela judicial efectiva: cuando se hayan violado derechos y libertades garantizados por el ordenamiento jurídico de la Unión Europea. Las Explicaciones a la Carta afirman que el derecho a la tutela judicial efectiva se basa en el derecho a un recurso efectivo previsto en el artículo 13 del Convenio; no obstante, en el ámbito de la Unión se exige que esta tutela sea ejercida ante un órgano jurisdiccional, entendiendo como tal un tribunal que reúna determinadas características.

El párrafo segundo concreta las condiciones de imperativo respeto para hacer factible este derecho, esto es, las garantías procesales que han de respetarse: la independencia e imparcialidad del juez así como su predeterminación legal, la igualdad entre las partes enfrentadas, la publicidad del proceso y su resolución en un plazo razonable, y el derecho de la parte a ser aconsejada, defendida y representada. Según las Explicaciones a la Carta, estas garantías se inspiran en el artículo 6.1 del Convenio; sin embargo, la disposición de la Carta no se limita a causas de tipo civil o penal, sino que extiende su aplicación a todos los litigios en que se cuestione la violación de derechos reconocidos por el ordenamiento jurídico de la Unión Europea, independientemente del orden jurisdiccional en el que se trate el asunto.

Por último, el párrafo tercero prevé la prestación de asistencia jurídica gratuita a favor de quienes carezcan de recursos suficientes, cuando únicamente de este modo fuera posible garantizar la efectividad del acceso a la justicia. Este derecho, que se prevé expresamente en el artículo 6.3.c) del Convenio para causas penales, ha sido reconocido por el Tribunal Europeo de Derechos Humanos como integrante del derecho al acceso efectivo a los tribunales en asuntos civiles previsto en el artículo 6.1 del Convenio[8]; de acuerdo con las Explicaciones a la Carta, el apartado tercero del artículo 47 se basa en esta jurisprudencia de Estrasburgo.

B) La asistencia jurídica gratuita reconocida en la Carta como un derecho y no como un principio

Es importante hacer referencia a la ubicación de la norma relativa a la asistencia jurídica gratuita dentro de la estructura de la Carta, pues este derecho se

[8] T.E.D.H., *Airey v. Ireland*, (nº 6289/73), 9 October 1979.

reconoce en el Título VI, bajo la rúbrica *Justicia,* y no en el Título IV, que lleva por nombre *Solidaridad.* Como principal consecuencia de esto el Tribunal de Justicia ha destacado que la asistencia jurídica gratuita no se concibe como una *prestación social,* sino como un derecho, añadiendo que su integración en el artículo donde se reconoce la tutela judicial efectiva implica que la necesidad de su concesión se analizará atendiendo al derecho que tiene la persona que ha sufrido la violación y no al interés general de la sociedad en el asunto[9].

Si bien la Carta no delimita qué disposiciones son derechos y cuáles han de considerarse principios, debe entenderse que el artículo 47 en su integridad tiene valor de derecho, incluida la disposición relativa a la asistencia jurídica gratuita. Lo anterior se justifica, principalmente, por dos motivos: de un lado, el lugar que el legislador le ha concedido dentro de la Carta –pues la mayoría de principios se prevén en el Título IV *Solidaridad*– y, de otro lado, el hecho de que se reconozca como parte del artículo titulado *derecho a la tutela judicial efectiva y a un juez imparcial.* Adicionalmente, debe destacarse la peculiaridad de que este artículo no se organiza en apartados numerados –como sucede con el resto de artículos del Título *Justicia*– sino que sus párrafos carecen de numeración; esta ausencia de designación numeral puede responder a la intención de conceder a todos los párrafos la misma importancia, en la medida en que contienen las condiciones necesarias para hacer factible el derecho fundamental a la tutela judicial efectiva.

Considerar la asistencia jurídica gratuita como un derecho es relevante, ya que, mientras los *derechos* protegen una situación jurídica individual inmediatamente definida, quedando los poderes públicos solo obligados al respeto de la misma; los *principios* contienen mandatos dirigidos a los poderes públicos, fijando un contenido general y unos fines que han de respetar cuando los transformen en realidades jurídicas[10]. En el hipotético caso de que la asistencia jurídica gratuita tuviera valor de principio quedaría sujeta al artículo 52.5 de la Carta, lo que exige la concreción del principio e impide que pueda llevarse a cabo su invocación inmediata ante los órganos jurisdiccionales de los Estados Miembros y de la Unión Europea[11].

---

[9] T.J.U.E., Sentencia *DEB,* C-279/09, EU:C:2010:811, apartado 41.

[10] T.J.U.E., Conclusiones *AMS,* C-176/12, EU:C:2013:491, apartado 50.

[11] Es interesante indicar que LIISA HOLOPAINEN afirma que mientras en el esquema del Convenio la asistencia jurídica gratuita es considerada como "un derecho con implicaciones de

III. EL DERECHO FUNDAMENTAL A LA ASISTENCIA JURÍDICA GRATUITA EN EL ORDENAMIENTO JURÍDICO DE LA UNIÓN

1. Características del derecho fundamental a la asistencia jurídica gratuita

Del análisis del marco en el que se reconoce la asistencia jurídica gratuita es posible extraer las siguientes conclusiones que ayudan a caracterizar este derecho fundamental. En primer lugar, el reconocimiento de este derecho en la Carta obliga a la Unión y a los Estados Miembros a respetarlo cuando actúen dentro de su ámbito de aplicación; no obstante, el ámbito de aplicación de la Carta para los Estados Miembros depende, en cierta medida, de la discrecionalidad del Tribunal de Justicia, quien no ha dudado en ampliar su aplicación interpretando de modo extensivo el artículo 51.1.

En segundo lugar, los sujetos obligados por la Carta deben conceder a la asistencia jurídica gratuita la protección exigida por el artículo 47, respetando, además, la interpretación que de este precepto realice el Tribunal de Justicia. Esto será necesario aun cuando la jurisprudencia de Luxemburgo vaya más allá de lo que prevé la legislación nacional o de lo mantenido por el Tribunal Europeo de Derechos Humanos al interpretar el artículo 6 del Convenio.

En tercer lugar, la asistencia jurídica gratuita goza de un enclave privilegiado dentro de la Carta, por lo que debe considerarse como un derecho fundamental y no como un principio ni como una prestación social. En consecuencia, el respeto inmediato de la asistencia jurídica gratuita es exigencia necesaria a fin de hacer posible la tutela judicial efectiva del Derecho de la Unión, y la violación de la misma por los poderes públicos podrá ser directamente alegada ante los tribunales nacionales y supranacionales.

---

naturaleza social y económica", en el ámbito de la Carta "parece tener la naturaleza de un principio procesal"; explicando que calificarla como un principio procesal la convierte en "menos susceptible respecto a los argumentos sobre restricciones presupuestarias a la prestación de asistencia jurídica" [L. HOLOPAINEN, en S. PEERS, T. HERVEY, J. KENNER and A. WARD (ed.), *The EU Charter of Fundamental Rights: A commentary*, ed. Hart, Oxford, 2014, pág. 1272, punto 47.241] (traducción libre).

2. Ámbito de aplicación del derecho fundamental a la asistencia jurídica gratuita

Aunque se desprende de las Explicaciones a la Carta que el artículo 47 se basa en los artículos 6 y 13 del Convenio, el ámbito de aplicación del derecho a la tutela judicial efectiva, en general, y del derecho a la asistencia jurídica gratuita, en particular, deviene más extenso cuando nos situamos en el marco del ordenamiento jurídico de la Unión.

A) Ámbito de aplicación material del derecho a la asistencia jurídica gratuita

Se reconoce el derecho a la asistencia jurídica gratuita a favor de quienes carezcan de recursos suficientes y hayan sufrido la violación de los derechos y libertades que garantiza el Derecho de la Unión. Esto predetermina que el punto de partida para examinar si procede la concesión de asistencia jurídica gratuita sea la infracción de disposiciones de este ordenamiento supranacional.

Siendo necesario que el origen del litigio para el que se solicita la asistencia sea un incumplimiento del Derecho de la Unión, la misma puede recabarse no solo cuando la violación se haya cometido sobre normas de derecho originario –esto es, los Tratados, la Carta o los Principios Generales–, sino también cuando hayan sido infringidas normas de derecho derivado –esto es, Reglamentos, Directivas o Decisiones, e incluso normas nacionales de transposición o normas nacionales que regulen sus actos de ejecución–. Debe señalarse que, al contrario de lo que sucede con el artículo 13.1 del Convenio –en el que se basa el artículo 47 de la Carta–, la tutela judicial efectiva no ha de limitarse a las violaciones de los derechos y libertades reconocidos en la Carta[12], por ello, el ámbito de aplicación material de la asistencia jurídica gratuita debe extenderse también a todos los supuestos en que no se respeten los derechos y libertades garantizados por el ordenamiento jurídico de la Unión.

---

[12] J. RIDEAU, "Article II-107 – Droit à un recours effectif et à acceder à un tribunal impartial", en L. BURGORGUE-LARSE, A. LEVADE, F. PICOD (dir), *Traité établissant une Constitution pour l'Europe. Partie II, La Charte des droits fondamentaux de l'Union: Commentaire article par article*, ed. Bruyllant, Bruxelles, 2005, pág. 603, (traducción libre).

Delimitado de este modo, el ámbito de aplicación material del derecho a la asistencia jurídica gratuita implica que la procedencia de su prestación se examinará al margen de que el objeto del litigio para el cual se solicita sea de naturaleza penal, civil, laboral o administrativa. Esto se debe a que todas estas materias quedan cubiertas por el artículo 47, no solo cuando se alegue un incumplimiento directo del Derecho de la Unión, sino también cuando el supuesto de hecho pueda incluirse en el artículo 51 de la Carta. En relación con esto, el Tribunal de Justicia ha entendido en el asunto *GREP* que un litigio que se desarrolla en torno al artículo 43 del Reglamento 44/2001[13] –relativo al recurso contra las resoluciones de ejecución dictadas sobre la base del Capítulo III de este texto de derecho derivado–, supone la aplicación del Derecho de la Unión en el sentido del artículo 51.1 de la Carta, y, en consecuencia, en el marco de este litigio es posible solicitar asistencia jurídica gratuita conforme al artículo 47[14]. Sobre la base de lo anterior, es posible concluir que la Carta concede al derecho fundamental a la asistencia jurídica gratuita una protección más extensa que la prevista en el Convenio Europeo de Derechos Humanos[15].

La posible prestación de asistencia respecto a todo tipo de litigios implica que podrá concederse en aquellos casos en que el poder público actúe ejerciendo el *ius puniendi* contra un particular –a fin de que este último pueda defenderse–[16], pero también en asuntos entre particulares dentro del ámbito

[13] Reglamento (UE) nº 44/2001, del Consejo, de 22 de diciembre de 2000, relativo a la competencia judicial, el reconocimiento y la ejecución de resoluciones judiciales en materia civil y mercantil, *D.O.C.E.*, nº L 12, de 16 de enero de 2001, págs. 1 a 23.

[14] T.J.U.E., Ordonnance *GREP*, C-156/12, EU:C:2012:432, apartados 31 y 37.

[15] Por su parte, el Tribunal de Estrasburgo ha aceptado que los Estados *pueden* estar obligados a conceder asistencia jurídica gratuita en materia civil, pero sin olvidar que es un derecho no absoluto y que su concesión se valorará atendiendo a criterios que serán examinados teniendo en cuenta los hechos y circunstancias del caso concreto, y que exigen, entre otros, considerar la relevancia del litigio para el solicitante, la complejidad del derecho a aplicar y del proceso a seguir, así como la capacidad del solicitante para defender sus intereses. [T.E.D.H., *Steel and Morris v. The United Kingdom*, (nº 68416/01), 15 February 2005, punto 61].

[16] Si bien es cierto que, dado el estado actual del Derecho de la Unión, la materia penal es la que tiene menor presencia dentro de este ordenamiento jurídico –ya que, vinculada tradicionalmente a la soberanía de cada Estado, sigue conservando su eminente carácter nacional–, pese a que en el Espacio de Libertad, Seguridad y Justicia están empezando a adoptarse Directivas para armonizar las legislaciones nacionales en esta materia.

estrictamente privado –a favor de uno de ellos o de ambos–[17] e incluso en litigios de carácter contencioso-administrativo iniciados por un particular contra el Estado –aún cuando para que el primero exija al segundo responsabilidad patrimonial por infringir el Derecho de la Unión–[18]. Este amplio ámbito de aplicación es consecuencia de la redacción del apartado primero del artículo 47, donde no se especifica de quién ha de proceder la violación de los derechos y libertades sufridos por la persona, pudiendo ser el causante un poder público –nacional o supranacional– u otro particular.

B) Ámbito de aplicación subjetivo del derecho a la asistencia jurídica gratuita

El ámbito de aplicación subjetivo del derecho fundamental a la asistencia jurídica gratuita en el marco del ordenamiento de la Unión debe concretarse distinguiendo entre los sujetos que están obligados a su respeto y los que pueden beneficiarse del mismo.

[17] Mientras en el ámbito laboral el Derecho de la Unión todavía tiene poca incidencia –aunque esta es cada vez mayor–, en el ámbito civil y mercantil es difícil pensar en supuestos que no estén influidos por el ordenamiento jurídico de la Unión y en los que no pueda alegarse la infracción de alguno de sus derechos y libertades, al margen de que el litigio no presente elementos de extranjería –piénsese, p. ej., en un litigio que tiene por objeto un contrato de agencia entre nacionales de un Estado, que haya sido celebrado y que haya de ejecutarse dentro de las fronteras del mismo; si el agente comercial alega contra su poderdante que no se ha respetado una disposición de la ley nacional que regula este contrato de agencia, son elevadas las posibilidades de que esté alegando la violación de los derechos que el ordenamiento jurídico de la Unión le concede, pues la ley nacional del Estado Miembro es, en realidad, una transposición de la Directiva de Agencia de la Unión Europea y, en consecuencia, debe respetar los mínimos exigidos por esta, de modo que el litigio entraría dentro del ámbito de aplicación del artículo 47 de la Carta [Directiva 86/653/CEE del Consejo, de 18 de diciembre de 1986, relativa a la coordinación de los derechos de los Estados miembros en lo referente a los agentes comerciales independientes, *D.O.C.E.*, L 382, de 31 de diciembre de 1986, págs. 17 y ss.]–.

[18] A pesar de que la responsabilidad patrimonial de los Estados Miembros por infringir el Derecho de la Unión no aparece regulada en ningún precepto, este tipo de litigios son muy habituales cuando un Estado, por acción u omisión, incumple con las obligaciones que el ordenamiento de la Unión le impone respecto a los particulares. De creación jurisprudencial, el origen de esta institución radica en el asunto *Francovich*, mediante el cual el Tribunal de Justicia declaró el *principio de responsabilidad del Estado por daños causados a los particulares por violaciones del Derecho de la Unión* [T.J.C.E., *Francovich y otros,* C-6/90 y 9/90, EU:C:1995:372, apartado 35].

Dentro de su ámbito de aplicación material, deben respetar y proteger este derecho las Instituciones, órganos y organismos de la Unión y los Estados Miembros, en cuanto que la Carta se dirige a imponer obligaciones a estos sujetos y la efectividad de sus disposiciones depende de que estas sean cumplidas.

Respecto a la Unión Europea esta obligación recae sobre su Institución jurisdiccional, esto es, sobre los tres órganos que en estos momentos la integran: el Tribunal de Justicia, el Tribunal General y el Tribunal de la Función Pública. En la medida en que el artículo 47 se refiere a la tutela judicial efectiva ante un juez independiente e imparcial entiendo que el derecho fundamental a la asistencia jurídica gratuita que en él se reconoce debe limitarse a los casos en que el proceso se desarrolla ante un tribunal que reúna estas características, quedando fuera de su ámbito otros procedimientos llevados a cabo por Instituciones, órganos u organismos de la Unión que carezcan de la condición de órganos jurisdiccionales –este es el caso, de los procedimientos que desarrolla la Comisión, en materia de derecho de la competencia, o los que se llevan a cabo ante las Salas de Recursos de la Oficina de Armonización del Mercado Interior, en materia de marcas, diseños y modelos–.

La asistencia jurídica gratuita a favor de *la parte* que no tuviera medios suficientes para afrontar los gastos del proceso ya estaba prevista en el artículo 76 del Reglamento de Procedimiento del Tribunal de Justicia[19]; esta regulación se concreta en los artículos 115 a 118 del Reglamento, sobre la asistencia jurídica gratuita ante este Tribunal con carácter general; y artículos 184 a 189, sobre la asistencia jurídica gratuita cuando se presenta recurso de casación. Asimismo, en los Reglamentos del Tribunal General[20] y del Tribunal de la Función Pública[21] la justicia gratuita había sido reconocida en beneficio de *las personas* que no pudieran hacer frente a los gastos procesales en sus artículos 146 y 95, respectivamente.

No obstante, en ninguna de las disposiciones anteriores, la asistencia jurídica disfrutaba del rango de derecho fundamental que ha alcanzado en

---

[19] Reglamento de Procedimiento del Tribunal de Justicia, de 25 de septiembre de 2012, *D.O.U.E.*, L 265, de 29 de septiembre de 2012 (en su versión modificada el 18 de junio de 2013, *D.O.U.E.*, L 173, de 26 de junio de 2013, pág. 65).

[20] Reglamento de Procedimiento del Tribunal General, de 4 de marzo de 2015, *D.O.U.E.*, L 105, de 23 de abril de 2015, pág. 1.

[21] Reglamento de Procedimiento del Tribunal de la Función Pública de la Unión Europea, de 25 de julio de 2007, *D.O.U.E.*, L 225, de 29 de agosto de 2007, pág. 1.

virtud del artículo 47 de la Carta. Debe añadirse que, hasta la actualidad, la asistencia jurídica gratuita ha sido solicitada únicamente en procedimientos seguidos ante el Tribunal General; concedida en algunos supuestos y denegada en otros, la base utilizada por los recurrentes en su solicitud siempre ha sido el artículo 146 (antiguo artículo 94) del Reglamento de Procedimiento y no, en cambio, el artículo 47 de la Carta. No obstante, en casos recientes, el auto del Tribunal General mediante el cual se resuelve la petición sí que menciona, expresamente, el artículo 47 de la Carta como fundamento de esta asistencia jurídica gratuita en el marco del Derecho de la Unión[22].

En cuanto a los Estados Miembros, estos son los principales encargados de proteger los derechos y libertades que el ordenamiento jurídico de la Unión concede a los particulares, puesto que los tribunales nacionales son quienes deben aplicar, en un primer momento y en su ámbito territorial, el Derecho de la Unión. Cuando realicen esta labor han de respetar el derecho fundamental a la tutela judicial efectiva previsto en el artículo 47 de la Carta, y, en consecuencia, prestar asistencia jurídica a quienes actúan en calidad de parte si ello es necesario para garantizar la efectividad del acceso a la justicia. Para posibilitar esto, existen normas de derecho derivado en las que, desde diferentes perspectivas y bajo distintas exigencias, se impone a los Estados Miembros la obligación de conceder asistencia jurídica gratuita en determinados supuestos[23].

Los Estados disfrutan del *principio de autonomía procesal* al proteger los derechos y libertades previstos por el Derecho de la Unión a favor de los particulares. Este principio determina que, debido a la ausencia de normas en el ordenamiento jurídico de la Unión que regulen los aspectos procesales a nivel nacional, es el derecho interno de cada Estado quien debe señalar los tribunales competentes y debe establecer la regulación procesal de toda demanda destinada a garantizar la protección de los derechos reconocidos por la Unión Europea. A pesar de ello, los Estados también están obligados a respetar los

---

[22] A título de ejemplo, *vid.* T.J.U.E., Order *DG v. Council of the European Union*, T-238/12 AJ, EU:T:2014:960, apartado 24.

[23] P. ej., el artículo 46 del Reglamento (CE) 4/2009, de 18 de diciembre de 2008, relativo a la competencia, la ley aplicable, el reconocimiento y la ejecución de las resoluciones y la cooperación en materia de obligaciones de alimentos, *D.O.U.E.*, L 7, de 10 de enero de 2007; o la Directiva 2003/8/CE, de 27 de enero de 2003, destinada a mejorar el acceso a la justicia en los litigios transfronterizos mediante el establecimiento de reglas mínimas comunes relativas a la justicia gratuita para dichos litigios, *D.O.U.E.*, L 26, de 31 de enero de 2004.

principios de equivalencia y de efectividad[24], esto implica que, cuando el litigio tenga por objeto normas del ordenamiento de la Unión, los Estados Miembros no solo han de ofrecer a los justiciables una asistencia jurídica gratuita en iguales condiciones a la que prestan para los litigios fundados en disposiciones de derecho interno, sino que, además y en todo caso, dicha asistencia se concederá con el objetivo de posibilitar y facilitar la protección de los derechos y libertades reconocidos por el Derecho de la Unión. Esta segunda idea, derivada de la exigencia del principio de efectividad y precisada por la jurisprudencia del Tribunal de Justicia, ayuda a armonizar las diferencias existentes entre las legislaciones nacionales en materia de asistencia jurídica gratuita[25] y a mantener unos niveles elevados de protección del derecho fundamental a la tutela judicial efectiva en el ordenamiento jurídico de la Unión.

Lo expuesto en el párrafo anterior tiene repercusión positiva para el justiciable que carece de recursos suficientes, pues cuando el litigio verse sobre Derecho de la Unión, en principio, mayores serán las posibilidades de que se le conceda la asistencia. Sin embargo, para los Estados la exigencia de estándares diferentes según la violación recaiga sobre normas de derecho nacional o sobre normas de Derecho de la Unión puede ser difícil de gestionar en la práctica, debido, en primer lugar, a lo complejo que es en algunos litigios separar con exactitud estos dos ordenamientos jurídicos y decidir si se infringe únicamente derecho nacional o si la infracción se ha cometido también en el marco del Derecho de la Unión; y, en segundo lugar, por la necesidad de atender a criterios diferentes, según cuál es la presunta norma violada, para decidir si procede o no prestar asistencia jurídica gratuita.

---

[24] El *principio de equivalencia* exige que la regulación nacional aplicable cuando el litigio afecte al Derecho de la Unión no sea menos favorable que la prevista para recursos similares a nivel interno. El *principio de efectividad* persigue que en la práctica no se haga imposible o excesivamente difícil el ejercicio de los derechos que el ordenamiento jurídico de la Unión concede a los particulares [T.J.U.E., *Susanne Bulicke*, C-246/09, EU:C:2010:418, apartado 25 y jurisprudencia allí citada].

[25] Para un estudio comparado de la asistencia jurídica gratuita en distintos Estados Miembros *vid.* E. GRUODYTĖ and S. KIRCHNER, "The Contribution of the European Charter of Human Rights to the Right to Legal Aid", en T. KERIKMÄE, *Protecting human rights in the EU: controversies and challenges of the charter of fundamental rights*, ed. Springer, Heidelberg, 2014, págs. 76 a 80; y, T.J.U.E., Conclusiones *DEB*, C-279/09, EU:C:2010:489, apartado 77.

No obstante lo explicado a propósito de los obligados a respetar este derecho fundamental, es precisamente en los sujetos que pueden beneficiarse de la gratuidad de la asistencia jurídica donde se manifiesta el elevado nivel de protección que el ordenamiento de la Unión Europea exige respecto a este derecho, superando los estándares establecidos por los Estados Miembros para los supuestos nacionales. A fin de determinar quién puede ser beneficiario debemos partir del artículo 47 de la Carta, donde se reconoce este derecho fundamental *a toda persona*, sin concretar si el derecho se limita solo a las personas físicas o también ha de extenderse a las personas jurídicas.

Por lo que respecta a las personas físicas, el artículo 47 no deja lugar a dudas sobre el hecho de que pueden beneficiarse de esta asistencia. No obstante, a falta de concreción por el Derecho de la Unión, pero respetando las legislaciones nacionales y la jurisprudencia de Estrasburgo, no debe concebirse este como un derecho absoluto, pudiendo quedar sujeto a restricciones a condición de que persigan un fin legítimo y sean proporcionadas[26]. Debe señalarse que el artículo 47 tiene carácter universal, puesto que mientras algunos derechos de la Carta se reconocen única y expresamente a los *ciudadanos de la Unión* o a los *nacionales de terceros países*, el artículo 47, al referirse a *personas*, ha de entenderse como dirigido a ambos. Esto supone que cualquier persona física, tenga o no la condición de ciudadano de la Unión Europea, puede solicitar asistencia jurídica gratuita en la medida en que sufra la violación de un derecho o libertad que le reconozca este ordenamiento. Además, de acuerdo con el principio de no discriminación, indistintamente de quién solicite la asistencia jurídica gratuita, los Estados Miembros siempre examinarán la oportunidad de su prestación sobre la base de los mismos requisitos, esto es, sin diferenciar en función de la nacionalidad del solicitante.

Más problemática es la cuestión de si las personas jurídicas tienen reconocido este derecho en virtud del artículo 47; ha sido el Tribunal de Justicia quien, atendiendo al tradicional carácter económico de la Unión[27], ha interpre-

---

[26] En este sentido, considera el Tribunal Europeo de Derechos Humanos que al imponer condiciones para la prestación de la asistencia, el Estado puede tener en cuenta aspectos como la situación económica del litigante o las expectativas de obtener una resolución a su favor; ello se mantiene también en el ordenamiento jurídico de la Unión respecto al artículo 47 de la Carta [T.E.D.H., *Steel and Morris v. The United Kingdom*, (nº 68416/01), 15 February 2005, punto 62].

[27] Sobre la protección más extensa que el ordenamiento de la Unión tiende a conferir a los derechos fundamentales en la esfera económica *vid.* P. OLIVER, "Case C-279/09, DEB v. Ger-

tado esta norma extendiendo su aplicación también a las personas jurídicas, tengan o no ánimo de lucro –y aun cuando los análisis de derecho comparado demuestran que los ordenamientos nacionales no reconocen esta asistencia si las personas jurídicas actúan con intención lucrativa[28]–. Ahora bien, no se trata de un reconocimiento absoluto, sino que su concesión queda sujeta a una serie de requisitos que ha de prever cada Estado Miembro, dejando en manos de los jueces nacionales el examen de la proporcionalidad entre el fin legítimo que los requisitos establecidos persiguen y la limitación del derecho de acceso a los tribunales que el hecho de imponer estos requisitos puede causar.

Para la adecuada valoración del respeto a la proporcionalidad, el Tribunal de Justicia ha indicado al juez nacional las dos categorías de criterios a considerar. Por una parte, los criterios relacionados con *el litigio*, estos incluyen el objeto del pleito, las posibilidades que tiene el solicitante de obtener una sentencia favorable, la importancia del asunto para la persona que solicita la asistencia, la complejidad del litigio, la capacidad del solicitante de defenderse de un modo eficaz o el importe de las costas que han de abonarse anticipadamente. Por otra parte, los criterios relacionados con *la persona jurídica*, lo que supone tener en cuenta los recursos económicos de sus socios, la posibilidad de conseguir financiación para actuar en juicio, su forma jurídica y si tiene o no ánimo de lucro[29]. De este modo, en su jurisprudencia *DEB* los jueces de Kirchberg concretan de forma exhaustiva los criterios a tener en cuenta –sin embargo, la exigencia de proporcionalidad en realidad no difiere tanto de lo

---

many, Judgment of the European Court of Justice (Second Chamber) of 22 December 2010, nyr.", en *Common Market Law Review*, vol. 48, nº 6, 2011, pág. 2028.

28 Por su parte, el Tribunal Europeo de Derechos Humanos nunca ha reconocido la violación del artículo 6 del Convenio por no conceder asistencia a personas jurídicas con ánimo de lucro; sin embargo, en su jurisprudencia, tampoco ha excluido que estas personas puedan beneficiarse de la misma cuando ello sea necesario para posibilitar su derecho de acceso a la justicia. A este propósito, el Tribunal de Estrasburgo ha señalado que no existe consenso entre los Estados sobre la concesión de asistencia a las personas jurídicas –siendo muchos los Estados que no reconocen este derecho–, en cualquier caso, si bien denegar la asistencia jurídica gratuita puede significar imponer límites al derecho a acceder a los tribunales, no hay violación del artículo 6 del Convenio mientras los límites no afecten a la propia esencia del derecho, persigan un fin legítimo y respeten la proporcionalidad entre los medios empleados y el objetivo que se pretende [T.E.D.H., *Granos orgánicos nacionales S.A. v. Germany*, (nº 19508/07), 22 March 2012].

29 T.J.U.E., Sentencia *DEB*, C-279/09, EU:C:2010:811, apartados 60 y ss.

establecido por el Tribunal Europeo de Derechos Humanos para valorar si procede conceder o denegar la asistencia jurídica gratuita–.

El hecho de que el Tribunal de Justicia proponga como criterio la forma de la persona jurídica y si esta tiene o no ánimo de lucro puede responder a la intención de respetar la jurisprudencia de Estrasburgo, cuyo Tribunal ha considerado que no existe violación del artículo 6 del Convenio por diferenciar en función del ánimo de lucro de las personas jurídicas –reconociendo el derecho a la asistencia jurídica gratuita únicamente a favor de aquellas personas que carecen de fin lucrativo–, siempre que esta distinción no responda a criterios arbitrarios sino objetivos y razonables[30]. Del mismo modo, en el marco del Derecho de la Unión atender al tipo de persona jurídica y a la finalidad que esta persigue puede ser utilizado como criterio para denegar la asistencia a favor de las personas jurídicas con ánimo de lucro, sin embargo, queda en manos del tribunal nacional competente examinar si en el caso concreto se respeta la proporcionalidad y el derecho a la tutela judicial efectiva[31].

IV. CONCLUSIÓN

De la exposición desarrollada a lo largo del trabajo es posible concluir que, cuando ante los tribunales de los Estados Miembros se alega la violación de derechos y libertades garantizados por el ordenamiento de la Unión, el derecho a obtener asistencia jurídica gratuita no solo adquiere el carácter de fundamental sino que además se le dota de una configuración autónoma distinta a la prevista por las legislaciones nacionales. De este modo se concede una amplia protección a favor de los particulares que han sufrido la infracción de sus derechos, siempre sobre la base del necesario respeto al principio de efectividad del Derecho de la Unión –en virtud del cual se elevan los estándares del derecho a la tutela judicial efectiva en el marco del ordenamiento de la Unión Europea–.

No obstante, ello implica la necesidad de revisar las disposiciones nacionales de los Estados Miembros en materia de asistencia jurídica gratuita, a fin de adaptarlas a las exigencias impuestas por el Derecho de la Unión, es decir, que-

30 T.E.D.H., *VP Diffusion Sarl c. France*, (14565/04), 26 août 2008, pág. 6.

31 T.E.D.H., *VP Diffusion Sarl c. France*, (14565/04), 26 août 2008, pág. 6.

dan obligados a desarrollar nuevas normas o prácticas jurídicas que respeten el amplio reconocimiento del artículo 47 de la Carta así como la jurisprudencia del Tribunal de Justicia que lo interpreta. Ahora bien, las mismas no tendrán que aplicarse necesariamente a todos los supuestos, sino que solo cuando se violan normas del ordenamiento jurídico de la Unión se impone a los poderes públicos nacionales la obligación de respetar este derecho fundamental a la asistencia jurídica gratuita.

En un contexto de crisis económica como el que vivimos en Europa, esta configuración autónoma de la asistencia jurídica puede resultar compleja de articular para los Estados Miembros por dos motivos. De un lado, incide de forma directa sobre el coste de la justicia y su financiación, pues son los fondos públicos los que deben sufragar este derecho fundamental –aun cuando se trate de litigios estrictamente privados–; de otro lado, mayor es la necesidad objetiva de las personas físicas y jurídicas de obtener esta asistencia –las cuales, en el caso de que les sea denegada, podrán recurrir la decisión por infracción del Derecho de la Unión y/o por violación de sus derechos fundamentales, eso sí, paradójicamente, siempre que dispongan de los medios económicos necesarios para actuar como demandantes en estos procesos–.

LA ACUMULACIÓN OBJETIVO-SUBJETIVA DE ACCIONES COMO TÉCNICA DE AGILIZACIÓN DE LA JUSTICIA CIVIL EN TIEMPOS DE CRISIS

JOSÉ MARTÍN PASTOR
Profesor Titular (acreditado a Catedrático) de Derecho Procesal
Universitat de València

I. EL CONTEXTO ACTUAL Y LAS TÉCNICAS DE REPARACIÓN JUDICIAL COLECTIVA

El contexto socio-económico en el que nos encontramos en la actualidad se caracteriza por el predominio de las relaciones jurídicas masivas, que afectan a conjuntos más o menos amplios de personas, y por la necesidad de una tutela acumulada o colectiva de las personas perjudicadas, lo que ha dado lugar al desarrollo y a la regulación de la acumulación de pretensiones y de las denominadas acciones colectivas.

Las relaciones jurídico-materiales masivas pueden provocar que las situaciones litigiosas que se originan produzcan, normalmente, un alcance también masivo por afectar a grupos de personas, bien porque han sido implicados intereses que todas ellas comparten, bien porque han sido implicados, por una misma causa y de un mismo modo, los derechos e intereses individuales de cada uno de los integrantes del grupo.

Entre las áreas del Derecho privado en las pueden originarse litigios de carácter masivo ante la justicia civil y en las que, en consecuencia, podrían acumularse las acciones individuales o ejercitarse las acciones colectivas, destacan la actividad contractual masiva, los fenómenos de responsabilidad extracontractual de alcance masivo, y el orden público económico.

En principio, y como ya se ha avanzado, los instrumentos legales de reparación judicial colectiva tendentes a reducir la litigación individual, cuando esta pudiera dar lugar a una multiplicidad de casos iguales, son, por una parte, la acumulación de pretensiones –de acciones y de procesos–, y, por otra, las acciones colectivas.

En estos últimos años, en el ámbito financiero y bancario, tan tenido lugar distintos tipos de relaciones jurídicas masivas, que han afectado a un conjunto amplio de personas perjudicadas.

Por una parte, se ha producido un fenómeno de comercialización masiva de productos financieros complejos –como las participaciones preferentes, las obligaciones subordinadas, y las *swaps* o permutas financieras– por entidades bancarias, y por otra parte, una conocida entidad bancaria –Bankia– realizó una oferta pública de suscripción de acciones.

Las relaciones jurídicas descritas han perjudicado a muchas personas, que han ejercitado de forma masiva acciones de nulidad de los correspondientes contratos por vicios del consentimiento.

Estas relaciones jurídicas han afectado, por una misma causa y de una misma forma, los derechos e intereses individuales de cada uno de los clientes o suscriptores. En definitiva, nos encontramos ante una manifestación social y económica en la que se han planteado litigios en masa, que procesalmente deberían haberse canalizado ya sea mediante las acciones colectivas, ya sea mediante la acumulación de pretensiones.

Anticipo ya que el grado de aplicación real de los mencionados instrumentos, con ocasión de los conflictos generados a los que se ha hecho referencia, está siendo, en el caso de la acumulación de pretensiones, dispar, y, en el supuesto de las acciones colectivas, nulo.

A mi juicio, el problema no radica sólo en que el Derecho español sea deficiente en el establecimiento de instrumentos que permitan a la justicia civil afrontar con eficiencia los litigios masivos, sino también en la aplicación real de los mismos por parte de los nuestros tribunales, que está siendo, como ya he dicho, dispar o casi nula.

En definitiva, no se han aprovechado las acciones colectivas ni la acumulación de pretensiones, en tiempos de crisis, como mecanismos de economía procesal. Esto ha provocado el colapso de muchos órganos jurisdiccionales civiles para resolver miles de casos sustancialmente idénticos.

En este trabajo únicamente analizaré la acumulación objetivo-subjetiva de acciones como técnica de agilización de la justicia civil en tiempos de crisis, y el grado de utilización de la misma con ocasión de los conflictos mencionados.

II. LA ACUMULACIÓN DE PRETENSIONES: LA ACUMULACIÓN DE ACCIONES Y DE PROCESOS

La acumulación de pretensiones consiste en que, por motivos basados en algún tipo de relación entre dos o más objetos procesales, la ley procesal civil permite que los diferentes procesos que tratan sobre ellos tengan una misma y única tramitación procedimental.

Como se ha señalado, "el fundamento de la acumulación de pretensiones es la conexión existente entre ellas, es decir, la identidad de alguno o de algunos de sus elementos. Presupuesta esa conexión, la acumulación sirve para evitar sentencias contradictorias en un sentido estricto (si la resolución sobre una pretensión es prejudicial respecto a la resolución sobre otra) o en un sentido amplio (p. ej., cuando por ser común la causa de pedir de varias pretensiones existe el riesgo de una diferente convicción judicial acerca de ella).

La acumulación produce, además, economía procesal porque una única actividad procesal sirve para el debate y resolución de varias pretensiones en lo que éstas tienen de común"[1].

El legislador ha regulado la acumulación de pretensiones diferenciando entre la acumulación de acciones (arts. 71-73 LEC) y la acumulación de procesos (arts. 74-98 LEC).

---

[1] ORTELLS RAMOS, M., en AAVV, *Derecho Procesal Civil*, Cizur Menor (Navarra), Aranzadi, 2015, pp. 231.

III. LA ACUMULACIÓN OBJETIVO-SUBJETIVA DE ACCIONES

La acumulación –inicial[2]– de acciones tiene lugar cuando, en una única demanda, se interponen varias pretensiones entre un demandante y un demandado o entre varios demandantes y/o varios demandados.

Dentro de la acumulación de acciones se debe distinguir, a su vez, entre la acumulación exclusivamente objetiva y la acumulación objetivo-subjetiva.

1. La acumulación exclusivamente objetiva de acciones

La acumulación exclusivamente objetiva se caracteriza porque un único actor interpone varias pretensiones frente a un único demandado (art. 71.2 LEC), por lo que las partes demandante y demandada son idénticas en todas las pretensiones acumuladas.

Para este tipo de acumulación el legislador no exige ningún tipo de conexión positiva entre las pretensiones acumuladas, estimando suficiente que las mismas no sean incompatibles, al indicar que "el actor podrá acumular en la demanda cuantas acciones le competan contra el demandado, aunque provengan de diferentes títulos, siempre que aquéllas no sean incompatibles entre sí" (art. 71.2 LEC).

El único requisito es que, cuando la pretensiones sean incompatibles, la acumulación no se realice de forma simple o principal, persiguiéndose la estimación de todas y de cada una de las varias pretensiones interpuestas (art. 71.3 LEC[3]), sino de forma subsidiaria o eventual, no buscando la estimación de todas las pretensiones, sino solo de una de ellas, según un orden de preferencia establecido (art. 71.4 LEC[4]).

---

[2] Dejamos al margen los supuestos de acumulación sobrevenida como consecuencia de la ampliación de la demanda o la reconvención.

[3] Según este precepto "será incompatible el ejercicio simultáneo de dos o más acciones en un mismo juicio y no podrán, por tanto, acumularse cuando se excluyan mutuamente o sean contrarias entre sí, de suerte que la elección de una impida o haga ineficaz el ejercicio de la otra u otras".

[4] De acuerdo con esta norma "el actor podrá acumular eventualmente acciones entre sí incompatibles, con expresión de la acción principal y de aquella otra u otras que ejercita para el solo evento de que la principal no se estime fundada".

2. La acumulación objetivo-subjetiva de acciones

A) Regulación legal

La acumulación objetivo-subjetiva consiste en que entre varios actores y/o varios demandados se interponen varias pretensiones, respecto a cada una de las cuales cada una de las partes está individualmente legitimada (art. 72 LEC).

Para que puedan acumularse, ejercitándose simultáneamente, las acciones que uno tenga contra varios sujetos o varios contra uno, el legislador, además de la ausencia de incompatibilidad, requiere que "entre esas acciones exista un nexo por razón del título o causa de pedir" (art. 72, I LEC).

El art. 72, II LEC realiza una interpretación auténtica de este requisito, especificando que "se entenderá que el título o causa de pedir es idéntico o conexo cuando las acciones se funden en los mismos hechos".

B) Jurisprudencia del Tribunal Supremo sobre la acumulación objetivo-subjetiva de acciones

En primer lugar, el Tribunal Supremo ha declarado que la acumulación objetivo-subjetiva de acciones debe ser interpretada y aplicada de forma flexible.

Así, la STS (Sala de lo Civil), núm. 255/2006, de 22 de marzo (FD 5º), ha puesto de manifiesto que "declara la STS de 9 de marzo de 2006 que «es reiterada y uniforme doctrina de esta Sala (sentencias de 12 de junio de 1985, 4 de junio de 1990, 14 de octubre de 1993, 8 de noviembre de 1995, 7 de octubre (sic) de 1997 y 9 de julio de 1999) la del criterio flexible que ha de presidir el tratamiento y aplicación de la acumulación subjetiva de acciones que regula (…) la Ley de Enjuiciamiento Civil, entendiendo que procede la misma, a pesar de que el supuesto no se halle comprendido en la literalidad de la norma, si tampoco le alcanzan las prohibiciones (…) del mismo Cuerpo legal, y existe entre las acciones cierta conexidad jurídica que justifique el tratamiento unitario y la resolución conjunta. (…) el tratamiento separado de una y otra acción entrañaría el riesgo de resoluciones contradictorias (…)»".

Asimismo, el Tribunal Supremo ha precisado los rasgos característicos de la acumulación de acciones.

En concreto, la STS (Sala de lo Civil), núm. 880/2000, de 3 de octubre (FD 2º), ha puesto de relieve que "la jurisprudencia de esta Sala sobre acumulación de acciones se caracteriza por las notas siguientes: 1ª.–Flexibilidad, en el sentido de ser admisible la acumulación aunque el supuesto no se halle literalmente comprendido en la dicción del art. 156 si tampoco le alcanzan las prohibiciones de los arts. 154 y 157 (SSTS 5-3-1956, 12-6-1985, 24-7-1996, 7-2-1997 y 3-10-2000). 2ª.–Distinción entre título, como negocio jurídico, y causa de pedir, concepto más amplio, como hecho o conjunto de hechos que tienen idoneidad para producir efectos jurídicos, como acaecimiento de cuya existencia o inexistencia pretende el actor deducir las consecuencias jurídicas determinantes de su petición o, si se quiere, como relato histórico en que se funda la demanda (SSTS 24-7-1996 y 3-10-2000). 3ª.–Relevancia primordial de la conexión jurídica o conexión causal entre las acciones ejercitadas como criterio para medir la identidad de su causa de pedir, la pertinencia de su acumulación y la justificación de tratamiento procesal unitario y decisión por una sola sentencia (SSTS 5-3-1956, 7-2-1997, 3-10-2000 y 10-7-2001). 4ª.–Evitación de dilaciones indebidas siempre que no se mermen ni restrinjan los medios de defensa e impugnación de las partes (SSTS 14-10-1993, 18-7-1995, 19-10-1996 [RJ 1996, 7508] y 10-7-2001). Y 5ª.–Acumulabilidad de las acciones de nulidad por simulación absoluta y subsidiarias de rescisión por fraude (SSTS 28-1-1892, 19-12-1916, 12-3-1919, 2-6-1927 y 27-2-2001)".

Centrándonos en la segunda nota expuesta, la jurisprudencia del Alto Tribunal, en interpretación del art. 72 LEC, por un lado, ha establecido que los conceptos de título y de causa de pedir son diferentes, y, por otro lado, ha precisado la noción de conexidad por razón de la causa fundamentadora de las pretensiones.

En concreto, la STS (Sala de lo Civil), núm. 406/2013, de 18 de junio (FD 2º), ha reiterado que "el concepto de título no debe ser interpretado en sentido estricto, sino que debe entenderse que se incluye también la causa de pedir, pues el artículo 252.2.ª LEC, aplicando criterios sistemáticos, debe ser interpretado en relación con lo dispuesto en el artículo 72 LEC, en el cual se establece que podrán acumularse, ejercitándose simultáneamente, las acciones que uno tenga contra varios sujetos o varios contra uno, siempre que entre esas acciones exista un nexo por razón del título o causa de pedir.

En suma, para la acumulación de cuantías –concepto que, en el contexto de esa Sentencia, se refiere a cada una de las acciones ejercitadas por cada uno de los demandantes[5]– en el supuesto que estamos considerando es exigible que sea el mismo el negocio jurídico (título) o sean los mismos los hechos en que se fundamentan sustancialmente las diversas pretensiones acumuladas (causa de pedir)".

Por todo ello, puede afirmarse que, en la acumulación objetivo-subjetiva que permite el art. 72 LEC, cabe tanto la identidad plena –que devendrá por la identidad del título– como la conexa que se deriva de la causa de pedir, por la identidad esencial de los hechos sustanciadores[6].

---

5 La inserción del texto entre guiones es mía.

6 GASCÓN INCHAUSTI, F., *La acumulación de acciones y de procesos en el proceso civil*, Madrid, La Ley, 2000, pp. 42-47, aunque considera que "para la nueva LEC los términos "título" y "causa de pedir" son equivalentes y designan una misma realidad: la causa de pedir en sentido propio", entiende admisible la conexión impropia como fundamento de la acumulación subjetiva de acciones. De esta forma, la conexión no sólo existe cuando la causa de pedir es idéntica en ambas acciones –conexión propia–, sino también en los casos de conexión por homogeneidad en las causa de pedir –conexión impropia–. Por ello, "el dato de que las diversas acciones se funden en unos mismos hechos es suficiente para considerarlas conexas por razón de la causa de pedir. Además, que las acciones se funden en los mismos hechos no debe interpretarse como una exigencia de que el fundamento fáctico sea idéntico en ambas; es suficiente con que existan unos "hechos compartidos" y que sirvan en ambas acciones de fundamento del *petitum*, aunque nada impide que, en alguna o en ambas acciones, junto a esos hechos comunes, existan otros de relevancia que sean diferentes". En consecuencia, "habrá identidad de títulos cuando las acciones se funden exclusivamente en los mismos hechos (y sólo en ésos); y habrá simple conexión cuando se funden en hechos comunes, sin perjuicio de que el fundamento fáctico de algunas acciones, o de ambas, sea más amplio. (…) también puede hablarse de conexión o de existencia de un nexo aunque las diversas acciones acumuladas no se funden en los mismos hechos. Esto sucederá en los supuestos en que la causa de pedir, sin ser idéntica, esa homogénea, es decir, cuando las diversas acciones se funden en la misma clase de hechos, aunque los concretos hechos históricos sustentadores de cada pretensión sean, en puridad, diferentes".

Para finalizar, el citado autor concluye con la afirmación de que "la nueva LEC, al conformarse con la existencia de un nexo por razón de la causa de pedir, está dando carta de naturaleza legal a la doctrina jurisprudencial que propugnaba la flexibilización en el régimen de la acumulación subjetiva: si realmente se trata de atender a la armonía de las resoluciones jurisprudenciales, resulta conveniente que supuestos homogéneos reciban soluciones también homogéneas".

En el mismo sentido se han manifestado GUZMÁN FLUJA, V. C. – ZAFRA ESPINOSA DE LOS MONTEROS, R., "Comentarios prácticos a la Ley de Enjuiciamiento Civil. La acumulación de acciones. Arts. 71 a 73 LEC", *InDret. Revista para el análisis del Derecho*, 3/2008, p. 10.

C) Crítica a la reciente interpretación restrictiva de la acumulación objetivo-subjetiva de acciones por parte de la jurisprudencia menor

No obstante la doctrina del Tribunal Supremo que se acaba de exponer, según la cual la acumulación objetivo-subjetiva de acciones debe ser interpretada y aplicada de forma flexible, en los procesos de impugnación de los contratos relativos a determinados productos financieros o a la adquisición de acciones precedida de oferta pública, algunos de nuestros tribunales no han admitido en los últimos tiempos dicho tipo de acumulación.

En concreto, la jurisprudencia recaída en los supuestos de impugnación de los contratos relativos a las participaciones preferentes, a las obligaciones subordinadas, a las permutas financieras, y a otros productos financieros, en relación con la admisibilidad de la acumulación objetivo-subjetiva de las acciones de nulidad o anulabilidad, no ha sido uniforme.

A título de ejemplo, mientras la SAP de Soria (Secc. 1ª), núm. 131/2012, de 8 de noviembre (FD 1º); la SAP de Madrid (Secc. 12ª), núm. 820/2013, de 5 de noviembre (FD 5º y 6º); y la SAP de Castellón (Secc. 3ª), núm. 109/2014, de 20 de marzo (FD 3º), se han mostrado favorables a la acumulación en estos supuestos, el AAP de Madrid (Secc. 19ª), núm. 55/2012, de 24 de febrero (FD 3º y 4º); el AAP de Madrid (Secc. 21ª), núm. 146/2012, de 31 de mayo (FD 2º); el AJPI de Madrid, de 14 de febrero de 2013, rec. 1581/2012; y la SAP de Valencia (Secc. 9ª), núm. 119/2013, de 10 de abril (FD 3º), se han pronunciado sobre su inadmisibilidad.

También ha sido contradictoria la reciente jurisprudencia menor sobre la admisibilidad de la acumulación objetivo-subjetiva en los procesos en los que se han ejercitado acciones de nulidad o anulabilidad de la adquisición de acciones precedida por oferta pública.

En el Acuerdo de la Junta de Jueces de Primera Instancia de Valencia de 5 de marzo de 2015, y en el Acta de la Junta Sectorial de Jueces de 1ª Instancia de Gandía de 1 de abril de 2015, se acordó que, en el caso de demandas relativas a adquisición de acciones que haya sido precedida por oferta pública, "cuando se ejercite acción de nulidad o anulabilidad, no se admitirá la acumulación de acciones del art. 73 LEC si se trata de contratos distintos".

Con la exigencia de este requisito para la acumulación –que las acciones acumuladas provengan de un mismo contrato–, se ha estado permitiendo la acumulación exclusivamente objetiva, pero no la objetivo-subjetiva.

A mi juicio, estos Acuerdos, al defender la inadmisibilidad de la acumulación objetivo-subjetiva de acciones si se trata de contratos distintos, entran en colisión con el tenor del art. 72 LEC y con la jurisprudencia flexible del Tribunal Supremo sobre esta cuestión, especialmente por no tener en cuenta la "distinción entre título, como negocio jurídico, y causa de pedir, concepto más amplio, como hecho o conjunto de hechos que tienen idoneidad para producir efectos jurídicos, como acaecimiento de cuya existencia o inexistencia pretende el actor deducir las consecuencias jurídicas determinantes de su petición o, si se quiere, como relato histórico en que se funda la demanda"[7].

En consecuencia, aunque se trate de títulos –negocios jurídicos o contratos– distintos, también debe caber la acumulación objetivo-subjetiva de acciones si entre esas acciones existe un nexo –aunque no identidad– por razón de la causa de pedir, en aquellos supuestos en los que sean los mismos los hechos en que se fundamentan sustancialmente las diversas pretensiones acumuladas.

En un supuesto en el que se realizó por la parte demandante una acumulación objetivo-subjetiva de 2.570 acciones de nulidad relativa de contratos de suscripción de acciones por la concurrencia de dos vicios del consentimiento, el error sufrido por los suscriptores y el dolo empleado por la entidad demandada, el AJPI (Núm. 6), de Valencia, núm. 200/2014, de 28 de julio (FD 2º), ha considerado improcedente la acumulación objetivo-subjetiva de acciones pretendida por la parte actora, aduciendo que el hecho jurídicamente relevante en el que se basan las acciones acumuladas es la prestación de un consentimiento viciado, que es distinto en cada caso, ya que no son idénticos la incidencia, el impacto o los efectos de la estrategia de comercialización utilizada en cada una de los suscripciones, puesto que eran diferentes los tipos de personas que suscribieron; que eran distintas las cuantías de las suscripciones; y que era diferente la formación económico-financiera de los suscriptores, por lo que no puede prescindirse de la consideración individual de cada uno de los contratos.

7 STS (Sala de lo Civil), núm. 880/2000, de 3 de octubre (FD 2º).

El citado AJPI (Núm. 6), de Valencia, núm. 200/2014, de 28 de julio, ha llegado a la conclusión expuesta después de poner de manifiesto que la cuestión de la procedencia de la acumulación objetivo-subjetiva de acciones de nulidad por vicios del consentimiento en los contratos de adquisición o suscripción de productos financieros no es pacífica en las Audiencias Provinciales, y de optar por la jurisprudencia mayoritaria.

Sin embargo, debemos tener presente que la jurisprudencia tenida en cuenta por dicha resolución trata los supuestos de las participaciones preferentes, de las obligaciones subordinadas, de las permutas financieras, y de otros productos financieros, no los casos de la oferta pública de suscripción de acciones en el mercado bancario. Y esta diferencia en el negocio jurídico base, como a continuación trataré de demostrar, influye en la admisibilidad de la acumulación.

A mi juicio, el argumento utilizado por la resolución anterior para declarar la inadmisibilidad de la acumulación de acciones objetivo-subjetiva pretendida por la parte actora –se trata de contratos distintos, pues son contratos celebrados por distintos suscriptores, en los que el consentimiento viciado es distinto en cada caso–, no es correcto.

Considero que el aspecto subjetivo de los suscriptores es irrelevante para la resolución de estos procesos y, en consecuencia, para decidir sobre la admisibilidad de la acumulación de acciones, puesto que los hechos jurídicamente relevantes no son los que tienen relación con los demandantes –tipo de suscriptores, cuantía de las suscripciones, formación económica o financiera, o experiencia inversora previa–, sino los relativos a las condiciones de la cosa –proyectada imagen de solvencia no real de la entidad titular de las acciones–.

Como ocurre en el caso de autos, aun cuando los concretos hechos históricos que sustentan cada pretensión son diferentes, las diversas acciones se fundan en una misma clase de hechos. Aunque los contratos celebrados por cada actor son distintos, están íntimamente interrelacionados entre sí. Lo que reclaman los actores de cada uno de los contratos es una pretensión idéntica, la anulación de los mismos por vicio de consentimiento a la hora de suscribirlos, basada en un mismo hecho –la información contractual sobre la solvencia de la sociedad titular de las acciones no era real–.

Como se ha indicado en la SAP de Valencia (Secc. 9ª), núm. 381/2014, de 29 de diciembre de 2014 (FD 5º), y en la SAP de Valencia (Secc. 9ª), núm. 2/2015, de 7 de enero de 2015 (FD 5º), al analizar los requisitos para apreciar el error como vicio estructural del negocio de suscripción de las acciones y, posteriormente, estimar la acción de nulidad planteada sobre las acciones adquiridas, en los procesos que estamos analizando "no se trata de que el suscriptor de las nuevas acciones tenga un error sobre el significado real de tal clase de contrato o que tenga representado otro negocio jurídico distinto, sino que el error recae sobre las condiciones de la cosa que indudablemente han motivado su celebración, celebración, siendo relevante y esencial, por las siguientes consideraciones;

1º) Se anuncia y explicita públicamente al inversor, una situación de solvencia y económica con relevantes beneficios netos de la sociedad emisora de las nuevas acciones, además con unas perspectivas, que no son reales.

2º) Esos datos económicos, al encontrarnos ante un contrato de inversión, constituyen elementos esenciales de dicho negocio jurídico, hasta el punto que la propia normativa legal expuesta exige de forma primordial su información al inversor y con tales datos evalúa y considera el público inversor su decisión de suscripción, resultando obvia la representación que se hace el inversor, ante esa información divulgada: va a ser accionista de una sociedad con claros e importantes beneficios, cuando realmente, está suscribiendo acciones de una sociedad con pérdidas multimillonarias.

3º) Siendo contratos de inversión, en concreto de suscripción de nuevas acciones, donde prima la obtención de rendimiento (dividendos), la comunicación pública de unos beneficios millonarios, resulta determinante en la captación y prestación del consentimiento.

4º) El requisito de excusabilidad es patente: la información está confeccionada por el emisor con un proceso de autorización del folleto y por ende de viabilidad de la oferta pública supervisado por un organismo público, generando confianza y seguridad jurídica en el inversor".

A diferencia de los supuestos de las participaciones preferentes, de las obligaciones subordinadas, y de las permutas financieras, las acciones no son un producto complejo, ya que su funcionamiento es conocido por ciudadano medio[8].

En los procesos en cuestión no se alega por los demandantes un déficit de información relevante sobre las características o la naturaleza del producto adquirido, sino que la información contractual sobre la solvencia de la sociedad demandada no era real.

En este sentido, en la SJPI (Núm. 1) de Madrid, núm. 163/2014, de 1 de septiembre de 2014 (FD 5º)[9], se ha puesto de manifiesto que "en el caso de autos no se está discutiendo la omisión de información relevante en relación a las características o naturaleza del producto adquirido (acciones), dado que el mismo es sobradamente conocido, desde el punto de vista del ciudadano medio (sin que esté catalogado como producto complejo), el hecho de que, una acción de una sociedad cotizada en bolsa, puede experimentar, incluso de un día para otro, fluctuaciones en los mercados que cotizan, lo cual influye en su valor y, por tanto, en los beneficios o pérdidas del accionista. Dicho accionista, mediante la adquisición, acepta el riesgo inherente de su cotización variable, por lo que hace complicado, mediante alegación de omisión de la información trasmitida, la existencia de vicio en el consentimiento por desconocimiento de la naturaleza del producto o error en la identificación de las características esenciales del mismo, justo lo contrario que sucedía en las participaciones preferentes y obligaciones subordinadas que están catalogados como productos complejos.

---

8 La SAP de Valencia (Secc. 9ª), núm. 381/2014, de 29 de diciembre de 2014 (FD 2º), ha destacado que "la acción como instrumento financiero no es un producto de inversión complejo –como certeramente califica la sentencia de instancia–, por tanto, ya en su suscripción (mercado primario) ya en su compra (mercado secundario), no son necesarias las exigencias informativas de mayor rigor y nivel que la Ley del Mercado de Valores impone para productos complejos; en concreto, ante las alegaciones de los demandantes apelantes, no resulta preceptiva la necesidad de practicar un test de conveniencia, excluido expresamente por el legislador, como así fija expresamente el artículo 79 bis 8 de la mentada Ley, recogiendo las directrices de la Directiva 2006/73. La clara razón o fundamento de ello es que son productos fácilmente liquidables a precios públicamente disponibles, evaluados por un sistema independiente al emisor y, además, productos medianamente comprendidos en sus características por los inversores. La carencia de relación contractual entre litigantes de un contrato de gestión de cartera o de asesoramiento en materia de inversiones, excluye, igualmente, la necesidad de la práctica del test de idoneidad".

9 Comparte la fundamentación de esta resolución la SJPI de Valencia (Secc. 9ª), núm. 282/2014, de 6 de noviembre de 2014 (FD 4º).

Lo que se ha de valorar es si la traslación de la información contractual sobre la solvencia de la entidad titular de las acciones (demandada), se correspondía con la realidad, puesto que, según la actora, no reflejaba una imagen fiel, en tanto que los datos contables de la entidad no se correspondían con su verdadera situación económica, lo que indujo a la demandante a suscribir las acciones bajo la aparente solvencia que mostraba la entidad.

Pues bien, tal como se ha indicado en el fundamento de derecho segundo de la presente resolución, que resuelve la prejudicialidad, la imagen que proyectó la demandada no se correspondía con la verdadera situación financiera, tal como se puso de manifiesto en los meses posteriores a la emisión de las acciones, sin que sea preciso reproducir de nuevo los argumentos allí reflejados a los cuales me remito. (…)

Por lo tanto, hemos de apreciar la existencia de un error en el consentimiento, con los requisitos enunciados de tratarse de esencial, pues tiene su reflejo en las características esenciales de las acciones, y a su vez, se ha de entender como excusable, es decir, que no pudo ser salvado por la actora empleando una diligencia media o regular, máxime cuando también puede apreciarse el error como vicio del consentimiento por una actuación omisiva de ocultación o falta de información a la otra parte de determinadas circunstancias que hubieran podido llevarle a no celebrar el contrato en caso de haberlas conocido, pues hemos de derivar que de haberse dado una información fiel de la situación financiera de la entidad, no se hubieran suscrito las acciones objeto de las presentes actuaciones.

No puede ser de recibo que nos encontremos ante un error sobre la solvencia de la demandada que pudo ser salvado con la diligencia debida, toda vez que, tal como se ha expuesto, ni siquiera los organismos reguladores fueron capaces de detectarlo, dando lugar, meses después, a la intervención de la demandada y una inyección de capital público de miles de millones de euros. También se ha de tener en cuenta la confianza de la actora en la entidad con la que llevaba bastantes años como cliente y en la que había contratado otros productos”.

Siendo lo hechos jurídicamente relevantes los mismos en todas las acciones acumuladas, entiendo que sí que se cumple el requisito establecido en el art. 72 LEC para la acumulación objetivo-subjetiva de acciones.

A favor de la admisión de esta acumulación objetivo-subjetiva de acciones, en los casos de demandas en las que la pretensión principal tiene por objeto la declaración de nulidad de la suscripción de acciones, con la condena a la demandada a abonar a cada uno de los actores las cantidades que se indican, con sus correspondientes intereses legales, devolviendo los actores las acciones suscritas, se ha pronunciado el AAP de Madrid (Secc. 10ª), núm. 247/2015, de 26 de junio, aduciendo que el contrato de suscripción por parte de todos los demandantes responde a la misma estructura fáctico-jurídica y que los hechos en que se basan las diversas acciones acumuladas no son en lo esencial distintos, sino por el contrario sustancialmente idénticos.

D) La potenciación de la acumulación subjetiva-objetiva de acciones por la STS (Sala Primera), número 564/2015, de 21 de octubre

La Sala Primera del Tribunal Supremo, en su temporalmente cercana sentencia número 564/2015, de 21 de octubre, en un supuesto de acumulación objetivo-subjetiva de las acciones ejercitadas por unos clientes bancarios frente al banco en exigencia de responsabilidad por incumplimiento de obligaciones contractuales, ha declarado que la acumulación objetivo-subjetiva de acciones debe ser interpretada y aplicada de forma flexible.

Para ello, la sentencia en cuestión ha recordado, en primer lugar, la doctrina del Tribunal Supremo sobre la acumulación objetivo-subjetiva de acciones, indicando que "lo determinante no es si existen diferentes relaciones jurídicas con algunos aspectos diferenciales, sino si existe una conexión entre las cuestiones controvertidas objeto de las acciones acumuladas en su aspecto fáctico con relevancia respecto de las pretensiones ejercitadas, que justifique el conocimiento conjunto de las acciones ejercitadas, y evite de este modo la existencia de sentencias injustificadamente discordantes" (FD 3º. 2).

En segundo lugar, ha indicado las razones que justifican la acumulación objetivo-subjetiva de acciones, señalando que "se trata de supuestos en los que no está justificado que las acciones se tramiten en procesos diferentes, y que en cada uno de ellos haya de repetirse el interrogatorio de unos mismos demandados, unos mismos testigos o unos mismos peritos, sobre hechos sustancialmente idénticos, con el incremento de coste que supone para las partes (y en concreto para los demandantes a los que no se les permite acumular sus acciones) hacer comparecer en cada uno de los distintos procesos a los peritos que han emitido el informe (y a los testigos, si reclaman indemnización de los gastos que les supone tener que acudir repetidamente para ser interrogados en los juicios celebrados en los distintos Juzgados que conozcan de las acciones individualmente ejercitadas), y el riesgo de que la experiencia de las previas declaraciones en los litigios que se tramiten en primer lugar pueda de algún modo tener influencia negativa en el interrogatorio a que se les someta en los litigios posteriores, tanto en la parte activa, de quien interroga, como pasiva, de quien es interrogado.

Esta tramitación conjunta evita también el riesgo de que demandas en las que la base fáctica con trascendencia en las acciones ejercitadas sea sustancialmente común, den lugar a sentencias que resuelvan la cuestión de modo diferente unas de otras.

Este tratamiento de la cuestión se explica por las razones que justifican la figura de la acumulación subjetiva de acciones, como son la economía procesal y la evitación de sentencias contradictorias" (FD 3°. 3).

Y, por último, ha resuelto que "pese a que efectivamente existen algunas diferencias entre las circunstancias concurrentes en las acciones acumuladas (cuantía de la inversión, emisor del concreto producto adquirido, algunas diferencias en la forma de contratar, etc.), los hechos que se alegan como más relevantes para fundar las pretensiones ejercitadas presentan una coincidencia que, unida a la uniformidad de las peticiones realizadas por los demandantes y a que están dirigidas frente a una misma entidad bancaria, cuya conducta incumplidora se considera por los demandantes como determinante para el éxito de las acciones ejercitadas, lleva a la conclusión de que, pese a encontrarnos ciertamente ante un caso límite, concurre el requisito de conexidad de la causa de pedir que justifica la acumulación subjetiva de acciones.

La sentencia de la Audiencia Provincial afirma que «*no existe idéntico título ni causa de pedir*», pero tal circunstancia no es óbice para estimar admisible la acumulación, puesto que no es preciso que el título o la causa ele pedir de las acciones acumuladas sean idénticos, sino que basta con que sean conexos. Y, como se ha razonado, en el caso enjuiciado existe una conexidad suficiente para justificar la acumulación de las acciones que los demandantes tenían contra Bankinter" (FD 3°. 4).

En consecuencia, el Tribunal Supremo se ha pronunciado de nuevo, de forma favorable, sobre la utilización y la admisibilidad de la acumulación objetivo-subjetiva de acciones como mecanismo de economía procesal. Este instrumento procesal todavía cobra mayor importancia en tiempos de crisis.

Sólo queda esperar que, en futuros procesos masivos, nuestros Juzgados de Primera Instancia y nuestras Audiencias Provinciales sigan la doctrina marcada por el Tribunal Supremo.

SECCIÓN SEGUNDA
PRESENTE Y FUTURO DEL SISTEMA DE RECURSOS EN EL PROCESO CIVIL ESPAÑOL

LAS TENSAS RELACIONES ENTRE EL TRIBUNAL SUPREMO Y EL TRIBUNAL CONSTITUCIONAL[1] Y LOS LÍMITES DE LA (LEGÍTIMA) DISCREPANCIA ENTRE ELLOS

Francisco Javier Matia Ortilla

Profesor (ApC) de Derecho Constitucional
Universidad de Valladolid

I. ALGUNAS CONSIDERACIONES PREVIAS SOBRE LA JURISPRUDENCIA CONSTITUCIONAL Y SU CRÍTICA

Resulta indiscutible que el Tribunal Constitucional tiene un gran poder, ya que es el encargado de controlar la actuación de los parlamentos que encauzan, a diario, el principio democrático. Y además sus decisiones no pueden ser revisadas por ningún otro Tribunal ni nacional ni extranjero. No resulta de extrañar, entonces, que deba administrar su esencial cometido para el mantenimiento del Estado constitucional con especial cuidado y prudencia. Esta prudencia debe canalizarse a través de una cuidada y detallada fundamentación que permita comprender sus decisiones.

De esta forma, resulta preciso señalar de entrada lo obvio: las resoluciones del Tribunal Constitucional gozan de una autoridad que debe ser respetada por

[1] El profesor Aguado Renedo hace notar acertadamente que, en realidad, las malas relaciones no han sido bidireccionales, sino que, en el ámbito civil, han sido fundamentalmente protagonizadas por la Sala de lo Civil del Tribunal Supremo (en "Del intento de control del Tribunal Constitucional por la Sala de lo Civil del Tribunal Supremo o de cómo poner en riesgo todo un sistema". *Revista General de Derecho Constitucional* 1, 2006), p. 8). La primera monografía dedicada a esta cuestión en nuestro país es la de Rosario Serra Cristobal, *La guerra de las Cortes: la revisión de la jurisprudencia del Tribunal Supremo a través del recurso de amparo* (Tecnos. Madrid, 1999). Ver, también, Hansen, Cornelia: *Guerra de Cortes – Der Konflikt zwischen dem Spanischen Verfassungsgericht und dem Spanischen Obersten Gericht*. Verlag Dr. Kovac. Hamburgo, 2008.

todos: por todos los órganos del poder público pero también por los ciudadanos (que están vinculados por la Constitución ex artículo 9.1 CE y, consiguientemente, por la interpretación que de la misma hace el Tribunal Constitucional).

Pero, al igual que el respeto que merece el árbitro de un partido de fútbol no excluye que quepa la discrepancia sobre sus decisiones, nadie puede esperar que el Tribunal Constitucional deba ser inmune a las críticas[2]. Más bien, todo lo contrario. Es precisamente el inmenso poder que atesora este alto Tribunal el que aconseja que sus decisiones sean sometidas a un profundo escrutinio social, doctrinal y, cuando proceda, procesal.

Es cierto que el control social, canalizado fundamentalmente a través de la prensa, debe ser visto con cierta desconfianza, puesto que, desde hace ya mucho tiempo, los medios editoriales han dejado de ser instrumentos que transmiten informaciones para convertirse en privilegiados creadores de información, de intereses y de opinión[3]. Y la opinión pública es primaria en sus juicios (sometiendo, por lo general, los problemas técnicos a criterios ideológicos o partidistas) y, consiguientemente, fácilmente manipulable. Estos factores explican, por ejemplo, la inusitada reacción mostrada por la opinión pública ante la STEDH recaída en el asunto Inés del Río y las viscerales e injustas críticas vertidas contra el Juez español, el profesor López Guerra.

Distinto alcance presenta el control doctrinal, que se presume vertido por expertos en la materia y que se expresa a través de contribuciones científicas. A diferencia del anterior, se fundamenta en argumentos lógicos y se encuentra sometido, a su vez, al escrutinio de otros especialistas en las mismas materias.

Resulta tarea fácil concluir que las resoluciones del Tribunal Constitucional están sometidas al primario control social y al reposado control doctrinal. ¿Procesal también? ¿No se había indicado que sus resoluciones son infiscalizables por parte de otros Tribunales? La realidad es más compleja a nuestro juicio, y con esto vamos entrando en materia, porque, de un lado, el Tribunal

---

[2] El profesor Aguado Renedo recuerda la afirmación del Juez Jackson de que el carácter definitivo de la solución en los casos de que conozca el Tribunal Constitucional devendrá no de que intrínsecamente sea mejor, sino de que por encima de ella no puede haber otra que la modifique ("Del intento…", *cit*., p. 10).

[3] Ver, por todos, Entman, Robert: *Democracy without citizens: media and the decay of American politics*. Oxford University Press. Oxford, 1989.

Europeo de Derechos Humanos puede separarse de decisiones adoptadas por el Tribunal Constitucional. Si bien es cierto que en los procesos abiertos ante el Consejo de Europa no se cuestiona su concreta actuación, sino la del Estado español, hay ocasiones en las que estamos en presencia de un varapalo intelectual en toda regla. Pero es que además, es posible establecer un debate dentro del seno del Tribunal Constitucional que se encauza a través de los votos particulares, concordantes o discrepantes, que sus Magistrados puedan emitir.

¿Y con otros tribunales? ¿Puede un tribunal inferior –y el Tribunal Supremo lo es, pese a su nombre–, expresar una discrepancia con el enfoque utilizado por el alto Tribunal? Para dirimir adecuadamente esta cuestión podría deslindarse lo que las resoluciones del Tribunal Constitucional tienen de auctoritas y de potestas. Comenzando por esto último, resulta evidente que cualquier Tribunal está vinculado por la interpretación y las decisiones que se adoptan en Domenico Scarlatti. Ahora bien, ¿es posible asumir dichas posiciones de forma crítica, evidenciando las debilidades en la fundamentación de la resolución emitida por el Tribunal Constitucional que le han llevado a tomar esa decisión?

A mi juicio no solamente es posible, sino que, cuando se hace guardando el obligado respeto institucional, es conveniente. Me permitirán que les ponga un ejemplo concreto, porque creo que es mucho más revelador que mis torpes palabras. Les pido excusas, porque el asunto al que me voy a referir tiene que ver con la Sala de lo Penal del Tribunal Supremo, pero creo que merece la pena fundamentar lo que acabo de decir.

En la (por cierto, discutible) STC 237/2005/8, de 26 de septiembre se afirma que una lectura restrictiva del artículo 23.4 LOPJ lesiona el derecho a la tutela judicial efectiva, anulando la Sentencia del Tribunal Supremo de 25 de febrero de 2003. No nos interesa ahora ahondar ni en la justicia universal ni en la evolución posterior[4] de este instituto, sino detenernos en la forma en que el Tribunal Supremo expresará su discrepancia ante esta decisión del Tribunal Constitucional.

---

[4] Instituto procesal que se ha visto modificado en 2009 (LO 1/2009) y 2014 (LO 1/2014). Ambas reformas han pretendido restringir el alcance de la justicia universal (imponiendo la existencia de puntos de conexión con España) y restringiendo la legitimación (puesto que se precisa la previa interposición de querella por el agraviado o por el Ministerio Fiscal).

Pues bien, en el FD 2 de la Sentencia 645/2006, de 20 de junio (recurso 1395/2005), el Tribunal Supremo acoge, como no puede ser de otra forma, la general visión de la justicia universal contenida en la STC 237/2005, afirmando que "el art. 23.4 LOPJ debe ser interpretado sin tomar en consideración ninguna articulación posible de este principio con otros del ordenamiento jurídico". Sin embargo, añade la Sala, "Esta decisión no nos impide mantener el diálogo institucional y constructivo que debe presidir la relación entre el Tribunal Constitucional y el Tribunal Supremo, invitando a aquél a un nuevo análisis de las cuestiones que el principio de la jurisdicción universal implica". Y a partir de este momento se abre una extensa y motivada argumentación que trata de evidenciar la debilidad de la construcción realizada por el Alto Tribunal.

Nos parece que esta forma de actuar resulta modélica, porque cohonesta, como no puede ser de otra forma, el respeto institucional que merecen las resoluciones emanadas del Tribunal Constitucional con la constructiva crítica de su contenido. Y que esa crítica provenga del Tribunal Supremo presenta también evidente interés porque estamos en presencia, no lo olvidemos, del "órgano jurisdiccional superior en todos los órdenes, salvo lo dispuesto en materia de garantías constitucionales" (artículo 123.1 CE).

Dicho con otras palabras, también el Tribunal Supremo merece ser oído cuando considere que una interpretación ofrecida por el Tribunal Constitucional es errónea o discutible. No es que estemos, a mi juicio, en presencia de un diálogo de tribunales, por más que esta expresión se haya puesto de moda, sino ante la defensa de las competencias propias en primer término, y del orden constitucional también[5].

Ahora bien, es de justicia reseñar que no siempre se ha respetado esa labor del Tribunal Constitucional por parte del Tribunal Supremo. En efecto, se han producido algunos comportamientos que merecen ser descritos y criticados. Pero antes de entrar en esta tipología de comportamientos desafortunados por parte del Tribunal Supremo, conviene aclarar que las críticas

---

[5] Coincido plenamente con las reservas expresadas por Giuseppe Vergottini hacia este tópico tan extendido como discutible, en un trabajo (*Más allá del diálogo entre tribunales. Comparación y relación entre jurisdicciones*. Thomson. Madrid, 2011) del que tengo noticias gracias a Rosario Serra Cristóbal ["Nuevos tiempos en las relaciones entre el Tribunal Supremo y el Tribunal Constitucional en España ¿De las desavenencias a una relación dialogada?". *Anuario Iberoamericano de Justicia Constitucional* 18 (2014), p. 376, nota 10], y de las que se separa la autora citada (*ibídem*, p. 377).

vertidas sobre los excesos del Tribunal Constitucional pueden tener pleno sentido[6]. No se cuestiona, pues, la discrepancia, sino la forma de mostrarla.

II. LOS COMPORTAMIENTOS DISCUTIBLES[7]

1. Los Tribunales deben expresarse a través de resoluciones

Como ya se ha indicado, el respeto institucional que el Tribunal Constitucional merece como órgano constitucional no es incompatible con la necesaria crítica que puedan merecer sus resoluciones. Sin embargo, dichas discrepan-

[6] Que tendrían su origen, al decir de Giuseppe Campanelli, en aquellos supuestos en los que el Tribunal Constitucional controla y reforma la legalidad ordinaria sin que exista en todos los casos un nexo claro entre este tipo de intervención y el contenido de un derecho fundamental invocado (en "I rapporti tra Tribunal Constitucional e Tribunal Supremo nell'ordinamento spagnolo". *Rivista de Diritto Costituzionale* 2002, p. 265).

[7] Seguiremos un recorrido histórico, pero porque coincide con nuestro interés, que es graduar de menos a más graves las reacciones del Tribunal Supremo frente a resoluciones, inevitablemente discutibles, del Tribunal Constitucional. No aludiremos aquí a la primera discrepancia profunda, sobre los requisitos de admisión del recurso de casación. Ver, sobre esta materia, Rubio Llorente, Francisco: "El guardián de la Constitución. *Claves de la Razón Práctica* 142 (2004), p. 18 y, con más detalle, Xiol Ríos, Juan Antonio: "La posición constitucional del Tribunal Supremo". En Trillo Torres, Ramón; Bacigalupo, Enrique y Lucas Murillo de la Cueva, Pablo (coords): *El Tribunal Supremo en el ordenamiento constitucional. Jornadas en conmemoración del XXV Aniversario de la Constitución de 1978*. Tribunal Supremo. Madrid, 2004, pp. 89 ss. Por cierto, dichos problemas no se han planteado únicamente en el ámbito civil, como acredita la lectura de Desdentado Bonete, Aurelio: "Sobre las difíciles relaciones entre el recurso de casación para la unificación de la doctrina y el recurso de amparo y sobre los problemas de prejudicialidad administrativa en el proceso social: Una reflexión crítica y una propuesta". *Civitas. Revista Española de Derecho del Trabajo* 78 (1996), pp. 687 ss. (ibídem, p. 89). Por su parte, Vicente Gimeno Sendra recuerda otras resoluciones del Tribunal Constitucional que fueron cuestionadas por el Supremo. Son las SSTC 31/1981, de 28 de julio (prohibición de condena con base en el interrogatorio policial), 166/1986 (RUMASA, por el intento de procesar a los Magistrados por su filtración a la prensa), (en "De nuevo…", *cit*., pp. 106-107), que el autor vincula con una finalidad ideológica. Y Rafael Mendizábal añade a este a listado la STC 132/1993 de 20 de julio (sobre la excarcelación de la Mesa de Herri Batasuna) [en "La guerra de los jueces: Tribunal Supremo vs Tribunal Constitucional". *Revista de Derecho Procesal* 1 (2005), p. 514]. También aluden varios autores [ver por todos, Muñoz Campos, Juan: "Recurso de amparo frente a resoluciones judiciales: ¿ante el Tribunal Constitucional o ante el Tribunal Supremo?". *La Ley* 1 (1983), pp. 1238 ss.] al cambio de criterio operado por la STC (Sala Primera) 59/1982, de 28 de julio, respecto de las Sentencias del Tribunal Supremo de 14 de noviembre de 1979, 13 de enero y 30 de marzo de 1981 sobre la aplicación del principio de igualdad en el ámbito laboral.

cias suelen mostrarse, con naturalidad y de forma constructiva, en la actuación ordinaria de los Tribunales.

Esto no ha ocurrido siempre. Se recordará que cuando el Tribunal Constitucional dictó la STC 7/1994, de 17 de enero[8], sobre la negativa del demandado civil a realizar una prueba de paternidad, la Sala Primera del Tribunal Supremo decidió presentar una queja formal ante el Rey, pidiéndole, junto a Magistrados de otras Salas[9], que ejerciera su poder moderador para denunciar "su malestar e inquietud por la actuación del Tribunal Constitucional, al que responsabilizan de invadir la función jurisdiccional que, con arreglo a la Constitución, corresponde a los jueces y tribunales"[10]. Aunque esta medida

---

[8] El Tribunal determina que "afirmar la necesidad de una prueba para comprobar la veracidad de las alegaciones de la demandante, y –legitimando la negativa del demandado a someterse a la prueba biológica sin actividades adicionales que tiendan a superar esta injustificada negativa– fallar sobre la base de que no se ha probado suficientemente, es una contradicción esencial" (FJ 7). Esta Sentencia generó multitud de comentarios doctrinales: Arías Rodríguez, José Manuel y Corrochano Jerez, Susana: "Reflexiones en torno a la STC 7/1994, de 7 de enero". *Actualidad y Derecho* 6 (1995), pp. 1 ss.; Rivero Hernández, Francisco: "Una nueva doctrina sobre la obligación de sometimiento a la prueba biológica en los procesos de filiación". *Revista de Derecho Procesal* 33 (1994), pp. 349 ss.; Lledó Yague, Francisco: "La paternidad forzada: a propósito de la reciente Sentencia del Tribunal Constitucional de 19 de enero de 1994". *Revista de Derecho y Genoma Humano* 1 (1994), pp. 203 ss.; O'Callaghan Muñoz, Xavier: "Negativa a la prueba biológica de la acción de investigación de la paternidad". *Actualidad y Derecho* 17 (1994) pp. 1 ss. y Bustos Pueche, Enrique: "Planteamiento técnico del conflicto entre Tribunal Supremo y Tribunal Constitucional. *Diario La Ley* 3601 (1994), pp. 1 ss.

[9] Delgado del Rincón, Luis E: "Los conflictos entre la Sala Primera del Tribunal Supremo y el Tribunal Constitucional: génesis, evolución y algunas propuestas de solución". *Revista General de Derecho Constitucional* 4 (2007), p. 3.

[10] Utilizamos la expresión vertida por Bonifacio de la Cuadra en la noticia "El Tribunal Supremo apela al poder moderador del Rey contra un fallo del Constitucional", publicada en *El País* de 4 de febrero de 1994, y disponible en *http://elpais.com/diario/1994/02/04/espana/760316428_850215.html*. Luis E. Delgado recuerda que el Presidente del Tribunal Supremo abortó la pretensión de someter este escrito al Rey y que propuso, en el Discurso leído con ocasión de la apertura del año judicial, excluir del amparo constitucional los derechos recogidos en el artículo 24 CE [En "Inviolabilidad frente a responsabilidad de los Magistrados del Tribunal Constitucional". *Revista Española de Derecho Constitucional* 72 (2004), p. 269]. El texto de este escrito se puede consultar en Álvarez Conde, Enrique: "Algunas reflexiones en torno a las relaciones entre la jurisdicción ordinaria y la jurisdicción constitucional: A propósito del pretendido conflicto entre la Sala Primera del Tribunal Supremo y el Tribunal Constitucional". En VV.AA: *Estudios de derecho público en homenaje a Juan José Ruiz-Rico*. Vol. II. Tecnos, Madrid, 1997, pp. 1335-1336.

puede ser calificada de insólita, debe recordarse que fue la menos incisiva de las propuestas por los Magistrados de dicha Sala[11].

Esta decisión de la Sala Primera del Tribunal Supremo fue criticada en sede doctrinal[12], y con razón, porque involucraba a nuestro Monarca en un problema de naturaleza eminentemente jurídica (esto es, técnico), un problema que, además, está resuelto expresamente en la Constitución, que dota al Tribunal Constitucional de competencia para anular resoluciones dictadas por el Tribunal Supremo. De ahí que la apelación al Rey solamente podía entenderse como un toque de atención dirigido al Tribunal Constitucional, encargado de delimitar el alcance de su propia jurisdicción.

2. Los Tribunales deben respetar la doctrina constitucional

Me veo obligado a volver a pedir excusas por aludir, durante a unos minutos, a la actuación de la Sala de lo Penal del Tribunal Supremo, pero algunas resoluciones han convertido una legítima discrepancia con determinadas motivaciones del Tribunal Constitucional con una inaceptable desobediencia a su doctrina.

Estamos ante un evidente salto cualitativo en relación con la simple queja que se quiso formular al Rey, porque en este caso ya se trata de subvertir el orden constitucional, que establece la vinculación de todos los poderes constituidos y de los ciudadanos a la Constitución (artículo 9.1), que es interpretada,

---

[11] Un Magistrado propuso incumplir la Sentencia del Alto Tribunal, confiriendo la posibilidad al demandado, declarado padre por Sentencia de la Audiencia Provincial (Sección Décima) de Madrid, de 26 febrero 1990, de que se sometiera a la prueba de paternidad (con apoyo en la tesis contenida en el VP suscrito por el Magistrado Cruz Villalón), y otros cuatro denunciar al Constitucional ante el Ministerio Fiscal por invasión de jurisdicción, pretensión que, a su juicio, debería ser sustanciada ante la Sala Segunda del Tribunal Supremo. Ambas ideas resultan desafortunadas porque resultan, en la práctica, inviables, al no existir una vía procesal para que se lleven a efecto.

[12] Especial difusión alcanzó el artículo del profesor Rubio Llorente publicado en El País el 9 de febrero de 1994, titulado "Supremo no hay y más que uno, pero no es el verdadero", disponible hoy en *http://elpais.com/diario/1994/02/09/opinion/760748409_850215.html*, y en el que afirmaba que "no existe, naturalmente, más Tribunal Supremo que aquel. que puede resolver los litigios desde la perspectiva de la norma más alta y de forma ya definitiva". Ver, también, Szmolka Vida, Inmaculada: *El conflicto de competencias entre el Tribunal Supremo y el Tribunal Constitucional: la apelación al Rey como árbitro y moderador de las instituciones (febrero de 1994)*. Universidad de Granada. Granada, 1996. ISBN 84-89671-05-2

en última instancia, por el Tribunal Constitucional. No resulta de extrañar, por ello, que el propio constituyente establezca que aquellas de sus resoluciones "que declaren la inconstitucionalidad de una ley o de una norma con fuerza de ley y todas las que no se limiten a la estimación subjetiva de un derecho, tienen plenos efectos frente a todos" (artículo 164.1 CE).

Pues bien, la Sala Segunda del Tribunal Supremo ha cuestionado la vinculación de Sentencias recaídas en recurso de amparo constitucional (aunque, como enseguida veremos, estas no se limitaban "a la estimación subjetiva de un derecho").

Esto trató de hacerse en materia de justicia universal, en una Sentencia a la que ya hemos aludido con anterioridad. Pues bien, conviene recordar que en dicha Sentencia se incluye un Voto Particular suscrito por los Magistrados Saavedra Ruiz, García Pérez, Granados Pérez, Martínez Arrieta y Sánchez Melgar, en el que se cuestiona abiertamente que la interpretación contenida en la STC 237/2005, que anula la STS 327/2003, deba vincular al Tribunal Supremo. Se realiza, así, una peculiar interpretación del artículo 5.1 LOPJ[13] (peculiar porque en él se alude a las resoluciones del Tribunal Constitucional

---

[13] Precepto que dispone "La Constitución es la norma suprema del ordenamiento jurídico, y vincula a todos los Jueces y Tribunales, quienes interpretarán y aplicarán las leyes y los reglamentos según los preceptos y principios constitucionales, conforme a la interpretación de los mismos que resulte de las resoluciones dictadas por el Tribunal Constitucional en todo tipo de procesos".

No vamos a profundizar en el análisis del artículo 5.1 LOPJ, precepto normativo que ha sido considerado como "inocuo e inútil" por Ignacio Díez-Picazo Giménez (en "Reflexiones sobre el contenido y efectos de las sentencias dictadas por el Tribunal Constitucional en recursos de amparo". En VV.AA: *La Sentencia de amparo constitucional*. Centro de Estudios Constitucionales. Madrid, 1996, p. 72). Nos parece más acertado afirmar, con Manuel Aragón Reyes, que los Tribunales ordinarios no podrán aplicar una interpretación de la Ley que ha sido considerada contraria a la Constitución por el Tribunal Constitucional o cuando considere que solamente hay una interpretación constitucionalmente admisible de la misma [en "Relaciones Tribunal Constitucional-Tribunal Supremo". *Revista Española de Derecho Constitucional* 76 (2006), p. 177].

En todo caso, el debate debe entenderse superado con la nueva regulación contenida en el artículo 40.2 LOTC, incorporado por la Ley Orgánica 6/2007, de 24 de mayo, que ahora dispone que, "en todo caso, la jurisprudencia de los tribunales de justicia recaída sobre leyes, disposiciones o actos enjuiciados por el Tribunal Constitucional habrá de entenderse corregida por la doctrina derivada de las sentencias y autos que resuelvan los procesos constitucionales". Ver, en el plano doctrinal, Aragón Reyes, Manuel: "Problemas de la justicia constitucional en España". En Arnaldo Alcubilla, Arnaldo y González-Trevijano, Pedro (dirs.): *En pro de la regeneración política en España*. Aranzadi. Madrid, 2015, p. 604.

dictadas en todo tipo de procesos), que lo vacía de contenido confiriendo, incomprensiblemente, un mayor protagonismo a la Ley Orgánica del Tribunal Constitucional. Entienden los Magistrados que de ésta se infiere (artículos 38, apartados 1° y 3°, 40 y 55) que mientras que las Sentencias "dictadas en procedimientos de inconstitucionalidad vinculan a todos los poderes públicos y producen efectos generales", las recaídas en recursos de amparo "sólo vinculan al órgano jurisdiccional que conoce de la causa respecto a la que se suscitó este recurso, sin perjuicio de su indudable valor doctrinal y jurisprudencial". Estos Magistrados aceptan que el artículo 5.1 amplia esta vinculación en un triple sentido (aludiendo a resoluciones y no únicamente a Sentencias; a todo tipo de procesos y no solamente los relacionadas con la constitucionalidad de las normas con fuerza de Ley y a los fundamentos de dichas resoluciones y no únicamente a su parte dispositiva), pero entienden que dicha extensión no es compatible con el artículo 117.1 (que somete a los órganos judiciales al imperio de la Ley, cuyo máximo intérprete es el Tribunal Supremo *ex* artículo 123.1 CE) ni amparable en lo previsto en el artículo 164.1 CE.

Resulta evidente que esta argumentación es manifiestamente inconsistente desde una perspectiva general, y estéril desde una dimensión práctica. Es inconsistente porque la referencia hecha a la Ley en el artículo 117 no debe vincularse a la Ley como concreto tipo normativo, sino a las normas que gozan, al menos, con fuerza de Ley. Resulta evidente que una Sentencia que determina la interpretación constitucional que debe darse al artículo 23.4 LOPJ vincula a todos los órganos judiciales, siendo indiferente la vía procesal a través de la que el alto Tribunal se exprese. Decíamos que además de inconsistente es estéril, porque el Tribunal Constitucional siempre podrá anular las resoluciones que dicte el Tribunal Supremo si considera que su interpretación de la legalidad ordinaria provoca una lesión en los derechos fundamentales de las partes procesales.

No puede, pues, compartirse la rebelión pretendida por los Magistrados que suscriben el Voto Particular contra la doctrina del Tribunal Supremo. Entenderse, acaso sí. Se indica esto porque la Sala Penal ya se ha rebelado, pública y repetidamente, frente a otra doctrina establecida por el Tribunal Constitucional. Aludimos al clásico cómputo de la prescripción penal, que tanta polémica ha generado.

Como es bien sabido, el Tribunal Supremo entiende que la prescripción del delito se interrumpe cuando en una querella, denuncia o investigación se dirige contra una persona, identifica o identificable. Frente a este consolidado (y muy razonable[14]) criterio, el Tribunal Constitucional ha sostenido en su STC 63/2005 que hacía falta algo más para considerar dicha prescripción, y es que haya un acto judicial de admisión de la citada denuncia o querella[15]. Que esta Sentencia iba a ser polémica era evidente, dado que en ella se recuerda que el propio Tribunal se ha negado a revisar resoluciones similares (FJ 2) y se acompaña de sendos votos particulares que afirman que estamos ante una cuestión de estricta legalidad ordinaria[16], aunque no excluyan todo control por parte del alto Tribunal.

Lo que nadie podía imaginar es que se iba a producir una clara negativa por parte del Tribunal Supremo a acoger esta nueva visión del Tribunal Constitucional, negativa que se iba a plasmar en el Acuerdo de Pleno no jurisdiccional de la Sala Segunda del Tribunal Supremo de 25 de abril de 2005 que se divide en dos puntos. En el primero se afirma que "El artículo 5.1 LOPJ, interpretado conforme a los arts. 117.1, 161.1b) y 164.1 CE, no puede impedir que el Tribunal Supremo ejerza con plena jurisdicción las facultades que directamente le confiere el art. 123.1 CE". Y en el segundo, aún más contundente, se acuerda "Mantener la actual jurisprudencia sobre la interrupción de la prescripción pese a la sentencia del Tribunal Constitucional 63/2005"[17]. Más allá del nulo valor jurídico que pueda

---

[14] De hecho, me parece más acertada la lectura de la prescripción realizada por el Tribunal Supremo que la ofrecida por el Tribunal Constitucional, porque, como expresa atinadamente, José Manuel Chozas Alonso, provoca un "claro desarme de los sujetos individuales frente al Estado" [en "¿Cuándo se interrumpe la prescripción en el ámbito procesal penal? (Un nuevo enfrentamiento entre el Tribunal Constitucional y el Tribunal Supremo)". *Foro* 2 (2005), p. 248]. Es de justicia reconocer que la situación ha mejorado con la reforma legal operada en esta materia, aunque sigue planteando algunos interrogantes de interés.

[15] Siendo cierto que esta interpretación es más fiel al tenor literal empleado, en ese momento, en el artículo 132.2 del Código Penal en vigor (y, antes, en el 114 del Código Penal de 1973), resulta muy cuestionable que sea la más acertada, en la medida en que debilita el derecho *pro actione* de la acción penal. En todo caso, el Tribunal Constitucional ha reiterado esta doctrina en la Sentencia 29/2008, de 20 febrero.

[16] Muy claro en este sentido el emitido por el Magistrado Rodríguez Arriba, más matizado el debido al Magistrado Conde Martín de Hijas.

[17] Dicho acuerdo puede consultarse en *http://www.poderjudicial.es*. Con posterioridad adoptó otro Acuerdo el 12 de mayo de 2005 en el que se afirmaba que "La Sala de lo Penal del Tribunal Supremo ha examinado la Sentencia del Tribunal Constitucional 63/2005 y considera que la misma

conferirse a este tipo de Acuerdos[18], estamos en presencia de una manifiesta falta de respeto institucional hacia el Alto Tribunal, y ante una situación que genera, cuando menos, una desigualdad de trato jurídico en una materia especialmente sensible. Es verdad, que la posición del Tribunal Supremo, que ha sido confirmada en diversas resoluciones judiciales posteriores[19], se sustenta en razones de seguridad jurídica y justicia material, que son razonablemente atendibles. Resulta sin embargo inaceptable que se opte por desconocer una jurisprudencia constitucional, por más que sea esta, cuando menos, discutible.

El choque de trenes se volvió a producir tras la STC 29/2008, de 20 de febrero, en la que el Tribunal Constitucional podría haber dado un paso atrás, pero optó por reafirmar su cuestionable visión sobre la prescripción[20]. Y dicha actuación fue respondida con otro contundente (aún más, si cabe) Acuerdo no jurisdiccional del Pleno de la Sala Segunda del Tribunal Supremo de 26 de febrero de 2008, en el que se afirma que:

> "La Sala de lo Penal del Tribunal Supremo ha tenido conocimiento de la reciente sentencia dictada por la Sala Segunda del Tribunal

---

insiste en la extensión de la jurisdicción constitucional basándose en una interpretación de la tutela judicial efectiva que, prácticamente, vacía de contenido el art. 123 de la Constitución Española que establece que el Tribunal Supremo es el órgano jurisdiccional superior en todos los órdenes, salvo lo dispuesto en materia de garantías constitucionales, por lo que, consiguientemente, le incumbe la interpretación en última instancia de las normas penales" (acuerdo este incluido en la compilación disponible en *http://www.poderjudicial.es*).

[18] Nos parecen muy razonables las consideraciones vertidas por Araceli Manjón-Cabeza Olmeda en ¿Son vinculantes los acuerdos del Pleno no jurisdiccional de la Sala Segunda del Tribunal Supremo?, publicado en la *Revista Electrónica de Ciencia Penal y Criminología* 10 (2008), pp. 02-1 y ss. Se trataría de meras recomendaciones que no provienen, en puridad, de un órgano judicial (sino de los jueces reunidos, lo que es parecido pero no es, en modo alguno, igual), y que no podrían desconocer ni la Constitución ni la Ley Orgánica ni afectar, restringiéndola, a la imparcialidad judicial. Y esta situación no puede verse alterada, obviamente, por el Acuerdo de 18 de julio de 2006 en el que se afirma que "Los acuerdos de la Sala General (Pleno no jurisdiccional) son vinculantes", puesto que los acuerdos, "al no tener fuerza para obligar, no pueden obligar a obligar" (*ibídem*, p. 18).

[19] SSTS de 19 de mayo de 2005, 25 de abril de 2006, y 21 de junio de 2006, citadas en García Sánchez-Cervera, Eduardo y Peleteiro, Almudena: "Prescripción de los delitos. Divergencia de criterios entre el Tribunal Constitucional y el Tribunal Supremo". En *Actualidad Jurídica Uría Menéndez* 20 (2008), p. 73.

[20] La Sentencia se acompaña de un Voto Particular emitido por el Magistrado Ramón Rodríguez Arribas, que sigue la estela del anteriormente aludido.

Constitucional el pasado 20/02/08, que declara la nulidad de la nuestra de 14/03/03 y, tras su análisis, ratificamos nuestros precedentes Acuerdos de Sala General de 12/05/05 y 25/04/06, por cuanto el Órgano Constitucional reitera la extensión de su jurisdicción basándose de nuevo en una interpretación de la tutela judicial efectiva, en este caso, en relación con el potencial derecho a la libertad personal de los recurrentes, que vacía de contenido el art. 123 CE.

Este precepto constitucional, dentro del Título correspondiente al Poder Judicial, tiene como misión preservar el debido equilibrio entre órganos constitucionales del Estado, en este caso, el Tribunal Constitucional y el Tribunal Supremo, para asegurar el adecuado funcionamiento de aquél, de forma que se desconoce su esencia, fijando una interpretación de la legalidad ordinaria que sólo corresponde al Tribunal Supremo".

Afortunadamente, tras nuevos incidentes[21], el legislador ha superado esta declaración de guerra institucional (en todo caso, desafortunada) regulando con mucho más detalle la institución material de la prescripción penal a través de la Ley Orgánica 5/2010, de 22 de junio[22]. Esta nueva normativa no ha impedido que el Tribunal Constitucional se haya visto obligado a otorgar amparo a personas que se han visto perjudicadas por una actuación dudosamente conforme a Derecho de determinados órganos judiciales.

Especial interés presenta la STC 32/2013, de 11 de febrero, en la que se enjuicia el hecho de que "la Sección Tercera de la Audiencia Provincial de Asturias, tras exponer la discrepante doctrina del Tribunal Supremo y del Tribunal

---

[21] El Tribunal Constitucional se ha visto obligado a anular la STS (Sala de lo Penal) 843/2006, de 24 de julio, en la que se ha negado expresamente a acoger su visión de la prescripción penal en la STC 195/2009. Debe recordarse que acompañan tres interesantes Votos Particulares a la Sentencia del Supremo (uno defendiendo el planteamiento de una cuestión de inconstitucionalidad por la falta de certeza del precepto penal que regula la prescripción –Bacigalupo Zapater–, y otros dos en los que los Magistrados expresan su acuerdo con la interpretación del Tribunal Constitucional, si bien uno de ellos –Maza Martín– cuestionan el principio general de vinculación entre ambas jurisdicciones) y uno a la del Constitucional (firmado por el Magistrado Rodríguez Arribas, por entender que el alto Tribunal no debe inmiscuirse en cuestiones de estricta legalidad).

[22] Paradójicamente, la nueva regulación, que trata de aunar las lecturas realizadas por los dos tribunales, es menos garantista que la defendida por el Tribunal Supremo, en la que medida en que deja un margen de actuación en el órgano judicial.

Constitucional respecto de esta materia, considera, en su Sentencia, prevalente la doctrina del Tribunal Supremo (remitiéndose al Acuerdo del Pleno no jurisdiccional del Tribunal Supremo de 25 de abril de 2006) y, en consecuencia, entiende que no se ha producido la prescripción toda vez que toma en consideración la fecha de presentación de la querella (26 de enero de 2006) como momento de interrupción de dicha prescripción, rechazando de forma expresa la doctrina constitucional sentada en las citadas SSTC 63/2005 y 29/2008, en las que el Tribunal Constitucional sostiene, como ya se ha reproducido, que la simple presentación de una denuncia o querella, sin que medie ningún acto de interposición judicial, no puede interrumpir el plazo de prescripción, pues ello implicaría una falta de respeto a las exigencias de tutela reforzada" (FJ 4).

Como resulta evidente, y hace notar el Ministerio Fiscal, "las resoluciones impugnadas incurren en manifiesto desconocimiento del deber de acatamiento de la doctrina del Tribunal Constitucional, lo cual supone una quiebra patente del mandato recogido en el aludido art. 5.1 LOPJ, de la que deriva la consiguiente lesión del derecho de la demandante a la tutela judicial efectiva consagrada en el art. 24.1 CE (SSTC 29/2008, FJ 10; 147/2009, de 15 de junio, FJ 2; 195/2009, de 28 de septiembre, FJ 6, 206/2009, de 23 de noviembre, FJ 3, y 133/2011, FJ 4, entre otras)" (Ídem).

El interés de esta resolución radica en que se pueden plantear algunas preguntas interesantes: ¿pueden los afectados reclamar al Ministerio de Justicia una reparación por los gastos ocasionados por un recurso que tiene su origen en un "desconocimiento del deber de acatamiento de la doctrina del Tribunal Constitucional"? ¿Incurren los Magistrados en alguna responsabilidad derivada de su actuación? No me atrevo a responder ninguna de estas preguntas. De un lado, porque carezco de unos mínimos conocimientos sobre estas materias que me permitieran avanzar una posición inicial. De otro porque se alejan del objeto del presente estudio. Si me atrevo a afirmar mi extrañeza de que actuaciones como la descrita[23] no generen ningún tipo de responsabilidad en un

[23] Algo parecido ha ocurrido en relación con la Sala de lo Civil del Tribunal Supremo, en lo que atañe al recurso de casación. La STC (Sala Primera) 212/1994, de 13 de julio causó un gran malestar el Tribunal Supremo que, en el ATS (Sala Primera), al imponer un trámite de audiencia antes de la inadmisión del recurso de casación. Pues bien, la Sala de lo Civil adoptó un Acuerdo el 22 de septiembre de 1994 en el acordó no considerarse vinculado por la citada Sentencia del Tribunal Constitucional, y al que se alude en el ATS (Sala de lo Civil) de 10 enero 1995 (RJ 1995\9990, FD 3). Como recuerda César Aguado, el Tribunal Constitucional varió su jurisprudencia en la materia

Estado de Derecho. Aunque podría parecer que lo descrito es lo más grave de lo sucedido, lo cierto es que la Sala de lo Civil del Tribunal Supremo ha dado un paso más. Un paso que, aquí sí que estoy seguro, debería haber generado una responsabilidad en la actuación de los Magistrados.

3. Un Tribunal no puede controlar la actuación jurisdiccional de los Magistrados del Tribunal Constitucional

El *affaire* más grave del que daremos noticia en estas páginas se vincula con una muy desafortunada actuación de la Sala de lo Civil del Tribunal Supremo que, paradójicamente, tiene su origen en un asunto, en principio, menor. En efecto, lo que se cuestiona en sede judicial es si un reportaje de una Revista del corazón que tiene su origen en las declaraciones realizada por una ex-empleada del hogar de Isabel Preysler afecta, o no, a su intimidad personal. La posición del Tribunal Supremo es que "las frases aparecidas en el reportaje de la revista en cuestión como eran «...los granos que le salen en la cara, con frecuencia...», «...llevar una determinada agenda de piel de cocodrilo...», así como detalles de los hábitos de lectura, de la ropa que posee en los armarios, el horario familiar y los menús, todos ellos referidos a la señora P. A., datos, todos ellos proporcionados por una antigua doméstica; no se pueden catalogar, ni de lejos, como atentatorios graves a la intimidad, por ser afrentosos, molestos, o simplemente desmerecedores desde un punto de vista de homologación social. Simplemente constituyen una propagación de chismes de escasa entidad, que en algún caso pudieran servir como base para resolver un contrato laboral de empleo del hogar, pero nunca para estimarlos como un atentado grave y perjudicial a la intimidad de una persona"[24].

No comparte este criterio el Tribunal Constitucional, por considerar que "de la lectura del reportaje publicado en la revista «Lecturas» se desprende con claridad que las declaraciones que se contienen en el mismo han invadido ilegítimamente la esfera de la intimidad personal y familiar de la recurrente, al dar al público conocimiento de datos y circunstancias que a este ámbito

con la STC (Pleno) 37/1995, de 7 de febrero (en "Del intento…", *cit*., p. 27, nota 45). Ver también Mendizábal Allende, Rafael: "La guerra…", *cit*., p. 503.

[24] STS (Sala Primera) 1157/1996 de 31 diciembre (RJ 1996\9226), FD 1.

indudablemente pertenecen"[25]. Además de alcanzar esta conclusión a la vista de los datos suministrados[26], se hace especial hincapié en el deber de reserva de la ex empleada de la recurrente, pues la Ley Orgánica 1/1982, de 5 de mayo, veda la intromisión de aquéllas personas que revele datos de una familia conocidos a través de una actividad profesional (art. 7.4) (FJ 6). A nuestro juicio, este último criterio debería haberse presentado como la *ratio decidendi* en el presente caso, puesto que, como es bien sabido, existe un especial deber de reserva en aquéllas personas que trabajan en los espacios destinados a la vida íntima personal y familiar. En tales supuestos, el rigor en la aplicación del precepto legal citado se impone con especial contundencia, porque los datos revelados solamente se han podido obtener en virtud de una profesión que lleva lógicamente aparejada un deber de reserva y en un contexto donde los titulares de los derechos afectados actúan con plena libertad por hacerlo en espacios protegidos constitucionalmente (a través de la inviolabilidad del domicilio).

En todo caso, estaremos de acuerdo en que estamos ante una divergencia de criterio menor. El Tribunal Constitucional opta por amparar a Isabel Preysler y anular la Sentencia del Tribunal Supremo para que éste dicte una nueva resolución respetuosa con el derecho fundamental invocado. Dicho respeto supone, en la práctica, dos cosas. Una, reconocer la lesión del derecho fundamental a la intimidad ya decretada por el Tribunal Constitucional. Otra, acordar una indemnización. Sobre ésta conviene recordar que la recurrente había solicitado, en principio, cincuenta millones de pesetas. El Juzgado de Primera Instancia 32 de Barcelona dio la razón a la recurrente por Sentencia de 23 de mayo de 1991, acordando una indemnización de cinco millones de pesetas. Dicha indemnización fue duplicada en apelación, por Sentencia de la Audiencia Provincial de Barcelona de 12 de enero de 1993[27].

Pues bien, cuando la Sala de lo Civil del Tribunal Supremo debe reconsiderar su decisión adoptada, no lo hace ni de forma respetuosa ni de forma acertada. En efecto, la STS 776/2000, de 20 julio[28] acepta (no le queda otro

[25] STC 115/2000/5, de 10 de mayo.

[26] Son íntimos, por ejemplo, los datos sobre defectos, reales o supuestos en el cuerpo, los cuidados que estos requieren, la divulgación de los efectos negativos de un embarazo sobre su belleza, la amplia descripción de su vida diaria y de sus hábitos en el hogar, y los referidos a sus relaciones con sus exmaridos y sus hijos (*ídem*).

[27] Datos extraídos del Antecedente 2 de la STC 115/2000/5, de 10 de mayo.

[28] RJ 2000\6184.

remedio) que el reportaje cuestionado "supone un ataque a la intimidad" de la recurrente (FD 1). Ahora bien, "La valoración pecuniaria de la responsabilidad de quien lesiona el derecho fundamental a la intimidad, estará determinada por la gravedad atentatoria de dicho ataque, así como por la difusión de la noticia y las ventajas económicas obtenidas con ella" (FD 2). Pues bien, "las frases «granos que le salen en la cara..., determinada agenda de piel de cocodrilo..., ropa que posee...» se pueden calificar como insignificantes dada la enorme proyección pública de la afectada –hecho notorio–, por lo cual la valoración del daño moral producido puede ser mensurado en 25.000 pesetas. La difusión de la noticia y las ventajas reportadas, no han podido ser cuantificadas económicamente" (FD 2).

No resulta complejo establecer la manifiesta debilidad de esta argumentación. En primer lugar, porque una lesión de un derecho fundamental nunca puede ser calificada de insignificante. En segundo lugar, porque el Tribunal Constitucional descarta expresamente (STC 115/2000/10, de 10 de mayo) que la relevancia pública de la recurrente y su previa divulgación de datos íntimos legitime la agresión sufrida. Y en tercer y último lugar, porque el hecho de que no haya una pericial sobre el beneficio obtenido por la Revista Lecturas por la difusión de esta noticia no impide que cualquier persona sepa que es muy muy superior a la cifra acordada de 25.000 pesetas. Cantidad que supone, conviene recordarlo, un, 0,5 % de la indemnización conferida en la instancia y un 0,25 de la otorgada en apelación.

No resulta extraño que la recurrente volviera a interponer una demanda de amparo, por indebida ejecución de la STC 115/2000 y por la presunta lesión de los derechos a la intimidad personal y a la tutela judicial efectiva, por determinar el quantum indemnizatorio con una argumentación irrazonable y separada de la acordada, motivadamente, en las resoluciones de instancia y apelación. Se interesa que se declare ajustada a indemnización la otorgada por la Audiencia Provincial de Barcelona[29].

Aunque la nueva Sentencia del Tribunal Constitucional (186/2001, de 17 de septiembre) merecería un comentario autónomo por diversas razones[30], nos

[29] Información extraída del Antecedente Tercero de la STC 186/2001, de 17 de septiembre.

[30] Dos cuestiones generan un evidente interés. ¿Puede vulnerarse un derecho fundamental aunque se haya reconocido su lesión en la resolución judicial que se impugna en amparo? Y, ¿la

centraremos en lo nos interesa en el marco de esta investigación. Pues bien, con una discutible argumentación, el alto Tribunal entiende que la nueva Sentencia del Tribunal Supremo no ha vulnerado el derecho a la tutela judicial efectiva, pero sí el derecho a la intimidad personal.

La primera afirmación, muy endeble en la Sentencia, se justifica en que el Tribunal Supremo puede variar, y ha variado en muchas ocasiones, el *quantum* indemnizatorio fijado en otras instancias (FJ 4). Es cierto, sin embargo, que el Tribunal Supremo ha fijado la indemnización sin tener en cuenta "los criterios o parámetros básicos legalmente exigidos" (FJ 5). Por ejemplo, si bien resulta cierto que los beneficios económicos no quedaron acreditaos, existían "datos relevantes respecto de la difusión de la revista en la que dicho reportaje se incluyó"[31], concluyendo que el Tribunal redujo muy significativamente la indemnización "sin valorar las circunstancias del caso y sin utilizar para determinar la gravedad de la lesión el criterio de la difusión, probada en el proceso, de la revista en la que se publicó el reportaje considerado" (FJ 5 in fine). A la vista de estos criterios, "el razonamiento del Tribunal Supremo no constituye una motivación adecuada o satisfactoria de la decisión adoptada (por todas, STC 214/2000, de 18 de septiembre, FJ 4), y por ello, en la medida en que puedan considerarse lesión autónoma respecto del derecho a la intimidad, podría suponer una vulneración del derecho de la recurrente a obtener de los órganos judiciales una resolución motivada y fundada en Derecho" (FJ 6). Debemos subrayar ahora el "podría suponer una vulneración...", porque no se encontrará en el fallo de la Sentencia que resumimos la estimación del amparo en lo que atañe al derecho a la tutela judicial efectiva.

El Tribunal Constitucional estima, en relación con el segundo derecho invocado, que "una indemnización de 25.000 pesetas resulta insuficiente para reparar el derecho a la intimidad personal y familiar de la recurrente" (FJ 7), por lo que considera vulnerado este derecho fundamental. Pero también incide en esta lesión el apartamiento en la resolución judicial impugnada de los cri-

---

indemnización que genera la lesión de un derecho fundamental forma parte del mismo derecho fundamental? Ver, en el plano doctrinal, Gimeno Sendra, Vicente: "De nuevo el conflicto entre el Tribunal Supremo y el Tribunal Constitucional". *La Ley* 7 (2001), pp. 1363 ss. y *Persona y Derecho* 44 (2001), pp. 103 ss.

[31] FJ 5. Son datos tales como que la Revista tuvo una difusión de entre 331.934 y 435.716 ejemplares, o que se difundieron dichas informaciones en doce entregas semanales consecutivas, o que la recurrente ocupó un lugar preferente en la portada de la publicación...

terios fijados por la STC 115/2000 en orden a delimitar el alcance del derecho fundamental y fijar la indemnización (FJ 7 *in fine*). En efecto, se omite en la nueva Sentencia del Tribunal Supremo el hecho "de que la divulgación de los datos había sido realizada quebrantando el deber de secreto impuesto a las personas que conviven en el hogar de una persona por razones laborales", la relevancia constitucional del derecho fundamental vulnerado y la correlativa exigencia de una reparación acorde con el relieve de los valores e intereses en juego (FJ 8). En conclusión, la Sentencia del Tribunal Supremo no solamente no repara el derecho fundamental, sino que vuelve a vulnerarlo.

Aunque lo procedente habría sido, en principio, devolver nuevamente la causa a la Sala de lo Civil del Tribunal Supremo para que este fijara una nueva indemnización ajustada a Derecho, la Sala Segunda del Tribunal Constitucional acuerda decretar la nulidad de la Sentencia impugnada y otorgar firmeza a la dictada, en su día, por la Audiencia Provincial de Barcelona. Se pretende, así, "excluir dicha devolución con el objeto de que la reparación procedente no se dilate en términos inadmisibles al resultar remitida a un proceso que puede prolongarse indefinidamente y que, en consecuencia, por su misma duración, podría hacer ilusoria la obligada reparación del derecho fundamental lesionado" (FJ 9).

De esta última decisión discrepan los Magistrados Conde Martín de Hijas y Jiménez Sánchez a través del oportuno Voto Particular. Estiman, de un lado, que se debió estimar lesionado el derecho a la tutela judicial efectiva y, de otro, que el asunto debió volver al conocimiento del Tribunal Supremo una vez anulada la Sentencia impugnada. La ausencia o carencia de motivación de la resolución judicial impugnada debería haber sido constatada por el Tribunal Constitucional, anulándola y devolviendo las actuaciones al Supremo para que dictara una nueva Sentencia que se ajustara a las exigencias derivadas del citado derecho fundamental. Confiriendo firmeza a la Sentencia recaída en apelación, el Tribunal Constitucional se ha implicado en "ámbitos propios del ejercicio de la jurisdicción".

A mi juicio, esquizofrénico como enseguida se verá, tienen razón los Magistrados en el primer punto pero no en el segundo. Resulta patente la vulneración del derecho de la recurrente a recibir una resolución motivada por parte del Tribunal Supremo. Evidente no sólo para los Magistrados discrepantes, intuyo, sino para todos los miembros de la Sala. El hecho de que la mayoría haya optado por reconocer una lesión de un derecho material y no de un derecho procesal podría ser, precisamente, la de evitar la devolución de la causa al Tribunal Supremo[32]. Lo más correcto hubiera sido reconocer esa lesión procesal, pero entiendo que, en este caso, en el que ya la Sala de lo Civil había dado expresas muestras de no acatar la previa resolución recaída en amparo, procedía, en aras a que éste fuera efectivo en un plazo razonable, conferir firmeza a la Sentencia de la Audiencia Provincial de Barcelona. Asumo, pues, la crítica inicial de los Magistrados discrepantes, pero me separo de su (lógica) consecuencia.

Resulta lógico pensar que la STC 186/2001 no causara una gran alegría entre los Magistrados de la Sala Primera del Tribunal Supremo, aunque diera una respuesta razonable a la efectividad de los derechos fundamentales invocados por la recurrente[33]. Lo que nadie podía sospechar es que su actuación iba a ser tan desafortunada y desmedida.

Vayamos por partes. La Sentencia de la Sala de lo Civil 1064/2001 de 5 de noviembre (RJ 2006\677), referida a un asunto distinto pero cercano, que tendría un posterior discurrir muy parecido al acaecido con el asunto Presyler[34],

---

[32] En efecto, cuando el Tribunal Constitucional anula una resolución judicial por ausencia o carencia de motivación, o por no satisfacer las exigencias constitucionales, se suele anular y retrotraer las actuaciones para que el mismo Tribunal apruebe una nueva resolución respetuosa con el citado derecho fundamental.

[33] Es oportuno recordar que la demanda interpuesta por Bou Gisbert y El Hogar y la Moda, S.A. contra España ante el Tribunal Europeo de Derechos Humanos fue inadmitida por Decisión de la Sección Cuarta de 13 de mayo de 2003 (TEDH\2003\52). Sobre esta resolución puede consultarse Salvador Coderch, Pablo y otros: "Preysler V: el final de la partida". *Working Paper* 170, disponible en *http://www.Indret.com*.

[34] Alberto de Alcocer Torra interpone juicio de protección de los derechos fundamentales por la publicación de algunas fotos en la Revista *Diez Minutos* por considerar que lesionan sus derechos a la intimidad y a la propia imagen. El Juzgado de Primera Instancia 6 de Madrid (Sentencia de 9 de septiembre de 1991) estima su demanda y establece una indemnización de veinte millones de pesetas. Aunque esta resolución fue confirmada en apelación (Sentencia de la Audiencia Provincial de Madrid de 27 de septiembre de 1993), el Tribunal Supremo (Sentencia de 17 de diciembre de 1996) entendió que no se había producido lesión alguna en sus derechos fundamentales, al tratarse el demandante de persona pública, darse un interés general de la información y haberse tomado la imagen en un lugar público (una playa). La STC 83/2002, de 22 de abril, discrepa de esta construcción, porque el órgano judicial no ha tenido "en cuenta, en su juicio de ponderación, la naturaleza privada y el carácter personal y familiar de las fotografías ni su forma de obtención,

contiene una respuesta directa a la STC[35]. Es sorprendente que así sea porque el supuesto enjuiciado es cercano, si bien distinto. Esto explica que el Magistrado Marín Castán se separe de esta parte de la Sentencia, "por no guardar relación con los motivos del recurso ni ser consecuencia de la estimación de ninguno de ellos, ya que todos son desestimados".

Pues bien, para "evitar suspicacias y salir, ahora, al paso de cualquier tacha de empecinamiento, que se expresen las razones de disconformidad con la sentencia del Tribunal Constitucional dictada en el recurso de amparo número 5002/2000 (Sala Segunda) –por cierto, dictada con una rapidez inusitada en relación a otras peticiones de amparo, lo que sin duda tendrá alguna explicación–, y que invalidó la indemnización acordada en favor de Isabel P.; todo ello por entender que la misma invadió las funciones de la jurisdicción ordinaria de manera contraria, incluso, a las propias normas orgánicas que rigen dicho

mediante una operación ajena a la voluntad del actor y sin su consentimiento, razones por las cuales no es adecuado, pues no ha ponderado el derecho a la propia imagen del recurrente y el derecho a comunicar información, respetando la definición constitucional de cada derecho y sus límites" (FJ 4). Como dicha imagen reveló además sus relaciones afectivas se estima igualmente vulnerado su derecho a la intimidad personal. Es en este momento cuando el Tribunal Supremo dicta la resolución examinada en el texto, que, acordando una indemnización de doscientos euros, será nuevamente impugnada ante el Tribunal Constitucional, lo que originará la STC 300/2006, de 23 de octubre, que estimara que se ha producido una nueva lesión de los derechos a la intimidad personal y a la propia imagen, anulando la Sentencia del Tribunal Supremo y confiriendo firmeza a la dictada en apelación. El Magistrado Pérez Tremps considera, en su Voto Particular, que hubiera sido más acertado sustanciar la pretensión como incidente de ejecución de la Sentencia dictada cuatro años antes, y que no se ha vulnerado el derecho fundamental invocado, puesto que el Tribunal Supremo razonó el quantum indemnizatorio.

[35] Una tercera saga similar (Alberto Cortina), que nos limitamos a rememorar, viene marcada por las actuaciones de Alberto Cortina de Alcocer contra la publicación de imágenes tomadas durante un viaje que había realizado a Kenya con una mujer. Son las Sentencias del Juzgado de Primera Instancia 8 de Madrid de 22 de enero de 1992 (estimatoria), de la Audiencia Provincial de Madrid de 12 de julio de 1993 (confirmatoria, indemnización de ocho millones de pesetas) (AC 1993\1554), casada por Sentencia del Tribunal Supremo 905/1997, de 21 de octubre (RJ 1997\176). Esta Sentencia fue anulada por la STC (Sala Primera) 139/2001, de 18 de junio (RTC 2001\139), que ha sido objeto de diversos comentarios, como son los debidos a Asunción de la Iglesia Chamarro ["El derecho a la propia imagen de los personajes públicos". *Revista Española de Derecho Constitucional* 23 (2003), pp. 285 ss.] y Mª Ángeles Fernández González-Regueral ["Protección civil y constitucional del derecho a la imagen". *Actualidad Civil* 20(2002), pp. 689 ss.]. Es conveniente recordar, en último lugar, que en esta Sentencia del Tribunal Supremo se estima la lesión de la intimidad "por imperativo legal", para dejar clara la discrepancia de la Sala con el Tribunal Constitucional (FD 1).

Tribunal Constitucional" (FD 2). Y es que la Sala considera "cabalmente acertado el criterio seguido en su resolución anterior", que pretende argumentar de forma detenida, afirmando que:

a) Las sentencias del Tribunal Constitucional que han otorgado doblemente amparo a Isabel P., frente a las dos sentencias de esta Sala, incurren en palmaria contradicción, por considerar la primera irrelevante que los datos aportados sean o no desmerecedores y afirmar su gravedad en la segunda.

b) La STC contiene razonamientos inaceptables, desconoce el concepto de instancia procesal e incurre en el error mayúsculo, inexcusable por su índole, de hacer valer una sentencia inexistente (puesto que fue revocada) por encima de la decisión del Tribunal Supremo, cuyos hechos debían ser respetados por el alto Tribunal. Después de estas amables consideraciones críticas, la Sala defiende que se limitó a valorar libremente la prueba y que la indemnización fijada no era simbólica. Tras poner un buen número de ejemplos, se recuerda asimismo listado de cantidades recogido en la Ley 30/1995 con el mismo fin.

c) También se reprocha a la Sentencia que se alteren los hechos probados, hurtando las funciones del Tribunal Supremo, lo que vulnera el artículo 54 LOTC. Y todo "porque los hechos que quería el Tribunal Constitucional que diéramos por probados, a su gusto, no aparecen declarados así".

d) Finalmente se critica que se convierta un vicio procesal en un vicio *in iudicando* y que se exprese una "inaceptable sospecha o desconfianza respecto de la conducta" del Tribunal Supremo cuando se acuerda no devolver las actuaciones para su posterior pronunciamiento.

Todas estas ideas, contenidas en el FD 2, se expresan "con la esperanza de que el Tribunal Constitucional medite sobre la importancia de las mismas sin llevar a sus últimas consecuencias lo que entendemos como conducta negligente que, con su repetición, sugeriría la concurrencia al menos de «culpa con representación» o dolo eventual".

La diatriba intolerable[36] sigue[37], pero es suficiente quedarnos ahora con esta, primera, amenaza. Amenaza que ejercería con ocasión de que se juntaran el pan con las ganas de comer. Con esta imagen hacemos referencia al abogado José Luis Mazón, que también ha mostrado una especial fijación con el Tribunal Constitucional. Sin entrar ahora en su exégesis[38] ni detenernos tampoco en sus secuelas, conviene recordar que este letrado interpuso una demanda de responsabilidad civil contra los Magistrados del Tribunal Constitucional ante la Sala Primera del Tribunal Supremo.

Aunque esta demanda tenía su origen en una muy desafortunada demanda de amparo, en la que se interesaba un absurdo lógico[39], la Sala de lo Civil del Tribunal Supremo no perdió la ocasión de llevar su amenaza a término[40]. Tras determinar que a los Magistrados del Tribunal Constitucional no se les puede

---

36 Comparto la expresión vertida por Luis E. Delgado del Rincón en "Inviolabilidad...", *cit.*, p. 270.

37 En el FD 3 se cuestiona cuál debe ser el correcto entendimiento de la exigencia de motivación y en denunciar la, a su juicio, descalificación que se hace de la Sala Primera del Tribunal Supremo en el Voto Particular suscrito por los Magistrados Conde Martín de Hijas y Jiménez Sánchez.

38 Esa fijación tiene su origen en la práctica del Tribunal Constitucional de optar por el reclutamiento de Letrados de adscripción temporal en vez de recurrir a la convocatoria de concursos-oposiciones. A juicio del citado Letrado, este comportamiento obstaculiza el derecho potencial de todo licenciado en Derecho a concurrir a dichas pruebas. La Sala Tercera del Tribunal Supremo ha desestimado esta pretensión en las Sentencias de 21 de enero y de 24 de junio de 2002 (RJ 2002\7058), aunque dos Magistrados (Trillo Torres y Maurandi Guillén) consideran que la figura del Letrado de adscripción temporal carece de cobertura legal. Ver, en el plano doctrinal, Rodríguez Patrón, Patricia: "Sobre la legalidad de los Letrados de adscripción temporal del Tribunal Constitucional". *Revista Española de Derecho Constitucional* 67 (2003), pp. 317 ss.

39 El recurrente interesaba, en el recurso de amparo formulado contra la STS (Sala Tercera) de 24 de junio de 2002: (a) la abstención de todos los Magistrados del Tribunal Constitucional; (b) la presentación de un Proyecto de Ley por parte del Presidente del Gobierno que garantizara un examen imparcial de la demanda de amparo; (c) la estimación del presente amparo por la formación que prevea esa medida legislativa. Dado que la demanda tenía como destinatario a un órgano inexistente, el Pleno del Tribunal Constitucional acordó el archivo de las actuaciones. Contra el mismo el recurrente interpuso un (improcedente) recurso de súplica que, pese a todo, fue atendido mediante acuerdo de 17 de septiembre de 2002, en el que se insiste en que el propio recurrente ha optado por dirigir su demanda ante un Tribunal diferente, y que, además, no era ni clara ni precisa en su contenido, lo que determina el archivo de las actuaciones.

40 STS (Sala de lo Civil) 51/2004, de 23 enero (RJ\2004\1). Ver, en el plano doctrinal, Delgado del Rincón, Luis E: "Inviolabilidad...", *cit.*; Aguado Renedo, César: "Del intento...", *cit.*, y Cortés Domínguez, Valentín: "Aproximación crítica a la situación jurídico-procesal creada por la Sentencia 51/2004 del Tribunal Supremo (Sala Primera)". *Teoría y Realidad Constitucional* 14 (2004).

aplicar el artículo 411 de la Ley Orgánica del Poder Judicial[41], entiende que sí están sometidos a la responsabilidad extracontractual recogida en el artículo 1902 del Código Civil[42]. Para su concurrencia resulta preciso el cumplimiento de tres requisitos: una conducta activa o pasiva que, en el ejercicio de su función, sea antijurídica y culpable, la causación de un daño y la existencia de relación o nexo causal entre dicha conducta u omisión y dicho daño.

A juicio, manifiestamente desafortunado, del Tribunal Supremo se cumplieron los tres requisitos. En primer lugar, porque "los Magistrados en cuestión se negaron lisa y llanamente a entrar a resolver una petición de amparo so pretexto de que iba dirigida a un hipotético tribunal, lo que implica un *non liquet* totalmente inadmisible". Afirmación torticera, porque la providencia era perfectamente congruente con la demanda interpuesta, falsa la de que "no se ha dado respuesta a la pretensión de amparo"[43], y especialmente grave la de que "los Magistrados demandados han actuado con una negligencia profesional grave, que supone, para el caso concreto, una ignorancia inexcusable, ya que la ilicitud o antijuridicidad tiene como base la violación de unas normas absolutamente imperativas"[44]. De ahí que exista una culpa grave en la actuación de los Magistrados del Tribunal Constitucional.

Pero, ¿cuál es el daño que tan irresponsable actuación –entiéndase la ironía– ha provocado? Pues ahí es nada: "hacer que se tambaleen sus creencias [, las del recurrente] como ciudadano de un Estado social y democrático, que, entre otras cosas, propugna la justicia como valor superior, y España es un Estado que reúne dichas características según el artículo 1-1 de la Constitución" (FD 5). A juicio del autor de estas líneas, si el recurrente confiaba en la

---

41 Precepto derogado por la LO 7/2015, de 21 de julio, por la que se modifica la Ley Orgánica 6/1985, de 1 de julio, del Poder Judicial. Esta Ley suprime la responsabilidad civil y regula ahora la cuestión en el artículo 296 LOPJ.

42 A juicio de Luis E. Delgado no es aplicable este precepto, por ser incompatible con el artículo 22 LOTC que consagra la inviolabilidad de los Magistrados del Tribunal Constitucional. En "La inviolabilidad...", *cit*., pp. 291-293.

43 Como indica Luis E. Delgado, la respuesta dada al recurso de amparo fue razonada, proporcionada y congruente con la pretensión atípica (*ibídem*, pp. 297-298). Ver también Aguado Renedo, César: "Del intento...", *cit*., p. 11 ss.

44 FD 4. De haber sido así, que no lo era, resultaría de aplicación el artículo 23.1 LOTC por parte del Pleno del Tribunal Constitucional (Delgado del Rincón, Luis E: "Inviolabilidad...", *cit*., p. 303).

admisión de su escrito (habría que estudiar qué calificativo merece), es que tenía más moral que el alcoyano[45].

No sorprenderá al amable lector de estas líneas que tras una visión tan deformada de la actuación de los Magistrados del Tribunal Constitucional y de la angelical confianza del recurrente en el Estado y la Justicia se establezca una clara vinculación (clara e incuestionable, ex FD 6) entre aquélla y el daño causado. Se impone a cada Magistrado del Tribunal Constitucional el pago de una indemnización de quinientos euros que deberán revertirse al original recurrente que un día acudió a un Tribunal inexistente.

Que la resolución dictada por el Tribunal Supremo era disparatada resulta indudable[46]. Y no se puede alegar desconocimiento, puesto que la misma se acompañaba de un Voto Particular, suscrito por el Magistrado Marín Castán[47]. Éste recuerda que la demanda del Letrado Mazón debe ser depurada "de su carga retórica en lo que constituye toda una descalificación del Tribunal Constitucional en términos tan peyorativos y vejatorios que resultan inconciliables con el equilibrio y la mesura"[48], afirmación ésta poco conciliable con su inusitada fé en la justicia. El Magistrado también señala que la demanda de amparo interpuesta era "radicalmente inadmisible", puesto que se espera

45 Expresión que alude, al parecer, al espíritu de un equipo de fútbol (Ver *http://www.abc.es/20121031/deportes-futbol/abci-leyenda-moral-alcoyano-201210301643.html*). Además, las injustificables invectivas del recurrente contra el Tribunal Constitucional permiten constatar "la falta de creencia del demandante en un Estado social y Democrático de Derecho, en uno de sus valores, la justicia y en una de sus instituciones clave, el Tribunal Constitucional" (Delgado del Rincón, Luis E: "Inviolabilidad...", *cit.*, p. 304). Y, además, y por si fuera poco, dado que "las pretensiones del recurrentes resultaban insostenibles", resulta imposible que la resolución del Tribunal Constitucional, con independencia de su contenido, haya podido provocar daño alguno [ver Díez-Picazo, Luis Mª: "¿Qué daño ha causado el Tribunal Constitucional?". *Derecho y Jueces* 15 (2004); Rubio Llorente, Francisco: "El guardián...", *cit.*, p. 14 y Aguado Renedo, César: "Del intento...", *cit.*, p. 15].

46 Luis E. Delgado recuerda que ha sido considerada de inane contenido (Belloch), estrambótica (Rubio), desproporcionada, desmesurada e incongruente (Rodríguez-Arana), esperpéntica (Gómez de Liaño), opiniones que contrastan con la expresada por Manuel Gómez del Castillo (en "Inviolabilidad...", *cit.*, p. 272). Ver, en sentido cercano, Aguado Renedo, César: "Del intento...", *cit*, p. 11.

47 Que comparte Valentín Cortés Domínguez (en "Aproximación...", *cit.*, p. 95).

48 Resulta muy conveniente la lectura de las invectivas, resumidas en el apartado segundo del Voto Particular, que no reproducimos por no superar una extensión razonable en páginas en el presente estudio.

algo imposible (una suerte de preiniciativa legislativa) de nadie (puesto que se pide, previamente, la abstención de los Magistrados), y que dicha inadmisión dejaba además expedita la vía ante el Tribunal de Estrasburgo (FD 5). Frente a la singular motivación realizada por la mayoría, estamos ahora en presencia de una fundamentación razonable.

Como ustedes pueden imaginar, la Sentencia de la Sala Primera del Tribunal Supremo produjo estupor y un profundo malestar en el seno del Tribunal Constitucional. El autor de estas líneas, que en aquél momento prestaba allí sus servicios, en calidad de Letrado de adscripción temporal, la entendió como un ataque institucional. No porque tuviera una visión corporativa de la institución, cuyas resoluciones ha criticado en muchas ocasiones, sino porque era evidente que la condena estaba desprovista de cualquier mínima justificación e implicaba, en cierto modo, un golpe de estado judicial[49]. Soy consciente de que esta calificación resulta grave, y que podría haber optado por otras más edulcoradas[50], pero debemos ser conscientes de que la asunción de la resolución que acaba de resumirse liquida la posición que ocupa el Tribunal Constitucional como órgano constitucional. En efecto, "el Tribunal Constitucional queda seriamente incapacitado para desempeñar su jurisdicción de amparo tal como le viene confiada por la Constitución y su Ley Orgánica"[51]. No resulta de extrañar que el legislador haya modificado el artículo 4 LOTC a través de la LO 6/2007, de 24 de mayo, incorporando un nuevo apartado segundo en el que se afirma que "las resoluciones del Tribunal Constitucional no podrán ser enjuiciadas por ningún órgano jurisdiccional del Estado".

En todo caso, los Magistrados solamente podían cuestionar la Sentencia condenatoria a través de la interposición de un recurso de amparo[52]. Y aquí

---

[49] Comparto y asumo la expresión vertida por Francisco Rubio Llorente, en "El guardián…", *cit.*, p. 14. También se habla en este mismo lugar de que si se consolida la doctrina contenida en la Sentencia del Tribunal Supremo estaríamos ante una "ruptura pacífica del orden instaurado por la Constitución".

[50] Tres ex-Presidentes del Tribunal Constitucional (Cruz Villalón, Rodríguez-Piñeiro y Bravo-Ferrer y Rodríguez Bereijo) prefieren aludir a "Una crisis constitucional" en el artículo publicado en *El País* el 26 de febrero de 2004, disponible en *http://elpais.com/diario/2004/02/26/opinion/1077750007_850215.html.*

[51] *Ídem.*

[52] Es cierto que esta iniciativa podría haber sido adoptada por otras instituciones (especialmente, el Defensor del Pueblo o el Ministerio Fiscal). Sobre esta cuestión, vid. Aguado Renedo, César. "Del intento...", *cit.*, pp. 31-32. Y también que su iniciativa serviría para proteger sus dere-

cabían dos posibilidades. Una resolución inmediata, realizada por los mismos Magistrados que habían sido condenados, o una suspensión de la causa hasta que pudiera ser atendida, en el futuro, por Magistrados no contaminados. Esta última fue la estrategia seguida. Esta desconexión entre los Magistrados condenados y aquéllos otros que, en el futuro, resolverían la demanda de amparo, permitió a los primeros aprobar un Acuerdo el 3 de febrero de 2004[53] en el que advierte de "que la Sala de lo Civil, al enjuiciar la fundamentación dada por el Pleno a una Resolución de inadmisión, pone en serio peligro la función jurisdiccional de amparo invadiendo competencias que sólo al Tribunal Constitucional corresponden" (Punto 1). De ahí que se haya producido una "invasión de las funciones jurisdiccionales constitucionalmente atribuidas a este Tribunal Constitucional" (punto 2). Se ha producido, así, una "clara extralimitación competencial, y correlativa invasión de nuestras exclusivas competencias y atribuciones constitucionales" (punto 3). A la vista de estas consideraciones se acuerda declarar "que las resoluciones dictadas por el Tribunal Constitucional en los recursos de amparo no pueden ser enjuiciadas por ningún órgano del Poder Judicial dado que sólo a este Tribunal corresponde, conforme a la Constitución y a su Ley Orgánica, resolver tales recursos" y "que el enjuiciamiento de las resoluciones recaídas en recursos de amparo, realizado por vía de la acción de responsabilidad civil, constituye una invasión de la jurisdicción, exclusiva y excluyente, atribuida a este Tribunal Constitucional por la Constitución".

Y el amparo, justo sin ningún género de dudas, llegó. La STC (Pleno) 133/2013 de 5 junio[54], considera que se ha lesionado el derecho a la tutela

---

chos, pero también la Institución que había sido injustamente maltratada por el Tribunal Supremo (*ibídem*, pp. 34-35).

Por cierto, conviene recordar, de la mano de Rafael Mendizábal, que el 17 de febrero de 2004 la Sala de lo Penal del Tribunal Supremo ordena el archivo de la denuncia promovida por la Asociación contra la Injusticia y la Corrupción en la que imputa un delito de prevaricación a los Magistrados ya condenados, por entenderla inviable (en "La guerra…", *cit.*, p. 529).

[53] JUR 2004\20811. Tiene razón Valentín Cortés Domínguez cuando señala que este Acuerdo es discutible por su tenor sobre la falta de responsabilidad (en "Aproximación…", *cit.*, p. 95), que luego matiza, como debe ser, la STC 133/2013.

[54] RTC 2013\133. Ver, en el plano doctrinal, Delgado del Rincón, Luis E: "La responsabilidad civil de los Magistrados del Tribunal Constitucional en tela de juicio". *Teoría y Realidad Constitucional* 34 (2014), pp. 561 ss. y un apresurado resumen de Francesca Iusi ["Disputa entre la Sala de lo Civil del Tribunal Supremo y el Tribunal Constitucional sobre la cuestión de la responsabi-

judicial efectiva de los Magistrados del Tribunal Constitucional. Si bien es cierto que los recurrentes también invocaban el derecho a acceso a las funciones y cargos públicos (art. 23.2 CE), en su dimensión de derecho al ejercicio de dichos puestos sin perturbaciones ilegítimas, resulta preciso hacer una adaptación de este derecho cuando se trata, como es aquí el caso, de cargos electivos no representativos (FJ 4). Dado que lo que cuestiona es si existían sendos óbices procesales que impedían la admisión de la causa por parte del Tribunal Supremo (el imposible control y revisión de las resoluciones dictadas por el Tribunal Constitucional y la inviolabilidad de los Magistrados por las opiniones vertidas en el ejercicio de sus cargos), el Pleno prefiere examinar la cuestión desde la perspectiva del derecho a la tutela judicial efectiva (art. 24.1 CE) (FJ 4).

---

lidad civil de los Magistrados del Tribunal constitucional por adoptar una arbitraria inadmisión del recurso de amparo". *Civitas Europa* 32 (2014), pp. 273-275]. No examinaremos con detalle esta resolución, aunque sería interesante recordar las originales razones que el Letrado Mazón, que comparece en el proceso como parte personada, plantea y que son rechazadas (Delgado del Rincón, Luis E: "La responsabilidad...", *cit.*, pp. 574-5755).

Puede parecer sorprendente que la Sentencia de amparo se dicte nueve años después de la condena impuesta por la Sala de lo Civil del Tribunal Supremo, pero debe entenderse que, en un momento inicial, todos los Magistrados estaban contaminados por la causa. De ahí que el Presidente del Tribunal acordara, el 29 de marzo de 2004, suspender toda tramitación procesal del recurso de amparo hasta que pudiera formarse una Sección cuyos miembros no fueran, simultáneamente, recurrentes de amparo. La siguiente Presidenta del Tribunal acuerda, el 4 de abril de 2005, designar sustitutos que permitan formar una Sección Cuarta que pueda pronunciarse sobre las abstenciones formuladas y la admisión del amparo. El ATC 290/2005, de 4 de julio, acepta diversas abstenciones formuladas. El Letrado Mazón decide entonces recusar a todos los Magistrados del Tribunal Constitucional, siendo inadmitido su escrito por no tenerse aún por comparecido (providencia de 4 de julio de 2005), decisión confirmada en súplica (Auto 352/2005). Idénticas pretensiones de doña María del Ángel Sanz Amaro fueron rechazadas (providencias de 4 de julio de 2005 y de 19 de octubre de 2005, confirmada en súplica mediante ATC 428/2005, de 13 de diciembre).

Tras la admisión a trámite de la demanda de amparo, mediante providencia de 27 de abril de 2007, se persona José Luis Mazón Costa. Este impugna la admisión a trámite y solicita la tramitación de los anteriores escritos de recusación. Se inadmite el recurso de súplica interpuesto contra la providencia de admisión del recurso de amparo por ser esta irrecurrible (ATC 159/2008, de 19 de junio). También se produjeron problemas para la composición de la Sala Segunda (ver la providencia de 22 de diciembre de 2008, en la que se dejan pendientes las solicitudes de recusación por ser notoria la falta de *quorum* en el Pleno para un pronunciamiento sobre el particular). Finalmente, el Pleno inadmite las recusaciones interesadas por el letrado en su ATC 40/2011, de 12 de abril, al tiempo que admite las abstenciones formuladas por los Magistrados Gay Montalvo y Delgado Barrio.

Asumida esta perspectiva, resulta preciso examinar la motivación en lo que atañe a la posibilidad de exigir responsabilidad civil a los Magistrados del Tribunal Constitucional y de hacerlo a través del control de sus resoluciones jurisdiccionales. Ninguna duda cabe de que puede exigirse responsabilidad civil de los Magistrados (prevista en el artículo 23.1.7 LOTC). Pero la decisión del Tribunal Supremo es irrazonable porque desconoce una "prohibición constitucional y legal de revisar y controlar el contenido de las resoluciones jurisdiccionales del Tribunal Constitucional por ningún otro órgano del Estado"[55].

También considera el Pleno que la Sentencia recurrida carece de una motivación constitucionalmente exigible cuando imputa a los Magistrados del Tribunal Constitucional una actuación antijurídica e irrazonable. De un lado, porque parte de un presupuesto fáctico que se manifiesta erróneo (incurriendo en error patente al olvidar que el Pleno entendió que la demanda adolecía de falta de precisión y claridad). De otro porque resulta irrazonable cuando olvida que, dirigida la demanda de amparo a un órgano indeterminado, el Tribunal Constitucional es el encargado de apreciar, de oficio o a instancia de parte, su falta de jurisdicción o competencia (artículo 4.1 LOTC) (FJ 8). Se ha vulnerado, así, también, el derecho a obtener una resolución fundada en Derecho.

Si bien es posible compartir el sentido general del amparo, estamos en presencia de una resolución que debiera haber sido mucho más sencilla en la delimitación de las quejas y breve en su resolución. Es un texto a veces atormentado y que precisa de varias lecturas para comprender cabalmente su compleja estructura y contenido. En todo caso, bien está lo que bien (aunque tarde) acaba.

Aunque parezca surrealista, el Letrado Mazón ha decidido, rizando el rizo, volver a exigir la responsabilidad de los Magistrados del Tribunal Constitucional por la Sentencia que ha amparado a los ex Magistrados del alto Tribunal. Una vez que la Sala de lo Civil dicta Auto el 22 de octubre de 2013 (JUR 2013\361358), para devolver a los Magistrados el dinero en su día pagado y al Letrado Mazón su consiguiente devolución, éste… lo recurre, solicitando su

[55] FJ 6. Se parte de la irrecurribilidad de las decisiones jurisdiccionales del Tribunal Constitucional fuera de los supuestos expresamente previstos en la Ley que regula su funcionamiento. La nulidad no debe suponer retroacción de las actuaciones en este supuesto, dado que la interpretación atañe a preceptos contenidos en la referida Ley, sin que quepa otra distinta por parte del juez ordinario (FJ 6).

suspensión por haber interpuesto dos querellas ante la Sala de lo Penal del Tribunal Supremo (una ya inadmitida en ese momento[56]), pretensión desestimada mediante Auto de 25 de abril de 2014 (JUR 2014\158205). Entonces, el incansable Letrado ha presentado una nueva demanda de responsabilidad civil ante la Sala Primera del Tribunal Supremo por considerar que los Magistrados han amparado a las personas que formaron parte de su mismo Tribunal[57], que ha sido inadmitida de plano, porque, "Si bien este Tribunal goza de competencia para conocer de la demanda de responsabilidad civil por hechos realizados en el ejercicio de su cargo por el presidente y los magistrados del Tribunal Constitucional, conforme al artículo 56.2 LOPJ, en este caso debemos rechazar de plano la demanda porque persigue única y exclusivamente la revisión de una resolución del Tribunal Constitucional, que en la actualidad está vedado por el artículo 4.2 LOTC" (FD 10). La Sala considera, además, "jurídicamente abusiva la demanda" (FD 11).

III. ALGUNAS CONSIDERACIONES CONCLUSIVAS

Si se comparten las afirmaciones realizadas en líneas anteriores, podría concluirse que los Tribunales ordinarios pueden, cómo no, mostrar su discrepancia intelectual con algunas de las razones expresadas por otros Tribunales a los que se encuentran vinculados. Esta vale tanto para que un Tribunal inferior discrepe de un criterio jurisprudencial expresado por el Tribunal Supremo

---

[56] Solamente hemos sido capaces de localizar el ATS (Sala de lo Penal) de 25 de junio de 2014, disponible en *http://supremo.vlex.es/vid/-533084242*. La Sala determina que no hay delito de prevaricación por parte de los Magistrados que han evacuado el recurso de amparo porque en él se da una respuesta motivada (concretamente, en el FJ 3) al alegato de la innecesaridad de promover un incidente de nulidad de actuaciones para agotar correctamente la vía judicial. Y, gracias a Luis E. Delgado, sabemos del ATS (Sala de lo Penal) de 10 de febrero de 2014, en el que se inadmite una querella por prevaricación, que se fundamenta en la "concesión arbitraria de un inexistente régimen de impunidad jurisdiccional a los magistrados del Tribunal Constitucional" invocada por el Letrado Mazón, entendiendo la Sala de lo Penal que no se vislumbra ningún ilícito penal en la STC 133/2013 (en "La responsabilidad...", *cit*., p. 584).

[57] El demandante entiende que estamos en presencia de un autoamparo, en el que se han dispensado a los recurrentes de una serie de cargas procesales (haber alegado la lesión del 23.2 CE desde el primer momento, haber interpuesto el oportuno incidente de nulidad de actuaciones, pronunciarse sobre cuestiones de legalidad ordinaria, no respetar los hechos de la sentencia impugnada), y por encontrarse contaminado el Tribunal.

como para que éste ponga de manifiesto las debilidades que, con mayor o menor acierto, advierta en la jurisprudencia constitucional.

Lo que un Tribunal ordinario no puede hacer, y el Tribunal Supremo se incluye en esta categoría, es actuar al margen de su función jurisdiccional (porque no tienen competencia para ello), negarse a acatar una doctrina constitucional (por más desafortunada que ésta pueda ser) o enjuiciar a los Magistrados del alto Tribunal por las resoluciones que emanen de éste.

Podría pensarse que esta forma de enfocar las cosas confiere un gran poder al Tribunal Constitucional, pero resulta evidente que también pesa sobre esta institución una alta dosis de responsabilidad. Una responsabilidad que no siempre ha manejado de forma juiciosa, lo que se ha traducido en serias críticas a su labor y en algunas condenas impuestas al Estado español por parte del Tribunal Europeo de Derechos Humanos.

La pregunta que podría formularse ahora es si se pueden evitar los conflictos entre el Tribunal Constitucional y el Tribunal Supremo[58]. Y nuestra idea es realizar algunas consideraciones sobre esta cuestión, adelantando ya que las discrepancias jurídicas entre ambas jurisdicciones son, en cierta medida, inevitables. No se trata, tanto, de negar su existencia como de delimitar sus razonables cauces de expresión.

---

[58] Es, obviamente, una pregunta retórica, si pensamos en la inevitable diversidad de criterios jurisdiccionales. No vamos a examinar la jurisprudencia posterior en detalle, como sí hace Rosario Serra Cristóbal (en "Nuevos...", *cit.*, pp. 387 ss.), pero sí queremos recordar, de dicho relato, que el Tribunal Constitucional ha seguido controlando aquéllas inadmisiones en casación que ha considerado lesivas de los derechos fundamentales de los recurrentes (ver, por ejemplo, las SSTC 161/2008, 100/2009 y 35/2011, recogidas en la p. 389). Tampoco nos detendremos en el análisis de la STS (Sala Tercera) de 26 de noviembre de 2009, en la que se establece la eventual responsabilidad del Tribunal Constitucional por incurrir en dilaciones indebidas en la resolución de una recusación presentada en un recurso de amparo, aunque sea discutible la asimilación del Tribunal Constitucional a una Administración Pública a estos efectos (vid el Voto Particular del Magistrado Díez-Picazo Giménez). Este asunto presenta una naturaleza bien distinta a los tratados en este trabajo, y ha perdido su inicial interés con el vigente artículo 139.5 de la Ley 30/1992, de 26 de noviembre, de Régimen Jurídico de las Administraciones Públicas y del Procedimiento Administrativo Común, aunque pueda profundizarse en el mismo gracias a César Aguado Renedo [en "La responsabilidad patrimonial del Tribunal Constitucional y el Tribunal Supremo". *Revista española de Derecho Constitucional* 90 (2010), pp. 335 ss.] y a Ángel L. Sanz Pérez ["¿Enjuicia el Tribunal Supremo al Constitucional? *Revista Aranzadi Doctrinal* 1 (2010)], que asumen un enfoque crítico con la citada resolución judicial.

Es verdad que un caso como el vivido resulta hoy imposible, a la vista del tenor expreso del vigente artículo 4.2 LOTC, que impide cualquier control jurisdiccional sobre sus resoluciones, y con la desaparición de la exigencia de responsabilidad civil en la Ley Orgánica del Poder Judicial[59].

Pues bien, nos parece imposible, de entrada, tratar de delimitar formalmente las materias sobre las que pueden pronunciarse el Tribunal Supremo y el Tribunal Constitucional[60]. No existen, en puridad, materias reguladas por la legalidad ordinaria que no puedan ser interpretadas por el Tribunal Constitucional si entiende que las mismas se ven afectadas, influenciadas o delimitadas por normas constitucionales, ya que "ni la jurisdicción ordinaria puede, al interpretar y aplicar la Ley, olvidar la existencia de la Constitución, ni puede prescindir la jurisdicción constitucional del análisis crítico de la aplicación que la jurisdicción ordinaria hace de la Ley cuando tal análisis es necesario para determinar si se ha vulnerado o no alguno de los derechos fundamentales o libertades públicas cuya salvaguardia le esté encomendada"[61]. Aunque son muchas las voces que defienden la necesidad de deslindar la actuación de ambos Tribunales[62], su empeño es más quimérico que real porque, "aunque el Tribunal Supremo sea el tribunal superior de la interpretación «legal» de la ley, el Tribunal Constitucional es el tribunal superior de la interpretación «constitucional» de la ley"[63].

[59] Estas reformas traen causa de las LLOO 6/2007, de 24 de mayo y 7/2015, de 21 de julio. Rosario Serra Cristóbal considera que las principales novedades incluidas en la primera (la nueva configuración del incidente de nulidad de actuaciones y el nuevo requisito de la especial trascendencia constitucional) pueden servir para mejorar las relaciones entre el Tribunal Supremo y el Tribunal Constitucional (en "Nuevos…", *cit.*, pp. 382 ss.).

[60] Como ha afirmado Cándido Conde-Pumpido Tourón "es imposible trazar una frontera entre constitucionalidad y legalidad ordinaria", ya que "el ordenamiento jurídico es un sistema y no una mera yuxtaposición de normas" (en "El Tribunal Supremo y los derechos constitucionales". En Trillo Torres, Ramón; Bacigalupo, Enrique y Lucas Murillo de la Cueva, Pablo (coords): *El Tribunal...*, cit., p. 218). Ver también Tajadura Tejada, Javier.: "La posición constitucional del Tribunal Supremo". *Boletín de la Facultad de Derecho* 25 (2004), p. 80 y Aragón Reyes, Manuel: "Problemas…", *cit.*, pp. 604-605.

[61] STC (Sala Segunda) 50/1984/3, de 5 de abril, citado por Rosario Serra Cristóbal en "Nuevos…", *cit.*, p. 395.

[62] Nos remitimos, en este punto, a la extensa nota a pié de página 78 del estudio de Delgado del Rincón, Luis E: "Inviolabilidad…", *cit.*, p. 310.

[63] Aragón Reyes, Manuel: "Relaciones…", *cit.*, p. 177.

Tampoco resuelve el problema, con toda seguridad, que se pretenda reformar el amparo (ya sea objetivándolo, como finalmente se ha hecho en la citada LO 7/2015, de 21 de julio[64], ya sea reduciendo su alcance[65] o suprimiéndolo[66]),

---

[64] Cfr. Aguado Renedo, César: "Del intento…", cit., p. 38; Conde-Pumpido Tourón, Cándido: "El Tribunal…", *cit*., p. 221 y Carrillo, Marc: "Notas sobre la articulación entre la jurisdicción ordinaria y el recurso de amparo". En Trillo Torres, Ramón; Bacigalupo, Enrique y Lucas Murillo de la Cueva, Pablo (coords): *El Tribunal*…, cit., p. 253 (sobre la mayor exigencia en la admisión del amparo).

[65] Delgado del Rincón, Luis E: "Inviolabilidad…", *cit*., pp. 311-312. Vicente Gimeno Sendra recuerda la propuesta de Pascual Sala de que el Tribunal Constitucional no pudiera pronunciarse sobre el principio de igualdad en la aplicación de la Ley, dejando esta cuestión al Tribunal Supremo (en "De nuevo…", *cit*., p. 111). O que todas las demandas de amparo vinculadas con el derecho a la tutela judicial efectiva sean residenciadas, previamente, en una Sala del Tribunal Superior de Justicia o en el Pleno de la Sala del Tribunal Supremo (idea incluida en la "Propuesta de reforma del Tribunal Supremo en atención a sus funciones constitucionales", incluida en *Del modo de arreglar la justicia*. Tribunal Supremo. Madrid, 2002 y respaldada por Candido Conde-Pumpido Tourón en "El Tribunal…", *cit*., p. 221, y que es rechazada por el profesor Aragón Reyes porque, entre otras razones, "es justamente la vía que puede garantizar la vinculación de los jueces y tribunales a la doctrina constitucional", en "Problemas…", cit., p. 605). O que, con carácter general, no quepa recurso de amparo frente a resoluciones del Tribunal Supremo (Conde-Pumpido Tourón, Cándido: "El Tribunal…", *cit*., p. 221 y Muñoz Campos, Juan: "Recurso…", *cit*., p. 1242). En el mismo sentido se pronuncia Enrique Bustos Pueche, si bien excepciona de lo anterior las relacionadas con el derecho de acceso a la justicia o al recurso (en "Planteamiento…", *cit*., p. 5). En estas tesis se parte de una premisa que ha verbalizado Giuseppe Campanelli, y es que mientras que la cuestión de inconstitucionalidad presupone la cooperación de los jueces ordinarios con el Tribunal Constitucional, el recurso de amparo es un mecanismo de control sobre las resoluciones judiciales (en "I rapporti…", *cit*., p. 285), especialmente en la vía prevista en el art. 44 LOTC (*ibídem*, pp. 266 ss.), debiendo recordar además que el Tribunal Constitucional se ha permitido en ocasiones revisar los hechos (STC 7/1993/5, de 18 de enero), contradiciendo el tenor literal empleado en el artículo 44.1.b LOTC, cosa que no puede hacer el Tribunal Supremo en casación (*ibídem*, p. 275). Ver, también, Mendizábal Allende, Rafael: "La guerra…", *cit*., p. 535 y los deseos expresados por Juan José González Rivas en "El recurso de amparo y su inserción en las relaciones entre el Tribunal Constitucional y el Tribunal Supremo". *Revista General de Legislación y Jurisprudencia* 3 (2000), pp. 317-319. Y Álvarez Conde, Enrique: "Algunas…", *cit*., pp. 1347 ss., que incorpora propuestas de reforma del incidente de nulidad de actuaciones (que se ha aprobado muchos años más tarde, y que es vista positivamente por Manuel Aragón Reyes –"Problemas…", *cit*., pp. 605-606–) y de procedimientos de unificación de doctrina.

[66] Alessandro Pizzorusso considera que la misma existencia del recurso de amparo "determina desajustes en el ordenamiento constitucional español, uno de los cuales sin duda es la anómala relación que se establece entre el Tribunal Constitucional y el Tribunal Supremo" [en "La posición constitucional del Tribunal Supremo". En Trillo Torres, Ramón; Bacigalupo, Enrique y Lucas Murillo de la Cueva, Pablo (coords): *El Tribunal*…, cit., p. 39]. Esta peculiaridad diferencia el caso español del italiano (descrito en la p. 40). Javier Aparicio Gallego ha propuesto la eliminación del amparo constitucional (en "Reflexiones sobre la posición constitucional del Tribunal Supremo",

puesto que, como es bien sabido, un altísimo porcentaje del control de amparo siguen teniendo vinculación con los derechos recogidos en los apartados primero y segundo del artículo 24 de la Constitución[67] y porque casi todos los derechos precisan una mayor o menor configuración legal[68].

Buena prueba de esta consideración es que la reforma del amparo constitucional no ha impedido la existencia de nuevos supuestos donde se ha mostrado una discrepancia entre la jurisprudencia del Tribunal Constitucional y la del Tribunal Supremo. En páginas anteriores (apartado 2.2 *in fine*) se ha hecho referencia a la STC 32/2013, de 11 de febrero, y en la nota 58 se ha aludido a las SSTC 161/2008, 100/2009 y 35/2011.

Sí que resultaría preciso, a mi juicio, apelar a la constante prudencia del Tribunal Constitucional[69]. Prudencia que no debe coartar su facultad de defender e interpretar la Constitución, así como los derechos fundamentales que justifican todo nuestro modelo de convivencia, pero sí servir para no alterar construcciones jurisprudenciales mantenidas durante décadas sin que nadie antes se hubiera percatado de su naturaleza manifiestamente inconstitucional[70]. Expresado en acertadas palabras de Rafael Mendizábal: "Pues bien, dada su

---

ibídem, p. 137), y en contra se han mostrado Enrique Álvarez Conde (en "Algunas...", *cit.*, p. 1344) y Francisco Marín Castán [en "El Tribunal Supremo en el ordenamiento constitucional". En Trillo Torres, Ramón; Bacigalupo, Enrique y Lucas Murillo de la Cueva, Pablo (coords): *El Tribunal...*, cit., p. 229 ss.].

[67] En *http://www.tribunalconstitucional.es/es/tribunal/estadisticas/Paginas/Estadisticas2014.aspx* (cuadro 13) se pueden consultar los revelados datos referidos al año 2014.

[68] Ver Gimeno Sendra, Vicente: "De nuevo...", *cit.*, p. 105, que alude a los derechos fundamentales de configuración legal. Ver, con carácter general, Jiménez Campo, Javier: *Derechos fundamentales: concepto y garantía*. Trotta. Madrid, 1999, que explica el relevante papel de la Ley en la definición, concreción y desarrollo de los derechos fundamentales.

[69] Discrepa de esta solución Conde-Pumpido Tourón, Cándido: "El Tribunal...", *cit.*, p. 218, con apoyo del citado discurso del Presidente del Supremo, Sr. Sala, en la apertura del año judicial de 1994. Rafael Mendizábal opina, por otra parte, que el activismo del Tribunal Constitucional de los primeros años deja paso al *self-restraint* a partir de 1992, aunque dicha tendencia sufra altibajos (en "La guerra...", *cit.*, p. 511). Y Enrique Álvarez Conde también aconseja esta elemental prudencia (en "Algunas...", *cit.*, p. 1351). Manuel Aragón la extiende a la jurisdicción ordinaria, que deberá plantear una cuestión de inconstitucionalidad cuando dude de la constitucionalidad de un precepto normativo con fuerza de Ley (en "Problemas...", *cit.*, p. 606).

[70] Manuel Aragón Reyes va más lejos, apostando por la aplicación del principio in dubio, que debería conducir a que el Tribunal Constitucional únicamente anule la interpretación de la Ley realizada por el Tribunal Supremo cuando ésta sea manifiestamente inconstitucional (en "Problemas...", *cit.*, p. 605).

posición constitucional prevalente, al Tribunal Constitucional le corresponde, precisamente por ello, tomar conciencia no sólo de su poder sino de sus limitaciones. Sólo una exigente actitud de autocontención evitará intromisiones y, con ello, conflictos. En caso contrario no sería atendible su queja porque entraran en juego los "frenos y contrapesos" propios del sistema democrático, alguno de los cuales –responsabilidad civil e incluso penal– están en manos del Tribunal Supremo. El blindaje frente a ellos no sería sano para la consolidación y perfeccionamiento del Estado de Derecho, sino al contrario"[71].

También resulta conveniente que el Tribunal Constitucional disponga de la última palabra, cuando estima que se ha producido una vulneración de un derecho procesal (en sentido amplio) por parte de los Tribunales ordinarios[72]. Esta actuación servirá para evidenciar la existencia de un principio de lealtad institucional. Es cierto que hay motivos que pueden explicar que, en ocasiones, se haya optado por anular la resolución judicial impugnada en amparo y confirmar la firmeza de otra (dictada en instancia o apelación). Uno, bastante evidente, es no alargar más una causa en la que, no lo olvidemos, hay un recurrente que lleva casi siempre años esperando obtener el amparo solicitado. Otro, presente en algunos de los casos examinados en este trabajo, que es evitar que el Tribunal autor de la resolución judicial cuestionada puede obstaculizar la concesión del amparo.

Resulta claro que esta última justificación debería ser desterrada. Y ello no solamente porque de esta forma se consagraría un anormal funcionamiento

---

[71] En "La guerra…", *cit.*, p. 534. Debe matizarse que hoy ya no es exigible la responsabilidad civil ante la Sala de lo Civil del Tribunal Supremo.

[72] Juan Antonio Xiol Ríos denomina, gráficamente, a estas situaciones como de cortocircuito procesal en "La posición…", *cit.*, pp. 98 ss. Ver, también, Campanelli, Giuseppe: "I rapporti…", *cit.*, pp. 275 ss. Y debe de indicarse que, aunque no sólo se ha visto afectada por ellas el Tribunal Supremo (vid la STC 170/1994), resulta grave aceptar que la Sentencia anulada presenta un problema relacionado con la tutela judicial efectiva y negarle la posibilidad de repararlo por sí mismo. Aunque esto es lo ocurrido con algunas de las Sentencias contempladas en estas líneas, es forzoso admitir que en algunas circunstancias (como son las concurrente en el caso Isabel Preysler II o en el amparo de los ex-Magistrados del Tribunal Constitucional) era la solución más razonable si se quería solventar, de una vez por todas, la rebelión protagonizada por la Sala Primera del Tribunal Supremo. Dicho con otras palabras, aunque tal comportamiento sea discutible en el plano dogmático e institucional, devolver la causa al Tribunal ordinario hubiera supuesto un alargamiento de la vía judicial (con perjuicio de los recurrentes) y del conflicto procesal (con perjuicio para la propia pervivencia del modelo constitucional que nos hemos dado).

del poder judicial en nuestro país, sino también, y sobre todo, porque de esta forma el Tribunal Constitucional podría recibir un *feedback* de su labor. Una retroalimentación en la que ya no se cuestionaría su autoridad, sino sus argumentos. Es probable que esta sana crítica, como la proveniente del ámbito doctrinal, pudiera contribuir a mejorar la calidad de las resoluciones del Alto Tribunal, contribuyendo, así, a mejorar nuestro actual Estado constitucional.

PRESENTE Y LÍNEAS DE REFORMA DEL SISTEMA DE RECURSOS EN EL PROCESO CIVIL ESPAÑOL

Rafael Bellido Penadés
Profesor Titular (acreditado a Catedrático) de Derecho Procesal
Universitat de València
Ex Letrado del Tribunal Constitucional

I. LA SUCESIÓN DE REFORMAS LEGALES CON INCIDENCIA EN EL ACCESO AL RECURSO EN EL PROCESO CIVIL

Desde que en enero de 2001 entrara en vigor la Ley 1/2000, de 7 de enero, de Enjuiciamiento Civil, se han publicado numerosas leyes que, en mayor o en menor medida, han alterado el sistema de recursos que para el proceso civil introdujo la referida ley.

Algunas de esas modificaciones han sido muy puntuales. Es el caso de las modificaciones establecidas en la Ley 15/2007, de 3 de julio, de Defensa de la Competencia, relativa a las actuaciones procesales a adoptar cuando la conducta objeto mediato del proceso civil pueda ser objeto también de un expediente administrativo ante órganos de Defensa de la Competencia (disposición adicional segunda). Lo mismo puede predicarse de las modificaciones introducidas por la Ley 42/2015, de 5 de octubre, de reforma de la Ley 1/2000, de 7 de enero, de Enjuiciamiento Civil, que introduce algún pequeño cambio con relación al procedimiento establecido para resolver sobre la revisión civil.

Sin embargo, otras reformas han sido de mucho mayor calado, ya afecten a un conjunto de recursos propios del proceso civil, o tan sólo a algunos de ellos. Es el caso de la Ley 13/2009, de 3 de noviembre, de reforma de la legislación procesal para la implantación de la nueva Oficinal judicial, respecto de las funciones del Secretario Judicial[1] en la tramitación del recurso; de la LO 1/2009, de 3 de noviembre, complementaria de la Ley de reforma de la legislación procesal para la implantación de la nueva Oficinal judicial, por la que se modifica la Ley Orgánica 6/1985, de 1 de julio del Poder Judicial, que instaura de modo generalizado la constitución de un depósito para recurrir; de la Ley 37/2011, de 10 de octubre, de medidas de agilización procesal, que simplifica el procedimiento de tramitación de los recursos devolutivos; de la Ley 10/2012, de 20 de noviembre, que regula determinadas tasas en el ámbito de la Administración de Justicia y del Instituto Nacional de Toxicología y Ciencias Forenses, que incrementa notablemente los agentes sujetos a estos tributo; y de la Ley Orgánica 7/2015, de 21 de julio, por la que se modifica la Ley Orgánica 6/1985, de 1 de julio del Poder Judicial, que, junto a alguna pequeña modificación relativa a la admisión a trámite del recurso de casación, introduce como nuevo motivo de revisión las sentencias del TEDH declarativas de la vulneración de un derecho reconocido en el CEDH y algunas normas relacionadas con el nuevo motivo.

II. ASPECTOS COMUNES DE LAS REFORMAS INTRODUCIDAS EN EL RÉGIMEN JURÍDICO DE LOS RECURSOS CONTRA SENTENCIAS DISEÑADO POR LA LEC DE 2000

Dada la amplitud del objeto de análisis, nuestro estudio se centrará en el examen de las reformas que se han producido respecto de los recursos o medios de impugnación civiles que pueden considerarse de mayor relevancia, es decir, de los recursos o medios de impugnación que se dirigen contra sentencias.

Dentro de esos límites, conviene aclarar que algunas de las reformas legales de mayor calado afectan de modo general o común a los distintos recursos admisibles contra sentencias en el proceso civil, por lo que serán tratados en

[1] A partir de la LO 7/2015, de 21 de julio, de reforma de la LOPJ el Cuerpo de Secretarios Judiciales pasa a denominarse Cuerpo de Letrados de la Administración de Justicia, cambio de designación que si bien puede considerarse loable en la intención, no debe considerarse acertada en la elección del nuevo término, dada la confusión que puede producir respecto de otros sujetos que intervienen en el proceso, con una denominación básica similar (Abogado o Letrado), pero con una función radicalmente diferente. Por economía del lenguaje y claridad expositiva seguiremos refiriéndonos al Secretario Judicial.

este apartado, para abordar en un epígrafe posterior las reformas específicas de algunos recursos o medios de impugnación contra sentencias en concreto.

1. Las funciones del Secretario Judicial en la tramitación de los recursos devolutivos contra sentencias

Como es sabido, uno de los objetivos principales de la reforma realizada mediante la Ley 13/2009 era llevar a cabo una distribución de funciones entre Jueces y Magistrados, por una parte, y Secretarios Judiciales, por otra parte. En coherencia con ello, dicha ley determinó las funciones que debían asumir los Secretarios Judiciales durante la tramitación de los recursos devolutivos contra sentencias (apelación, casación y extraordinario por infracción procesal). Entre ellas se encuentra la función de dictar resoluciones de distinta naturaleza, tanto relativas a la mera tramitación, como relativas a la propia decisión de poner fin al procedimiento.

Son las últimas las merecedoras de mayor atención, entre las que se encontraban la función del Secretario Judicial de declarar la deserción del recurso devolutivo cuando el recurso no se interpusiera dentro de plazo ante el tribunal *a quo* (arts. 458. 2, 471 y 481. 4 LEC), o cuando el recurrente no se personara dentro de plazo ante el tribunal *ad quem* (arts. 463. 1, 472 y 482. 1 LEC). En la actualidad sólo subsiste esta función del Secretario Judicial en el segundo caso, pues tras la supresión del trámite de preparación de los recursos devolutivos por la Ley 37/2011, las consecuencias de la falta de interposición del recurso dentro de plazo son las mismas que las que antaño se atribuían a la defectuosa preparación, que el Secretario lo pondrá en conocimiento del tribunal para que se pronuncie sobre la admisión del recurso (arts. 458. 3, 470.2 y 479. 2 LEC).

La atribución al Secretario Judicial de la función de acordar la finalización del procedimiento de recurso suscita dudas de inconstitucionalidad, que el propio legislador contempla, pero que no lleva hasta sus últimas consecuencias. El legislador razona en el Preámbulo que, en lo que respecta a la puesta en marcha del procedimiento, se atribuye al Secretario Judicial la competencia para admitir la demanda, lo que se justifica en que el acto procesal de admisión de la demanda se configura como una actuación reglada. Sin embargo, admite que cuestión distinta es la inadmisión de la demanda, pues "el derecho de acceso a la justicia forma parte del derecho a la tutela judicial efectiva, y por ello sigue reservándose a Jueces y Tribunales la decisión acerca de la inadmisión de la demanda. En la medida en que supone cercenar un derecho constitucionalmente reconocido requiere o exige un pronunciamiento judicial que fundamente su limitación, pronunciamiento que debe quedar en el ámbito jurisdiccional de Jueces y Tribunales. Esto significa que, apreciada por el Secretario judicial la falta de alguno de los requisitos o presupuestos de la demanda, deberá dar cuenta al Juez para que éste se pronuncie definitivamente sobre su admisión".

Ahora bien, cuando se refiere a la terminación del procedimiento el legislador señala que "la idea que preside la reforma es que, en aquellos casos en que pueda ponerse fin al mismo como consecuencia de la falta de actividad de las partes o por haber llegado éstas a un acuerdo, pueda el Secretario judicial dictar decreto que ponga fin al procedimiento. Ello es así porque en estos casos se trata de convalidar lo que no es sino expresión de la voluntad de las partes, sin perjuicio de los recursos que quepa interponer contra el decreto del Secretario judicial a fin de que el titular del órgano judicial pueda revisar la resolución".

El texto de la ley es coherente con el anterior planteamiento, en lo que se refiere al acceso al recurso, que, una vez establecido por el legislador ordinario, se incorpora en el contenido esencial del derecho a la tutela judicial efectiva. En consecuencia, si el Secretario Judicial observa un requisito insubsanable en el escrito de preparación (hoy de interposición) del recurso, o un requisito subsanable, pero no subsanado dentro de plazo, el Secretario Judicial debe ponerlo en conocimiento del órgano judicial competente, al cual se reserva la decisión de su rechazo mediante auto (art. 480. 1 LEC y núm. 7 disp. adic. decimoquinta LOPJ), recurrible además en queja ante el tribunal competente para resolverlo.

Sin embargo, no resulta tan claro que el planteamiento del legislador sea coherente en su conjunto, pues si son manifestaciones del derecho a la tutela judicial efectiva tanto el acceso a la jurisdicción como el acceso al recurso, también es una manifestación o vertiente de dicho derecho fundamental el derecho a obtener una resolución sobre el fondo, tanto en la instancia como en sede de recurso, y dicha vertiente resulta afectada cuando se pone fin al procedimiento sin emitir ese pronunciamiento de fondo[2].

---

2 Podría rebatirse argumentando que el derecho a un pronunciamiento sobre el fondo sólo corresponde a condición de que se cumplen los requisitos establecidos por el legislador. Sin em-

En consecuencia, comparto que el cercenamiento o limitación de un derecho fundamental requiere un pronunciamiento judicial que fundamente su limitación y que éste debe quedar reservado a la potestad jurisdiccional de Juzgados y Tribunales y de los Jueces y Magistrados que los integran (art. 117. 3 CE), conclusión que por las razones expuestas debería predicarse tanto respecto de las resoluciones que impiden el acceso a la jurisdicción o a los recursos, como respecto de las que ponen fin al procedimiento sin pronunciamiento sobre el fondo del asunto[3].

---

bargo, esa condición resulta igualmente exigible para acceder a los recursos establecidos por el legislador, o incluso para acceder a la jurisdicción, pues el derecho a la tutela judicial efectiva en sus distintas vertientes es un derecho de configuración legal.

[3] Cfr. BELLIDO PENADÉS, R., "La protección de los derechos fundamentales en el recurso de casación civil", en *El recurso de casación civil* (Dir. Bonet Navarro), Aranzadi, 2010, p. 385. Podría cuestionarse, además, si esas nuevas funciones del Secretario son compatibles con el principio de exclusividad jurisdiccional consagrado en el art. 117. 3 CE, así como qué relación guarda con ese principio el hecho de que la resolución del Secretario (órgano administrativo incardinado en el Ministerio de Justicia) mediante la que se pone fin al procedimiento –sea de instancia o de recurso, y sea éste ordinario o extraordinario– sea susceptible de revisión ante un órgano judicial (Vid. Sobre el particular BANACLOCHE PALAO, J., "El proyecto de Nueva Oficina Judicial: ¿Hacia un nuevo proceso administrativizado?", *Diario La Ley*, núm. 7210/2009, de 29 de septiembre, pp. 9 y ss.). Sin embargo, la respuesta a la cuestión anterior requeriría plantearse igualmente en qué medida el principio de exclusividad jurisdiccional exige, tratándose de supuestos de heterotutela, que la decisión inicial de la controversia se atribuya a órganos investidos de potestad jurisdiccional, o si para el respeto de dicho principio constitucional es suficiente con que se reserve a éstos la decisión definitiva de la controversia. Véase al respecto ORTELLS RAMOS, M., *Derecho Procesal. Introducción*, Madrid, 2006, pp. 167 y ss. Así mismo, sobre un breve análisis de la cuestión a la luz de jurisprudencia constitucional de interés puede verse mi trabajo *La tutela frente a la competencia desleal en el proceso civil*, Granada, 1998, pp. 25 y ss. Los originales de este libro y capítulo se enviaron a la editorial el 27 de enero de 2016. Durante el proceso de edición, concretamente en marzo de 2016 el Tribunal Constitucional ha confirmado las dudas de inconstitucionalidad que planteábamos en su STC 58/2016, de 17 de marzo, FJ 7, en la que se declara lo siguiente: "El derecho fundamental garantizado por el art. 24.1 CE comporta que la tutela de los derechos e intereses legítimos de los justiciables sea dispensada por los Jueces y Tribunales, a quienes está constitucionalmente reservada en exclusividad el ejercicio de la potestad jurisdiccional (art. 117.3 CE). Este axioma veda que el legislador excluya de manera absoluta e incondicionada la posibilidad de recurso judicial contra los decretos de los Letrados de la Administración de Justicia resolutorios de la reposición, como acontece en el cuestionado párrafo primero del art. 102 bis.2 LJCA.

Entenderlo de otro modo supondría admitir la existencia de un sector de inmunidad jurisdiccional, lo que no se compadece con el derecho a la tutela judicial efectiva (así, STC 149/2000, de 1 de junio, FJ 3, para otro supuesto de exclusión de recurso judicial) y conduce a privar al justiciable de su derecho a que la decisión procesal del Letrado de la Administración de Justicia

2. El restablecimiento del depósito para recurrir

La Ley Orgánica 1/2009, de 3 de noviembre, complementaria de la Ley 13/2009, de 3 de noviembre, de implantación de la nueva oficina judicial, añade una disposición adicional decimoquinta a la Ley Orgánica del Poder Judicial mediante la que se restablece, aunque con una extensión hasta ahora desconocida en nuestro ordenamiento, el tradicional requisito del previo depósito para recurrir[4].

El importe del depósito para recurrir no es de elevada cuantía, pues se fija en 30 euros respecto del recurso de queja y en 50 euros para cada uno de los tres recursos devolutivos contra sentencias propios del orden jurisdiccional civil (apelación, casación y extraordinario por infracción procesal). Sin embargo, su extensión desborda la conocida en nuestro ordenamiento procesal civil hasta la fecha, pues no se limita a los recursos extraordinarios, sino que se extiende a los recursos ordinarios, como el recurso de apelación, o incluso a los recursos contra resoluciones interlocutorias, en cuyo caso se exige la consignación de un depósito de 25 euros.

---

sea examinada y revisada por quien está investido de jurisdicción (esto es, por el Juez o Tribunal), lo que constituiría una patente violación del derecho a la tutela judicial efectiva (SSTC 115/1999, de 14 de junio, FJ 4, y 208/2015, de 5 de octubre, FJ 5).

En suma, el párrafo primero del art. 102 bis.2 LJCA, redactado por la Ley 13/2009 ("Contra el decreto resolutivo de la reposición no se dará recurso alguno, sin perjuicio de reproducir la cuestión al recurrir, si fuere procedente, la resolución definitiva"), incurre en insalvable inconstitucionalidad al crear un espacio de inmunidad jurisdiccional incompatible con el derecho fundamental a la tutela judicial efectiva y la reserva de jurisdicción a los Jueces y Tribunales integrantes del poder judicial. El precepto cuestionado, en cuanto excluye del recurso judicial a determinados decretos definitivos del Letrado de la Administración de Justicia (aquellos que resuelven la reposición), cercena, como señala el ATC 163/2013, FJ 2, el derecho del justiciable a someter a la decisión última del Juez o Tribunal, a quien compete de modo exclusivo la potestad jurisdiccional, la resolución de una cuestión que atañe a sus derechos e intereses y legítimos, pudiendo afectar incluso a otro derecho fundamental: a un proceso sin dilaciones indebidas. Ello implica que tal exclusión deba reputarse lesiva del derecho a la tutela judicial efectiva que a todos garantiza el art. 24.1 CE y del principio de exclusividad de la potestad jurisdiccional (art. 117.3 CE)".

[4] Sobre el particular, CUCARELLA GALIANA, L. A., "Aspectos relativos al depósito para recurrir previsto por la Disposición Adicional Decimoquinta de la Ley Orgánica 1/2009, de 3 de noviembre", en *El recurso de casación civil* (Dir. BONET NAVARRO, J.), Aranzadi, 2010, pp. 473 y ss. y DE LUCHI LÓPEZ-TAPIA, Y., "El reinstaurado depósito para recurrir wn casación civil", en *El recurso de casación civil* (Dir. BONET NAVARRO, J.), Aranzadi, 2010, pp. 487 y ss.

El Preámbulo de la Ley Orgánica 1/2009 justifica la reforma en el sentido de que el fin principal de la introducción del depósito previo a la presentación de recursos "es disuadir a quienes recurran sin fundamento jurídico alguno, para que no prolonguen indebidamente el tiempo de resolución del proceso en perjuicio del derecho a la tutela judicial efectiva de las otras partes personadas en el proceso".

Sin embargo, no deja de señalar cuál será el destino de las cantidades recaudadas en el caso de que se acuerde su pérdida [5]. En realidad, no parece que la verdadera finalidad sea evitar la presentación de recursos de carácter meramente dilatorio, pues un depósito que el propio legislador califica como de escasa cuantía carece de aptitud para conseguir los efectos pretendidos. Pero, al mismo tiempo, dicho fin puede alcanzarse mediante otras técnicas más respetuosas con los derechos fundamentales en juego, como la eficacia no suspensiva de los recursos, o un adecuado régimen de ejecución provisional de las resoluciones impugnadas. En este sentido, es de recordar que la Ley de Enjuiciamiento Civil de 2000 ya ponderó la posibilidad de establecer el requisito del depósito previo para la presentación de recursos extraordinarios, pero lo rechazó con fundamento en que suponía un obstáculo para el ejercicio del derecho a la tutela judicial efectiva y por sus posibles efectos negativos sobre el principio de igualdad de los justiciables, así como porque el efecto disuasorio que lo justificaría a fin de impedir recursos temerarios o de finalidad dilatoria podía alcanzarse igualmente mediante el régimen de ejecución provisional diseñado. Por ello, la verdadera finalidad de la reforma parece más bien de índole recaudatorio, como se infiere del apartado del Preámbulo expuesto[6].

---

[5] En este sentido el Preámbulo indica que "los ingresos que se puedan generar por el uso abusivo del derecho a los recursos se vinculan directamente al proceso de modernización de la justicia, a la creación y mantenimiento de una plataforma de conectividad entre las distintas aplicaciones y sistemas informáticos presentes en la Administración de Justicia y a financiar el beneficio de justicia gratuita. Estos ingresos se distribuyen entre el Estado y las Comunidades Autónomas con competencias en materia de Justicia".

[6] Con lo anterior no se quiere decir que el establecimiento del depósito para recurrir, al menos respecto de resoluciones definitivas en el orden jurisdiccional civil, sea inconstitucional, pues, si el legislador es libre para no establecer siquiera recursos en el orden jurisdiccional civil contra la resolución de primera instancia, también lo es para configurar los requisitos que condicionan el acceso a los mismos, se trate de recursos ordinarios o, con mayor razón, si se trata de recursos extraordinarios.

Según se declaró por el Pleno del Tribunal Constitucional, "el acceso a los recursos tiene una distinta relevancia constitucional que el acceso a la jurisdicción. Mientras que el derecho a una respuesta judicial sobre las pretensiones esgrimidas goza de naturaleza constitucional, en tanto

Por lo demás, si la intención del legislador es objetiva, disuadir de la interposición de recursos con fines meramente dilatorios, lo razonable es que la necesidad de la consignación del depósito para recurrir se hubiera realizado en condiciones de igualdad y sin acepción de personas, siendo por tanto criticable el privilegio de exención de depósito para recurrir establecido en favor del Ministerio Fiscal y, sobre todo, de las Administraciones públicas, pues ni ellas, ni las personas físicas que las representan o actúan por ellas, están exentas de por sí de toda finalidad dilatoria.

3. Algunas cuestiones de procedimiento

A) Emplazamiento y personación ante el tribunal ad quem

La Ley 22/2003, de 9 de julio, Concursal persiguió en su disposición final tercera una mejora técnica en la tramitación de los tres recursos devolutivos principales del proceso civil, a cuyo fin exigió que en los recursos devolutivos (apelación, casación y extraordinario por infracción procesal) cuando el Juez *a quo* remitiera los autos al tribunal *ad quem* debía simultáneamente proceder al emplazamiento de las partes ante el mismo. Sin embargo, la mejora técnica se quedó a medio camino, al no establecer las consecuencias de la falta de personación ante el tribunal *ad quem.*

Lo que no puede considerarse como una reforma de calado en el diseño del sistema de recursos en el orden jurisdiccional civil, sí fue de indudable trascendencia en lo relativo al acceso de los recursos devolutivos reconocidos

---

que deriva directamente del art. 24.1 CE, el derecho a la revisión de una determinada respuesta judicial tiene carácter legal. El sistema de recursos, en efecto, se incorpora a la tutela judicial en la configuración que le otorga cada una de las leyes reguladoras de los diversos órdenes jurisdiccionales, sin que, como hemos precisado en el fundamento jurídico 5.° de la STC 37/1995, «ni siquiera exista un derecho constitucional a disponer de tales medios de impugnación, siendo imaginable, posible y real la eventualidad de que no existan, salvo en lo penal (SSTC 140/1985, 37/1988 y 106/1988)». En fin, «no puede encontrarse en la Constitución –hemos dicho en el mismo lugar– ninguna norma o principio que imponga la necesidad de una doble instancia o de unos determinados recursos siendo posible en abstracto su inexistencia o condicionar su admisibilidad al cumplimiento de ciertos requisitos. El establecimiento y regulación, en esta materia, pertenece al ámbito de libertad del legislador (STC 3/1983)" (STC 216/1998, de 16 de noviembre, FJ 1, TRC 1998\216). En el mismo sentido, entre otras resoluciones más recientes STC 214/2003, de 1 de diciembre, FJ. 3, RTC 2003\214 y STC 100/2009, de 27 de abril, FJ 4, RTC 2009\100.

en el proceso civil, que fue devastadora merced a la rigurosa interpretación que se efectuó por la jurisprudencia, en especial, por la de la Sala Primera del Tribunal Supremo en lo que se refería al recurso de casación y al recurso extraordinario por infracción procesal.

En un primer momento la jurisprudencia del Tribunal Supremo consideró que en la redacción original de la Ley de Enjuiciamiento Civil, al no contemplarse el emplazamiento ni el plazo en que hacerlo, ya que el artículo 482 LEC se limitaba a establecer la remisión de los autos, debía entenderse que "la comparecencia de las partes era facultativa, configurándose como una carga, pero sin que la falta de personación del recurrente afectase al mantenimiento de la pretensión impugnatoria, determinando únicamente la pérdida de las oportunidades procesales relativas a las actuaciones practicadas durante la sustanciación de los recursos".

Sin embargo, tras la reforma de los artículos 472 y 482.1 LEC llevada a cabo por la disposición final trigésima quinta de la Ley Concursal de 2003, ya contemplaba la ley que la Audiencia Provincial, después de la interposición del recurso de casación, debía remitir las actuaciones al tribunal *ad quem*, "con emplazamiento de las partes ante él por término de treinta días". Al establecerse ya en la regulación legal la necesidad del emplazamiento por plazo de treinta días, la jurisprudencia consideró que en la nueva regulación la consecuencia de la falta de comparecencia de la parte recurrente ante el tribunal *ad quem* dentro de plazo debía ser la declaración del recurso como desierto, al estimar que es "la deserción el efecto implícito ahora en esos preceptos, como resulta claramente deducible de su literalidad, así como del contexto normativo en que se hallan ubicados, resultando tradicional en nuestro ordenamiento procesal la declaración como desierto del recurso devolutivo, caso de no personarse en el plazo fijado y ante el órgano jurisdiccional competente la parte que lo presenta (vid. arts. 840, 1696 y 1704 de la antigua")[7] [8].

---

[7] En este sentido AATS de 17 de mayo de 2005, JUR 2005\150596 y de 31 de mayo de 2005, JUR 2005\135876.

[8] Esta problemática ha recibido distinto tratamiento en la jurisprudencia constitucional con relación a la falta de personación del recurrente ante el tribunal de apelación con motivo de la redacción del art. 463 de la LEC, la cual ofrecía problema similar al que planteaba el art. 482 de la LEC para el recurso de casación. Así, en el ATC 244/2004, de 6 de julio, siguiendo la línea argumental mantenida en la jurisprudencia del Tribunal Supremo, se inadmitió a trámite la demanda de amparo por carencia manifiesta de contenido, por considerar razonable la interpretación realizada

La interpretación mantenida en la jurisprudencia del Tribunal Supremo fue criticada con razón en la doctrina, en el entendimiento de que la ley no establecía la sanción jurídica a la falta de personación del recurrente ante el tribunal *ad quem* y de que la sanción de declarar desierto el recurso, dada su extrema gravedad, debía preverse expresamente en la ley. Tampoco el tratamiento ofrecido tradicionalmente en nuestra legislación procesal a la falta de personación ante el tribunal *ad quem* (deserción del recurso) justificaba su aplicación en la configuración del recurso de casación elaborada por la Ley de Enjuiciamiento Civil de 2000, pues en la regulación de la Ley de Enjuiciamiento Civil de 1881 el recurso debía interponerse o formalizarse ante el tribunal *ad quem*, por lo que, si la parte recurrente no se personaba ante dicho tribunal, el recurso no llegaba a formalizarse ni a fundamentarse, mientras que en la configuración del recurso efectuada en la Ley de Enjuiciamiento Civil de 2000 el recurso se interpone y fundamenta ante el tribunal *a quo*, quedando ya en el escrito de

---

por el tribunal de apelación consistente en estimar que, tras la redacción de la Ley 22/2003, en el art. 463 de la LEC se atribuye al recurrente la carga de personarse en tiempo y forma, y que la consecuencia de declarar desierto el recurso, en caso de falta de personación en plazo, no resulta extraña a nuestro ordenamiento procesal, pues la legislación anterior establecía expresamente la deserción del recurso para el apelante que no se personase en tiempo y forma ante el tribunal anterior (art. 840 LEC).

Por el contrario, la Sala Primera del Tribunal Constitucional en la STC 195/2007, de 11 de septiembre, ha mantenido una interpretación diferente sobre la base de la aplicación judicial que en el caso se hizo del art. 463 LEC, también tras la redacción de la Ley 22/2003. Una vez formulado escrito de oposición por la parte apelada, el Juzgado dictó providencia en la que acordaba que "conforme a lo ordenado en el art. 463.1 LEC, remítanse los autos a la Audiencia Provincial ... para resolver la apelación previo emplazamiento de las partes por treinta días". La falta de personación del apelante en plazo ante el tribunal de apelación determinó que se declara desierto el recurso.

Frente a ello, el Tribunal Constitucional consideró que, en principio, interpretar que la comunicación del contenido íntegro de la providencia dictada al amparo del art. 463.1 de la LEC hace referencia a un acto procesal unitario, que incluye tanto la notificación del trámite de remisión de los autos como el emplazamiento, constituye una interpretación del referido precepto que se ajusta al canon de constitucionalidad imperante en sede de acceso al recurso, en cuanto no puede calificarse de arbitraria, notoriamente infundada o incursa en error patente. Sin embargo, se añade que en este caso concreto no fue razonable estimar que la parte no sufrió indefensión efectiva, ya que la parte ajustó su conducta procesal a una indicación judicial expresa, pues "la afirmación realizada por el Juzgado de Primera Instancia de que llevaría a cabo el emplazamiento de las partes antes de remitir los autos a la Audiencia Provincial, dada la auctoritas que corresponde a quien la hizo constar (...), era susceptible de determinar el comportamiento procesal de la parte litigante". Por lo que se concluye otorgando el amparo por vulneración del derecho a la tutela judicial efectiva sin indefensión.

interposición delimitadas las cuestiones objeto del recurso[9]. A lo que habría que añadir que la ley no establecía ese importante efecto para el supuesto de la falta de personación ante el tribunal *ad quem*, cuando sí disponía dicha consecuencias para otros supuestos de inactividad del recurrente[10].

Con la Ley 13/2009, de reforma de la legislación procesal para la implantación de la nueva oficina judicial, se zanja definitivamente la cuestión, ya que mediante la misma se modifican los art. 463, 472 y 482 para establecer expresamente respecto de todos los recursos devolutivos (apelación, casación y extraordinario por infracción procesal) el efecto de la deserción del recurso en caso de falta de personación en plazo del recurrente ante el tribunal *ad quem*; solución que probablemente no sea la más razonable, habida cuenta de que la interposición del recurso, con la consiguiente completa fundamentación, se realiza con anterioridad ante el tribunal *a quo*, pero, al menos, acaba con la inseguridad jurídica que ocasionaba la anterior redacción legal y evita o dificulta interpretaciones judiciales que pudieran colisionar con el derecho a la tutela judicial efectiva.

B) La simplificación del procedimiento de los recursos devolutivos

En materia de procedimiento la reforma de mayor envergadura fue la llevada a cabo por la Ley 37/2011, de 10 de octubre, de medidas de agilización procesal, que simplifica el procedimiento de tramitación de los recursos devolutivos.

Como es sabido el procedimiento de los recursos devolutivos contra sentencias en el proceso civil se desarrolla en parte ante el órgano *a quo* que ha dictado la resolución recurrida y en parte ante el tribunal *ad quem* competente para la resolución del recurso devolutivo.

---

[9] Cfr. MONTERO AROCA/FLORS MATIES, *El recurso de casación...*, ob. cit., p. 329. También en sentido contrario al efecto de deserción del recurso, LÓPEZ SÁNCHEZ, *Los recursos extraordinarios...*, ob cit., p. 235.

[10] Así, ORTELLS RAMOS, *Derecho Procesal...*, ob. cit., p. 552, señala que "es problemática la consecuencia de la falta de personación del recurrente. A mi juicio no puede ser la de deserción del recurso, porque no puede sostenerse que hay un desistimiento tácito cuando el recurso ya ha sido dotado de objeto y fundamentado por el recurrente y, además, la ley ha vinculado expresamente el efecto de la deserción a otra inactividad del recurrente (art. 481. 4 LEC).

En el sistema de recursos devolutivos diseñado por la LEC de 2000 el recurso de apelación contra sentencias se preparaba e interponía ante el Juzgado que ha dictado la sentencia que se persigue apelar, ante el cual debían presentarse en su caso los escritos de oposición al recurso o de impugnación de la sentencia recurrida (arts. 457 a 461 LEC). Tras ello, el Juzgado debía remitir los autos al tribunal *ad quem*, el cual debía resolver sobre la admisión de la prueba, sobre la celebración de vista y sobre la estimación o desestimación del recurso de apelación (arts. 463 a 465 LEC).

Por su parte, en el sistema diseñado en la LEC de 2000 el recurso de casación o el recurso extraordinario por infracción procesal se preparaba e interponía ante la Audiencia Provincial cuya sentencia se recurría (arts. 479 y 481 LEC), que, una vez lo tenía por preparado e interpuesto, remitía los autos a la Sala de lo Civil del Tribunal Supremo, emplazando a las partes ante la misma. Ésta decidía sobre la admisión del recurso (art 483 LEC), sin estar vinculada por lo decidido por la Audiencia Provincial, sobre la oposición del recurrido (art 485 LEC) y sobre su estimación o desestimación (art. 487 LEC), tras la eventual celebración de vista (art 486 LEC).

La reforma introducida por la Ley 37/2011 tiene como uno de sus objetivos –ante el problema de aumento de litigiosidad– la agilización de los procedimientos, entre otros, los procedimientos mediante los que se sustancian los recursos devolutivos contra sentencias y con esa finalidad de agilizar el procedimiento suprime el trámite de preparación del recurso.

En la regulación anterior en la fase de preparación se delimitaba la pretensión impugnatoria (arts. 457. 2, 470 y 479 LEC) y en la fase de interposición se establecía la fundamentación del recurso (arts. 458, 471 y 481 LEC).

En consecuencia, con anterioridad a la reforma se seguían dos trámites separados y sucesivos ante el tribunal *a quo* en los distintos recursos devolutivos contra sentencias, la preparación y la interposición. Con la reforma de 2011 los dos trámites se integran en uno, la interposición, que sigue siendo competencia del tribunal *a quo* y en el que deben realizarse simultáneamente tanto la delimitación de la pretensión impugnatoria como su fundamentación.

La reforma debe considerarse positiva en el objetivo perseguido y en el instrumento utilizado (acortamiento de la duración legal del procedimiento mediante la supresión de un trámite), aunque quizá sea más dudoso desde la perspectiva del resultado alcanzado por la Ley 37/2011.

Duración media de los recursos en el orden civil.

	2002	2003	2004	2005	2006
Apelación (AAPP)	7,5	6,7	5,8	5,0	5,0
Casación e I.P. (TS 1ª)	32,1	32,2	32,5	31,9	31,2

	2006	2007	2008	2009	2010	2011	2012	2013	2014
Apelación (AAPP)	5,0	5,2	5,5	5,5	5,8	6,0	6,5	7,5	7,1
Casación e I.P. (TS 1ª)	31,2	27,8	19,4	18,5	13,6	11,4	11,1	11,7	13,3

Los datos de los cuadros se han extraído del vínculo "La justicia dato a dato" del portal del CGPJ, intuyendo que los datos se refieren a la duración en meses de la fase del procedimiento de recurso que se desarrolla ante el órgano *ad quem*[11].

Si analizamos los datos expuestos a fin de determinar la influencia de la simplificación legal del procedimiento sobre la duración real de los procesos de apelación se desprende que el resultado de la reforma sobre la duración de los procedimientos de apelación no es muy positivo, pues entre los años 2005 y 2009 la duración media de la apelación civil oscilaba entre los 5.0 y los 5.5 meses, mientras que a partir del año 2012 la duración media de la apelación civil oscila entre los 6.5 y los 7.5 meses; duración media que no obstante es aceptable.

Por lo que respecta a la influencia de la reforma legal de simplificación del procedimiento de recurso sobre la duración del procedimiento de casación es forzoso reconocer que la duración media ha descendido considerablemente, pero no precisamente como consecuencia de la reforma realizada por la Ley 37/2011. Así, en los años 2002 a 2006 la duración media de los recursos de casación se encontraba en torno a los 32 meses, duración que fue descendiendo

---

11 http://www.poderjudicial.es/cgpj/es/Temas/Estadistica-Judicial/Analisis-estadistico/La-Justicia-dato-a-dato. La información que ofrece este enlace no precisa si la duración del procedimiento de recurso se refiere solo a la fase que se celebra ante el órgano *ad quem*, o incluye también la que se desarrolla ante el órgano *a quo*. No obstante, lo que expresa este enlace respecto del recurso de casación, complementado con lo que respecto de ese recurso se dice en la primera inspección al Supremo que después mencionamos, se deduce que las anteriores tablas se refieren a la fase que se celebra ante el órgano *ad quem*.

de modo continuado hasta el año 2011, en el que la duración descendió a los 11.4 meses.

Desde el año 2011 la duración del recurso de casación se ha estabilizado en torno al año (12 meses)[12], pero la reforma por Ley 37/2011 no ha influido en ella de manera decisiva, pues, si tomamos como referencia el año 2011, en el año 2012 disminuyó la duración de 11.4 a 11.1 meses, pero en los años 2013 y 2014 la duración aumentó de los 11.4 meses de 2011 a los 11.7 meses en 2013 y a los 13.3 meses en 2014.

Por lo tanto, la conclusión que cabe extraer a la luz de la escasa información ofrecida en el enlace "La justicia dato a dato" –no se precisa si los datos se refieren al procedimiento de recurso en su conjunto, ni se distingue en función de que el procedimiento termine anticipadamente mediante auto de inadmisión, o tras la tramitación completa del procedimiento mediante sentencia– es que la simplificación procedimental de la tramitación de los recursos devolutivos contra sentencias no ha redundado en una mayor agilidad procedimental ni en una reducción de la duración media de los procedimientos de apelación y de casación que, paradójicamente, se ha incrementado en alguna medida.

4. La reforma de las tasas judiciales

Otra reforma que también afecta a los recursos contra sentencias en el orden jurisdiccional civil, aunque no exclusivamente a ellos, es la de las tasas judiciales. La Ley 53/2002, de 30 de diciembre, de Medidas Fiscales, Administrativas y de Orden Social, recuperó la tasa por el ejercicio de la potestad jurisdiccional en el ámbito de la Administración de Justicia, pero la

---

[12] Sin embargo, los datos que se desprenden del anterior enlace (http://www.poderjudicial.es/cgpj/es/Temas/Estadistica-Judicial/Analisis-estadistico/La-Justicia-dato-a-dato) no se corresponden totalmente con los que resultan de la primera inspección realizada al Tribunal Supremo en la democracia, que son más precisos y de los que da cuenta la nota de prensa del alto Tribunal de 30 de diciembre de 2015. En ella se pone de manifiesto que la duración media de los procedimientos desde que entran en la Sala Primera del Tribunal Supremo en el caso de los recursos de casación es de 16,5 meses, si el asunto no se admite a trámite y de 22,2 meses, si el asunto se admite a trámite y termina con sentencia. En el caso de los recursos extraordinarios por infracción procesal exclusivos la duración media es de 11,2 meses, si el asunto no se admite a trámite y de 22,4 meses, si el asunto se admite a trámite y termina con sentencia.

Ley 10/2012, de 20 de noviembre, que regula determinadas tasas en el ámbito de la Administración de Justicia y del Instituto Nacional de Toxicología y Ciencias Forenses, acomete una profunda reforma en el régimen jurídico de las tasas judiciales que produce una ampliación sustancial tanto de los hechos imponibles como de los sujetos pasivos, según se reconoce de forma expresa en el Preámbulo de la referida ley.

Es por todos conocido que la ampliación más sustancial en lo que se refiere al sujeto pasivo de la tasa judicial es que se extiende a cualquier sujeto que promueva el ejercicio de la potestad jurisdiccional y realice el hecho imponible, incluidas las personas físicas, salvo a aquellas a las que se les haya reconocido el derecho de asistencia jurídica gratuita (arts. 3 y 4. 2, a LT)

Entre los hechos imponibles de la tasas se encuentra la interposición de recursos devolutivos contra sentencias en el proceso civil, del recurso de apelación (art, 2, e LT), del recurso de casación (art, 2, e LT) y del recurso extraordinario por infracción procesal (art, 2, d LT), produciéndose el devengo del tributo en el orden jurisdiccional civil en el momento de la interponer el recurso (art. 5. 1, f, g y h LT). El importe de la cuota tributaria en su parte fija asciende a 800 € para el recurso de apelación y a 1200 € para el recurso de casación y el recurso extraordinario por infracción procesal, aplicándose en la parte variable un tipo de gravamen entre el 0,25 y el 0,50 % para las personas jurídicas y un 0,10 % para las persona físicas con máximo variable de 10.000 o de 2.000 €, respectivamente.

Resulta de indudable interés conocer la incidencia que pueda haber tenido la reforma de las tasas judiciales de 2012 en el volumen de recursos de apelación y de recursos de casación (dentro de los que se incluyen los recursos extraordinarios por infracción procesal) interpuestos, datos que pueden extraerse de las tablas que se exponen a continuación.

Recursos de apelación resueltos por AAPP en el orden civil.

	2010	**2011**	**2012**	**2013**	**2014**
Tasa recurso JPI	15.1	15.9	16.0	11.7	10.6
Tasa recurso JMe	9,6	11,9	11,4	12,9	13,8

Recursos de casación e infracción procesal resueltos por TS en el orden civil[13].

	2010	2011	2012	2013	2014
Tasa recurso AAPP	3.5	4.1	4.9	4.8	6.1

Dado que la Ley 10/2012 entró en vigor en noviembre de 2012 y la Orden HAP/2662/2012, de 13 de diciembre, lo hizo en diciembre de 2012, analizamos someramente la incidencia de la reforma de las tasas judiciales sobre los recursos presentados en los años 2013 y 2014. Para ello con los términos tasa de recurso nos referimos al porcentaje de sentencias y resoluciones de los Juzgados de Primera Instancia y de los Juzgados de lo Mercantil que se recurrieron en apelación y al porcentaje de sentencias de las Audiencias Provinciales que se recurrieron en casación y mediante recurso extraordinario por infracción procesal. La incidencia de la reforma de las tasas judiciales fue muy desigual.

En el recurso de casación el nuevo régimen de las tasas judiciales no parece que influyera claramente, pues el porcentaje de recursos de casación ingresados disminuyó muy levemente (del 4.9 % al 4.8 %) en el año 2013 y aumentó considerablemente en el año 2014 (pasa del 4.9 % al 6, 1 %).

En el recurso de apelación el resultado es muy diferente, según se trate de sentencias y resoluciones de los Juzgados de Primera Instancia o de los Juzgados de lo Mercantil. En el caso de resoluciones de los Juzgados de lo Mercantil, aumenta levemente el porcentaje de resoluciones apeladas, que pasan del 11.4% de 2012, al 12.9% en 2013 y al 13.8% en 2014.

Sin embargo, en el caso de sentencias de los Juzgados de Primera Instancia el porcentaje de resoluciones apeladas sí experimenta un notable descenso, pues pasan del 16.0% de 2012, al 11.7% en 2013 y al 10.6% en 2014.

En consecuencia, la reforma de las tasas judiciales no ha producido un descenso claro de los recursos de casación ni de los recursos de apelación contra resoluciones de Juzgados de lo Mercantil, pero sí ha influido en un considerable descenso de los recursos de apelación contra resoluciones de los Juzgados de Primera Instancia. Afortunadamente, ante las reiteradas quejas de la sociedad y ante las dudas de inconstitucionalidad que podía comportar

[13] Los datos de las tablas se han extraído del vínculo "La justicia dato a dato" del CGPJ: http://www.poderjudicial.es/cgpj/es/Temas/Estadistica-Judicial/Analisis-estadistico/La-Justicia-dato-a-dato.

la reforma de las tasas de 2012, como podía vaticinarse a la luz de la STC 20/2012, de 16 de febrero, el legislador mediante el RDL 1/2015, de 27 de febrero, suprimió las tasas judiciales para las personas físicas.

5. Las tensiones entre la apertura o la restricción del acceso al recurso

En el orden penal el derecho al recurso, según la doctrina del Tribunal Constitucional, nace directamente de la CE y de la ratificación de ciertos tratados internacionales, como el PIDCP, cuyo art. 14. 5 reconoce el derecho del condenado en un proceso penal a que su condena sea revisada por un tribunal superior.

En coherencia con ello, el legislador procesal penal ha materializado la generalización de la segunda instancia penal que se inició en nuestro ordenamiento con la Ley Orgánica 19/2003, de 23 de diciembre, que introdujo las reformas orgánicas necesarias para que pudiera producirse esa generalización. Y lo ha hecho, a través de la Ley 41/2015, de 5 de octubre, de modificación de la Ley de enjuiciamiento Criminal para la agilización de la justicia penal y el fortalecimiento de las garantías procesales, mediante la introducción de un nuevo art. 846 ter, según el cual las sentencias dictadas por las Audiencias Provinciales o por la Sala Penal de la Audiencia Nacional son apelables ante la Sala de lo Civil y Penal de los Tribunales Superiores de Justicia y ante la Sala de Apelación de la Audiencia Nacional, respectivamente.

Pero, además, esa apertura del acceso al recurso en el proceso penal se ha proyectado también sobre el recurso de casación, que ha experimentado una sobresaliente apertura al ampliar las resoluciones recurribles mediante este recurso, ya que se admite que se recurran por infracción de ley sustantiva las sentencias dictadas en apelación por las Audiencias Provinciales y por la Sala de lo Penal de la Audiencia Nacional (art. 847. 2, b LECrim). Con ello se logra una vieja y justa aspiración doctrinal: el acceso a la casación de todos los tipos delictivos penales.

Dicho lo anterior, es forzoso reconocer que en el seno del proceso civil la tendencia que ha prevalecido en las últimas reformas legislativas ha sido la contraria, es decir, la de la restricción del acceso al recurso, como se verá a continuación.

III. ASPECTOS ESPECÍFICOS DE LAS REFORMAS INTRODUCIDAS EN EL RÉGIMEN JURÍDICO DE LOS RECURSOS CONTRA SENTENCIAS DISEÑADO POR LA LEC DE 2000

Como antes se adelantó, si el legislador es libre para no establecer siquiera recursos en el orden jurisdiccional civil contra la resolución de primera instancia, también lo es para configurar los requisitos que condicionan el acceso a los mismos, se trate de recursos ordinarios o, con mayor razón, si se trata de recursos extraordinarios.

Según se declaró por el Pleno del Tribunal Constitucional, "el acceso a los recursos tiene una distinta relevancia constitucional que el acceso a la jurisdicción. Mientras que el derecho a una respuesta judicial sobre las pretensiones esgrimidas goza de naturaleza constitucional, en tanto que deriva directamente del art. 24.1 CE, el derecho a la revisión de una determinada respuesta judicial tiene carácter legal. El sistema de recursos, en efecto, se incorpora a la tutela judicial en la configuración que le otorga cada una de las leyes reguladoras de los diversos órdenes jurisdiccionales, sin que, como hemos precisado en el fundamento jurídico 5.º de la STC 37/1995, «ni siquiera exista un derecho constitucional a disponer de tales medios de impugnación, siendo imaginable, posible y real la eventualidad de que no existan, salvo en lo penal (SSTC 140/1985, 37/1988 y 106/1988)». En fin, «no puede encontrarse en la Constitución –hemos dicho en el mismo lugar– ninguna norma o principio que imponga la necesidad de una doble instancia o de unos determinados recursos siendo posible en abstracto su inexistencia o condicionar su admisibilidad al cumplimiento de ciertos requisitos. El establecimiento y regulación, en esta materia, pertenece al ámbito de libertad del legislador (STC 3/1983)" (STC 216/1998, de 16 de noviembre, FJ 1)[14].

En uso de esa libertad la tendencia que ha prevalecido en las últimas reformas legislativas producidas en el seno del proceso civil ha sido la de la restricción del acceso al recurso, según se verá al analizar los aspectos específicos de las reformas producidas en los últimos años en lo que se refiere a los distintos recursos devolutivos contra sentencias en el proceso civil.

[14] En el mismo sentido, entre otras resoluciones más recientes STC 214/2003, de 1 de diciembre, FJ. 3, RTC 2003\214 y STC 100/2009, de 27 de abril, FJ 4, RTC 2009\100.

1. La segunda instancia civil

A) Las modificaciones producidas

La primera modificación que se produjo en relación al recurso de apelación civil contra sentencias no afectó propiamente al régimen de acceso a este recurso, sino a la composición del órgano judicial competente para resolverlo.

La reforma consistió en la modificación por la LO 1/2009, de 3 de noviembre, complementaria de la ley de reforma para la implantación de la oficina judicial, del art. 82. 2. 1° LOPJ, que pasó a disponer que: "Para el conocimiento de los recursos contra resoluciones de los Juzgados de Primera Instancia que se sigan por los trámites del juicio verbal por razón de la cuantía, la Audiencia se constituirá con un solo Magistrado, mediante un turno de reparto".

La resolución del recurso de apelación por un órgano judicial unipersonal se establece respecto de las sentencias dictadas en juicios verbales determinados por razón de la cuantía, es decir, de juicios verbales determinados con este criterio y cuya cuantía no exceda de los 6.000 € (art. 250. 2 LEC).

El Preámbulo de la ley lo justifica en que "con ello *se logrará reducir el tiempo de respuesta en la segunda instancia* en conflictos que, por tratarse de asuntos que no revisten especial complejidad, no precisan ser resueltos por un órgano colegiado" [15].

La segunda reforma producida sí incide directamente en el régimen de acceso a la segunda instancia civil, eliminándola de raíz respecto de los juicios verbales por razón de la cuantía cuando ésta no supere los 3.000 € (art. 455. 1 LEC).

Dicha reforma se produjo mediante la Ley 37/2011, de 10 de octubre, de medidas de agilización procesal, que en su preámbulo justifica la restricción en el acceso a la segunda instancia civil en que con ello se trata "de limitar el uso a veces abusivo, y muchas veces innecesario, de instancias judiciales".

---

[15] La cursiva es nuestra.

B) Valoración crítica

Ambas reformas suponen una reducción de garantías: la segunda evidentemente, pues suprime la posibilidad de recurso de apelación respecto de los asuntos cuya cuantía no exceda de 3.000 €, pero también la segunda, que establece que las apelaciones civiles de hasta 6.000€ se resolverán por un órgano judicial unipersonal, dadas las garantías que la colegiación lleva consigo.

Así las cosas resulta legítimo preguntarse si esta reducción de garantías resulta compensada en alguna medida por una mayor eficiencia de la Administración de Justicia en lo que se refiere al sistema de recursos judiciales.

En primer lugar, la resolución de las apelaciones civiles de hasta 6.000€ por un órgano judicial unipersonal se introdujo por la LO 1/2009 y el Preámbulo de la ley justificaba la reforma en que de ese modo se lograría "reducir el tiempo de respuesta en la segunda instancia", ¿qué consecuencias tuvo esa reforma en 2010 y en 2011 sobre la duración media de los procedimientos de segunda instancia?

Duración media de los recursos de apelación en el orden civil.

	2006	**2007**	**2008**	**2009**	**2010**	**2011**	**2012**	**2013**	**2014**
Apelación (AAPP)	5,0	5,2	5,5	5,5	5,8	6,0	6,5	7,5	7,1

De la anterior tabla se desprende que la consecuencia para la mayor agilidad del procedimiento de segunda instancia no se aprecia en absoluto, pues antes de la reforma, entre los años 2006 y 2009 la duración media de la apelación civil osciló entre 5.0 y 5.5 meses, y, después de la reforma, la duración media de la apelación fue en 2010 de 5.8 meses y en 2011 de 6.0 meses. Luego, pese a resolverse un porcentaje de recursos de apelación por órganos unipersonales, no se logró el objetivo de "reducir el tiempo de respuesta en la segunda instancia", ya que aumentó la duración media del proceso de segunda instancia.

En segundo lugar, la Ley 37/2011 suprime la posibilidad de recurso de apelación civil para los asuntos cuya cuantía no exceda de 3.000 €. El preámbulo de la ley justifica la restricción en el acceso a la segunda instancia civil en que con ello se trata "de limitar el uso a veces abusivo, y muchas veces innecesario, de instancias judiciales", por lo que cabría cuestionarse qué consecuencias tuvo en 2012 sobre el uso de la segunda instancia esa prohibición de la apelación civil en asuntos de cuantía no superior a 3.000 €[16].

Recursos de apelación resueltos por AAPP en el orden civil[17].

	2010	2011	2012	2013	2014
Tasa recurso JPI	15.1	15.9	16.0	11.7	10.6
Tasa recurso JMe	9,6	11,9	11,4	12,9	13,8

Del anterior cuadro se deduce que la incidencia de la eliminación de las apelaciones civiles de pequeña cuantía sobre el porcentaje de resoluciones que se recurren en apelación es escasa: aumenta levemente el porcentaje de resoluciones que se recurren en apelación respecto de las sentencias de los Juzgados de Primera Instancia (pasa de 15.9 % en 2011 a 16.0% en 2012) y disminuye levemente respecto de las sentencias de los Juzgados de lo Mercantil (pasa del 11.9% en 2011 al 11.4 % en 2012).

En consecuencia, con la supresión de la segunda instancia para los asuntos cuya cuantía no exceda de 3.000 € se elimina totalmente la posibilidad de corregir los errores cometidos en la primera instancia –por graves y jurídicamente interesantes que sean– y de reparar la eventual vulneración de cualesquiera derechos fundamentales y, en cambio, esa restricción de garantías no se ve compensada por una mayor eficiencia del sistema de recursos judiciales, cuyo número no se reduce respecto de las resoluciones de los Juzgados de Primera Instancia y sólo disminuye levemente respecto de las resoluciones de los Juzgados de lo Mercantil.

Por lo tanto, de los datos anteriores puede extraerse como conclusión común a las distintas restricciones de garantías introducidas con relación a la apelación civil que las reducciones de garantías no se han visto compensadas

[16] No se analiza el resultado en los años 2013 y 2014, porque en éstos la incidencia de la reforma de la ley de tasas de 2012 probablemente distorsionaría el resultado.

[17] Los datos de las dos anteriores tablas se han extraído del vínculo "La justicia dato a dato" del CGPJ: http://www.poderjudicial.es/cgpj/es/Temas/Estadistica-Judicial/Analisis-estadistico/La-Justicia-dato-a-dato.

en la práctica judicial en términos de una mayor eficiencia del sistema de recursos judiciales, pues ni ha decrecido sensiblemente el número de recursos de apelación, ni ha disminuido la duración media de los procesos de segunda instancia.

2. Los recursos extraordinarios en el proceso civil: casación y recurso por infracción procesal

A) El régimen de recursos extraordinarios instaurado por la LEC de 2000

Con la Ley 1/2000 se reordena el sistema de recursos extraordinarios en el proceso civil. En efecto, en el sistema de recursos anterior el recurso de casación civil, salvo que se fundara en la infracción de Derecho foral, era competencia de la Sala Primera del Tribunal Supremo y podía fundarse tanto en la infracción de normas procesales, como en la infracción de normas sustantivas. De hecho, en la Ley de Enjuiciamiento Civil de 1881 la mayoría de los motivos en los que podía fundarse el recurso de casación se referían a infracciones de Derecho procesal[18].

Por el contrario, la Ley 1/2000 estableció un sistema dual de recursos extraordinarios, configurando el recurso de casación como el instrumento apto para revisar la *infracción de normas de Derecho sustantivo* y el recurso extraordinario por infracción procesal como el único mecanismo adecuado para revisar la *infracción de normas procesales*. En efecto, todas las infracciones de normas procesales se recondujeron en la LEC de 2000 al nuevo recurso extraordinario por infracción procesal, que configuraba como motivos que

[18] En efecto, los motivos en los que podía fundarse la interposición del recurso de casación civil se recogían en el art. 1692 LEC/1881, el cual se refería a las infracciones de Derecho sustantivo en el motivo 4º, al referirse a la "infracción de las normas del ordenamiento jurídico o de la jurisprudencia, que fueren aplicables para resolver las cuestiones objeto de debate". Sin embargo, los motivos 1º a 3º se referían a infracciones de Derecho procesal, pues el motivo 1º se refería al "abuso, exceso o defecto en el ejercicio de la jurisdicción" y el motivo 2º a la "incompetencia o inadecuación del procedimiento". Por último, como motivo 3º se recogía el "quebrantamiento de las formas esenciales del juicio por infracción de las normas reguladoras de la sentencia o de las que rigen los actos y garantías procesales, siempre que, en este último caso, se haya producido indefensión para la parte".

podían fundamentar el nuevo recurso extraordinario la infracción de las normas sobre jurisdicción y competencia objetiva o funcional (art. 469. 1. 1° LEC), la infracción de las normas procesales reguladoras de la sentencia (art. 469. 1. 2° LEC) y la infracción de las normas legales que rigen los actos y garantías del proceso cuando la infracción determinare la nulidad conforme a la ley o hubiere podido producir indefensión (art. 469. 1. 3° LEC). En sentido opuesto, la infracción de las normas de Derecho sustantivo se reservaba como motivo del recurso de casación, según se desprende del art. 477. 1 LEC, conforme al cual "el recurso de casación habrá de fundarse, como motivo único, en la infracción de normas aplicables para resolver las cuestiones objeto del proceso".

Así mismo, la *vulneración de derechos fundamentales sustantivos* se colocó en el ámbito del recurso de casación, ya que sólo eran recurribles mediante este recurso las sentencias dictadas en segunda instancia por las Audiencias Provinciales "cuando se dictaran para la tutela judicial civil de derechos fundamentales, excepto los que reconoce el artículo 24 de la Constitución" (art. 477. 2. 1° LEC). Por el contrario, *la violación de derechos fundamentales procesales* se configuró como motivo del recurso extraordinario por infracción procesal, al establecerse como motivo del mismo la "vulneración, en el proceso civil, de derechos fundamentales reconocidos en el artículo 24 de la Constitución" (art. 469. 1. 4° LEC).

Además, *ambos recursos extraordinarios se configuraban como recursos alternativos e incompatibles*, ya que finalizada la segunda instancia, el recurrente que considerase lesionados sus derechos o intereses legítimos debía elegir entre el recurso de casación y el recurso extraordinario por infracción procesal, sin que se le permitiera interponer acumuladamente ambos recursos extraordinarios[19].

---

[19] Dicho sistema se justificaba por el legislador argumentando que "nada tiene de heterodoxo, ni orgánica ni procesalmente y menos aún, si cabe, constitucionalmente, cuando ya se han consumido dos instancias, circunscribir con rigor lógico el recurso extraordinario de casación y exigir a quien esté convencido de haberse visto perjudicado por graves infracciones procesales que no pretenda, simultáneamente, la revisión de infracciones de Derecho sustantivo.

Si se está persuadido de que se ha producido una grave infracción procesal, que reclama reposición de las actuaciones al estado anterior a esa infracción, no cabe ver imposición irracional en la norma que excluye pretender al mismo tiempo una nueva sentencia, en vez de tal reposición de las actuaciones. Si el recurso por infracción procesal es estimado, habrá de dictarse una nueva

En segundo lugar, con el fin de racionalizar y reducir la carga de trabajo de la Sala Primera del Tribunal Supremo, la competencia para conocer del recurso extraordinario por infracción procesal se confirió a la Sala de lo Civil y Penal del Tribunal Superior de Justicia (art. 468 LEC), de modo que solamente la competencia para conocer del recurso de casación se reservó con carácter general a la Sala Primera del Tribunal Supremo (art. 478 LEC)[20].

Así mismo, dado que el monopolio del control de las infracciones de normas procesales se confiaba a la Sala de lo Civil y de lo Penal del Tribunal Superior de Justicia, *a fin de garantizar la deseable unificación jurisprudencial en la interpretación de la ley procesal*, se configuró un nuevo recurso en interés de la ley para los casos de sentencias firmes divergentes de las Salas de lo Civil y Penal de los Tribunales Superiores de Justicia (arts. 490 a 493 LEC).

Sin embargo, este diseño competencial originario no fue finalmente posible, sin que llegara a entrar en vigor, ya que no se obtuvo la mayoría parlamentaria necesaria para modificar la Ley Orgánica del Poder Judicial en lo relativo al tribunal competente para conocer de recursos extraordinarios en el orden jurisdiccional civil. Ello determinó el nacimiento de la *disposición final decimosexta de la LEC*, mediante la que se establecía un régimen provisional, todavía vigente, en el que la competencia para conocer de ambos recursos extraordinarios se atribuía, con carácter general, a la Sala Primera del Tribunal Supremo. Excepcionalmente, la competencia para conocer de ambos recursos extraordinarios vino a atribuirse, en realidad, a las Salas de lo Civil y Penal de los Tribunales Superiores de Justicia cuando estas fueran las competentes para resolver el recurso de casación, por fundarse éste en infracción de las normas

---

sentencia y si ésta incurriera en infracciones del Derecho material o sustantivo, podrá recurrirse en casación la sentencia, como en el régimen anterior a esta Ley".

Y concluye reconociendo que "el régimen de recursos extraordinarios establecido en la presente Ley quizá es, en el único punto de la opción entre casación y recurso extraordinario por infracción procesal, menos «generoso» que la casación anterior con los litigantes vencidos y con sus Procuradores y Abogados" (Exposición de Motivos, apartado XIV).

20 Ello se justificó en el sentido de que "se ha considerado más conforme con las necesidades sociales, con el conjunto de los institutos jurídicos de nuestro Ordenamiento y con el origen mismo del instituto casacional, que una razonable configuración de la carga competencial del Tribunal Supremo se lleve a cabo concentrando su actividad en lo sustantivo" (Exposición de Motivos, apartado XIV).

de Derecho civil foral o especial de la Comunidad Autónoma (disposición final decimosexta 1. 1ª LEC).

Ahora bien, a fin de no sobrecargar de trabajo a la Sala de lo Civil del Tribunal Supremo, *el precio de la alteración de la distribución de competencias originaria fue una drástica reducción de las resoluciones recurribles mediante el recurso por infracción procesal* [21].

La estrepitosa restricción de las resoluciones recurribles a través del recurso por infracción procesal mediante la equiparación a las resoluciones recurribles mediante recurso de casación era evidente, pues si en el *régimen definitivo originario* se preveía que fueran recurribles mediante el recurso extraordinario por infracción procesal las "sentencias y autos dictados por las Audiencias Provinciales que pongan fin a la segunda instancia" (art. 468 LEC), en el *régimen provisional* todavía vigente sólo son recurribles mediante el recurso extraordinario por infracción procesal las resoluciones recurribles en casación, es decir, la sentencias dictadas en segunda instancia por las Audiencias Provinciales en los tres supuestos establecidos en el art. 477. 2 LEC. Por lo tanto, en el régimen vigente no son susceptibles de este recurso extraordinario ni las sentencias dictadas en segunda instancia por las Audiencias Provinciales en otros supuestos no previstos en el art. 477. 2 LEC o en otra disposición especial, ni ningún auto, ni siquiera el que ponga fin a la segunda instancia [22].

Otras consecuencias de la distribución final de competencias entre la Sala Primera del Tribunal Supremo y las Salas de lo Civil y Penal de los Tribunales Superiores de Justicia en orden a la resolución de ambos recursos extraordinarios –casación y por infracción procesal– fueron, por una parte, *la falta de*

[21] Así se deduce, sin duda, del primer párrafo del apartado 1 de la disposición final decimosexta de la LEC, merced al cual "en tanto no se confiera a los Tribunales Superiores de Justicia la competencia para conocer del *recurso extraordinario por infracción procesal*, dicho recurso *procederá*, por los motivos previstos en el artículo 469, *respecto de las resoluciones que sean susceptibles de recurso de casación* conforme a lo dispuesto en el artículo 477".

[22] Sobre las restricciones a las resoluciones recurribles mediante el recurso extraordinario por infracción procesal que ha supuesto la equiparación con las resoluciones recurribles en casación vid. BONET NAVARRO, J., "En torno al control de los derechos fundamentales de carácter procesal por la Sala Civil del Tribunal Supremo", *El recurso de casación civil* (Dir. BONET NAVARRO), Aranzadi, 2010, pp. 340 y ss., y, más extensamente, "Las resoluciones recurribles por infracción procesal con arreglo a la DF 16ª LEC", en *El recurso extraordinario por infracción procesal* (Dir. BELLIDO PENADÉS), La Ley, 2013, pp. 119 y ss.

entrada en vigor del recurso en interés de la ley [23], y, por otra parte, *la compatibilidad en el ejercicio acumulado de ambos recursos extraordinarios* [24]. La segunda consecuencia –la posibilidad de interponer acumuladamente ambos recursos– era sumamente razonable, si un único órgano judicial era el competente para conocer de sendos recursos extraordinarios, y la primera era una consecuencia ineludible, al menos, en aquellos casos en los que, con arreglo a la regla general, la competencia para conocer de ambos recursos se atribuía a la Sala de lo Civil del Tribunal Supremo.

B) Las reformas realizadas

Desde la entrada en vigor de la LEC de 2000 se han producido básicamente tres modificaciones en el régimen jurídico del recurso de casación configurado en la LEC de 2000. Las dos de mayor calado se produjeron por la Ley 37/2011, de 10 de octubre, de medidas de agilización procesal, y fueron de signo opuesto, pues si una modificación supuso una indudable restricción del acceso al recurso de casación civil, la otra supuso lo contrario y, además, en coherencia con el diseño originario establecido por el legislador de 2000.

Ambas modificaciones se llevaron a cabo dando nueva redacción al apartado 2 del art. 477 de la LEC. La primera consistió en restringir la vía de acceso al recurso de casación por razón de la cuantía, elevando ésta de 150.000 a 600.000 €.

La segunda reforma se refería a la vía del interés casacional y fue de mucha mayor trascendencia viniendo a colmar una legítima reivindicación doctrinal de dos lustros. En este sentido es de recordar que el legislador de 2000 estableció tres vías diferentes de acceso a la casación, permitiendo el acceso al mismo en virtud de distintos criterios: la importancia jurídica de la materia sobre la que versara el proceso, la cuantía económica del asunto y el interés jurisprudencial del caso; y, en coherencia con lo anterior, admitía el recurso de casación contra las sentencias dictadas en segunda instancia por las Audiencias

---

[23] ORTELLS RAMOS, M., *Derecho Procesal Civil* (Dir. ORTELLS RAMOS), Aranzadi, 2014, p. 423 y DIEZ-PICAZO GIMÉNEZ, I., *Curso de Derecho Procesal Civil*, V. 2, Editorial Universitaria Ramón Areces, 2014, p. 300.

[24] DIEZ-PICAZO GIMÉNEZ, I., *Curso de Derecho…*, ob. y loc. cit. y CALDERÓN CUADRADO, M. P., *Derecho Jurisdiccional II, Proceso Civil*, Tirant lo Blanch, 2014, p. 470.

Provinciales en tres casos: cuando se dictaran en procesos dirigidos a la tutela de derechos fundamentales sustantivos, cuando la cuantía del asunto excediera de 25 millones pesetas (150000 €) o, cuando la resolución del caso presente interés casacional. Estos tres cauces podían entenderse como alternativos y compatibles.

Sin embargo, la jurisprudencia de la Sala Primera del Tribunal Supremo no lo entendió así e hizo una interpretación sumamente restrictiva: por un lado, considerando que esos cauces eran incompatibles entre sí; y, por otro lado, interpretando que por la vía de la cuantía solo podía accederse a la casación cuando la determinación del proceso adecuado se hubiera llevado a cabo por esta vía y, sobre todo, considerando que por la vía del interés casacional solo podía accederse a la casación cuando la determinación del proceso adecuado se hubiera llevado a cabo por razón de la materia, quedando excluida la vía del interés casacional cuando la determinación del proceso adecuado se hubiera llevado a cabo por razón de la cuantía[25].

Esta interpretación jurisprudencial fue llevada ante el Tribunal Constitucional, el cual consideró, aunque con votos discrepantes, que también esa interpretación, por discutible que resulte, se ajusta al canon de control vigente en materia de acceso al recurso (irrazonabilidad, arbitrariedad y error patente), en la medida en que efectúa consideraciones de orden sistemático, que se conectan además con afirmaciones de la Exposición de Motivos de la LEC, quedando excluido tanto el error patente, pues no se está discutiendo sobre una cuestión fáctica, como la arbitrariedad y la irrazonabilidad, pues no se aprecia que se produzca ni 'una simple expresión de la voluntad', sin motivación o fundamento alguno, ni quiebras lógicas de tal magnitud que las conclusiones alcanzadas no puedan considerarse basadas en ninguna de las razones aducidas, ni un razonamiento jurídico objetivamente insusceptible de resultar comprensible a cualquier observador[26].

---

[25] Sobre la vía del interés casacional y su interpretación jurisprudencial vid. LÓPEZ SÁNCHEZ, J., *El interés casacional*, Civitas, 2002 y *Los recursos extraordinarios por infracción procesal y de casación*, Aranzadi, 2004 y MASCARELL NAVARRO, M. J., "Los requisitos especiales de recurribilidad (III): El interés cascional", en *El recurso de casación civil* (Dir. BELLIDO PENADÉS), La Ley, 2014, pp. 271 y ss.

[26] SSTC 150/2004, de 20 de septiembre, FJ 3 y 164/2004, de 4 de octubre; FJ 3 y AATC 191/2004, de 26 de mayo; 201/2004, de 27 de mayo; 208/2004, de 2 de junio y 330/2004, de 13 de septiembre.

Sin embargo, en dicha doctrina constitucional no han faltado votos particulares que han cuestionado la legitimidad constitucional de la interpretación efectuada por la Sala Primera del Tribunal Supremo con relación a la vinculación de las resoluciones recurribles en casación a la forma en que se determine el procedimiento a seguir[27].

Con todo, las críticas doctrinales a esta respuesta jurisprudencial no cesaron y el legislador reaccionó devolviendo a la regulación el sentido originario perseguido por el legislador procesal civil en el año 2000, precisando con la reforma de 2011 que el interés casacional es vía adecuada de acceso a la casación tanto en los procesos tramitados por razón de la materia como en los procesos tramitados por razón de la cuantía, no siendo relevante a estos efectos la forma en la que se llevó a cabo la determinación del procedimiento adecuado, sino la existencia o no en el caso de interés casacional en los términos definidos por el legislador en el art. 477. 3 LEC.

La tercera modificación introducida con relación al acceso al recurso de casación civil es acorde con la tendencia restrictiva que se apuntaba, introduciéndose mediante la Ley Orgánica 7/2015, de 21 de julio, por la que se modifica la Ley Orgánica 6/1985, de 1 de julio, del Poder Judicial, una nueva causa de inadmisión del recurso de casación civil en el nuevo art. 483. 2. 4º LEC: "si el recurso careciere manifiestamente de fundamento o se hubiesen resuelto ya en el fondo otros recursos sustancialmente iguales".

C) Valoración crítica

a) Juicio de inconstitucionalidad

Lo primero que debe ponerse de manifiesto es que, a mi juicio, la actual atribución excepcional de competencia de la LEC –en el régimen definitivo y en el régimen provisional vigente– a la Sala de lo Civil y de lo Penal de los Tribunales Superiores de Justicia para resolver el recurso extraordinario por infracción procesal es inconstitucional.

---

[27] Así, en la STC 46/2004 (Sala 1ª), de 23 de marzo, se emitió un extenso voto particular por el Magistrado don Pablo García Manzano, al que se adhirió el entonces Presidente don Manuel Jiménez de Parga y Cabrera, y en la STC 164/2004, de 4 de octubre y en el ATC 191/2004, de 26 de mayo, se emitió otro voto particular por el Magistrado don Eugeni Gay Montalvo.

Según se indicó *supra*, aunque el *régimen originario* del articulado de la LEC/2000 preveía la atribución de competencia para conocer del recurso extraordinario por infracción procesal a las Salas de lo Civil y Penal de los Tribunales Superiores de Justicia (art. 468 LEC), como quiera que este recurso extraordinario no se atribuía en la Ley Orgánica del Poder Judicial a la competencia de dichos órganos jurisdiccionales (art. 73. 1 y 2 LOPJ) y que no se consiguió la mayoría parlamentaria necesaria para modificar la Ley Orgánica, en el *régimen provisional* de la disposición final decimosexta de la LEC/2000 todavía vigente se atribuyó, con carácter general, la competencia para conocer de este recurso a la Sala Primera del Tribunal Supremo, regulación que sí es compatible con la Ley Orgánica del Poder Judicial, que atribuye a dicha Sala la competencia para conocer de los recursos de casación, revisión y "otros recursos extraordinarios en materia civil que establezca la ley" (art. 56. 1° LOPJ), entre otros, el recurso extraordinario por infracción procesal.

Sin embargo, esa atribución de competencia a la Sala Primera del Tribunal Supremo se excepcionó en el caso de que la competencia para conocer del recurso de casación correspondiera a las Salas de lo Civil y Penal de los Tribunales Superiores de Justicia, por fundarse este en infracción de las normas de Derecho civil foral o especial de la Comunidad Autónoma [28].

De esta forma, la disposición final decimosexta 1. 1ª de la LEC todavía vigente establece una norma de competencia funcional, merced a la cual se atribuye en determinados casos (de casación foral) a las Salas de lo Civil y de lo Penal de los Tribunales Superiores de Justicia competencia para conocer del recurso extraordinario por infracción procesal [29], en contradicción con el régi-

[28] Así, se dispuso que "será competente para conocer del recurso extraordinario por infracción procesal la Sala de lo Civil del Tribunal Supremo, pero en los casos en que la competencia para el recurso de casación corresponde a las Salas de lo Civil y de lo Penal de los Tribunales Superiores de Justicia, las resoluciones recurridas podrán también impugnarse por los motivos previstos en el artículo 469" (disposición final decimosexta 1. 1ª LEC), es decir, por los motivos previstos para el recurso extraordinario por infracción procesal.

[29] En este sentido, ORTELLS RAMOS, M., *Derecho Procesal ...*, ob. cit., p. 424; DIEZ-PICAZO GIMÉNEZ, I., *Curso de Derecho...*, ob. cit., p. 309 y CALDERÓN CUADRADO, M. P., *Derecho Jurisdiccional ...*, ob. cit., pp. 471-472. En sentido contrario, JUAN SÁNCHEZ, R., "Competencia funcional para el procedimiento y la sentencia del recurso extraordinario por infracción procesal", en *El recurso extraordinario por infracción procesal* (Dir. BELLIDO PENADÉS), La Ley, 2013, p. 42, considera que "no existe un verdadero recurso extraordinario por infracción procesal a plantear ante los Tribunales Superiores de Justicia, sino un recurso de

men de competencias establecido en la LOPJ, que sólo reconoce competencia a las Salas de lo Civil y de lo Penal de los Tribunales Superiores de Justicia para conocer en el orden civil de los "recursos" extraordinarios de casación y revisión cuando se funden en la infracción de Derecho civil foral o especial (art. 73. 1 y 2 LOPJ), pero no para conocer de otros recursos extraordinarios, ya que ésta atribuye la competencia para conocer en general de "otros recursos extraordinarios en materia civil que establezca la ley", el recurso por infracción procesal entre ellos, a la Sala Primera del Tribunal Supremo (art. 56. 1º LOPJ).

La consecuencia de la infracción por la disposición final decimosexta 1. 1ª de la LEC del régimen jurídico diseñado en la Ley Orgánica del Poder Judicial respecto de los recursos extraordinarios en el orden civil no es baladí en absoluto, sino la inconstitucionalidad por infracción de los arts. 81. 2 y 122. 1 de la CE y consiguiente nulidad de la citada disposición final decimosexta 1. 1ª de la LEC, según se desprende de la jurisprudencia del Tribunal Constitucional [30].

b) La inadecuación del actual sistema de recursos extraordinarios y el retorno básico al recurso de casación tradicional

Ya se ha puesto de manifiesto *supra* que la falta de coherencia final del régimen de recursos establecido por la LEC de 2000 obedeció a razones coyunturales –que no se consiguió la mayoría parlamentaria necesaria para modificar la LOPJ–. Sin embargo, años más tarde ha cambiado esa situación.

La legislatura siguiente a la aprobación de la LEC de 2000, la VII Legislatura, pudo haber significado el retorno al diseño originario del nuevo sistema de recursos, toda vez que el partido en el Gobierno obtuvo la mayoría absoluta y con ella la mayoría necesaria para una reforma de la Ley Orgánica del Poder Judicial, que devolviera la coherencia originaria al sistema de recursos

---

casación autonómica cuyos motivos son además del previsto en el art. 477. 1 LECiv los del art. 469 LECiv".

[30] STC Pleno 224/1993, de 1 de julio y STC Pleno 254/1994, de 21 de septiembre, FJ 5. Sobre la inconstitucionalidad de este aspecto del régimen de recursos extraordinarios en el proceso civil puede verse más extensamente mi trabajo, *Inconstitucionalidad y coherencia en el sistema civil de recurso extraordinarios ante la reforma de la LEC: ¿Otra oportunidad perdida?*, Revista General de Derecho Procesal 36 (2015).

extraordinarios diseñado en el articulado de la Ley 1/2000, de Enjuiciamiento Civil, de 7 de enero. Sin embargo, no fue así.

En la X legislatura (2011-2015) también se poseía la mayoría necesaria y se han producido reformas tanto en el ámbito de la LOPJ como en el de la LEC, las últimas las realizadas mediante Ley Orgánica 7/2015, de 21 de julio, por la que se modifica la Ley Orgánica 6/1985, de 1 de julio, del Poder Judicial y mediante la Ley 42/2015, de 5 de octubre, de reforma de la Ley 1/2000, de 7 de enero, de Enjuiciamiento Civil, por lo que habría podido devolverse al sistema de recursos extraordinarios del proceso civil la coherencia originaria.

Sin embargo, a mi juicio, ésta no sería la solución más acertada, pues tanto el régimen provisional establecido en la disposición final decimosexta, como el régimen pretendidamente definitivo configurado en el articulado de la LEC de 2000 presentan carencias considerables.

En primer lugar, en lo que se refiere al régimen originario establecido en el articulado de la LEC 2000, porque establecía una característica del nuevo modelo del sistema de recursos extraordinarios que fue objeto de intenso debate y crítica en la doctrina. Esa característica discutida fue la configuración del recurso de casación y del recurso extraordinario por infracción procesal como recursos alternativos e incompatibles entre los que el recurrente debía forzosamente elegir, sin que pudiera formular ambos conjuntamente[31].

Es cierto que el legislador dispone de amplia libertad para configurar el régimen de los recursos extraordinarios en el proceso civil y no es obligatorio para él reconocer el derecho del recurrente a interponer ambos recursos extraordinarios. Sin embargo, la configuración de sendos recursos extraordinarios como incompatibles comporta una reducción de garantías poco recomendable, especialmente si se tiene en cuenta que podría conducir de hecho a obligar

---

[31] En sentido crítico a la configuración del carácter alternativo e incompatible de sendos recursos extraordinarios, GIMENO SENDRA, V., "El recurso de amparo judicial y el `Borrador´ de la LEC Del Ministerio de Justicia de 1997", en *Jornadas nacionales sobre el Anteproyecto de la Ley de Enjuiciamiento Civil*, Ponencias, Murcia, Consejería de Presidencia, 1997, p. 325; REMÓN PEÑALVER, J., "La reforma procesal civil: el sistema de recursos en el Anteproyecto de Ley de Enjuiciamiento Civil", en *Jornadas nacionales sobre el Anteproyecto de la Ley de Enjuiciamiento Civil*, Ponencias, Murcia, Consejería de Presidencia, 1997, p. 372 y MÁLAGA DIÉGUEZ, F., *Los recursos de casación y extraordinario por infracción procesal en la jurisprudencia del Tribunal Superior de Justicia de Cataluña*, Justicia, 2003, p. 202.

al justiciable recurrente a renunciar a la defensa de alguna clase de derechos fundamentales en juego, toda vez que en el régimen de recursos extraordinarios instaurado en la LEC de 2000 las lesiones de derechos fundamentales sustantivos sólo pueden denunciarse mediante el recurso de casación (art. 477. 2. 1° LEC) y las lesiones de derechos fundamentales procesales solamente puede invocarse a través del recurso extraordinario por infracción procesal (arts. 469. 1. 4° y 477. 2. 1° LEC).

De modo que la necesaria elección de un solo recurso extraordinario obliga a la renuncia de la defensa del derecho fundamental cuya tutela no puede obtenerse mediante el recurso extraordinario elegido, es decir, en el caso de que se hubiera producido la lesión de derechos fundamentales de distinta naturaleza (sustantivos y procesales) el carácter forzoso de la elección obligaría al recurrente a quedar indefenso ante la vulneración de sus derechos fundamentales procesales, si opta por interponer el recurso de casación, o a quedar inerme ante la violación de sus derechos fundamentales sustantivos, si opta por interponer el recurso extraordinario por infracción procesal[32].

Y el anterior recorte de garantías resulta más intolerable en la actualidad que cuando se aprobó la Ley 1/2000, de Enjuiciamiento Civil, de 7 de enero, pues en aquel entonces toda lesión de un derecho fundamental aludido en el art. 53. 2 CE, fuera de naturaleza sustantiva o procesal, por el mero hecho de la vulneración del derecho fundamental tenía abierta la vía del recurso de amparo ante el Tribunal Constitucional. Sin embargo, tras la reforma de la Ley Orgánica del Tribunal Constitucional realizada mediante la Ley Orgánica 6/2007, de 24 de mayo, no toda lesión de un derecho fundamental tiene acceso al recurso de amparo, sino solo aquella que revista especial trascendencia constitucional, lo que, en definitiva, comportaría que los derechos fundamentales sólo son plenamente tutelables ante la jurisdicción civil hasta la segunda instancia.

En segundo lugar, por lo que se refiere al régimen provisional establecido en la disposición final decimosexta de la LEC de 2000, los problemas antes aludidos que planteaba la atribución de la competencia para resolver el recurso extraordinario por infracción procesal a la Sala de lo Civil y de lo Penal de los Tribunales Superiores de Justica (art. 468 LEC) determinaron que en el

---

[32] Cfr. GIMENO SENDRA, V., "El recurso de amparo judicial ...", en *Jornadas nacionales...*, ob. cit., p. 325 y MÁLAGA DIÉGUEZ, F., *Los recursos de casación ...*, ob. cit. p. 202.

régimen transitorio esa competencia se atribuya con carácter general a la Sala Primera del Tribunal Supremo (DF 16ª LEC), pero esa modificación de la norma sobre competencia se tradujo en unas enormes restricciones al acceso al recurso extraordinario por infracción procesal.

Por una parte, porque se cercena la autonomía de este recurso extraordinario, ya que el mismo sólo puede interponerse de modo autónomo en los procesos dirigidos a la tutela de derechos fundamentales sustantivos y en los procesos cuya cuantía exceda de 150.000 € –hoy 600.000 €– (disposición final decimosexta 1. 2ª LEC). Sin embargo, se excluye el acceso autónomo a este recurso en el resto de procesos en los que solo podría accederse a la casación por la vía que se está demostrando más adecuada, la del interés casacional, ya que en estos casos deben presentarse conjuntamente el recurso de casación y el recurso extraordinario por infracción procesal, con la consecuencia adicional de que la inadmisión del recurso de casación determina la inadmisión del recurso por infracción procesal (disposición final decimosexta 1. 5ª LEC).

Por otra parte, porque incluso en los pocos supuestos –cuantitativamente– en los que en el régimen provisional conserva su autonomía el recurso por infracción procesal (procesos dirigidos a la tutela de derechos fundamentales sustantivos y procesos cuya cuantía exceda de 600.000 €), en ese régimen provisional se limitan con exceso las resoluciones recurribles merced a la asimilación de las resoluciones recurribles mediante el mismo con las resoluciones recurribles en casación (disposición final decimosexta 1 LEC), lo que conduce a que solo sean recurribles las sentencias y no los autos, que son la clase de resolución judicial mediante la que se resuelven la mayor parte de cuestiones procesales [33]. Evidentemente, esa restricción al acceso de este recurso extraordinario se produce respecto de todos los motivos de éste, tanto se trate de la infracción de normas legales procesales, como de la vulneración de derechos fundamentales procesales, último aspecto que resulta especialmente reprobable.

---

[33] Sobre la necesidad de que accedan ante la Sala Primera del Tribunal Supremo recursos contra los autos dictados en sede de medidas cautelares ver ORTIZ PRADILLO, J. C., "Casación y tutela cautelar: la necesidad de una doctrina legal uniforme en materia de medidas cautelares", en *El recurso de casación civil* (Dir. BONET NAVARRO), Aranzadi, 2010, pp. 435 y ss.

Las consecuencias de la conjunción de ambas restricciones no se podían hacer esperar, según ha proclamado la propia Sala de Gobierno del Tribunal Supremo: la ineficacia de ese sistema dual de recursos extraordinarios para controlar las infracciones procesales, el fomento de recursos de casación artificiosos para poder denunciar la comisión de infracciones procesales y el rechazo del recurso extraordinario por infracción procesal "por más fundado que esté" [34], aunque se denunciara mediante el mismo la vulneración de derechos fundamentales procesales, habría que añadir.

En una futura reforma del sistema de recursos extraordinarios del proceso civil[35] el aumento de las potestades de control de la Sala Primera Tribunal Supremo sobre las infracciones de normas procesales y sobre la vulneración de derechos fundamentales de igual naturaleza puede llevarse a cabo, bien reduciendo las restricciones introducidas en el régimen provisional antes aludidas en el marco del recurso extraordinario por infracción procesal, o bien, suprimiendo este recurso extraordinario y volviendo al sistema clásico de la casación española configurada tradicionalmente como recurso extraordinario apto para la revisión tanto de las infracciones de Derecho sustantivo como de las infracciones de Derecho procesal, así como para el control de la vulneración de derechos fundamentales sustantivos y procesales.

En mi opinión, resulta más acertada esta segunda propuesta de eliminación del recurso extraordinario por infracción procesal y de restablecimiento del recurso de casación tradicional, como recurso extraordinario idóneo para el control de las infracciones de ambos tipos de normas, así como para el control de las vulneraciones de derechos fundamentales de ambas clases, y, de hecho, ha sido seguida en las últimas propuestas legislativas de reforma.

Así sucedió en "el Proyecto de Ley Orgánica por la que se adapta la legislación procesal a la Ley Orgánica 6/1985, de 1 de julio, del Poder Judicial, se reforma el recurso de casación y se generaliza la segunda instancia penal"[36],

---

[34] Informe de la Sala de Gobierno del Tribunal Supremo sobre el anteproyecto de 4 abril 2014 de la LOPJ, p. 13.

[35] Esa reforma viene siendo reclamada por la doctrina desde hace tiempo. Cfr. SANZ HERMIDA, A. M., "De nuevo sobre la necesaria reforma del recurso extraordinario por infracción procesal", en *El recurso de casación civil* (Dir. BONET NAVARRO), Aranzadi, 2010, pp. 325 y ss.

[36] Boletín Oficial de las Cortes Generales, Congreso de los Diputados, Serie A, Núm. 69-1, 27 de enero de 2006, p. 135.

que configuraba como motivos del recurso de casación la "infracción de normas sustantivas aplicables al fondo del proceso" y "la infracción de las normas procesales reguladoras de la sentencia, y de las que rigen los actos y garantías del proceso cuando la ley determine la nulidad o se haya producido indefensión" (art. 477. 2 LEC).

Igualmente en esta línea iba el Anteproyecto de Ley Orgánica del Poder Judicial de 3 de abril de 2014, que en su disposición final tercera modificaba el régimen de los recursos extraordinarios de la Ley de Enjuiciamiento Civil. En esa modificación se suprimía el recurso extraordinario por infracción procesal y se reconocía que el recurso de casación podría fundarse bien "en la infracción de las normas o de la jurisprudencia aplicables para resolver las cuestiones objeto de debate", bien "en la infracción del artículo 24 de la Constitución o de la correspondiente norma procesal" (art. 471 LEC).

Este Anteproyecto de reforma de la LOPJ de 2014 mereció en este aspecto la crítica favorable del Informe de la Sala de Gobierno del Tribunal Supremo, dadas las negativas consecuencias que el actual régimen transitorio todavía vigente comporta para la posibilidad de control de las infracciones procesales. Sin embargo, en el tránsito del Anteproyecto de 2014 al Proyecto de Ley Orgánica por la que se modifica la Ley Orgánica 6/1985, de 1 de junio, del Poder Judicial, de 27 de febrero de 2015, se suprimieron las modificaciones relativas a los recursos extraordinarios en sentido propio –el recurso de casación y el recurso extraordinario por infracción procesal– y se conservó tan solo la reforma del impropiamente llamado recurso extraordinario de revisión.

A mi juicio, la línea del Anteproyecto de reforma de la LOPJ de 2014 es la que debe seguirse en las futuras reformas procesales, en el sentido de devolver al recurso de casación el control de las infracciones de Derecho procesal y de las vulneraciones de derechos fundamentales de igual naturaleza y de establecer como recurribles en casación los autos que resuelvan cuestiones procesales relevantes, como los que resuelvan sobre la jurisdicción o sobre la competencia objetiva o funcional, los que pongan fin al procedimiento, o resuelvan otras cuestiones procesales de interés, aunque pueda resultar oportuno mantener en estos casos la exigencia alternativa de interés casacional en los términos definidos por el art. 477. 3 LEC, pero con relación a cuestiones procesales, o de vulneración de derechos fundamentales procesales.

No en vano éste es el sistema vigente en el resto de órdenes jurisdiccionales en nuestro ordenamiento. En efecto, tal y como sucedía en el proceso civil anterior a la LEC de 2000, en la actualidad en el resto de órdenes jurisdiccionales el recurso de casación puede fundarse tanto en la infracción de normas sustantivas como en la infracción de normas procesales. Así se reconoce expresamente para el orden penal (casación por quebrantamiento de forma de los arts. 850 y 851 LECrim y casación por infracción de precepto constitucional del art. 852 LECrim)[37], para el orden social (art. 207 LJS, cuyos apartados a, b, c y d recogen infracciones procesales)[38] y para el orden contencioso administrativo

[37] Artículo 850. "El recurso de casación podrá interponerse por quebrantamiento de forma: 1.° Cuando se haya denegado alguna diligencia de prueba que, propuesta en tiempo y forma por las partes, se considere pertinente; 2.° Cuando se haya omitido la citación del procesado, la del responsable civil subsidiario, la de la parte acusadora o la del actor civil para su comparecencia en el acto del juicio oral, a no ser que estas partes hubiesen comparecido en tiempo, dándose por citadas; 3.° Cuando el Presidente del Tribunal se niegue a que un testigo conteste, ya en audiencia pública, ya en alguna diligencia que se practique fuera de ella, a la pregunta o preguntas que se le dirijan siendo pertinentes y de manifiesta influencia en la causa; 4.° Cuando se desestime cualquier pregunta por capciosa, sugestiva o impertinente, no siéndolo en realidad, siempre que tuviese verdadera importancia para el resultado del juicio; 5.° Cuando el Tribunal haya decidido no suspender el juicio para los procesados comparecidos, en el caso de no haber concurrido algún acusado, siempre que hubiere causa fundada que se oponga a juzgarles con independencia y no haya recaído declaración de rebeldía".

Artículo 851. "Podrá también interponerse el recurso de casación por la misma causa: 1.° Cuando en la sentencia no se exprese clara y terminantemente cuáles son los hechos que se consideren probados, o resulte manifiesta contradicción entre ellos, o se consignen como hechos probados conceptos que, por su carácter jurídico, impliquen la predeterminación del fallo; 2.° Cuando en la sentencia sólo se exprese que los hechos alegados por las acusaciones no se han probado, sin hacer expresa relación de los que resultaren probados; 3.° Cuando no se resuelva en ella sobre todos los puntos que hayan sido objeto de la acusación y defensa; 4.° Cuando se pene un delito más grave que el que haya sido objeto de la acusación, si el Tribunal no hubiere procedido previamente como determina el artículo 733; 5.° Cuando la sentencia haya sido dictada por menor número de Magistrados que el señalado en la Ley o sin la concurrencia de votos conformes que por la misma se exigen; 6.° Cuando haya concurrido a dictar sentencia algún Magistrado cuya recusación, intentada en tiempo y forma, y fundada en causa legal, se hubiese rechazado".

Artículo 852. "En todo caso, el recurso de casación podrá interponerse fundándose en la infracción de precepto constitucional".

[38] Artículo 207. "Motivos del recurso de casación. El recurso de casación habrá de fundarse en alguno de los siguientes motivos: a) Abuso, exceso o defecto en el ejercicio de la jurisdicción; b) Incompetencia o inadecuación de procedimiento; c) Quebrantamiento de las formas esenciales del juicio por infracción de las normas reguladoras de la sentencia o de las que rigen los actos y garantías procesales, siempre que, en este último caso, se haya producido indefensión para la parte; d) Error en la apreciación de la prueba basado en documentos que obren en autos que demuestren la equivocación del juzgador, sin resultar contradichos por otros elementos probatorios; y e)

(art 88 LJCA, cuyos apartados a, b, c recogen también motivos procesales)[39]; admitiéndose además en dichos órdenes jurisdiccionales como resoluciones recurribles tanto las sentencias como determinados autos (arts. 848 LECrim, art. 206. 2, 3 y 4 LJS y art. 87 LJCA).

Además, la Sala de lo Civil del Tribunal Supremo tiene menor carga de trabajo que otras Salas del Tribunal Supremo y, pese a ello, es en la que se cercena en mayor medida el acceso al Tribunal Supremo de las infracciones de normas procesales, con el consiguiente riesgo de disparidad o contradicción en la jurisprudencia de las Audiencias Provinciales.

Tabla I. Asuntos ingresados en TS en los diferentes órdenes jurisdiccionales[40].

	2010	**2011**	**2012**	**2013**	**2014**
Civil	3642	3614	4238	3579	3904
Penal	4509	5010	4224	3983	3904
CA	8903	8342	5835	5150	5565
Social	5094	4920	3542	3870	4536

Tabla II. Recursos de casación ingresados en TS en los diferentes órdenes jurisdiccionales[41].

	2010	**2011**	**2012**	**2013**	**2014**
Civil	2336	2603	3438	2929	3314
Penal	3665	4165	3331	3149	2958
CA	7943	6715	4780	4317	4689
Social	4986	4822	3365	3684	4368

Infracción de las normas del ordenamiento jurídico o de la jurisprudencia que fueren aplicables para resolver las cuestiones objeto de debate".

[39] Artículo 88. [Motivación]. 1. El recurso de casación habrá de fundarse en alguno o algunos de los siguientes motivos: a) Abuso, exceso o defecto en el ejercicio de la jurisdicción; b) Incompetencia o inadecuación del procedimiento; c) Quebrantamiento de las formas esenciales del juicio por infracción de las normas reguladoras de la sentencia o de las que rigen los actos y garantías procesales, siempre que, en este último caso, se haya producido indefensión para la parte; d) Infracción de las normas del ordenamiento jurídico o de la jurisprudencia que fueran aplicables para resolver las cuestiones objeto de debate".

[40] Los datos de la Tabla II han sido extraídos de: http://www.poderjudicial.es/cgpj/es/Temas/Estadistica-Judicial/Analisis-estadistico/La-Justicia-dato-a-dato.

[41] Los datos de la Tabla I han sido extraídos de: http://www.poderjudicial.es/cgpj/es/Temas/Estadistica-Judicial/Base-de-datos-de-la-estadistica-judicial--PC-AXIS-.

En efecto, de las tablas anteriores se desprende con claridad que la carga de trabajo es bastante inferior en la Sala Primera del Tribunal Supremo, tanto en lo relativo a su carga de trabajo global (Tabla I), como en la carga concreta relativa a los recursos de casación (Tabla II). Si atendemos a los recursos de casación que han ingresado anualmente en el último lustro en las diferentes Salas del Tribunal Supremo (Tabla II), se deduce con claridad que donde menos recursos de casación han ingresado con carácter general en dicho periodo ha sido en las Salas Primera y Segunda del Tribunal Supremo[42].

Pero, además, si se fija la atención en el número global de asuntos (cuestiones de competencia, asuntos conocidos en única instancia, revisión, demandas de error judicial,…), que es el que precisa con mayor exactitud la carga de trabajo de cada Sala del Tribunal Supremo, resulta que la Sala de lo Civil del Tribunal Supremo es la Sala del Tribunal Supremo con menor carga de trabajo, lo que permite concluir que la Sala Primera también debería conocer a través del recurso de casación no sólo de la infracción de normas y derechos fundamentales sustantivos, sino también de la infracción de normas y derechos fundamentales procesales.

Así mismo, ese cambio tampoco parece que tuviera entidad para paralizar la actividad de la Sala Primera del Tribunal Supremo si se tienen en cuenta, por una parte, los datos relativos a la carga de trabajo de esta Sala con anterioridad a la entrada en vigor de la Ley de Enjuiciamiento Civil y, por otra parte, el reforzamiento del régimen de inadmisión del recurso de casación llevado a cabo mediante la modificación del art. 483. 2 LEC por la LO 7/2015, de reforma de la LOPJ.

Por lo que se refiere a lo primero puede resultar de utilidad extender el ámbito temporal de análisis relativo a la carga de trabajo de la Sala Primera del Tribunal Supremo.

---

[42] Con el matiz del año 2012, en el que el número de recursos de casación ingresados en el orden social fue menor que en el orden civil, aunque mayor que en el orden penal.

Tabla III. Asuntos y recursos ingresados en TS en el orden jurisdiccional civil[43].

	1995	1996	1997	1998	1999	2000	2001	2002	2003
Asuntos	3872	3989	4520	4883	5420	5787	5342	5469	5453
Recursos	-	-	-	-	4184	4484	3761	3109	2935

	2004	2005	2006	2007	2008	2009
Asuntos	4873	4251	3603	3519	3560	3510
Recursos	2935	2649	2311	2301	2275	2186

De los datos expuestos se desprende que la carga de trabajo de la Sala Primera del Tribunal Supremo en el lustro 2010-2014 es similar a la que tuvo hasta el año 1996, y si bien es cierto que durante los años 1997 a 2000 esa carga creció considerablemente, también lo es que esa carga acrecida era similar a la carga actual de las Salas Tercera y Cuarta del Tribunal Supremo, así como que, a fin de evitar una sobrecarga de trabajo en la Sala Primera, pueden introducirse correctivos técnicos que ayuden a agilizar el régimen de admisión y, sobre todo, de inadmisión de los recursos de casación infundados.

Una de esas técnicas, de hecho, ya ha sido introducida por la Ley Orgánica 7/2015, de 21 de julio, que incorpora una nueva causa de inadmisión del recurso de casación civil en el nuevo art. 483. 2. 4º LEC: "si el recurso careciere manifiestamente de fundamento o se hubiesen resuelto ya en el fondo otros recursos sustancialmente iguales".

Otra posible técnica sería la de permitir que la inadmisión del recurso de casación civil se acordase por providencia, en vez de por auto, en aquellos casos en los que fuera evidente la falta de fundamento del recurso de casación, si bien, por razones de prudencia, pudiera resultar conveniente que en dichos casos la providencia estuviera sucintamente motivada y que la inadmisión se acordase por unanimidad de los magistrados, de modo análogo a como para el caso del recurso de casación penal se ha establecido en el art. 889 LECrim por la Ley 41/2015, de 5 de octubre, de modificación de la ley procesal penal.

Por lo demás, en lo que se refiere a la configuración actual del recurso de casación y al control de las infracciones de Derecho sustantivo, a mi juicio, el

---

43 Los datos de las Tablas III y IV han sido extraídos de: http://www.poderjudicial.es/cgpj/es/Temas/Estadistica-Judicial/Analisis-estadistico/La-Justicia-dato-a-dato; y http://www.poderjudicial.es/cgpj/es/Temas/Estadistica-Judicial/Base-de-datos-de-la-estadistica-judicial--PC-AXIS-.

criterio esencial sobre el que debería bascular principalmente la configuración del recurso de casación civil es la existencia de interés casacional, a fin de que la Sala Primera del Tribunal Supremo pueda realizar de modo adecuado su función de unificación de jurisprudencia en la interpretación de la ley [44].

Por ello, convendría mantener sustancialmente el criterio del interés casacional en los términos establecidos en el art. 477. 2. 3° y 3 LEC actual. Sin embargo, resultaría conveniente suprimir el supuesto de recurribilidad en casación en virtud de la gran cuantía del asunto (600.000 euros), tanto por razones de justicia, que proscriben un tratamiento privilegiado –concediendo mayores garantías– a quienes poseen más recursos económicos [45], como por razones de buena técnica jurídica, pues, como pone de manifiesto con indudable acierto y claridad el Informe de la Sala de Gobierno del Tribunal Supremo al Anteproyecto de reforma de la LOPJ de 2014, "la experiencia demuestra que asuntos civiles o mercantiles de muy elevada cuantía no presentan un grado de complejidad jurídica suficiente como para justificar una sentencia del Tribunal Supremo y, en cambio, asuntos de bajo interés económico sí pueden estar necesitados de una interpretación unificada de la norma aplicable" [46].

Por último, a mi juicio, resultaría acertado mantener como supuesto de recurribilidad en el recurso de casación el de vulneración de derechos fundamentales sustantivos en el proceso civil (art. 477. 2. 1° LEC), pues la importancia de la materia sobre la que versa el proceso y el posterior recurso requiere la no supresión de esta garantía de los derechos fundamentales, sin que se pueda olvidar –como antes se expuso– que en la actualidad, tras la reforma de la Ley Orgánica del Tribunal Constitucional realizada mediante la Ley Orgánica 6/2007, de 24 de mayo, no toda lesión de un derecho fundamen-

[44] Sobre los criterios de selección de asuntos en casación, el interés casacional y las técnicas de unificación de jurisprudencia vid. ORTELLS RAMOS, M., "La selección de asuntos para su acceso a la casación en Derecho Español: Las técnicas de `unificación de doctrina` y de `interés casacional´, en Los recursos ante los tribunales Supremos en Europa (Coord. ORTELLS RAMOS, M.) y "La casación en España: Selección de recursos y carga de trabajo del tribunal Supremo), en *El recurso de casación civil* (Dir. BONET NAVARRO), Aranzadi, 2010, pp. 31 y ss.; y LÓPEZ SÁNCHEZ, J., "La reforma de la casación civil en España: Propuestas y prospectiva, en *El recurso de casación civil* (Dir. BONET NAVARRO), Aranzadi, 2010, pp. 87 y ss.

[45] En este sentido, GIMENO SENDRA, V., *Luces y sombras de la Reforma de la LOPJ*, Revista General de Derecho Procesal 35 (2015), p. 7, critica que el recurso de casación se ha convertido en un "recurso extraordinario para ricos".

[46] Informe de la Sala de Gobierno del Tribunal Supremo, ob. cit., p. 16.

tal tiene acceso al recurso de amparo, sino solo aquella que revista especial trascendencia constitucional.

En consecuencia, no siendo la carga de trabajo de la Sala de lo Civil del Tribunal Supremo superior a la carga de trabajo del resto de las Salas del Tribunal Supremo conviene atribuir al recurso de casación civil, al igual que sucede en los demás órdenes jurisdiccionales, el control de la infracción de las distintas clases de normas (sustantivas y procesales) y de la vulneración de cualesquiera derechos fundamentales tutelables en amparo (sustantivos o procesales), así como establecer como resoluciones recurribles en casación tanto las sentencias como los autos que resuelvan cuestiones procesales relevantes, a fin de que la Sala Primera del Tribunal Supremo pueda realizar de modo adecuado su función de unificación de jurisprudencia en la interpretación de la ley.

3. La revisión civil

Como es sabido, la revisión no es propiamente un recurso, sino un medio de impugnación de resoluciones firmes, un mecanismo de rescisión de la cosa juzgada como cesión de la seguridad jurídica en pro de la justicia.

Sin embargo, sea por la fuerza de la tradición, sea por la trascendencia de la reforma, conviene aquí apuntar la modificación introducida en este punto por la LO 7/2015, de reforma de la LOPJ, que introduce un nuevo motivo de revisión referente a las sentencias del TEDH que declaren la vulneración de un derecho reconocido en el Convenio.

Con independencia de algunas posibles mejoras técnicas –como la fijación del día inicial del cómputo del plazo en el siguiente al de la notificación de la sentencia del TEDH–, globalmente la reforma debe considerarse positiva, resultando acertado que se extienda al proceso civil la configuración de la revisión como instrumento adecuado para garantizar la efectividad de los derechos y libertades garantizados en el CEDH cuando su vulneración haya sido declarada por el Tribunal Europeo de Derechos Humanos, pues algunos de los derechos y libertades garantizados en el CEDH también pueden ser vulnerados y/o no restablecidos con ocasión de un proceso civil, y resultaba una disfunción que, habiendo ratificado nuestro Estado el CEDH, no hubiese en nuestra ley procesal instrumentos jurídicos adecuados para garantizar la efectividad de las resoluciones del Tribunal Europeo de Derechos Humanos que declaraban una violación del referido Convenio.

En este sentido, debe tenerse en cuenta que un proceso civil puede tener por objeto la protección de algunos derechos humanos y libertades públicas sustantivos reconocidos en el CEDH como puedan ser el derecho al respeto a la vida privada y familiar (art. 8 CEDH) [47], o el derecho a la libertad de expresión, que comprende tanto el derecho a la libertad de opinión, como la libertad de recibir o de comunicar información (art. 10 CEDH) [48].

Igualmente, debe considerarse que determinados derechos humanos y libertades públicas de naturaleza procesal reconocidos en el CEDH también rigen en el proceso civil, como es el caso del derecho de toda persona "a que su causa sea oída equitativa, públicamente y dentro de un plazo razonable, por un Tribunal independiente e imparcial, establecido por la ley", que decida sobre "los litigios sobre sus derechos y obligaciones de carácter civil" (art. 6. 1 CEDH) [49], o del derecho a un recurso efectivo, de modo que "toda persona cuyos derechos y libertades reconocidos en el presente Convenio hayan sido violados tiene derecho a la concesión de un recurso efectivo ante una instancia nacional" (art. 13 CEDH).

En consecuencia, si en un proceso civil se vulnera o no se repara una violación de un derecho, sea sustantivo o sea procesal, reconocido en el CEDH y así lo declarara el Tribunal Europeo de Derechos Humanos, resulta un acierto que la sentencia del TEDH que así lo declare se configure como motivo de revisión en la Ley de Enjuiciamiento Civil, lo que se consigue de forma técnicamente sencilla, mediante la introducción de un nuevo apartado en el art. 510 de la LEC, al que se acompañan unas pocas normas especiales relativas a la legitimación y al plazo de solicitud de la revisión (arts. 511 y 512 LEC) [50].

---

[47] Sobre el particular STEDH Sección 3ª de 27 mayo 2014, caso De La Flor Cabrera contra España.

[48] Al respecto ver STEDH Sección 1ª de 10 octubre 2013, caso Delfi As contra Estonia.

[49] Ejemplos de ello son las STEDH Sección 1ª de 24 mayo 2006, caso Liakopolou contra Grecia y STEDH Sección 1ª de 20 marzo 2008, caso Alvanos y otros contra Grecia.

[50] En realidad, la nueva norma contenida en el párrafo segundo del nuevo art. 511 LEC persigue configurar el requisito del agotamiento de la vía judicial.

IV. CONCLUSIONES

La restricción de garantías del justiciable no siempre se ve acompañada por una mayor eficiencia del sistema judicial. Hasta hoy así se puede constatar respecto de las restricciones y reducciones de garantías que se han producido en la segunda instancia del proceso civil en los últimos años.

Así mismo, la actual configuración del sistema de recursos extraordinarios en el orden jurisdiccional civil ni resulta legítima desde el plano de la constitucionalidad, ni resulta adecuada desde el plano de la legalidad, siendo por tanto necesaria su reforma, a fin de conseguir una justicia de mayor calidad.

Desde una perspectiva constitucional, la todavía vigente disposición final decimosexta 1. 1ª de la LEC establece una norma de competencia funcional, en virtud de la cual en los casos de casación foral se atribuye a las Salas de lo Civil y de lo Penal de los Tribunales Superiores de Justicia la competencia para conocer del recurso extraordinario por infracción procesal, en contradicción con el régimen de competencias establecido en la LOPJ, que sólo reconoce competencia a las Salas de lo Civil y de lo Penal de los Tribunales Superiores de Justicia para conocer en el orden civil de los "recursos" extraordinarios de casación y revisión cuando se funden en la infracción de Derecho civil foral o especial (art. 73. 1 y 2 LOPJ), pero no para conocer de otros recursos extraordinarios, ya que ésta atribuye la competencia para conocer en general de "otros recursos extraordinarios en materia civil que establezca la ley", el recurso por infracción procesal entre ellos, a la Sala Primera del Tribunal Supremo (art. 56. 1º LOPJ).

La consecuencia de la infracción por la disposición final decimosexta 1. 1ª de la LEC del régimen jurídico diseñado en la Ley Orgánica del Poder Judicial respecto de los recursos extraordinarios en el orden civil no es baladí en absoluto, sino la inconstitucionalidad por infracción de los arts. 81. 2 y 122. 1 de la CE y consiguiente nulidad de la citada disposición final decimosexta 1. 1ª de la LEC.

Desde una perspectiva de legalidad ordinaria, resulta innegable la ineficacia de ese sistema dual de recursos extraordinarios para controlar las infracciones procesales, lo que requiere una reforma del sistema de recursos extraordinarios del proceso civil, en la que sería conveniente la eliminación del recurso extraordinario por infracción procesal y el restablecimiento del recurso de casación tradicional, como recurso extraordinario idóneo para el control de las infracciones de toda clase de normas –sustantivas y procesales–, así como para el control de las vulneraciones de derechos fundamentales de ambas clases, tal y como sucede, especialmente con el control de las infracciones procesales, en el resto de órdenes jurisdiccionales.

EL ACCESO A LOS RECURSOS Y LAS INTERPRETACIONES MANIFIESTAMENTE ERRÓNEAS, RIGUROSAS Y FORMALISTAS

Alicia Armengot Vilaplana
Profesora Titular de Derecho Procesal
Universidad de Valencia

I. EL ACCESO A LA JURISDICCIÓN Y EL ACCESO AL RECURSO LEGALMENTE ESTABLECIDO COMO CONTENIDOS DEL DERECHO A LA TUTELA JUDICIAL EFECTIVA

Desde bien pronto declaró el TC (S 19/1981, de 18 de junio) que el derecho a la tutela judicial efectiva (art. 24.1 CE) comprende la posibilidad de acceder a los tribunales para obtener de los mismos una resolución judicial motivada y fundada en derecho sobre el fondo de las pretensiones deducidas. Este derecho de acceder a los tribunales no se concibe de manera absolutamente libre o sin estar sujeta a requisitos y condiciones, sino que es un derecho de configuración legislativa. Ello supone que se tendrá derecho a obtener un pronunciamiento sobre el fondo siempre que la pretensión se plantee por los cauces procesales legalmente establecidos. Consecuentemente, no lesionará el derecho a la tutela judicial efectiva una resolución judicial que no resuelva el fondo de la controversia por falta de presupuestos procesales o de requisitos de admisibilidad de los actos procesales[1].

[1] Como recuerda la STC 182/2008, de 22 de diciembre, FJ 2, el primer contenido del derecho a obtener la tutela judicial efectiva que reconoce el art. 24.1 CE es el acceso a la jurisdicción, que se concreta en el derecho a ser parte en un proceso para poder promover la actividad jurisdiccional que desemboque en una decisión judicial sobre las pretensiones deducidas. "No se trata, sin embargo, de un derecho de libertad, ejercitable sin más y directamente a partir de la Constitución, ni tampoco de un derecho absoluto e incondicionado a la prestación jurisdiccional, sino de un derecho

Tanto los presupuestos procesales como los requisitos de admisibilidad de los actos procesales son configurados por el legislador ordinario atendiendo a la seguridad jurídica y a la necesidad de que los mismos cumplan una finalidad razonable. Y corresponde a los tribunales ordinarios la interpretación y aplicación de esos presupuestos condicionantes del pronunciamiento de fondo. Sin embargo, una configuración de los mismos excesivamente rigurosa o formalista, o una interpretación que sea arbitraria, manifiestamente errónea o insuficientemente motivada, podrán constituir una vulneración del derecho a la tutela judicial efectiva en tanto podrán obstaculizar el acceso a la jurisdicción.

Como dice la STC 129/2014, de 21 de julio: "desde la STC 158/2000, de 12 de junio, FJ 5, hemos venido repitiendo que «la decisión sobre la admisión o no de una demanda, así como la verificación de la concurrencia de los presupuestos y requisitos materiales y procesales de la misma son cuestiones de estricta legalidad ordinaria, cuya resolución corresponde exclusivamente a los órganos judiciales en el ejercicio de la potestad que privativamente les confiere el art. 117.3 CE. Ahora bien, se exceptúan de tal regla aquellos supuestos en los que la interpretación efectuada por el órgano judicial de esta normativa sea arbitraria, manifiestamente irrazonable o fruto de un error patente y, cuando del acceso a la jurisdicción se trata, en los casos en los que dicha normativa se interprete de forma rigorista, excesivamente formalista o desproporcionada en relación con los fines que preserva y los intereses que se sacrifican»"[2].

---

a obtenerla por los cauces procesales existentes y con sujeción a una concreta ordenación legal que puede establecer límites al pleno acceso a la jurisdicción, siempre que obedezcan a razonables finalidades de protección de bienes e intereses constitucionalmente protegidos (SSTC 311/2000, de 18 de diciembre, FJ 3; 124/2002, de 20 de mayo, FJ 3; y 327/2005, de 12 de diciembre, FJ 3, por todas)".

[2] Consecuentemente, "una decisión judicial de inadmisión no vulnera este derecho, aunque impida entrar en el fondo de la cuestión planteada, si encuentra fundamento en la existencia de una causa legal que resulte aplicada razonablemente (por todas, STC 129/2014, de 21 de julio, FJ 2). Sin embargo, al tratarse en este caso del derecho de acceso a la jurisdicción y operar, en consecuencia, en toda su intensidad el principio pro actione, no sólo conculcan este derecho las resoluciones de inadmisión o desestimación que incurren en arbitrariedad, irrazonabilidad o error patente, sino también aquellas que se encuentren basadas en criterios que por su rigorismo, formalismo excesivo o cualquier otra razón revelen una clara desproporción entre los fines que la causa legal aplicada preserva y los intereses que se sacrifican (por todas, SSTC 135/2008, de 27 de octubre, FJ 2; 220/2012, de 26 de noviembre, FJ 2; y 106/2013, de 6 de mayo, FJ 4)".

Distinto del acceso a la jurisdicción es el acceso al recurso. Como es bien sabido, salvo en el ámbito penal, el derecho al recurso no es contenido esencial del derecho a la tutela judicial efectiva (art. 24.1 CE), siendo el establecimiento de recursos una opción que pertenece a la libertad de configuración del legislador. Sin embargo, desde el momento en que el legislador decide establecer recursos contra resoluciones judiciales, la configuración legal de los mismos y la interpretación que los tribunales realicen de sus requisitos de admisibilidad pueden vulnerar el derecho a la tutela judicial efectiva cuando impidan o dificulten el acceso al recurso legalmente establecido.

Como establece la STC 20/2012, de 16 de febrero en su FJ 5, "desde la Sentencia de Pleno 37/1995, de 7 de febrero, este Tribunal ha subrayado el diferente relieve constitucional que posee el derecho de acceso a la jurisdicción y el de acceso a los recursos legalmente establecidos. Aunque ambos derechos se encuentran ínsitos en el art. 24.1 CE, el derecho a acceder a la justicia es un componente medular del derecho fundamental a la tutela judicial efectiva proclamado por el precepto constitucional y que no viene otorgado por la ley, sino que nace de la Constitución misma. Por el contrario, el derecho a acceder a los recursos legales se incorpora al derecho fundamental en la concreta configuración que reciba de cada una de las leyes de enjuiciamiento que regulan los diferentes órdenes jurisdiccionales, salvo en lo relativo al derecho del condenado a la revisión de su condena y la pena impuesta"[3].

Lo anterior supone que el control de constitucionalidad de las resoluciones de inadmisión no es idéntico cuando se trata de acceder a la jurisdicción y cuando se trata de acceder al recurso legalmente establecido. El canon de

[3] O como dice la STC 7/2015: "Como ha destacado este Tribunal «el acceso a los recursos tiene una relevancia constitucional distinta a la del acceso a la jurisdicción. Mientras que el derecho a la obtención de una resolución judicial razonada y fundada goza de una protección constitucional en el art. 24.1 CE, el derecho a la revisión de esta resolución es, en principio, y dejando a salvo la materia penal, un derecho de configuración legal al que no resulta aplicable el principio pro actione». Además, a diferencia del derecho de acceso a la jurisdicción, «el derecho de acceso a los recursos sólo surge de las leyes procesales que regulan dichos medios de impugnación. Por consiguiente la interpretación de las normas que contemplan causas de inadmisión de recursos es, como la de la entera legalidad procesal, competencia exclusiva de los Jueces y Tribunales ordinarios, sin que, en general, en el ejercicio de la misma el art. 24.1 CE les imponga más limitaciones que las derivadas del canon del error patente, la arbitrariedad o la manifiesta irrazonabilidad (SSTC 37/1995, de 7 de febrero; 170/1996, de 29 de octubre; 211/1996, de 17 de diciembre, y 88/1997, de 5 de mayo citadas en ella)» (STC 295/2000, de 11 de diciembre, FJ 2)".

proporcionalidad en la exigencia de requisitos legales para acceder a la jurisdicción debe valorarse con mayor rigor que ese mismo control en relación con el acceso al recurso legal. Además, tratándose de recursos extraordinarios, el TC ha admitido que el acceso al recurso puede sufrir restricciones derivadas tanto de la configuración legal como de las facultades interpretativas del tribunal. Y en igual sentido se ha manifestado el TEDH al admitir, en relación con el art. 6.1 del Convenio, que las condiciones de admisibilidad de un recurso en casación pueden ser más rigurosas que para una apelación (STEDH caso *Brualla Gómez de la Torre* contra España).

Se sigue de lo anterior que el control de la resolución de inadmisión de un recurso solo puede ser efectuado por el TC cuando la inadmisión sea debida a un motivo no existente en la ley, a una causa manifiestamente errónea, o a una interpretación rigurosa, arbitraria o formalista. Como declara la STC 7/2015, de 22 de enero, "c) El control constitucional que este Tribunal debe realizar de las resoluciones judiciales dictadas sobre los presupuestos o requisitos de admisión de los recursos tiene carácter externo, pues no le corresponde revisar la aplicación judicial de las normas sobre admisión de recursos, salvo en los casos de inadmisión cuando esta se declara con base en una causa legalmente inexistente o mediante un «juicio arbitrario, irrazonable o fundado en error fáctico patente» (SSTC 55/2008, de14 de abril, FJ 2; y 42/2009, de 9 de febrero, FJ 3). D) Este control es, si cabe, más limitado en lo referido al recurso de casación. Por una parte, porque la resolución judicial que se enjuicia es del Tribunal Supremo, a quien le está conferida la función de interpretar la ley –también, evidentemente, la procesal–, con el valor complementario que atribuye a su jurisprudencia el Código civil (…). Por otra parte, porque el recurso de casación tiene la naturaleza de recurso especial o extraordinario, lo que determina que debe fundarse en motivos tasados –numerus clausus– y que está sometido no solo a requisitos extrínsecos de tiempo y forma y a los presupuestos comunes exigibles para los recursos ordinarios, sino a otros intrínsecos, sustantivos, relacionados con el contenido y la viabilidad de la pretensión; de donde se sigue que su régimen procesal es más estricto por su naturaleza de recurso extraordinario (SSTC 37/1995, de 7 de febrero, FJ 5; 248/2005, de 10 de octubre, FJ 2; 100/2009, de 27 de abril, FJ 4; y 35/2011, de 28 de marzo, FJ 3)".

Por último, en materia de requisitos de admisibilidad de los recursos, es preciso tener en cuenta las posibilidades de subsanación previstas por la ley, de manera que la inadmisión de un recurso por defectos procesales solo será constitucionalmente admisible cuando los mismos sean insubsanables, o cuando se haya posibilitado la subsanación y esta no se haya efectuado. Como declara la STC 186/2015, en su FJ 4, "este Tribunal ha afirmado que el derecho a la tutela judicial efectiva impide la clausura de un procedimiento por defectos que pueden ser subsanados, de modo que, para que las decisiones de inadmisión por incumplimiento de los requisitos procesales sean acordes con el expresado derecho, es preciso además que el requisito incumplido, atendidas las circunstancias del caso, sea insubsanable o que, siendo subsanable, no haya sido corregido por el actor pese a que el órgano judicial le haya otorgado esa posibilidad, tal como prevé el art. 11.3 LOPJ (Ss TC 147/1997, de 16 de septiembre, FJ 4; 122/1999, de 28 de junio, FJ 2, y 153/2002, de 15 de julio, FJ 2)".

Partiendo de las anteriores premisas, las siguientes líneas están dedicadas a comprobar diversos grupos de supuestos en los que el derecho a la tutela judicial efectiva ha quedado vulnerado por interpretaciones erróneas, excesivamente rigurosas o formalistas, o por resoluciones que al carecer de motivación suficiente impiden conocer la causa de la inadmisión.

II. LA INADMISIÓN DE RECURSOS POR ERRORES PATENTES, MANIFIESTOS, ATRIBUIBLES AL ÓRGANO JURISDICCIONAL Y DETERMINANTES DE LA DECISIÓN DE INADMISIÓN

Un primer grupo de sentencias son aquellas en las que el TC ha concedido el amparo por entender que se había vulnerado el derecho a la tutela judicial efectiva impidiéndose el acceso al recurso legal por una apreciación errónea de algún requisito de admisibilidad del recurso. Al respecto, es importante conocer las características que deben predicarse del error para que pueda estimarse lesivo del derecho fundamental. Esta doctrina se ha proclamado en relación con el acceso a la jurisdicción, pero entiendo sería aplicable en relación con el acceso al recurso legal.

En primer lugar, ha declarado el TC que debe tratarse de un error de hecho que pueda comprobarse mediante el examen de las actuaciones y no de una discrepancia jurídica en cuanto a la interpretación del requisito: "(...) se advierte que se trata de un error de hecho, y que, además, resulta patente, manifiesto, evidente o notorio, pues su existencia es inmediatamente verificable de forma clara e incontrovertible a partir de las actuaciones judiciales (por todas, SSTC 162/1995, de 7 de noviembre, FJ 3; y 169/2000, de 26 de junio, FJ 2). No se trata de una mera discrepancia jurídica, como se afirmaba en el Auto desestimatorio del incidente de nulidad de actuaciones, pues no recae sobre la interpretación realizada por el órgano judicial en la Sentencia de inadmisión, sino sobre el preciso dato fáctico de si los estatutos de la sociedad recurrente figuraban o no en las actuaciones del recurso" (STC 167/2014, de 22 de octubre)[4].

En segundo lugar, el error debe ser determinante de la resolución de inadmisión del recurso, de manera que de no haberse producido ese error, el recurso se hubiera admitido: "el error ha sido determinante de la decisión adoptada en el recurso contencioso-administrativo, ya que el órgano judicial ha fundamentado su decisión de inadmisión en el dato principal de que no se habían aportado los estatutos de la sociedad recurrente, mientras que, de no haber mediado dicho error, podría haber entrado a conocer del fondo del recurso si el contenido de los reseñados estatutos hubiesen justificado, a su juicio, la suficiencia de las facultades del administrador único para decidir la interposición del recurso, de acuerdo con las amplias facultades que se le atribuyen en el art. 23 de los referidos estatutos. Esto es, la argumentación de la Sentencia que decidió la inadmisión del recurso descansa expresa y conclusivamente de manera primordial sobre la errónea consideración de que los estatutos sociales no se encontraban aportados a las actuaciones, y, a partir de este dato, pierde su sentido la fundamentación jurídica de la Sentencia, sin que sea posible conocer cuál hubiese sido el sentido de la resolución de no haberse incurrido en el mismo (SSTC 206/1999, de 8 de noviembre, FJ 4; y 25/2001, de 26 de febrero, FJ 2)".

[4] La STC 167/2014, de 22 de octubre, analiza un supuesto en el que el tribunal de instancia había entendido que no se había aportado al proceso el certificado que acreditase que el representante de una persona jurídica estaba facultado para ejercer la acción en nombre de la entidad porque así lo había decidido esta última; tal extremo quedaba justificado con los estatutos de la entidad que sí se habían aportado al proceso.

En tercer lugar, el error debe ser atribuible al órgano jurisdiccional y no a la parte: "Asimismo, la equivocación es atribuible al órgano jurisdiccional que la cometió, y no a la negligencia o mala fe de la demandante (SSTC 89/2000, de 27 de marzo, FJ 2; y 150/2000, de 12 de junio, FJ 2), pues ésta propuso como prueba el expediente administrativo en el que figuraban los estatutos y, además, puso de relieve en el incidente de nulidad de actuaciones la existencia del error, indicando que los estatutos figuraban en el citado expediente, con identificación de los folios en los que se encontraban los documentos relevantes a efectos de la justificación del cumplimiento de la exigencia del art. 45.2 d) LJCA".

Por último, el error debe producir un efecto negativo y perjudicial para la parte en tanto se deriva del mismo la imposibilidad de obtener un pronunciamiento sobre el fondo o la mera posibilidad de que el tribunal examine la cuestión planteada: "Finalmente, el error ha producido efectos negativos en la esfera jurídica de la recurrente (SSTC 172/1985, de 16 de diciembre, FJ 7; y 96/2000, de 10 de abril, FJ 5), desde el momento en que le ha impedido obtener una respuesta motivada y fundada en Derecho sobre el fondo del recurso contencioso-administrativo interpuesto" (STC 167/2014, de 22 de octubre). En el mismo sentido y en un caso similar, STC 186/2015, de 21 de septiembre.

En aplicación de la anterior doctrina, la STC 207/2015, de 5 de octubre, concede el amparo solicitado por el recurrente que había visto inadmitido un recurso contencioso administrativo por estimar el tribunal de instancia que no se había aportado el poder procesal del procurador, no admitiendo en el proceso la representación otorgada al letrado para actuar en el previo procedimiento administrativo de expulsión. Se trató de una interpretación errónea porque, si bien era cierta la interpretación de los tribunales proclive a no admitir que la representación otorgada en el procedimiento de expulsión a favor de letrados pueda ser válida a efectos del posterior proceso jurisdiccional, en este caso concreto, el recurrente había actuado con letrado y procurador designados por los colegios correspondientes en virtud del derecho de asistencia jurídica gratuita que se le había reconocido, por lo que la interpretación del tribunal de instancia era manifiestamente errónea y carente de motivación.

III. LA INADMISIÓN DE RECURSOS MEDIANTE RESOLUCIONES QUE CARECEN DE SUFICIENTE MOTIVACIÓN O LA MISMA ES ERRÓNEA; EN PARTICULAR, LA INADMISIÓN DEL INCIDENTE DE NULIDAD DE ACTUACIONES

Un segundo grupo de asuntos son aquellos en los que la inadmisión del recurso se ha producido mediante una resolución judicial cuya insuficiente motivación no ha permitido conocer las razones por las que se ha inadmitido el recurso o bien se trata de una motivación errónea. Cabe incluir en este apartado una serie de resoluciones que han inadmitido el incidente de nulidad de actuaciones (arts. 228 LEC y 241 LOPJ), tras la reforma operada en el mismo por la LO 6/2007, de 24 de mayo, de modificación de la LOTC.

Conviene precisar que este incidente estaba originariamente configurado como un remedio procesal dirigido a solicitar la nulidad de actuaciones por defectos de forma que eran conocidos tras la firmeza de la sentencia y que no podían ser subsanados a través de ningún otro recurso ordinario ni extraordinario. Además de ese carácter subsidiario, la originaria regulación de este incidente solo permitía denunciar defectos de forma causantes de indefensión o la incongruencia del fallo, por lo que la alegación de algún defecto no incluible en esos supuestos permitía la inadmisión de plano del incidente. La Disp. Final primera de la LO 6/2007, de 24 de mayo, por la que se modifica la LOTC, dio nueva redacción al art. 241.1 LOPJ ampliando el objeto de este incidente, de manera que a través del mismo puede denunciarse la vulneración de cualquier derecho fundamental de los previstos en el art. 53.2 CE, siempre que no haya podido denunciarse antes de recaer resolución que ponga fin al proceso, y siempre que dicha resolución no sea susceptible de recurso ordinario ni extraordinario.

La propia regulación del incidente (art. 228 LEC y 241 LOPJ), que no ha visto modificados los demás apartados en los que no se alude a su objeto, permite que la inadmisión del mismo se efectúe mediante "providencia sucintamente motivada". Sin embargo el TC ha declarado que debe hacerse una interpretación no restrictiva de las causas de inadmisión de este incidente, de manera que solo procederá dictar esa providencia sucintamente motivada cuando concurran causas de inadmisión de plano.

Son abundantes las resoluciones de inadmisión de este incidente –posteriores a la reforma de 2007– en las que no se incluye una suficiente motivación o la misma es errónea. Tal es lo que ocurre cuando la resolución de inadmisión se limita a afirmar que el defecto denunciado no está legalmente previsto en el objeto de este incidente[5] o bien cuando se afirma que la sentencia es susceptible de recurso, siendo ésta una alegación errónea o no reveladora del recurso al que se refiere la resolución.

El TC ha ido elaborando una doctrina sobre la transcendencia de este incidente – convertido en un auténtico recurso de nulidad por vulneración de derechos fundamentales– de la que cabe extraer los siguientes contenidos.

En primer lugar, ha declarado el TC que este incidente no puede considerarse como un mero trámite formal previo al amparo constitucional, sino que constituye un instrumento de tutela y defensa de los derechos fundamentales por los tribunales ordinarios. Teniendo en cuenta que la admisión del recurso de amparo requiere la especial transcendencia constitucional a la que se refiere el art. 50.1 b) LOTC, el incidente de nulidad de actuaciones puede constituir la última posibilidad de examen por la jurisdicción ordinaria de la tutela de derechos fundamentales[6]: "El protagonismo otorgado en la reforma (de 2007) a los Tribunales ordinarios a través de ese remedio procesal, acentuando su función como primeros garantes de los derechos fundamentales en el ordenamiento jurídico y con el fin de lograr que la tutela y defensa de esos derechos por parte del Tribunal Constitucional sea realmente subsidiaria, es puesta en conexión en nuestra doctrina con el requisito de la especial trascendencia constitucional [art. 50.1 b) (LOTC)], pues debe tenerse en cuenta en el proceso judicial que –de no tener el caso especial trascendencia constitucional– se tra-

---

[5] Así, en el asunto resuelto por la STC 98/2015, de 25 de mayo, el Juzgado de Primera Instancia núm. 24 de Sevilla inadmitió el incidente de nulidad de actuaciones, limitándose a afirmar que «planteado incidente excepcional de nulidad de actuaciones por el Procurador J.T.S. en nombre y representación de C.Q.P. en el que se solicita la nulidad de actuaciones, y *no estando esta cuestión legalmente prevista en el artículo 228.1 de la L.E.C.*, acuerdo la inadmisión a trámite del incidente de nulidad».

[6] En un primer momento el TC entendía que este incidente era de obligado agotamiento antes de recurrir en amparo; con posterioridad entendió que si en el proceso –y en sus diferentes instancias– se había analizado suficientemente la vulneración del derecho fundamental, el planteamiento del incidente no era necesario. Sobre la no procedencia de este incidente y su repercusión en el transcurso del plazo para interponer el recurso de amparo véase la STEDH de 14 junio 2011 (caso Del Pino García y María Ortín Méndez contra España).

taría de la última vía que permitiría la reparación de la vulneración denunciada. Por ello hemos señalado que, cuando el planteamiento del incidente de nulidad de actuaciones resulte procedente, su inadmisión supone una preterición del mecanismo de tutela pertinente ante la jurisdicción ordinaria" (STC 91/2015, de 11 de mayo). En el mismo sentido, STC 186/2015, de 21 de septiembre.

En segundo lugar, el TC ha establecido que las resoluciones de inadmisión de este incidente deben ser analizadas desde la perspectiva del derecho de acceso al recurso legal (art. 24.1 CE), pues este incidente participa de la naturaleza de los recursos, y es un mecanismo adecuado para la revisión de resoluciones. De tal modo que la resolución de inadmisión del incidente puede constituir por sí misma una lesión del derecho fundamental a la tutela judicial efectiva, independientemente del derecho fundamental cuya vulneración se alegue en el incidente: "El juicio sobre dicha respuesta debe realizarse, como el recurrente solicita, a partir del canon propio del derecho de acceso al recurso, pues, aunque el incidente de nulidad de actuaciones no constituye un recurso en sentido estricto, es un remedio procesal que, al tener por objeto la revisión de resoluciones o actuaciones procesales, queda encuadrado en aquella vertiente del art. 24.1 CE. Desde esta perspectiva, como es sabido, el control de las resoluciones judiciales de inadmisión por parte de la jurisdicción constitucional es meramente externo y debe limitarse a comprobar si contienen motivación, si han incurrido o no en error material patente, en arbitrariedad o en manifiesta irrazonabilidad lógica, evitando toda ponderación acerca de su corrección jurídica (STC 204/2014, FJ 4, por todas)" (SsTC 91/2015, de 11 de mayo; 98/2015, de 25 de mayo)[7].

---

7 STC 204/2014, de 15 de diciembre de 2014, resuelve un supuesto en el que, en un proceso civil, se inadmiten en apelación ciertos medios de prueba; el recurrente plantea incidente de nulidad de actuaciones que se inadmite sin motivación. El TC declara: "Con anterioridad a la reforma operada por dicha Ley Orgánica (se refiere a la LOTC), la formulación del incidente de nulidad de actuaciones que era preciso interponer con carácter preceptivo para agotar la vía judicial previa tan sólo tenía el sentido de dar ocasión a los órganos de la jurisdicción ordinaria para reparar la vulneración que pretendidamente se causó a los demandantes. Por ello afirmamos que los reproches que se dirigían frente a un Auto por el que se inadmitía el incidente de nulidad "más que integrar lesiones autónomas de derechos fundamentales, pondrían en evidencia que tal incidente no surtió el efecto que está llamado a producir, esto es, reparar la lesión pretendidamente ocasionada en el proceso *a quo*" (ATC 124/2010, FJ 2). Sin embargo, como se expone en la STC 153/2012, de 16 de julio, "el incidente de nulidad de actuaciones asume, tras la configuración del nuevo amparo constitucional, una función esencial de tutela y defensa de los derechos fundamentales que puede

Se desprende de lo anterior, que la resolución que inadmita un incidente de nulidad de actuaciones debe ser suficientemente motivada, indicando la razón por la que el derecho fundamental denunciado no ha sido lesionado en el proceso o indicando el recurso que todavía es posible frente a la sentencia: "Aplicando el indicado canon a la resolución impugnada podemos concluir que el órgano judicial vulneró el derecho a la tutela judicial efectiva (art. 24.1 CE) de la demandante de amparo, privándole de la tutela de los derechos fundamentales que proclama el art. 53.2 CE. En su respuesta, el órgano judicial, cuando menos, tendría que haber ofrecido una argumentación suficiente sobre los motivos de la no admisión a trámite del incidente de nulidad de actuaciones. La inadmisión de plano sin más explicación que la de no encontrarse la Sentencia incursa en el art. 241.1 LOPJ, impide conocer la *ratio decidendi* de la resolución aquí impugnada. Debe concluirse por ello que el órgano judicial realizó una interpretación constitucionalmente contraria a lo dispuesto sobre el contenido susceptible de control a través del incidente de nulidad de actuaciones del art. 241.1 LOPJ que, tras la nueva regulación, resulta procedente ante cualquier vulneración de derechos fundamentales. (…) Tal ausencia de motivación nos lleva a afirmar que fue vulnerado el derecho a la tutela judicial efectiva (art. 24.1 CE) de la actora, en la vertiente del derecho de acceso al recurso" (STC 204/2014).

Por último, y en relación con el control externo de la resolución que ha inadmitido el incidente, el TC ha estimado el amparo cuando tal resolución ha carecido de motivación, o cuando la misma ha sido errónea o insuficiente, de manera que ha impedido conocer los motivos de la inadmisión.

Así, en el asunto resuelto por la STC 91/2015, de 11 de mayo, se cuestiona la resolución de inadmisión del incidente de nulidad de actuaciones basada en el *motivo erróneo* de considerar que se trataba de una sentencia recurrible[8]:

---

y debe ser controlada por este Tribunal cuando las hipotéticas *lesiones autónomas que en él se produzcan* tengan «especial trascendencia constitucional»" (cursivas mías).

[8] La STC 91/2015, de 11 de mayo de 2015 concede el amparo solicitado por el recurrente que había sido condenado por el Juzgado de lo Penal y tal condena había sido confirmada por la Audiencia Provincial. Tras esta última sentencia, formalizó incidente de nulidad de actuaciones alegando, "de un lado, la vulneración del art. 24.1 CE, en sus manifestaciones de derecho a una resolución fundada en derecho y del derecho de defensa, que vinculaba a la restricción de su derecho a la utilización de los medios de prueba, y, de otra, la violación del derecho a la igualdad del art. 14 CE, que no motivaba en su escrito". El incidente fue inadmitido mediante una providencia

"(...) el órgano judicial tendría que haber ofrecido una motivación suficiente, aunque fuera sucinta, que justificase la no admisión a trámite del incidente de nulidad de actuaciones por esa causa, precisando en particular el tipo de recurso que creía posible interponer frente a la Sentencia de la Audiencia Provincial. Esta exigencia adquiere mayor consistencia si se considera que: i) la posibilidad de la articulación de un recurso de casación, a tenor del art. 847 de la Ley de enjuiciamiento criminal, queda limitado, en lo que ahora nos concierne, a Sentencias dictadas por las Audiencias Provinciales cuando lo sean en única instancia; ii) no estamos, a todas luces, en el caso contemplado en el art. 793.2 de la misma Ley, iii) y tampoco parece posible situar el supuesto en el marco del recurso de revisión de los arts. 954 y siguientes de esa norma, como señalan el recurrente y el Ministerio Fiscal, ya que el recurso de revisión tiene para su admisión unos motivos tasados, basados en circunstancias excepcionales que el promotor del incidente de nulidad no alegaba. Bajo esas circunstancias, como dijéramos en la STC 204/2014, FJ 4, el órgano judicial debió, cuando menos, haber motivado suficientemente su decisión de inadmisión, haciendo ver la auténtica *ratio decidendi*"[9].

---

que expresaba: "Examinado el contenido del escrito presentado no ha lugar a admitir a trámite el incidente de nulidad, pues si bien concurre el primero de los requisitos señalados en el art. 241.1 de la LOPJ, no concurre el segundo de ellos, concretamente el ser la resolución dictada susceptible de recurso extraordinario".

9 En el mismo sentido y en relación con un proceso civil, la STC 180/2015 de 7 septiembre concede el amparo al entender que la inadmisión del incidente se debió a un motivo erróneo: ser la resolución susceptible de recurso. El demandante de amparo había sido condenado en un proceso civil en rebeldía al no haber tenido conocimiento del proceso por estar en prisión. Planteado el incidente de nulidad de actuaciones, el mismo es inadmitido por entender el juzgado que la infracción denunciada no estaba prevista en el art. 228 LEC y que la sentencia era susceptible de recurso. El TC estima el recurso declarando: "En el presente caso, el demandante de amparo interpuso incidente excepcional de nulidad de actuaciones denunciando la vulneración del art. 24.1 CE al no haber tenido conocimiento del proceso a quo acreditando que estuvo ingresado en prisión en el periodo comprendido entre el 7 de octubre de 2006 hasta el 7 de diciembre de 2012. Tal como ha quedado expresado en los antecedentes, la decisión de inadmisión de plano se fundó en dos motivos: (i) no estar la cuestión legalmente prevista en el art. 228.1 de la Ley de enjuiciamiento civil (LEC) y (ii) ser la sentencia recurrible. Ambos motivos son infundados pues: (i) La vulneración denunciada encaja totalmente en el ámbito del art. 24.1 CE, en tanto que se aduce una lesión del derecho a la tutela judicial efectiva, en su vertiente de acceso a la jurisdicción, por no haber tenido el recurrente conocimiento de la existencia del proceso por defectuosa comunicación. Por tanto, es indudable que la cuestión planteada encaja en el ámbito del incidente excepcional regulado en los arts. 241 LOPJ y 228 LEC. (ii) En cuanto a la recurribilidad de la sentencia, es indudable que frente a la misma no cabía recurso, puesto que el propio Juzgado declaró la firmeza

En otros supuestos, la resolución de inadmisión del incidente ha adolecido de una *motivación insuficiente*, al limitarse a alegar que el defecto denunciado no es objeto de este incidente, o no está legalmente previsto en su regulación, siendo que la actual regulación permite alegar a través de este incidente la vulneración de cualquier derecho fundamental: "(…) el fundamento de la inadmisión del remedio procesal ha quedado ceñido a la retórica declaración contenida en el pronunciamiento impugnado, a saber: no estar la cuestión planteada legalmente prevista en el artículo 228.1 LEC. Desde ese prisma concluimos que el órgano judicial vulneró el derecho a la tutela judicial efectiva del demandante de amparo (art. 24.1 CE), privándole de la tutela de los derechos fundamentales que proclama el art. 53.2 CE. En efecto, el órgano judicial tendría que haber ofrecido una motivación suficiente, aunque fuera sucinta, que justificase la no admisión a trámite del incidente de nulidad de actuaciones por dicha causa, motivación que sin embargo no se ha explicitado por referencia a ningún elemento que hiciera al incidente inequívocamente improcedente. (…) en atención a lo expuesto, resulta procedente la estimación del recurso de amparo, con nulidad de la providencia de 26 de septiembre de 2013 y la retroacción de actuaciones al momento inmediatamente anterior a su aprobación, para que se dicte una nueva resolución judicial que resulte respetuosa con el derecho fundamental reconocido (derecho de acceso al recurso, art. 24.1 CE)" (STC 98/2015, de 25 de mayo de 2015).

Por último, en el asunto resuelto por la S 101/2015, de 25 de mayo, el TC concede el amparo por *carecer de motivación* la resolución que inadmite el incidente: "el Tribunal rechazó de plano el incidente con la única mención de que «no ha lugar a su admisión a trámite», lo que pone de manifiesto que no se realizó un control sobre la lesión constitucional invocada por la parte promotora del incidente. En consecuencia, y de acuerdo a la doctrina expuesta sobre la trascendencia constitucional del recurso, podemos afirmar que el incidente de nulidad no cumplió en este caso su función de tutela y defensa de los derechos fundamentales en base a una decisión de inadmisión del órgano

---

de la sentencia, tras ser notificada por edictos, por providencia de fecha 22 de enero de 2009. En consecuencia, y de acuerdo a la doctrina expuesta, podemos afirmar que el incidente de nulidad no cumplió en este caso su función de tutela y defensa de los derechos fundamentales en base a una decisión de inadmisión del órgano jurisdiccional con manifiesta falta de motivación, de lo que resulta que se ha vulnerado el derecho de acceso al recurso de la parte demandante de amparo (art. 24.1 CE)".

jurisdiccional carente de motivación, que dejó imprejuzgada la lesión constitucional denunciada en el incidente, de lo que resulta que se ha vulnerado también, en este punto, el derecho de la parte demandante de amparo (art. 24.1 CE), pues el órgano judicial debió motivar suficientemente su decisión, con lo que la petición de nulidad de actuaciones no surtió el efecto que estaba llamada a producir".

IV. LA INADMISIÓN DE RECURSOS POR FALTA DE REQUISITOS NO EXIGIDOS POR LA LEY; EN PARTICULAR, LA INADMISIÓN DEL RECURSO DE CASACIÓN CONTENCIOSO-ADMINISTRATIVO POR FALTA DE REQUISITOS DEL ESCRITO DE PREPARACIÓN DEL RECURSO, NO PREVISTOS POR LA LEY, PEROS EXIGIDOS POR LA JURISPRUDENCIA

Se ha afirmado que el control constitucional de las resoluciones de inadmisión de los recursos debe limitarse a comprobar si la resolución ha sido motivada y si tal motivación es suficiente; también si la inadmisión se ha debido a un motivo manifiestamente erróneo o descansa en la exigencia de un requisito no previsto por la ley. Sobre este último extremo, cabe detenerse en una serie de resoluciones que han inadmitido el recurso de casación contencioso-administrativo atendiendo al incumplimiento de requisitos en el escrito de preparación del recurso, no previstos por la ley, pero exigidos por la jurisprudencia del TS. Debe advertirse que esta cuestión ha perdido parte de relevancia desde la reforma de la LOPJ por la ley 7/2015, de 21 de julio, cuya disposición final 3 ha dado nueva redacción al art. 89 LJCA relativo a los requisititos que debe cumplir el escrito de preparación de este recurso. Pero conviene conocer la doctrina del TC en este punto, ante la eventualidad de que sea aplicada en supuestos similares, y teniendo en cuenta que la citada reforma entrará en vigor al año siguiente de su publicación (22 de julio de 2016).

Antes de la reforma de la ley 7/2015, la tramitación del recurso de casación en el proceso contencioso administrativo seguía diferenciando entre un escrito de preparación y un posterior escrito de interposición. Cuando la casación se dirigía contra sentencias dictadas por la Sala de lo contencioso administrativo de la AN, la ley limitaba el contenido del escrito de preparación a la alegación del cumplimiento de requisitos de forma, y a la manifestación de la intención de recurrir (art. 89 LJCA), no exigiendo que se anticiparan los motivos del recurso, ni tampoco la indicación de las normas y de la jurisprudencia que se estimaban infringidas.

La Sala de lo Contencioso Administrativo del TS, mediante diversos Autos (Auto núm. 3461/2010, de 18 de noviembre, matizado por el Auto núm. 2927/2010 de 10 de febrero de 2011), vino a exigir que en el escrito de preparación de la casación debían expresarse, además de los extremos previstos por la ley, los motivos en los que se fundaba el recurso, así como la indicación de las normas y de la jurisprudencia que se entendían infringidas, con clara alteración de las diferencias que la ley establecía entre los dos actos de tramitación del recurso de casación.

Esta interpretación provocó la inadmisión de numerosos recursos de casación ante el incumplimiento de los requisitos "jurisprudenciales" del escrito de preparación, aplicándose tal doctrina a recursos que habían sido preparados con anterioridad a la emisión de los Autos que aclararon esa doctrina jurisprudencial.

El TC declaró en este punto, y por lo que ahora importa, que: "la generalización como requisito procesal de la necesidad de expresar los motivos del recurso de casación en el escrito de preparación entra en el ámbito de interpretación jurisprudencial de los requisitos para acceder al recurso de casación. (...) De acuerdo con la jurisprudencia de este Tribunal sobre el ámbito del derecho al recurso en relación con la protección del derecho a la tutela judicial efectiva y su alcance en relación con el recurso de casación, la integración de este requisito procesal, en su doble condición de expresión en el escrito de preparación de los motivos del recurso y de los concretos preceptos legales vulnerados y jurisprudencia infringida, entra dentro de las facultades jurisprudenciales que corresponden al Tribunal Supremo en la interpretación de la ley sobre los requisitos de acceso a la casación" (STC 7/2015).

Esta sentencia, cuenta con un voto particular proclive a conceder el amparo por entender que la inadmisión del recurso de casación basada en el incumplimiento de requisitos exigidos por la jurisprudencia del TS constituía un claro ejemplo de inadmisión de un recurso por falta de requisitos legalmente inexistentes, ello atendiendo a que en el momento en el que se presentó el escrito de preparación no se había acordado esa doctrina jurisprudencial[10]. Además, en el voto particular se alertaba al TC de las consecuencias de la doctrina sentada en la S 7/2015, habida cuenta de que en ella se aludía a la posibilidad de subsanar defectos del escrito de preparación de la casación, cuando tal escrito, por sus características, no era susceptible de subsanación.

V. LA INADMISIÓN DE RECURSOS POR INTERPRETACIONES RIGUROSAS Y EXCESIVAMENTE FORMALISTAS

Por último, vamos a apuntar algunos supuestos en los que el TC ha concedido el amparo por estimar que la resolución de inadmisión del recurso ha descansado en una interpretación excesivamente rigurosa o formalista de algún requisito de admisibilidad del recurso; es decir, cuando la interpretación de esos requisitos no resulta proporcional en relación con los fines que persigue el establecimiento de los mismos. En estos casos, es de observar que la función del TC va más allá del mero control externo de la resolución de inadmisión, pues no se limita a comprobar si tiene motivación, si la misma es suficiente, o si existe un error patente; en estos casos, se comprueba la tensión entre el respeto a las potestades interpretativas de los tribunales ordinarios y el control constitucional en cuanto a la posibilidad de realizar otra interpretación de la norma más acorde con el derecho a la tutela judicial efectiva.

---

[10] Voto particular concurrente que formula el Magistrado don Juan Antonio Xiol Ríos, al que se adhieren los Magistrados doña Adela Asua Batarrita, don Luis Ignacio Ortega Álvarez y don Fernando Valdés Dal-Ré: "Considero, sin embargo, que, en aplicación de esta jurisprudencia, en este caso especial, debería haberse apreciado también por este motivo la lesión del art. 24.1 CE, ya que la decisión de inadmisión impugnada se ha basado en una causa que debe considerarse legalmente inexistente. En efecto, (i) el escrito de preparación del recurso de casación y el escrito de interposición del recurso de casación son actos separados correspondientes a momentos procesales distintos y sometidos al cumplimiento de requisitos diferentes; (ii) la exigencia de que se citen las normas o la jurisprudencia que se consideren infringidas se establece expresamente como requisito del contenido del escrito de interposición (art. 92.1 LJCA) y no figura ente los requisitos exigidos para el escrito de preparación (art. 89.1 LJCA); de donde se sigue (iii) que el requisito de que se citen las normas o la jurisprudencia que se consideren infringidas es solo exigible para el escrito de interposición pero no para el de preparación y que considerarlo embebido, como ha opinado la mayoría del Tribunal, en "los requisitos de forma exigidos" (cuya concurrencia debe expresarse en el escrito de preparación) violenta el texto de la Ley".

Son muy variados los supuestos que pueden incluirse en este apartado y variadas también las normas procesales objeto de interpretación.

La STC 90/2015, de 11 de mayo, concede el amparo solicitado por la recurrente estimando que se había vulnerado su derecho a la tutela judicial efectiva en la vertiente de acceso al recurso legal, al serle denegado el derecho a la asistencia jurídica gratuita que había solicitado para interponer un recurso de apelación. Tal denegación descansaba en una interpretación excesivamente rigurosa y formalista del art. 8.2 LAJG que exigía, para los casos en los que no se había obtenido ese derecho en la primera instancia, acreditar el cambio sobrevenido de las circunstancias económicas del solicitante. Este requisito no fue acreditado por la recurrente porque, en verdad, no se había producido, sino que la primera instancia del proceso pudo ser asumida merced a la ayuda de profesionales amigos que renunciaron a cobrar sus honorarios. Según la Comisión de Asistencia Jurídica Gratuita, no existía ese cambio de circunstancias que justificara el reconocimiento del derecho para la segunda instancia. El órgano judicial que conoció de la impugnación de la resolución de la Comisión desestimó la petición con similares argumentos. El TC estima el amparo por entender que se había efectuado una interpretación excesivamente rigurosa del art. 8.2 LAJG y que la misma resultaba lesiva del derecho a la tutela judicial efectiva. Dicho precepto partía de la base de que el solicitante del derecho de asistencia jurídica gratuita no lo había solicitado en la primera instancia por contar con suficientes recursos para litigar, de manera que su solicitud en la segunda instancia exigía acreditar ese cambio de circunstancias; sin embargo, eran posibles otros supuestos que justificaran la no necesidad de solicitar tal derecho para la primera instancia y sí, en cambio, para la segunda[11].

---

[11] STC 90/2015, de 11 de mayo: "En este contexto, se deduce claramente que la interpretación realizada por la comisión de asistencia jurídica gratuita del art. 8 LAJG, se ha limitado a un estrecho entendimiento de su tenor literal, sin tener en cuenta las circunstancias concretas del caso. (…) La regla establecida en el art. 8 regula un supuesto especial, como es el que un ciudadano se vea obligado a solicitar el beneficio de justicia gratuita para actuar en segunda instancia de un proceso no habiéndolo necesitado en primera. La razón por la que no se haya necesitado para la primera instancia puede deberse a diversas causas; la disminución sobrevenida de medios económicos será, normalmente, la causa más común pero ello no impide –como tampoco lo hace el precepto aplicado– que el solicitante pueda esgrimir otros motivos para justificar que necesita el beneficio de justicia gratuita para actuar en una segunda instancia. Dentro de estos "otros" motivos, las circunstancias alegadas por la ahora demandante –haber gozado de la ayuda desinteresada de amigos que la asistieron técnicamente en la primera instancia, así como el dato sobrevenido de la

También la STC 149/2015, de 6 de julio de 2015 concede el amparo solicitado por el recurrente por entender que la interpretación excesivamente rigurosa de una norma procesal (el art. 8.2 II de la Ley 10/2012 de tasas judiciales) había impedido el acceso al recurso legal. En este caso, se había interpuesto un recurso de apelación al que no se había acompañado el justificante de haber abonado la tasa. Efectuado el requerimiento a la parte para que subsanara ese defecto (sin fijar plazo alguno al no establecerlo tampoco la ley), el recurrente presentó el justificante de autoliquidación de la tasa tres días después de recibir el requerimiento. El tribunal a quo inadmite el recurso por entender que el cómputo de los días que habían transcurrido desde que se inició el plazo para recurrir y hasta que se interpuso el recurso, sumados a los días transcurridos desde que se requirió para subsanar y hasta que se efectuó la subsanación, suponía que había transcurrido con creces el plazo fijado para recurrir. De manera que la subsanación del defecto tras el requerimiento no había posibilitado la admisión del recurso. El TC entiende que se había efectuado una interpretación rigurosa y formalista de la norma que regulaba la posibilidad de subsanación de este requisito pues, aun cuando el recurrente hubiera intentando la subsanación el primer día tras el requerimiento, tampoco hubiera sido posible la admisión del recurso de acuerdo con la interpretación efectuada por el tribunal. Tal interpretación había generado a la parte una expectativa de subsanación ilusoria e irrazonable atendiendo a la interpretación efectuada posteriormente por el tribunal en cuanto al cumplimiento de los plazos para subsanar[12].

---

necesidad de pago de tasas en apelación, cuya exigencia no era previsible cuando inició el proceso– debieron ser ponderadas por la comisión de asistencia jurídica gratuita a la hora de adoptar su decisión; al no hacerlo así e ignorar completamente tales argumentos, se vulneró el derecho a la tutela judicial efectiva de la recurrente ya que la decisión carece de una motivación suficiente y es consecuencia de una interpretación restrictiva del derecho fundamental en juego, que no era otro que el derecho a los recursos legalmente previstos, puesto que la decisión de denegar tal beneficio impidió a la parte recurrente acceder al recurso de apelación en el pleito principal".

12 STC 149/2015, 6 julio de 2015: "la recurrente interpuso su recurso de apelación defectuosamente, pero en tiempo, en el último día posible dentro del plazo, en aplicación del art. 135.1 LEC. El Secretario judicial requirió por diligencia de ordenación a la apelante para que procediera a subsanar la omisión, sin indicar un plazo de subsanación, que tampoco establecía el art. 8.2 de la Ley 10/2012. Ahora bien, a partir del entendimiento que de este precepto realizó el órgano judicial, dicho requerimiento resultó de imposible cumplimiento para la parte, habida cuenta que la diligencia de ordenación se dictó y notificó fuera del plazo de veinte días de interposición del recurso de apelación, por más que la apelante subsanó, en efecto, la omisión, dentro de los cuatro días hábiles siguientes. Lo relevante en el caso del presente recurso de amparo es que no resulta razonable, desde el plano del

Por último, la STEDH de 4 de noviembre 2014 (caso Sociedad Anónima del Ucieza contra España) entiende que ha habido vulneración del Convenio (art. 6.1) por la interpretación efectuada por el TS al inadmitir un recurso de casación civil por falta de acreditamiento de la cuantía necesaria en ese momento para el acceso a la casación (150.000 euros). En el caso planteado, se discutía sobre la nulidad de la inscripción registral de una iglesia medieval. El recurrente, en sus alegaciones iniciales, había afirmado que el valor del bien en cuestión excedía de la cuantía exigida en aquel momento para acceder a la casación, siendo en todo caso una cuantía inestimable. La parte demandada había alegado que el valor del inmueble superaba con creces la cuantía para acceder a la casación. El TS invitó a la parte recurrente a que concretara que la cuantía del litigio superaba la exigida en ese momento para el acceso a la casación; y la parte recurrente reiteró que el bien era de cuantía inestimable. Finalmente, el TS inadmite la casación por entender que no había quedado justificado que la cuantía del litigio excedía de la exigida por la ley para el acceso a la casación. El TEDH estima que teniendo en cuenta las características del inmueble en litigio –un bien que está fuera del comercio y del que es difícil calcular su cuantía–, la resolución que inadmitió la casación se había basado en una interpretación excesivamente formalista de la norma que había impedido el acceso al recurso[13].

---

derecho a la tutela judicial efectiva, que un órgano judicial, en las condiciones que concurren en el caso, requiera a la parte para que subsane el defecto, tal y como le exigía la ley, para, una vez atendido por la parte dicho requerimiento y aportado el justificante de la autoliquidación de la tasa judicial, acordar que esa subsanación se realizó fuera del plazo de interposición del recurso. La concesión de aquel trámite implicó el reconocimiento de la naturaleza subsanable del defecto y confirmó al apelante la posibilidad de tal subsanación. Posibilidad que, sin embargo, quedó totalmente frustrada como consecuencia de la irrazonable y asistemática interpretación que el órgano judicial realizó de la previsión legal en conjunción con el art. 458 LEC, privando de todo sentido a la oportunidad que otorga el art. 8.2 de la Ley 10/2012. Al no tener por debidamente cumplido el requisito y por admitido el recurso de apelación una vez subsanado el defecto apreciado, y manifestada, por tanto, la voluntad favorable al cumplimiento por parte del sujeto pasivo, la decisión judicial de inadmitir la apelación no cumplió con el canon constitucional de razonabilidad exigible en la interpretación de la norma, de acuerdo con las exigencias que derivan del art. 24.1 CE".

[13] Véase también la STEDH de 9 noviembre 2004 (caso Sáez Maeso contra España), en relación con la inadmisión de un recurso de casación (por falta de requisitos en el escrito de interposición) siete años después de que se hubiera admitido el escrito de preparación (TEDH\2004\66): "la combinación concreta de los hechos en este asunto, cuyo plazo de siete años entre las dos decisiones del Tribunal Supremo, destruyó la relación de proporcionalidad entre las limitaciones, como las aplicadas en este caso, y las consecuencias de su aplicación. En consecuencia, la interpretación particularmente rigurosa hecha por los tribunales de una regla de proceso privó al demandante del derecho de acceso a un Tribunal con el fin de que su recurso de casación fuera examinado".

TRIBUNALES CONSUETUDINARIOS Y TRADICIONALES E INSTANCIA ÚNICA

José Bonet Navarro
Catedrático de Derecho Procesal.
UVEG

I. SOBRE LA DISTINCIÓN ENTRE IRREVOCABILIDAD E INSTANCIA ÚNICA

Como es bien conocido, la irrevocabilidad es nota característica de la jurisdicción[1], aunque no resulta un elemento identificador definitivo porque, entre otras cosas, encontramos decisiones revocables de indudable carácter jurisdiccional, como las de los procesos sumarios (art. 447.2 a 4 LEC).

Los tribunales españoles reconocidos expresamente como tradicionales y consuetudinarios en los términos del art. 125 CE, actualmente solo son el Tribunal de las Aguas de Valencia y el Consejo de Hombres Buenos de la Huerta de Murcia. La eficacia de cosa juzgada de sus decisiones deriva del reconocimiento por la Ley Orgánica del Poder Judicial, tal y como requiere el art. 122.1 CE en cuanto excepción al principio constitucional de unidad jurisdiccional.

La imposibilidad de revisión ulterior se refuerza por el hecho de que en el organigrama de los tribunales tradicionales y consuetudinarios españoles se

---

[1] Una sólida posición doctrinal mantiene que solamente la nota de irrevocabilidad permite identificar en todos los supuestos la jurisdicción. Así, SERRA DOMÍNGUEZ, M., *Jurisdicción, acción y proceso,* Atelier, Barcelona, 2008, p. 65, rotundamente afirma que *"descartados todos los criterios usuales, forzosamente hay que acudir al criterio de cosa juzgada... como el único válido para diferencia caso por caso si nos encontramos ante un acto administrativo o jurisdicción"*. En un sentido similar, GIMENO SENDRA, V., *Poder judicial, potestad jurisdiccional y legitimación,* en *Revista de Derecho Procesal Iberoamericana,* 1978, núms. 2-3, p. 321, indica que mientras la decisión de la autoridad administrativa *"es provisional o interina, las decisiones de la Jurisdicción son definitivas y obligatorias"*.

carece de órgano superior[2]. Asimismo, la costumbre, la propia *auctoritas* del Tribunal y hasta la inconveniencia práctica de la impugnación, han favorecido la no impugnabilidad, aunque, en puridad, únicamente puede sostenerse tras el reconocimiento de su carácter jurisdiccional.

Ahora bien, irrevocabilidad e instancia única son fenómenos que han de ser debidamente deslindados. Piénsese solamente que, aunque la mayoría de la decisiones jurisdiccionales son irrevocables, no es regla general pronunciarse en única instancia. Por el contrario, las decisiones se someten a un sistema de impugnación. Por eso, en los tribunales tradicionales y consuetudinarios, irrevocabilidad e instancia ciertamente confluyen pero es de forma meramente casual.

II. SOBRE LA JUSTIFICACIÓN DE LA INSTANCIA ÚNICA EN LOS TRIBUNALES TRADICIONALES Y CONSUETUDINARIOS

La justificación de la instancia única podría quedar en entredicho en el caso de que los tribunales tradicionales y consuetudinarios pudieran resolver sobre derecho penal o, al menos, administrativo sancionador, sin perjuicio de que, al mismo tiempo, sus decisiones estén incluyendo también aspectos de derecho civil, sobre todo indemnizatorio.

De ese modo, el tema de la naturaleza jurídica del derecho que aplican estos tribunales adquiere relevancia: de un lado, porque al condenado o sancionado deberían corresponder las garantías del derecho penal con más o menos matices[3]; y de otro, porque la aplicación de los principios y garantías del

---

[2] Cuestión distinta es que en la fase de liquidación de la sentencia, pueda solicitarse una nueva visura por considerar incorrecto el *quantum* indemnizatorio. Según indica FAVRETTO, Ch., "El Tribunal de las Aguas: Mito y evolución reciente", en *Braçal,* núm. 28-29, 2004, p. 204, *"si las sentencias del Tribunal de las Aguas no son impugnables, las sentencias aunque no son impugnables, "sí se pueden recurrir por el valor de la sentencia pidiendo una nueva visura si se considera que el valor de los daños y perjuicios son demasiado altos o demasiado bajos".*

[3] El Tribunal Constitucional pronto estableció que los principios esenciales de naturaleza procesal del art. 24 debían aplicarse a la actividad sancionadora de la Administración, en cuanto preserve la seguridad jurídica conforme al art. 9 CE y los valores esenciales que subyacen en el citado art. 24 CE (STC 18/1981, de 8 de junio. Por su parte, la STC 56/1998, de 16 de marzo, resume la doctrina jurisprudencial cuando señala que *"los principios esenciales reflejados en*

proceso penal exigiría la doble instancia en las decisiones de estos tribunales, resultando así incompatible a derecho su conocimiento en primera y única instancia.

1. Del derecho al recurso en el ordenamiento jurídico español

La Constitución española de 1978 carece de previsión expresa sobre el derecho al recurso, y, coherentemente, no establece qué caracteres debería reunir tal recurso con carácter general. A pesar de ello, también es cierto que algunos preceptos de la Constitución de un modo más bien presuponen el establecimiento de un sistema de recursos (principalmente, arts. 118, 123.1, así como 152.1 puntos II y II. CE)[4], de modo que parte de su existencia.

---

el art. 24 de la Constitución en materia de procedimiento han de ser aplicables a la actividad sancionadora de la Administración" (STC 18/1981, fundamento jurídico 2º), a que entre dichos principios se encuentra el que inspira el contenido del derecho a la presunción de inocencia (STC 76/1990, fundamento jurídico 8... requiere la preservación de "los valores esenciales que se encuentran en la base del precepto, y la seguridad jurídica que garantiza el art. 9 de la Constitución" (STC 18/1981, fundamento jurídico 2º). En esta última pauta hemos insistido, también con otras palabras en múltiples resoluciones, postulando una aplicación de las garantías procesales al procedimiento administrativo sancionador "en línea de principio" (STC 66/1984, fundamento jurídico 1º), cautelosa (SSTC 246/1991, 197/1995) y respetuosa con la naturaleza de este procedimiento (SSTC 22/1990, 246/1991); y rechazando que dicha aplicación pueda realizarse de modo mimético, inmediato (STC 181/1990), o automático (STC 197/1995)". En la doctrina, véase MARTÍN-RETORTILLO BAQUER, S., "Reflexiones sobre los Jurados de Aguas", en *La protección jurídica del ciudadano (Procedimiento administrativo y garantía jurisdiccional). Estudios en homenaje al profesor Jesús González Pérez, I,* (coor.: MARTÍN-RETORTILLO, L.), Civitas, Madrid, 1993, pp.269-72, concluyendo que los matices *"obviamente, no permiten la aplicación, sin más, de los criterios del orden penal al sistema sancionador administrativo".*

4 Así, por ejemplo, el artículo 118 de la CE habla de que *"es obligado cumplir las sentencias y demás resoluciones firmes de los Jueces y Tribunales, así como prestar la colaboración requerida por éstos en el curso del proceso y en la ejecución de lo resuelto"*, con referencia a la firmeza de la sentencia, que como solamente se alcanza cuando no concurre la posibilidad de recurso, se explica presuponiendo dicho sistema de recursos. También el art. 123.1 CE por el que *"el Tribunal Supremo, con jurisdicción en toda España, es el órgano jurisdiccional superior en todos los órdenes"*, y el art. 152.1.II CE referido a que *"un Tribunal Superior de Justicia, sin perjuicio de la jurisdicción que corresponde al Tribunal Supremo, culminará la organización judicial en el ámbito territorial de la Comunidad Autónoma"*, preceptos que al referirse al carácter superior de un tribunal presupone otro inferior y, así, la existencia de un sistema de recursos que los relacione. Y por último, el art. 152.1.III CE, en su referencia más directa referida a que *"las sucesivas instancias procesales, en su caso, se agotarán ante órganos judiciales radicados*

La carencia de reconocimiento constitucional expreso no impide que el ordenamiento jurídico procesal español, como la mayor parte de los sistemas procesales, instaure la posibilidad de impugnación desde el primer momento, consecuencia de la necesidad de subsanar los errores que naturalmente se producen en la actividad jurisdiccional. Errores que forman parte de la misma esencia de la función de resolver conflictos, dada la complejidad que tal actividad entraña y de las limitaciones propias de la imperfección humana del juzgador.

No obstante, la constatación de su existencia en la Constitución no implica necesariamente que imponga la necesidad de introducir o mantener un sistema de impugnación y mucho más si el mismo ha de caracterizarse de un modo determinado. De hecho, ni siquiera de forma indirecta deriva de la Constitución que deba implementarse una doble instancia o que deba generalizarse el recurso de apelación como medio considerado idóneo para alcanzar la doble instancia[5]. Otra cosa es que la jurisprudencia reconozca que, una vez establecido legalmente un sistema de impugnación, surge el derecho a instrumentarlo siempre que se cumplan sus presupuestos[6].

Sin embargo, en el proceso penal, las normas internacionales conducen a una consecuencia distinta[7]. El art. 14.5 del Pacto Internacional de Derechos

en el mismo territorio de la Comunidad Autónoma en que esté el órgano competente en primera instancia".

[5] La STC 19/1983, de 14 de marzo, señala que *"el derecho a la tutela judicial, según ha declarado también el Tribunal en reiteradas ocasiones, no comprende el de obtener dos resoluciones judiciales –a través del sistema de doble instancia o mediante otros recursos como el de casación– de forma que obligue a crear un sistema de recursos al legislador"*. Y también la STC 61/1983, de 11 de julio, afirma que *"el derecho a la tutela judicial no comprende el de obtener dos resoluciones judiciales a través del sistema de doble instancia de que ahora se trata, de forma que obligue a crear un sistema de recursos al legislador"*.

[6] Recuerda la STC 246/2007, de 10 de diciembre, que *"desde la STC 37/1995, de 7 de febrero, dictada por el Pleno de este Tribunal, hemos venido manteniendo de modo constante que, así como el acceso a la jurisdicción es un elemento esencial del contenido del derecho a la tutela judicial efectiva que consagra el art. 24.1 CE, el sistema de recursos frente a las diferentes resoluciones judiciales ha de incorporarse al mencionado derecho en la concreta configuración que reciba en cada una de las leyes de enjuiciamiento que regulan los distintos órdenes jurisdiccionales"*.

[7] Los tratados internacionales válidamente celebrados, una vez publicados oficialmente en España, formarán parte del ordenamiento interno" (art. 96.1 CE); y, sobre todo, en atención a que *"las normas relativas a los derechos fundamentales y a las libertades que la Constitución reconoce se interpretarán de conformidad con la Declaración Universal de Derechos Humanos y*

Civiles y Políticos, hecho en Nueva York el 16 de diciembre de 1966 dispone que *"toda persona declarada culpable de un delito tendrá derecho a que el fallo condenatorio y la pena que se le haya impuesto sean sometidos a un Tribunal superior, conforme a lo prescrito por la Ley"*. Y también el art 2.1 del Protocolo núm. 7 del Convenio Europeo para la Salvaguarda de los Derechos Humanos y las Libertades Fundamentales, de 22 de noviembre de 1984[8], establece que *"1. Toda persona declarada culpable de una infracción penal por un tribunal tiene derecho a que la declaración de culpabilidad o la condena sean examinadas por un tribunal superior. El ejercicio de este derecho, que incluye los motivos por los que puede ser ejercitado, serán regulados por la ley"*. Siendo así, como sea que las normas supranacionales integran el ordenamiento jurídico español y además sirven de pauta interpretativa de los derechos fundamentales y libertades públicas conforme al art. 110.2 CE, puede afirmarse que el derecho al recurso forma parte de la tutela judicial efectiva en el ámbito del proceso penal como una de las garantías a que genéricamente se refiere el art. 24.2 CE[9].

No obstante, el derecho a que el fallo condenatorio y la pena sean sometidos a un Tribunal Superior solamente cabrá *"conforme a lo prescrito por la Ley"*. Esto significa, atendiendo la jurisprudencia del Tribunal Europeo de Derechos Humanos, pronunciada en relación con los arts. 6.1 del Convenio

---

los Tratados y acuerdos internacionales sobre las mismas materias ratificados por España" (art. 10.2 CE).

[8] Firmado por España el 22 de noviembre de 1984, y ratificado mucho más tarde, concretamente el 16 de septiembre de 2009, ha entrado en vigor en fecha relativamente reciente: el 1 de diciembre de ese mismo año.

[9] Así, entre otras, la STC 120/2009, de 18 de mayo, *"en materia penal el legislador sí debe prever un régimen de impugnación de las sentencias condenatorias, dado que, como ya dijimos en la STC 42/1982, de 5 de julio (FJ 3), el Pacto internacional de derechos civiles y políticos (PIDCP) –de conformidad con el cual han de interpretarse las normas sobre derechos fundamentales reconocidos por la Constitución ex art. 10.2 CE– consagra en su art. 14.5 el derecho de toda persona declarada culpable de un delito a que el fallo condenatorio y la pena que se le haya impuesto sean sometidos a un Tribunal superior, conforme a lo prescrito por la ley. Este mandato incorporado a nuestro Derecho interno obliga a considerar que entre las garantías del proceso penal a las que genéricamente se refiere la Constitución en su art. 24.2 se encuentra la del recurso ante un Tribunal superior, a salvo los supuestos de infracciones menores o cuando la persona haya sido juzgada por un Tribunal que constituya la máxima instancia judicial o cuando haya sido declarada culpable tras un recurso contra su absolución"*.

para la protección de los Derechos y de las Libertades fundamentales[10], así como también el art. 2 del citado Protocolo núm. 7 del Convenio[11], que el art. 14.5 del Pacto Internacional no impone la generalización de una segunda instancia sino únicamente que un tribunal superior pueda controlar la corrección del juicio sustanciado en primera instancia, revisando la correcta aplicación de las reglas que han permitido la declaración de culpabilidad y la imposición de la pena en el caso concreto.

Igualmente, la capacidad configuradora del legislador queda incólume. Podrá establecer el órgano competente para resolver o el número y calidad de recursos admisibles, en este caso, el de apelación y el de casación[12]. Siendo así, derecho al recurso en el proceso penal no se corresponde exactamente con necesidad de doble grado o que deba generalizarse la apelación. Por su parte, el derecho al recurso se limita a *"toda persona declarada culpable"*, o, en otros términos, frente a quien se haya dictado *"fallo condenatorio"* o *"declaración de culpabilidad"*, de modo que se le haya impuesto una *"condena"* o una *"pena"*[13], sin perjuicio de que pueda extenderse a la parte

---

[10] Dispone este precepto que *"Toda persona tiene derecho a que su causa sea oída equitativa, públicamente y dentro de un plazo razonable por un tribunal independiente e imparcial, establecido por la ley, que decidirá los litigios sobre sus derechos y obligaciones de carácter civil o sobre el fundamento de cualquier acusación en materia penal dirigida contra ella. La sentencia debe ser pronunciada públicamente, pero el acceso a la sala de audiencia puede ser prohibido a la prensa y al público durante la totalidad o parte del proceso en interés de la moralidad, del orden público o de la seguridad nacional en una sociedad democrática, cuando los intereses de los menores o la protección de la vida privada de las partes en el proceso así lo exijan o en la medida considerada necesaria por el tribunal, cuando en circunstancias especiales la publicidad pudiera ser perjudicial para los intereses de la justicia"*.

[11] SSTEDH de 13 de febrero de 2001, caso Krombach vs. Francia; y de 25 de julio de 2002, caso Papon vs. Francia.

[12] Según indica, entre otras muchas, la STC 16/2001, de 28 de febrero, *"como ha venido reiterando este Tribunal, lo que el citado derecho fundamental establece es la posibilidad de revisión de una condena por un Tribunal superior, garantizada, en supuestos como el presente, a través del recurso de casación "siempre que se realice una interpretación amplia de las posibilidades de revisión en sede casacional y que el derecho reconocido en el Pacto se interprete no como el derecho a una segunda instancia con repetición íntegra del juicio, sino como el derecho a que un Tribunal superior controle la corrección del juicio realizado en primera instancia, revisando la correcta aplicación de las reglas que han permitido la declaración de culpabilidad y la imposición de la pena en el caso concreto"*.

[13] Esto permite afirmar que carece de fundamento constitucional la aplicación a un supuesto de resolución negativa de una solicitud de licenciamiento del centro penitenciario *"puesto que no está en cuestión el derecho a la revisión del fallo condenatorio y la pena por un Tribunal superior...*

acusadora cuando la sentencia sea absolutoria, consecuencia del principio de igualdad[14].

Puede afirmarse, en suma, que las normas supranacionales imponen la posibilidad de impugnación de la condena en el proceso penal. Posibilidad que se satisface suficientemente mediante los recursos de apelación y casación[15]. Sin embargo, tal posibilidad no se cumple en el proceso seguido ante los tribunales tradicionales y consuetudinarios. Ahora bien, como a continuación me dispongo a argumentar, esto no implica vulneración del derecho al recurso.

2. De la conformidad a derecho de la instancia única en los tribunales tradicionales y consuetudinarios

Como la instancia única se presentaba como una característica llamativa en el Tribunal de las Aguas de la Vega de Valencia, tuvo FAIRÉN[16] que justificarla, de entrada, en una cierta posición personal favorable a la justicia de primera instancia, si bien reconoce que *"una vía de recurso supone una mayor garantía de justicia"*; y, sobre todo, mantiene que un sistema oral puro como el que le caracteriza impide en la práctica la doble instancia. Según este maestro, *"el tribunal superior carecería de antecedentes para poder instruirla"*. Asimismo, señala que tendría inconvenientes como: la *"necesidad de prescindir de la oralidad; falta de base para la propia apelación; inconveniencia de sujetarla*

---

sin que sea posible extender el alcance de la citada garantía... a todos los recursos que puedan interponerse frente a cualquier resolución judicial dictada en un proceso penal" (STC 113/2012, de 24 de mayo).

[14] De ese modo, la STC 27/1985, de 26 de febrero, se refiere al *"art. 24 de la Constitución, que reconoce el derecho a la tutela judicial efectiva sin que se produzca indefensión y a un proceso con todas las garantías, lo cual exige que todas las partes del proceso penal tengan las mismas posibilidades de recurrir y, por lo tanto, que, una vez creado un recurso en nuestro ordenamiento –en este caso el recurso de casación–, tal garantía procesal haya de estar a disposición de todas las partes"*.

[15] Como señaló el Tribunal Constitucional (STC 42/1982, de 5 de julio), el art. 14.5 del Pacto *"no es bastante para crear por sí mismo recursos inexistentes, pero obliga a considerar que entre las garantías del proceso penal a las que genéricamente se refiere la Constitución en su art. 24.2 se encuentra la del recurso ante un Tribunal Superior y que, en consecuencia, deben ser interpretadas en el sentido más favorable a un recurso de ese género todas las normas del Derecho Procesal Penal de nuestro ordenamiento"*.

[16] FAIRÉN GUILLÉN, V., *El Tribunal de las Aguas de Valencia y su proceso,* Valencia, 2ª ed., 1988, pp. 551-5.

a un tribunal ordinario, no especializado en la aplicación de las Ordenanzas de la Vega de Valencia, y en ocasiones, sus jueces-juristas poco enterados o ignorantes de ciertos factores sociales y económicos que influyen sobremanera en la conducta del Tribunal de las Aguas", lo que generaría también desconcentración, mayores gastos y lentitud. Además, según indica, no tendría claros beneficios en el servicio de la justicia. Asimismo, un hipotético recurso de apelación, según afirma, *"acarrearía, tarde o temprano, su extinción, sin beneficio de nadie –exceptuados quizá algunos teóricos libresco-uniformadores- "*. A lo que todavía añade que no sería operativo para las infracciones que dejan una huella efímera como en el caso del sorriego, que exige inmediatez en la actuación, impediría documentaciones y, por tanto, inoperatividad en una hipotética segunda instancia. Igualmente, unas medidas cautelares mientras dura la apelación, produciría más perjuicios que beneficios pues para que las posibilidades de comprobación por el tribunal superior fueran efectivas en ciertos supuestos sería necesario dejar improductivo el campo durante la apelación, incompatible con la celeridad con que se producen los cultivos. En definitiva, la instancia única en el Tribunal de las Aguas responde a imperativos de la "economía procesal", y "utilidad" derivada de la "adecuación y practicabilidad". Ventajas todas ellas, principalmente en lo que supone de celeridad, que vienen a compensar el riesgo de que eventualmente se dicte una sentencia injusta.

Aunque podemos compartir estos argumentos, sobre todo desde un punto de vista práctico[17], esta conveniencia siempre será relativa, en atención a un contexto procesal determinado y a unos supuestamente escasos o menores

---

[17] Básicamente la misma que mantiene y reitera recientemente FAIRÉN GUILLÉN, V., "Dos llamadas de actualidad sobre el tribunal de las aguas de Valencia (El Tribunal y los recursos; la adhesión de la Acequia del Oro)", en *La protección jurídica del ciudadano (Procedimiento administrativo y garantía jurisdiccional). Estudios en homenaje al profesor Jesús González Pérez,* I, (coor.: MARTÍN-RETORTILLO), Civitas, Madrid, 1993, pp.201-5, quien considera que sostener la inconstitucionalidad por esta vía sería propio de *"ígnaros"* y que *"refleja ingenuidad"*, pues el Tribunal no condena a pena, además de su carácter oral, con las dificultades prácticas para su examen, y por inexistencia de órgano superior posible. Y todavía más recientemente, Ídem, "El proceso oral y eficaz ante el milenario Tribunal de las Aguas de Valencia", en *Cuestiones actuales de la Jurisdicción en España, II,* (coor.: MONTOYA), Dykinson, Madrid, 2010, pp. 1169, cuando afirma en relación a la posible introducción de un doble grado en el Tribunal de las Aguas por mor de las normas internacionales *"si se desea mantenerlo como custodio de la productividad de la Huerta de Valencia, ello es imposible por nocivo"*.

beneficios derivados. Y si los argumentos han podido contribuir para justificar de algún modo la subsistencia del Tribunal de las Aguas de Valencia, en cambio, no permitirían superar la exigencia de la doble instancia en los términos indicados en el punto anterior. Siendo así, el sistema de instancia única en principio habría sufrido serias dificultades para superar una evaluación sobre su adecuación a las normas supranacionales vigentes en España.

Sin embargo, el Tribunal Constitucional ya había dado cobertura a la instancia única en la STC 113/2004, cuando, en relación con la imposibilidad de impugnar la Sentencia del Consejo de Hombres Buenos de la Huerta de Murcia, afirmó que *"carece manifiestamente de la imprescindible relevancia constitucional... el sistema de recursos no tiene, salvo en el orden penal, vinculación constitucional (entre otras muchas, SSTC 109/1987, de 29 de junio, 37/1995, de 7 de febrero, y 214/2003, de 1 de diciembre), y sin que a tal fin pueda bastar la forzada apelación que se hace en la demanda de amparo a la facultad del Consejo de imponer sanciones en su caso. Pues la existencia de recurso frente a las decisiones del Consejo es cuestión que naturalmente atañe en exclusiva a la libertad de configuración que corresponde al legislador"*. Esta rotundidad contrasta de todos modos con una motivación que, en mi opinión, no puede calificarse precisamente como extensa ni sustanciosa pues pasa de soslayo por el tema de la capacidad sancionadora que corresponde al Consejo y al Tribunal de las Aguas y con las garantías procesales inherentes a la misma.

Con todo, no ha de pasar por alto que existen supuestos similares en los que se produce la exención del derecho al recurso ante un Tribunal Superior, incluso en la aplicación del derecho penal. Como es sabido, por el momento al menos, compete a la Sala de lo Penal del Tribunal Supremo la instrucción y enjuiciamiento de determinados supuestos de aforamiento (arts. 71.3, 102.1 y 57.1, 2 y 3ª LOPJ) y las resoluciones dictadas por esta Sala no son impugnables, entre otras razones, por no existir ni ser viable un órgano superior[18].

---

[18] FAIRÉN GUILLÉN, V., "Dos llamadas de actualidad sobre el tribunal de las aguas de Valencia (El Tribunal y los recursos; la adhesión de la Acequia del Oro)", cit., pp.202, sobre esto explica que dicho Tribunal superior *"es inconcebible que fuera otro nombrado por los mismos individuos y por los mismos trámites que lo son los Síndicos que integran el Tribunal de las Aguas... Aparecería el obstáculo de lo desigual entre los mismos labradores-comuneros elegidos, unos para poder incluso revocar el pronunciamiento de los otros"*.

Como afirma la STC 136/1999, de 20 de julio, en referencia a la anterior 166/1993, de 20 de mayo, *"el privilegio del fuero, que es un plus, equilibra así la inexistencia de una doble instancia, que si bien es una de las garantías del proceso a las cuales alude genéricamente el art. 24.2 C.E., ha de ser matizada en los casos en que el enjuiciamiento se confía directamente al supremo juez en todos los órdenes jurisdiccionales, salvo el constitucional (art. 123 C.E.), a quien habría de revertir en definitiva la competencia funcional en un segundo grado o escalón procesal". Conclusión que hoy se encuentra reforzada por la circunstancia, que conviene tener presente como criterio interpretativo, de que el art. 2 del Protocolo Adicional núm. 7 al Convenio Europeo para la Protección de los Derechos Humanos, de 22 de noviembre de 1984 (firmado por España el 19 de marzo de 1985, está pendiente de ratificación), dispone que el principio general de la doble instancia penal "podrá ser objeto de excepciones..., cuando el interesado ha sido juzgado en primera instancia por la jurisdicción más alta" (STC 41/1998 y ATC 1309/1988)"*[19]. Así, pues, se justificaba la imposibilidad de que un órgano superior pueda revisar la decisión condenatoria penal, cuando quien conoce es ya precisamente el superior[20]. Como afirma Calderón[21], *"aun faltando la garantía que se pretende con el reconocimiento del derecho al recurso, ésta se ve compensada por realizar el*

[19] A lo anterior añade la misma sentencia que *"esta sustitución parcial de una garantía procesal por otra, inocua para la integridad del correspondiente derecho fundamental, se funda en sólidas razones de preservación de "la independencia y el prestigio de las instituciones" (STC 22/1997), y que, si dicha garantía se extiende a personas no aforadas, ello se debe al razonable criterio de no escindir, por razón de las personas, el enjuiciamiento de unos mismos hechos".*

[20] En España no existe un órgano superior al Tribunal de las Aguas, a diferencia de lo que ocurre en otros países como, por ejemplo, en Italia. En este país existe una verdadera "jurisdicción de aguas", con Tribunales Regionales de Aguas Públicas y un Tribunal Superior de Aguas, para conocer recursos de apelación frente a resoluciones de los primeros. Además, la competencia de estos órganos es bastante más extensa que la del Tribunal de las Aguas: resolver conflictos relativos a la propiedad hidráulica: propiedad de aguas, límites de los ríos y lagos, derechos relativos a canalizaciones y uso de aguas públicas, indemnizaciones en los casos de expropiación para la ejecución de obras hidráulicas, resarcimiento de los daños y perjuicios derivados de las obras hidráulicas promovidas por la Administración, indemnizaciones por expropiación de derechos de pesca, así como los recursos de apelación contra las sentencias del Pretor cuyo objeto sean acciones posesorias sobre aguas públicas. Véase LOZANO MIRALLES, J., "El complejo panorama de la organización jurisdiccional en Italia", en *Revista del Poder Judicial*, núm. 51, 1998, pp. 13-68.

[21] CALDERÓN CUADRADO, Mª. P., *La segunda instancia penal,* Thomson Aranzadi, Cizur menor, 2005, p. 174.

enjuiciamiento el órgano jurisdiccional superior en todos los órdenes, protección mayor si se quiere que el recurso en sí".

En el caso concreto del Tribunal de las Aguas, como del mismo modo en el del Consejo de Hombres Buenos de la Huerta de Murcia, no es adecuado incluirlo en las jerarquías orgánicas propias de los tribunales ordinarios. En realidad, se trata de un órgano especial que opera en un ámbito determinado y único. La particular configuración y designación de estos órganos, integrados por síndicos-jueces elegidos por las propias comunidades que no han de ser titulados en derecho pero sí absolutamente especialistas y superiores conocedores no solo de los hechos sino también de los derechos que les corresponde en su ámbito competencial[22], permite que se erija como tribunal único en su ámbito y, por ello, que carezcan de superior jerárquico. Lo dicho sin perjuicio de las competencias de órganos también especiales como el Tribunal Constitucional, pero que no deben ser considerados como superiores *estricto sensu*, ni el recurso de amparo merece ser considerado como un nuevo examen de la condena[23]. En fin, puede concluirse en la existencia de imposibilidad orgánica para dar acceso a un tribunal superior cuando un tribunal tradicional o consue-

---

22 Como afirma GINER BOIRA, V., *El Tribunal de las Aguas de la Vega de Valencia, 960-1960,* Valencia, 1960, p. 43, *"conocen y casi diríamos que a la perfección, el derecho aplicable en el Tribunal, que no es otro que las Ordenanzas por las que se rigen cada una de las Acequias... no son legos en derecho, sino expertos en el que han de aplicar"*. En la misma línea, FAIRÉN GUILLÉN, V., *El Tribunal de las Aguas...,* cit., p. 257, considera que, aunque no juristas, *"son jueces técnicos en la materia, jueces especializados sin título oficial de tales"*. Ídem, "El proceso oral y eficaz ante el milenario Tribunal de las Aguas de Valencia", cit., pp.1168, añade que *"conocen perfectamente el derecho de la Huerta y discuten y resuelven sobre todo el problema litigioso, fáctica y jurídicamente, con el Presidente, sin separación alguna"*. En la misma línea, MASCARELL NAVARRO, Mª. J., "El Tribunal de las Aguas de la Vega Valenciana y su proceso jurídico", en *El Tribunal de las Aguas de Valencia,* (con TARÍN y SALA), Javier Boronat, Valencia, 2ª ed., 2010, págs.. 22-3.ARBIOL MUÑOZ, V., "El Tribunal de las Aguas de la Vega de Valencia", en *Derechos civiles en España,* V, (dirs.: BERCOVITZ y MARTÍNEZ-SIMANCAS), Aranzadi, Cizur Menor, 2000, pp. 3233-4.

23 Aunque lo afirme CALDERÓN CUADRADO, Mª. P., *La segunda instancia penal,* cit., p. 173, concretamente en relación con las decisiones dictadas por el Tribunal Supremo en caso de aforamiento, estimo que por similares razones la afirmación sigue siendo válida para el enjuiciamiento por el Tribunal de las Aguas. Por lo demás, para consideraciones generales sobre la impugnación de las sentencias ante el Tribunal Constitucional, véase BELLIDO PENADÉS, R., "Los medios de impugnación de las sentencias del Tribunal de las Aguas de Valencia", en *El Tribunal de las Aguas de Valencia. Claves jurídicas,* (dir.: BONET; coor.: MASCARELL), Valéncia, Institució Alfons el Magnànim, 2014, pp. 379-92.

tudinario como el Tribunal de las Aguas de Valencia o el Consejo de Hombres Buenos de la Huerta de Murcia, juzgando en primera y única instancia, deciden imponer una condena o sanción.

Por último, resulta definitiva la entrada en vigor del Protocolo núm. 7 del Convenio Europeo para la Salvaguarda de los Derechos Humanos y las Libertades Fundamentales. Firmado por España el 22 de noviembre de 1984 y ratificado el 16 de septiembre de 2009, en vigor desde el 1 de diciembre de ese mismo año. Su art. 2 establece excepciones al derecho al recurso cuando dispone que: "*Este derecho puede estar sujeto a excepciones respecto de las infracciones de carácter menor definidas por la ley, así como en los casos en que el interesado haya sido juzgado en primera instancia por un tribunal superior o haya sido declarado culpable y condenado después de un recurso contra su absolución*"[24]. Así, puede afirmarse, en suma, que la excepción a "*los casos en que el interesado haya sido juzgado en primera instancia por un tribunal superior*" despeja cualquier atisbo de duda que pudiera haberse mantenido sobre su operatividad. Si a esta circunstancia sumamos la consideración de la posición de superioridad que ocupan los tribunales tradicionales y consuetudinarios, así como el hecho de la inexistencia y de la inviabilidad de órgano superior a los mismos en el conocimiento de los hechos y derechos que integran su competencia[25], queda salvada cualquier exigencia que podría derivar de las normas supranacionales en materia de revisión de los fallos condenatorios en cualquier caso.

---

[24] Circunstancia que, por su parte, es recordada por la STC 120/2009, de 18 de mayo, cuando resalta que "*entre las garantías del proceso penal a las que genéricamente se refiere la Constitución en su art. 24.2 se encuentra la del recurso ante un Tribunal superior, a salvo los supuestos de infracciones menores o cuando la persona haya sido juzgada por un Tribunal que constituya la máxima instancia judicial o cuando haya sido declarada culpable tras un recurso contra su absolución*".

[25] Unido a la circunstancia de que, como indica GINER BOIRA, V., *El Tribunal de las Aguas de la Vega de Valencia, 960-1960,* cit., p. 15, por la autoridad máxima que supone pronunciar fallos inapelables "*sus Jueces extreman su función para garantía siempre de quienes ante el mismo acuden*".

MEDIOS DE IMPUGNACIÓN EN EL SISTEMA EUROPEO DE PROTECCIÓN DE LOS DERECHOS HUMANOS

LUIS-ANDRÉS CUCARELLA GALIANA
Profesor Titular Universidad. Acr. Catedrático de Universidad
Doctor en Derecho por las Universidades de Bolonia y Valencia
Universitat de València

I. EL CONSEJO DE EUROPA Y LA PROTECCIÓN DE LOS DERECHOS HUMANOS

1. Origen

Al término de la II guerra mundial, los diferentes Estados europeos entraron en un proceso de reflexión y revisión de sus ordenamientos jurídicos con el objeto de garantizar una efectiva protección de los derechos fundamentales[1]. Muchas habían sido las violaciones que se habían producido y que condujeron al estallido de la II guerra mundial. Al término de la misma, se adquirió la conciencia de que debían articularse los mecanismos necesarios para que esas violaciones no se repitieran, o en el caso en que tuvieran lugar, que hubiera instrumentos efectivos para la protección y tutela de los derechos de la persona[2]. Se pretendía ir más allá del límite territorial de las fronteras nacionales, para

---

[1] Véase sobre estas consideraciones, RODRÍGUEZ, A., *Integración europea y derechos fundamentales*. Civitas. Madrid, 2001; RIPOL CARULLA, S., *El sistema europeo de protección de los derechos humanos y el Derecho español*. Atelier, Barcelona, 2007, pp. 17-20.

[2] Como indica MARTÍN-RETORTILLO BAQUER, L., *Vías concurrentes para la protección de los derechos humanos. Perspectivas española y europeas*. Cuadernos Civitas. Cizur Menor (Navarra), 2006, p. 29, en la que pone de manifiesto la necesidad de limitar el poder de los Estados frente a los diferentes tipos de abusos y violaciones de los derechos que se habían producido.

fijar un verdadero mecanismo supranacional de protección de los derechos[3]. En ese contexto, fueron esenciales las labores que se llevaron a cabo para la creación del Consejo de Europa[4], cuyo Estatuto está hecho en Londres con fecha 5 de mayo de 1949[5].

Los trabajos preparatorios comenzaron en el Congreso de La Haya de 1948 y en él intervinieron una veintena de países europeos. Son varias las resoluciones adoptadas, pero en lo que nos interesa, se tomó la decisión de crear "una unión económica y política con el fin de garantizar la seguridad, la independencia económica y el progreso social, la convocatoria de una asamblea consultiva elegida por los parlamentos, la elaboración de una carta europea de derechos humanos y de un tribunal para aplicar sus decisiones". Sin embargo, el enfrentamiento político e ideológico entre los países orientales y occidentales de Europa, determinó que los primeros, quedaran descolgados de este proceso.

El 5 de mayo de 1949, en Londres, tuvo lugar la firma del tratado constitutivo del CE. Son diez los países que lo firmaron: los Reinos de Bélgica, Dinamarca; Países Bajos; Noruega; Suecia y Gran Bretaña e Irlanda del Norte, así como las Repúblicas francesa, irlandesa y el Gran Ducado de Luxemburgo.

A día de hoy, son un total de cuarenta y siete países europeos los que forman parte del Consejo de Europa. En concreto, a los diez países mencionados con anterioridad, hay que sumar los que siguen: Albania, Armenia, Andorra, Austria, Azerbaiyán, Bosnia y Herzegovina, Bulgaria, Croacia, Chipre, república Checa, Estonia, Finlandia, Georgia, Grecia, Hungría, Islandia, Irlanda, Latvia, Liechtenstein, Lituania, Luxemburgo, Malta, república de Moldavia, Mónaco, Montenegro, Polonia, Rumanía, Federación Rusa, San Marino, Serbia, República eslovaca, Eslovenia, España, Suiza, Macedonia, Turquía y Ucrania[6].

---

[3] Sobre este proceso, LINDE, E.; ORTEGA, L. I.; SÁNCHEZ MORÓN, M., *El sistema europeo de protección de los derechos humanos. Estudio de la Convención y de la jurisprudencia del Tribunal Europeo de Derechos Humanos* (GARCÍA DE ENTERRÍA, E., coordinador). Civitas, Madrid, 1979, pp. 55-64.

[4] A partir de ahora CE.

[5] A partir de ahora ECE.

[6] Tienen la condición de Estados observadores, la Santa Sede, Canadá, México, Estados Unidos de Norteamérica, Israel y Japón.

Como puede apreciarse, casi la totalidad de los países europeos forman parte del CE. Las únicas excepciones son las de Bielorrusia, Ciudad del Vaticano y Kazajistán[7].

2. Finalidad

La finalidad del CE aparece claramente expresada en el artículo 1 ECE. Así, en la letra *a*) del mismo se subraya que la misma "consiste en realizar una unión más estrecha entre sus miembros para salvaguardar y promover los ideales y los principios que constituyen su patrimonio común y favorecer su progreso económico y social[8]". Como se indica a continuación en la letra *b*), esta finalidad se pretende alcanzar "a través de los órganos del Consejo, mediante el examen de los asuntos de interés común, la conclusión de acuerdos y la adopción de una acción conjunta en los campos económicos, social, cultural, científico, jurídico y administrativo, así como la salvaguardia y la mayor efectividad de los derechos humanos y las libertades fundamentales".

---

[7] No forman parte del CE, Estados parcialmente reconocidos en el seno de Naciones Unidas, como Kosovo (que está reconocido por 106 de los 193 integrantes de Naciones Unidas), República Turca del Norte de Chipre (reconocido únicamente por Turquía); Osetia del Sur (reconocido por Naura, Nicaragua, Venezuela y Tuvalu); Abjasia (reconocido por Rusia y otros cinco países); Transnitria (reconocido por Osetia del Sur y Abjasia); Nagorko-Karabaj.

[8] En este contexto, creemos que deben tenerse presentes las palabras que preceden al articulado del ECE, pues claramente se subraya la finalidad que se persigue. Así, se afirma que "convencidos de que la consolidación de la paz, basada en la justicia y la cooperación internacional, es de interés vital para la preservación de la sociedad humana y de la civilización;

Reafirmando su adhesión a los valores espirituales y morales que son patrimonio común de sus pueblos y la verdadera fuente de la libertad individual, la libertad política y el imperio del Derecho, principios sobre los cuales se funda toda auténtica democracia.

Persuadidos de que para salvaguardar y hacer que se realice progresivamente este ideal y en interés del progreso social y económico, se impone una unión más estrecha entre todos los países europeos animados de los mismos sentimientos;

Considerando que, para responder a esa necesidad y a las aspiraciones manifiestas de sus pueblos, a partir de este momento se requiere crear una organización que agrupe a los Estados europeos en una asociación más íntima.

Han decidido, en consecuencia, constituir un Consejo de Europa, compuesto de un Comité de representantes de los Gobiernos y de una Asamblea Consultiva, y con tal propósito han adoptado el presente Estatuto".

Pues bien, en el ámbito de esos acuerdos a los que se refiere este artículo, haremos referencia posteriormente al Convenio con el que se creó el Tribunal Europeo de Derechos Humanos[9], pues ya adelantamos al lector, que el ECE que estamos estudiando, no contempla la existencia de dicho tribunal[10].

Para alcanzar los objetivos de la protección real y efectiva de los derechos humanos, el artículo 3 ECE añade que "cada uno de los Miembros del Consejo de Europa reconoce el principio del imperio del Derecho y el principio en virtud del cual cualquier persona que se halle bajo su Jurisdicción ha de gozar de los derechos humanos y de las libertades fundamentales, y se compromete a colaborar sincera y activamente en la consecución de la finalidad definida en el capítulo primero".

II. CONVENIO PARA LA PROTECCIÓN DE LOS DERECHOS HUMANOS Y DE LAS LIBERTADES FUNDAMENTALES HECHO EN ROMA EL 4 DE NOVIEMBRE DE 1950

1. Ámbito

En la configuración del sistema europeo de protección de los derechos humanos, no cabe ninguna duda de que debe atenderse necesariamente al Convenio Europeo para la protección de los derechos humanos y de las libertades fundamentales hecho en Roma el 4 de noviembre de 1950[11]. Este Convenio se abrió a la firma y entró en vigor el 3 de septiembre de 1953, tras ser ratificado por diez Estados[12]. El último párrafo de los considerandos que

---

[9] A partir de ahora TEDH.
Sobre este carácter, RODRÍGUEZ, A., *Integración europea y derechos fundamentales*, cit. pp. 99-105.

[10] El art. 1 incluye otras dos letras. En la letra *c*) se dispone que "la participación de los Miembros en los trabajos del Consejo de Europa no debe alterar su contribución a la obra de las Naciones Unidas y de las restantes organizaciones o uniones internacionales de las que forme parte". Por su parte, la letra *d*) establece que "los asuntos relativos a la defensa nacional no son de competencia del Consejo de Europa".

[11] A partir de ahora CEDH.

[12] Véase en este sentido, RIPOL CARULLA, S., *El sistema europeo de protección...*, cit. p. 20. Los países que ratificaron inicialmente el CEDH fueron: Reino Unido, en el año 1951; Noruega, Suecia y la República Federal de Alemania, en el año 1952; Sarre, Irlanda Grecia, Dinamarca, Islandia y Luxemburgo, en el año 1953.

preceden al articulado del CEDH dispone que el objetivo que se persigue con este Convenio sea adoptar "las primeras medidas adecuadas para asegurar la garantía colectiva de algunos de los derechos enunciados en la Declaración Universal[13]". Este carácter limitado del ámbito del CEDH ha sido confirmado por el TEDH, al sostener que "el Convenio no protege los derechos humanos en general, sino tan sólo "algunos de los derechos enunciados en la Declaración Universal[14]". Nótese por lo tanto, que el articulado del CEDH tiene una regulación de derechos que es más limitada que la contenida en la Declaración Universal de los Derechos de 10 de diciembre de 1948. Quedan fuera del ámbito del CEDH, otra serie de derechos que en este primer momento no se consideraron esenciales para garantizar el correcto funcionamiento de las de-

---

[13] Los Considerandos del CEDH disponen que "considerando que esta declaración tiende a asegurar el reconocimiento y la aplicación universales y efectivos de los derechos en ellas enunciados;

Considerando que la finalidad del Consejo de Europa es realizar una unión más estrecha entre sus miembros, y que uno de los medios para alcanzar esta finalidad es la protección y el desarrollo de los derechos humanos y de las libertades fundamentales;

Reafirmando su profunda adhesión a estas libertades fundamentales que constituyen las bases mismas de la justicia y de la paz en el mundo, y cuyo mantenimiento reposa esencialmente, de una parte, en un régimen político verdaderamente democrático, y, de otra, en una concepción y un respeto comunes de los derechos humanos que ellos invocan;

Resueltos, en cuanto Gobiernos de Estados europeos animados de un mismo espíritu y en posesión de un patrimonio común de ideales y de tradiciones políticas, de respeto a la libertad y de preeminencia del Derecho, a tomar las primeras medidas adecuadas para asegurar la garantía colectiva de algunos de los derechos enunciados en la Declaración Universal".

[14] Así lo puso de manifiesto, por ejemplo, en su sentencia de 21 de febrero de 1975, caso Golder contra Reino Unido. En el párrafo 34 de la misma se afirma que "como establece el artículo 31.2, del Convenio de Viena, el preámbulo de un tratado constituye parte integrante del contexto. Además, el preámbulo es generalmente muy útil en la determinación del objeto y del fin del instrumento que se interpreta.

En el presente caso, el texto más significativo del preámbulo del Convenio Europeo es la declaración de los gobiernos signatarios, declarándose "resueltos, como gobiernos de Estados europeos, animados de un mismo espíritu y poseedores de un patrimonio común de ideales, tradiciones políticas, respeto a la libertad y preeminencias del derecho a adoptar las primeras medidas tendentes a asegurar la garantía colectiva de algunos de los derechos enunciados en la Declaración Universal" de 10 de diciembre de 1948.

Para el Gobierno, este párrafo ilustra el "proceso selectivo" seguido por los redactores. El Convenio no protege los derechos humanos en general, sino tan sólo "algunos de los derechos enunciados en la Declaración Universal". Los artículos 1 y 19 irían en este mismo sentido".

mocracias políticas[15]. Como señala la doctrina, lo que se pretendió inicialmente fue el establecimiento de un "estándar mínimo de derechos fundamentales que debía ser respetado por todos los Estados europeos que aspiraran a ingresar en el Consejo de Europa[16]".

2. Ampliación del número de derechos protegidos, en virtud de los Protocolos anexos y otros Convenios

Como hemos señalado anteriormente, el número de derechos fundamentales que resulta protegido en el CEDH es limitado si lo confrontamos con la Declaración Universal de Derechos Humanos. Sin embargo, con el tiempo, el CE ha ido añadiendo al CEDH una serie de protocolos adicionales con los que se ha ampliado el listado de los derechos protegidos, o se ha delimitado mejor el ámbito de los que ya estaban reconocidos. Así, debe tenerse en cuenta el Protocolo adicional primero al CEDH de 20 de marzo de 1952[17], en el que se reconoce el derecho a la propiedad (art. 1[18]), el derecho a la instrucción, referido al ámbito de la educación (art. 2[19]) y el derecho a elecciones libres (art. 3[20]).

---

[15] Véase sobre estas consideraciones, RIPOL CARULLA, S., *El sistema europeo de protección...*, cit. p. 22 en la que afirma que "este esfuerzo por concentrarse en los <derechos mínimos que son absolutamente indispensables para determinar los principios cardinales del funcionamiento de la democracia política>, supuso renunciar por el momento a la definición y protección de las libertades profesionales y los derechos sociales".

[16] RIPOL CARULLA , S., *El sistema europeo de protección...*, cit. p. 27.

[17] Sobre este Protocolo, LASAGABASTER HERRARTE, I., *Convenio Europeo de Derechos Humanos*. Comentario sistemático (AAVV), LASAGABASTER HERRARTE, I., director). Civitas, Thomson Aranzadi, segunda edición, Cizur Menor (Navarra), 2009, p. 763.

[18] El art. 1 dispone que "toda persona física o moral tiene derecho al respeto de sus bienes. Nadie podrá ser privado de su propiedad más que por causa de utilidad pública y en las condiciones previstas por la Ley y los principios generales del derecho internacional. Las disposiciones precedentes se entienden sin perjuicio del derecho que poseen los Estados de poner en vigor las Leyes que juzguen necesarias para la reglamentación del uso de los bienes de acuerdo con el interés general o para garantizar el pago de los impuestos u otras contribuciones o de las multas".

[19] Este art. dispone que "a nadie se le puede negar el derecho a la instrucción.

El Estado, en el ejercicio de las funciones que asuma en el campo de la educación y de la enseñanza, respetará el derecho de los padres a asegurar esta educación y esta enseñanza conforme a sus convicciones religiosas y filosóficas".

[20] El art. dispone que "las Altas Partes Contratantes se comprometen a organizar, a intervalos razonables, elecciones libres con escrutinio secreto, en condiciones que garanticen la libre expresión de la opinión del pueblo en la elección del cuerpo legislativo".

También el protocolo número 4, hecho en Estrasburgo el 16 de septiembre de 1963[21], ha ampliado el ámbito de los derechos protegidos, al reconocer la prohibición de la prisión por deudas (art. 1[22]); libertad de circulación (art. 2[23]); prohibición de la expulsión de los nacionales (art. 3[24]) y la prohibición de expulsiones colectivas de extranjeros (art. 4[25]).

El protocolo adicional número 6, hecho en Estrasburgo el 28 de abril de 1983[26], regula los aspectos relativos a la abolición de la pena de muerte (art. 1[27]), si bien, contempla los aspectos relativos a la pena de muerte en tiempo de guerra (art. 2[28]). No obstante, este último aspecto es abordado y modificado en el posterior protocolo número 13, hecho en Vilnius, el 3 de mayo de 2002, sobre la abolición de la pena de muerte, incluso en tiempos de guerra[29].

---

[21] Sobre este Protocolo, LAZCANO BROTÓNS, I., *Convenio Europeo de Derechos Humanos.* Comentario sistemático (AAVV), LASAGABASTER HERRARTE, I., director, cit. pp. 843-864.

[22] El art. 1 dispone que "nadie puede ser privado de su libertad por la única razón de no poder ejecutar una obligación contractual".

[23] El art. 2 dispone que "1. toda persona que se encuentra en situación regular sobre el territorio de un Estado tiene derecho a circular libremente en él y a escoger libremente su residencia.

2. Toda persona es libre de abandonar un país cualquiera, incluso el suyo.

3. El ejercicio de estos derechos no puede ser objeto de más restricciones que las que, previstas en la ley, constituyen medidas necesarias en una sociedad democrática, para la seguridad nacional, la seguridad pública, el mantenimiento del orden público, la prevención de infracciones penales, la protección de la salud o de la moral o la salvaguardia de los derechos y libertades de un tercero.

4. Los derechos reconocidos en el párrafo 1 pueden igualmente, en ciertas zonas determinadas, ser objeto de restricciones previstas por la ley y que estén justificadas por el interés público en una sociedad democrática".

[24] El art. dispone que "1. nadie puede ser expulsado, en virtud de una medida individual o colectiva, del territorio del Estado del cual sea ciudadano.

2. Nadie puede verse privado del derecho de entrar en el territorio del Estado del cual sea ciudadano".

[25] El art. dispone que "quedan prohibidas las expulsiones colectivas de extranjeros".

[26] Sobre este Protocolo, LAZCANO BROTÓNS, I., *Convenio Europeo de Derechos Humanos.* Comentario sistemático (AAVV), LASAGABASTER HERRARTE, I., director, cit. pp. 867-877.

[27] El art. 1 dispone que "queda abolida la pena de muerte. Nadie podrá ser condenado a tal pena ni ejecutado".

[28] Este art. señala que "un Estado podrá prever en su legislación la pena de muerte por actos cometidos en tiempo de guerra o de peligro inminente de guerra; dicha pena solamente se aplicará en los casos previstos por dicha legislación y con arreglo a lo dispuesto en la misma. Dicho Estado comunicará al Secretario General del Consejo de Europa las correspondientes disposiciones de la legislación de que se trate".

[29] Sobre este Protocolo, LAZCANO BROTÓNS, I., *Convenio Europeo de Derechos Humanos.* Comentario sistemático (AAVV), LASAGABASTER HERRARTE, I., director, cit. pp. 927-929.

El protocolo adicional número 7, hecho en Estrasburgo el 22 de noviembre de 1984[30], regula los aspectos relativos a las garantías de procedimiento en caso de expulsión de extranjeros (art. 1[31]); derecho a un doble grado de jurisdicción en materia penal (art. 2[32]); derecho a indemnización en caso de error judicial (art. 3[33]); derecho a no ser juzgado o castigado dos veces (art. 4[34]) y la igualdad entre esposos (art. 5[35]).

---

30 Sobre este Protocolo, URRUTIA LIBARONA, Í., *Convenio Europeo de Derechos Humanos. Comentario sistemático* (AAVV), LASAGABASTER HERRARTE, I., director, cit. pp. 881-913.

31 El art. 1 dispone que "1. todo extranjero que resida legalmente en el territorio de un Estado no podrá ser expulsado del mismo más que en ejecución de una decisión adoptada conforme a la ley y debe poder:

a) hacer valer las razones que existan contra su expulsión;

b) hacer que su caso sea revisado;

c) ser representado para estos fines ante la autoridad competente o ante la persona o personas designadas por esta autoridad.

2. Todo extranjero puede ser expulsado sin que haya podido ejercitar los derechos enunciados en el apartado 1, a), b) y c) de este artículo cuando dicha expulsión sea necesaria en interés del orden público o esté fundada en motivos de seguridad nacional".

32 El art. 2 dispone que "1. toda persona declarada culpable de una infracción penal por un tribunal tiene derecho a que la declaración de culpabilidad o la condena sean examinadas por un tribunal superior. El ejercicio de este derecho, que incluye los motivos por los que puede ser ejercitado, serán regulados por la ley.

2. Este derecho puede estar sujeto a excepciones respecto de las infracciones de carácter menor definidas por la ley, así como en los casos en que el interesado haya sido juzgado en primera instancia por un tribunal superior o haya sido declarado culpable y condenado después de un recurso contra su absolución".

33 El art. 3 dispone que "cuando una condena penal firme sea posteriormente anulada o sea acordada una medida de gracia en base a que un hecho nuevo o revelado ulteriormente pruebe que se ha producido un error judicial, la persona que ha sufrido una pena en razón de esta condena deberá ser indemnizada, conforme a la ley o a la práctica vigente en el Estado correspondiente, a menos que sea probado que la no revelación en el momento procesalmente oportuno del hecho desconocido le sea imputable en todo o en parte".

34 El art. 4 dispone que "1. nadie podrá ser perseguido o condenado penalmente por los tribunales de un mismo Estado por una infracción por la que haya sido absuelto o condenado mediante sentencia firme conforme a la ley y al procedimiento de ese Estado.

2. Las disposiciones del párrafo anterior no impiden la reapertura del proceso, conforme a la ley y al procedimiento del Estado interesado, si hay evidencia de hechos nuevos o revelados ulteriormente o un vicio fundamental en el procedimiento precedente de tal naturaleza que pudiera afectar a la sentencia adoptada.

3. No cabe derogación alguna de este artículo invocando el artículo 15 del Convenio".

35 El art. 5 dispone que "los cónyuges gozan de igualdad de derechos y deberes de carácter civil, entre ellos y en sus relaciones con sus hijos, por lo que se refiere al matrimonio, durante el

El protocolo adicional número 12, hecho en Roma el 4 de noviembre de 2000[36], regula los aspectos relativos a la prohibición de discriminación[37].

Esta regulación, finalmente, debe completarse con la que se desprende de otros tratados internacionales impulsados y adoptados en el ámbito del CE[38].

Como hemos señalado anteriormente, el número de derechos fundamentales que resulta protegido en el CEDH es limitado si lo confrontamos con la Declaración Universal de Derechos Humanos. Sin embargo, con el tiempo, el CE ha ido añadiendo al CEDH una serie de protocolos adicionales con los que se ha ampliado el listado de los derechos protegidos, o se ha delimitado mejor el ámbito de los que ya estaban reconocidos.

III. COMPETENCIA DEL TEDH

Para resolver esta cuestión, debe tenerse presente el artículo 32 CEDH que dispone que "la competencia del Tribunal se extiende a todos los asuntos relativos a la interpretación y la aplicación del Convenio y de sus Protocolos que le sean sometidas en las condiciones previstas en los arts. 33, 34, 46 y 47". La integración de los citados artículos, evidencia cuáles son las funciones del TEDH. Así, conoce de las demandas que den origen a un proceso declarativo por violación de derechos fundamentales[39]. Dicha demanda puede presentarla cualquier persona física, organización no gubernamental o grupo de particulares "que

---

mismo y en caso de disolución. El presente artículo no impide que los Estados adopten las medidas necesarias en interés de los hijos".

[36] Sobre este Protocolo, LAZCANO BROTÓNS, I., *Convenio Europeo de Derechos Humanos*. Comentario sistemático (AAVV), LASAGABASTER HERRARTE, I., director, cit. pp. 917-923.

[37] Así, el art. 1 del protocolo, establece que "1.- el goce de cualquier derecho previsto por la ley debe ser asegurado, sin discriminación alguna, especialmente por razones de sexo, raza, color, lengua, religión, opiniones políticas u otras, origen nacional o social, pertenencia a una minoría nacional, fortuna, nacimiento o cualquier otra situación.

2.- Nadie puede ser objeto de discriminación por una autoridad pública, especialmente por alguno de los motivos enunciados en el párrafo 1".

[38] Nos referimos, por ejemplo, al Convenio europeo para la prevención de la tortura y de las penas o tratos inhumanos o degradantes, hecho en Estrasburgo el 26 de noviembre de 1987; así como a la Convención para la protección de las minorías nacionales, hecho en Estrasburgo el 1 de febrero de 1995.

[39] Sobre esta competencia, SÁNCHEZ LEGIDO, A., *La reforma del mecanismo de protección del Convenio europeo de derechos humanos*. Colex 1995, pp. 175-179.

se considere víctima de una violación, por una de las Altas Partes Contratantes, de los derechos reconocidos en el Convenio o sus Protocolos" (art. 34 CEDH[40]).

Se trata efectivamente, de una actuación del TEDH en la que se "juzga" si ha habido una violación de un derecho reconocido en el CEDH o sus protocolos. La actuación del Tribunal es con desinterés objetivo, es decir, actuando por vía de heterotutela[41], y con eficacia de cosa juzgada, ya que sus decisiones no son revisadas por ninguna otra instancia nacional o supranacional[42]. Es el demandante el que determina subjetivamente el proceso y el que lo dota de objeto. Por lo tanto, cuando el asunto llega al TEDH, éste es ajeno a la cuestión sobre la que juzga. No se trata, por lo tanto, de un órgano administrativo que por vía de autotutela imponga su decisión[43].

El artículo 33 CEDH pone de manifiesto que el TEDH también tiene competencia para conocer de las demandas que un Estado parte interponga con otro, cuando se incumpla alguna de las obligaciones derivadas del CEDH o de sus protocolos[44].

---

[40] Esta disposición añade que "las Altas Partes Contratantes se comprometen a no poner traba alguna al ejercicio eficaz de este derecho".

[41] Sobre esta nota característica de la actuación jurisdiccional, ORTELLS RAMOS, M., *Introducción al Derecho Procesal* (con BONET NAVARRO, J., MASCARELL NAVARRO, M. J.; CÁMARA RUIZ, J.; JUAN SÁNCHEZ, R.; BELLIDO PENADÉS, R.; CUCARELLA GALIANA, L. A.; MARTÍN PASTOR, J.; ARMENGOT VILAPLANA, A.). Aranzadi, 5ª edición, Cizur Menor (Navarra), 2015, pp. 135-141.

[42] En general, sobre esta eficacia de la actuación jurisdiccional, ORTELLS RAMOS, M., *Introducción al Derecho Procesal* (con BONET NAVARRO, J., MASCARELL NAVARRO, M. J.; CÁMARA RUIZ, J.; JUAN SÁNCHEZ, R.; BELLIDO PENADÉS, R.; CUCARELLA GALIANA, L. A.; MARTÍN PASTOR, J.; ARMENGOT VILAPLANA, A.), cit. pp. 130-132.

[43] Existen posiciones doctrinales que sostienen que el TEDH, en ocasiones, acaba actuando como un verdadero tribunal constitucional europeo. Se subraya esta posibilidad, sobre la base de que el Tribunal, ha permitido que pueda interponerse una demanda por quien potencialmente sea víctima de una violación que pueda producirse en una norma interna de un Estado. Por esta vía, se sostiene que el TEDH acaba asumiendo una función de control de constitucionalidad de la normas, llevando a cabo recomendaciones al Estado para la reforma de su ordenamiento interno. Véase en este sentido, RODRÍGUEZ A., *Integración europea y derechos fundamentales*, cit. pp. 121-122.

También puede verse, ROLLNERT LIERN, G., *El protocolo nº 11 al Convenio Europeo de los Derechos Humanos y el nuevo Tribunal Europeo de Derechos Humanos: ¿hacia un Tribunal Constitucional Europeo?* Cuadernos constitucionales de la Cátedra Fadriuque Furió Ceriol, núm. 13, 1995, pp. 239-257.

[44] Sobre esta competencia, SÁNCHEZ LEGIDO, A., *La reforma del mecanismo de protección del Convenio...*, cit. pp. 171-175.

Si se presta atención al artículo 46.1 CEDH, se constata que las "las Altas Partes Contratantes se comprometen a acatar las sentencias definitivas del Tribunal en los litigios en que sean partes". Y el apartado 2 añade que "la sentencia definitiva del Tribunal será transmitida al Comité de Ministros, que velará por su ejecución". Nótese que el TEDH carece de instrumentos coercitivos para poder exigir, por la fuerza, el cumplimiento de sus decisiones. Es decir, se atribuye al Tribunal la competencia para poder "juzgar", pero no para poder "ejecutar lo juzgado". Es el Comité de Ministros, el que de acuerdo con las funciones que tiene atribuidas, debe velar por la ejecución de las sentencias[45]. Sin embargo, la ejecución forzosa queda en manos del Estado condenado.

Además de las funciones jurisdiccionales, el TEDH desempeña otro tipo de funciones. El CEDH también atribuye al TEDH una función consultiva[46]. Nótese que ésta ya no es una función jurisdiccional, ya que el Tribunal no viene a resolver un conflicto de intereses por vía de heterotutela. Esta función viene recogida en el artículo 47 CEDH. En su apartado 1 se dispone que "el Tribunal podrá emitir opiniones consultivas, a solicitud del Comité de Ministros, acerca de cuestiones jurídicas relativas a la interpretación del Convenio y de sus Protocolos. A ello hay que sumar el art. 48 CEDH que dispone que "el Tribunal resolverá si la solicitud de opinión consultiva presentada por el Comité de Ministros es de su competencia, tal como la define el art. 47". Ahora bien, debe tenerse presente que estas opiniones no pueden referirse "ni a las cuestiones que guarden relación con el contenido o la extensión de los derechos y libertades definidos en el Título I del Convenio y sus Protocolos" (art. 47.2 CEDH).

Como puede apreciarse, un pronunciamiento del TEDH sobre los derechos y libertades del CEDH solamente puede obtenerse a través de la aplicación de algún artículo del CEDH en la resolución de un conflicto de intereses por violación de ese derecho fundamental. En los casos en que el TEDH emita su opinión, la misma será siempre motivada (art. 49.1 CEDH), debiéndose

---

[45] El art. 46.3 CEDH añade que "cuando el Comité de Ministros considere que la supervisión de la ejecución de una sentencia definitiva resulta obstaculizada por un problema de interpretación de dicha sentencia, podrá remitir el asunto al Tribunal con el objeto de que éste se pronuncie sobre dicho problema de interpretación. La decisión de remisión al Tribunal se tomará por mayoría de dos tercios de los votos de los representantes que tengan derecho a formar parte del Comité".

[46] Sobre la misma, SÁNCHEZ LEGIDO, A., *La reforma del mecanismo de protección del Convenio...*, cit. pp. 183-186.

comunicar al Comité de Ministros, que es el que como hemos visto, la habrá solicitado (art. 49.3 CEDH). En todo caso, si la opinión no expresa en todo o en parte la opinión unánime de los Jueces, el Juez disidente tiene derecho a unir a la mayoritaria, su opinión (art. 49.2 CEDH).

Dejando a un lado esta función que tiene atribuida por el CEDH, creemos muy interesante hacer referencia a una función que le ha atribuido la Constitución de Bosnia-Herzegovina, al permitir que el TEDH designe a tres magistrados de los nueve que integran su Tribunal Constitucional[47].

IV. RECURSOS CONTRA LAS DECISIONES Y SENTENCIAS DEL TEDH

1. Concepto

Entendemos como medio de impugnación, "los instrumentos legales puestos a disposición de las partes y destinados a atacar una resolución dictada sobre la dirección del proceso o sobre el objeto del mismo, para que sea declarada su nulidad, o sea anulada, o sea reformado su contenido[48]".

El análisis de los medios de impugnación que proceden contra las sentencias y decisiones del TEDH debemos realizarlo indagando entre diferentes preceptos del CEDH, así como del Reglamento del TEDH[49]. No obstante, en este caso vamos centrarnos en el análisis de los recursos que se contemplan, y por lo tanto, estudiamos los medios de impugnación que impiden que adquiera

47 El Tribunal constitucional de este país está integrado por un total de nueve magistrados. Pues bien, seis de esos nueve, la mayoría, son designados por el Parlamento. En concreto, como indica FERNÁNDEZ RODRÍGUEZ, J. J., *La Justicia constitucional europea ante el siglo XXI*. Tecnos, Madrid, 2ª edición, 2007, p. 42 "cuatro por el Parlamento federal y dos por la Asamblea de la República Serbia de Bosnia". Los tres restantes, son nombrados por el Presidente del Tribunal Europeo de Derechos Humanos. Como indica FERNÁNDEZ RODRÍGUEZ, J. J., *La Justicia constitucional europea...*, cit. p. 44 esto "no sucede en ningún otro ordenamiento y se explica por los acontecimientos bélicos que asolaron el país (...)".

48 ORTELLS RAMOS, M., *Derecho Procesal Civil* (con BONET NAVARRO, J., MASCARELL NAVARRO, M. J.; CÁMARA RUIZ, J.; JUAN SÁNCHEZ, R.; BELLIDO PENADÉS, R.; CUCARELLA GALIANA, L. A.; MARTÍN PASTOR, J.; ARMENGOT VILAPLANA, A.). Aranzadi, Cizur Menor (Navarra), 14ª edición, 2015, p. 443.

49 A partir de ahora RTEDH.

firmeza una resolución dictada por el TEDH. Para llevar a cabo este análisis, vamos a prestar atención a los diferentes modos a través de los cuales puede actuar el TEDH.

2. Contra las decisiones del juez único

Según se desprende del artículo 26.1 CEDH, el Tribunal puede actuar en formación de juez único. Ésta es una medida tomada con el objeto de agilizar las decisiones del Tribunal, permitiendo que un único juez pueda declarar inadmisible una demanda o eliminarla del registro de asuntos, cuando se trate de una demanda manifiestamente improcedente (art. 27.1 CEDH).

Como puede apreciarse, la resolución que dicta este juez único, nunca es de fondo, es decir, nunca dicta sentencias resolviendo sobre la violación denunciada. Lo único que puede dictar es una decisión, y por lo tanto, una resolución procesal, de inadmisión. Pero solamente en casos excepcionales.

Pues bien, la resolución dictada por este juez, es firme. Contra ella no cabe recurso alguno. Así se deprende sin ningún tipo de dudas, del artículo 27.2 CEDH en el que se dispone que dicha "resolución será definitiva".

3. Contra las decisiones y sentencias del Comité

El juez único puede remitir a un Comité para que se pronuncie sobre la admisión, y en su caso, sobre el fondo del asunto, cuando se trate de asuntos reiterativos, es decir, sobre supuestos en los que existe una jurisprudencia consolidada del TEDH.

Para todas las decisiones de inadmisión, o en su caso, de admisión, es necesaria la unanimidad de los tres integrantes del Comité. Unanimidad que también se necesita en el caso en que se entre en el fondo del asunto (art. 28.1 CEDH).

Como puede apreciarse, el Comité puede dictar tanto decisiones como sentencias. Se dictan las primeras en los casos en que decida inadmitir o admitir a trámite una demanda. La sentencia, obviamente, la dicta cuando entra a resolver el fondo del asunto. Pues bien, tanto en uno como en otro caso, la resolución dictada es inimpugnable. El artículo 28.2 CEDH dispone que "las resoluciones y sentencias dictadas en virtud del párrafo 1 serán definitivas".

4. Contra las decisiones y sentencias de la Sala

La Sala es el órgano que normalmente se pronuncia sobre la demandas individuales presentadas ante el TEDH, dejando a salvo, obviamente, los supuestos excepcionales de competencia del juez único o del Comité a los que ya nos hemos referido.

La Sala puede emitir dos tipos de resoluciones: decisiones y sentencias.

Las primeras las dicta para admitir o inadmitir las demandas interestatales en todo caso, y las individuales, en los casos en que no se pronuncia el juez único o un Comité. De igual modo, las dicta cuando pone fin al proceso de modo anticipado al amparo del artículo 39 CEDH, por arreglo amistoso[50].

---

[50] Sobre esta forma de terminación debe tenerse presente que el artículo 39 CEDH contempla la posibilidad de que las partes puedan llegar a un arreglo amistoso que acabe provocando el fin anticipado del proceso. En concreto, en cualquier fase del procedimiento, el TEDH puede ponerse a disposición de las partes interesadas para conseguir una transacción sobre el asunto inspirándose en el respeto a los derechos humanos tal como se reconocen en el CEDH y en los Protocolos adicionales (art. 39.1 CEDH).

En la práctica, esta previsión normativa se traduce en que declarada admisible la demanda, se abre la fase de negociación con la que pueda lograrse el acuerdo amistoso. Esta función de intentar un arreglo amistoso es desempeñada por la Secretaría de la Sala, la cual asume una función mediadora. Nótese, por lo tanto, que no es la misma Sala la que desempeña esta función. Si así ocurriera, quedaría gravemente comprometida su imparcialidad, pues en el procedimiento de negociación habría llevado a cabo propuestas de solución de la controversia que supondrían un anticipo del eventual fallo que pudiera dictarse si la negociación no tuviera éxito.

Por lo tanto, la Secretaría asume el papel de tercero objetivo e imparcial que ayuda a las partes a llegar a un acuerdo. No debemos perder de vista que estamos hablando de una fórmula autocompositiva, por lo tanto, son las partes las que en pie de igualdad deciden solucionar sus diferencias. Nada impide, desde nuestro punto de vista, que la Secretaría pueda asumir un papel activo en el que no se limite solamente a aproximar las posiciones de las partes enfrentadas, sino incluso, que pueda hacer propuestas. Obviamente, dichas propuestas pueden aceptarse o rechazarse libremente por las partes.

Las disposiciones normativas a las que hay que atender en la regulación de este arreglo, son los artículos 38 y 39 del CEDH y el 62 del RTEDH. Si atendemos a esta última disposición, debemos tener en cuenta que una vez admitida la demanda, el secretario de la Sala, por indicación de la

La sentencia la dicta para resolver el fondo del asunto tanto en las demandas interestatales, como en las individuales. De igual modo, debe dictarse sentencia en los casos de terminación anormal del proceso contemplados en el artículo 37 CEDH. En concreto, en cualquier momento del procedimiento, el TEDH puede decidir archivar una demanda admitida, en los tres casos que se contemplan: cuando el demandante no esté dispuesto a mantenerla[51]; cuando el litigio haya sido ya resuelto[52]; cuando ya no esté justificada la prosecución de la demanda[53].

---

misma Sala o de su presidente, contacta con las partes con el fin de intentar lograr dicho acuerdo (art. 62.1 RTEDH).

El carácter confidencial de las negociaciones se constata de nuevo en el artículo 62.2 RTEDH. En concreto, se dispone que "de conformidad con el artículo 39.2 del Convenio, las negociaciones establecidas para alcanzar un acuerdo amistoso son confidenciales, sin perjuicio de las observaciones presentadas por las partes. A lo largo del procedimiento contencioso no puede alegarse ni mencionarse ninguna comunicación oral o escrita ni ninguna oferta no concesión acontecida en el transcurso de dichas negociaciones".

51 Este supuesto se prevé en el artículo 37.1 *a*) CEDH. En concreto, "en cualquier momento del procedimiento el Tribunal podrá decidir cancelar una demanda del registro de entrada cuando las circunstancias permitan comprobar (...) que el demandante ya no está dispuesto a mantenerla".

Que el demandante no esté dispuesto a mantener la demanda, se trata, desde nuestro punto de vista, de un supuesto de desistimiento. En este caso, el procedimiento termina de manera anticipada, con la emisión de una sentencia en la que no habría pronunciamiento sobre el fondo del asunto. La necesidad de emisión de la sentencia se desprende del artículo 43.3 RTEDH que prevé, para este supuesto –de igual modo que para los demás de cancelación de la demanda del artículo 37 CEDH– que la resolución que se dicte sea una sentencia.

De normal, en un proceso, el desistimiento, al dejar imprejuzgada la cuestión litigiosa, permite que el demandante pueda volver a presentar la demanda en un futuro. Nosotros creemos que esta situación podría darse también en el proceso seguido ante el TEDH, si existieran circunstancias excepcionales que lo justificaran. De hecho, el artículo 43.5 RTEDH establece que el TEDH puede decidir la reinscripción en el registro de una demanda archivada si considera que existen circunstancias excepcionales que lo justifican. Por lo tanto, creemos que el demandante, si quiere que la demanda sea reinscrita, debe poner de manifiesto la concurrencia de dichas circunstancias excepcionales. Entendemos que dado el contenido de la disposición a la que nos hemos referido, la reinscripción tiene claramente un carácter restrictivo.

52 En este caso creemos que deben englobarse los supuestos de terminación del proceso por satisfacción extraprocesal. Así puede apreciarse en la STEDH (Gran Sala), de 24 de octubre de 2002, *caso Pisano contra Italia (*Base de datos Aranzadi Westlaw (a partir de ahora BDAW) TEDH 2002\59).

53 A este supuesto puede reconducirse la terminación del proceso por declaración unilateral del Estado demandado. Puede verse en este sentido, STEDH de 6 de mayo de 2003 (Gran Sala), *caso Tashin Acar contra Turquía* (BDAW TEDH 2003\21), en la que decide no cancelar la demanda a pesar de la petición formulada por el Estado demandado. Al respecto, en el párr. 84 afirma que

En relación con las decisiones, el CEDH no prevé expresamente la existencia de algún recurso o medio de impugnación contra las mismas.

En relación con las sentencias, las partes pueden hacer uso de un medio de impugnación que evita la firmeza de la sentencia. En concreto, dentro de los tres meses siguientes a la emisión de la misma las partes pueden pedir que se remita el asunto a la Gran Sala. Así, en ese plazo, cualquiera de las partes en el asunto pueden interponer este recurso "en casos excepcionales", con remisión a la Gran Sala (art. 43.1 CEDH). No concreta este apartado en qué casos excepcionales se puede interponer este recurso (o en lenguaje del CEDH, en qué casos se puede solicitar la remisión a la Gran Sala). Sin embargo, el apartado 2, al regular la admisión del recurso, nos permite perfilar con claridad los casos excepcionales en los que procede. En concreto, solicitada la remisión a la Gran Sala, un colegio de cinco jueces de dicha Sala debe controlar que el recurso "plantea una cuestión grave relativa a la interpretación o a la aplicación del Convenio o de sus Protocolos o una cuestión grave de carácter general".

Por lo tanto, los únicos casos excepcionales en los que puede hacerse uso de este recurso, son:

1º) Que el asunto sobre el que se ha pronunciado la Sala plantee una cuestión grave relativa a la interpretación del CEDH.

2º) Que el asunto plantee una cuestión grave relativa a la aplicación del CEDH.

"el Tribunal admite que no se puede considerar una condición «sine qua non» para estar dispuesto a cancelar una demanda del registro de entrada sobre la base de una declaración unilateral de un gobierno demandado, que éste reconozca plenamente su responsabilidad respecto a las acusaciones que un demandante formula en el marco del Convenio (RCL 1999, 1190, 1572). Sin embargo, en los casos de personas desaparecidas o que han sido asesinadas por personas desconocidas y cuando figuran en el sumario iniciaciones de prueba apoyando las alegaciones según las cuales la investigación llevada a cabo en el plano interno ha sido inferior a lo que exige el Convenio, una declaración unilateral debe al menos contener una concesión en ese sentido, así como el compromiso, por parte del Gobierno demandado, de emprender, bajo la vigilancia del Comité de Ministros en el marco de las obligaciones que le confiere el artículo 46.2 del Convenio, una investigación que sea plenamente conforme a las exigencias del Convenio, tal y como las ha definido el Tribunal en casos anteriores similares (ver, por ejemplo, Sentencia Kurt contra Turquía de 25 mayo 1998 [TEDH 1998, 76], Repertorio de sentencias y resoluciones 1998-III; Çakici contra Turquía [TEDH 1999, 91] [GS], núm. 23657/1994, TEDH 1999-IV; Ertak contra Turquía [TEDH 2000, 234] núm. 20764/1992, TEDH 2000-V; Timurtas contra Turquía [TEDH 2000, 251], núm. 23531/1994, TEDH 2000-VI, y Tas contra Turquía [TEDH 2000, 585] , núm. 24396/1994, TEDH 2000-XI".

3º) Que el asunto plantee una cuestión grave de carácter general.

Es cierto que nos encontramos ante conceptos jurídicos indeterminados, pero en todo caso, queremos subrayar que la nota de la "gravedad" a la que se refiere el artículo 45.2 CEDH, exige que los motivos por los que pueda remitirse a la Gran Sala un asunto, deban interpretarse en sentido restrictivo. Dicho con otras palabras, la regla general es que las decisiones de las Salas no pueden impugnarse, salvo en los casos de gravedad que hemos sistematizado.

Por otro lado, y en relación con este medio de impugnación, queremos subrayar un problema procesal grave que se plantea.

Al remitirse el asunto a la Gran Sala, hay que tener presente que forman parte de la misma, jueces que ya integraron la Sala que ha dictado la sentencia que ahora se impugna. En concreto, el Presidente de la Sala sentenciadora (que es el Presidente de la Sección) y el juez designado a propuesta del Estado demandado. Sobre los mismos, puede decirse que procesalmente se encuentran "contaminados[54]".

Formulado el recurso, el artículo 43.2 CEDH prevé que se constituya un colegio de cinco jueces de la Gran Sala, para que decidan sobre la admisión a trámite de la demanda.

5. Contras las decisiones y sentencias de la Gran Sala

El CEDH no contempla ningún medio de impugnación contra las decisiones de la Gran Sala.

En relación con las sentencias dictadas, una vez emitidas las mismas, adquieren firmeza (art. 44.3 CEDH). Por lo tanto, no cabe recurso alguno contra las mismas.

---

[54] Al respecto, MORENILLA ALLARD, P., *Los derechos fundamentales y su protección jurisdiccional* (con GIMENO SENDRA, V.; TORRES DEL MORAL, A.; DÍAZ MARTÍNEZ, M.), Colex, Madrid 2007, p. 888 afirma que "en su formación, se incluye al Presidente de la Sala Sentenciadora y al Juez <nacional> del Estado demandado, a los que expresamente se refiere el art. 27.3 CEDH, y, por tanto, <contaminados> en su imparcialidad".

V. IMPUGNACIÓN DE LA EFICACIA DE COSA JUZGADA DE LAS SENTENCIAS DICTADAS POR LAS SALAS

El CEDH no contempla ningún medio de impugnación con el que pueda quebrarse la eficacia de cosa juzgada de una sentencia dictada por el Tribunal. Sin embargo, esa regulación la encontramos en el artículo 80 RTEDH. Nos referimos al proceso de revisión de una sentencia firme dictada por el TEDH[55].

En la medida en que va dirigido a la impugnación de una sentencia firme, razones de seguridad jurídica llevan a que el ámbito de este medio de impugnación sea restrictivo[56]. El supuesto que se contempla para poder impugnar la sentencia, es que se descubra un hecho decisivo después de haberse dictado sentencia (art. 80.1 RTEDH).

Al respecto, entendemos como hecho decisivo, un hecho que de haber sido conocido por el Tribunal antes de la emisión de la sentencia, el contenido de la misma hubiera sido distinto. Éste es el único motivo para poder instar la revisión de una sentencia.

Debe tratarse de un hecho decisivo y que no fuera conocido por la parte. Al sostener que es decisivo estamos afirmando que el pronunciamiento del Tribunal hubiera sido otro si hubiera tenido conocimiento de ese hecho. Desde nuestro punto de vista, el hecho en que se puede fundar la demanda de revisión puede ser un hecho de nueva noticia. Es decir, el hecho en sí no es nuevo, es decir, se produjo con anterioridad a la emisión de la sentencia, pero la parte no lo conoció hasta que aquélla se dictó. No creemos que el RTEDH permita la revisión sobre la base de hechos nuevos, es decir, hechos posteriores a la emisión de la sentencia. La novedad se predica del conocimiento, no del hecho en sí.

---

55 Sobre este medio de impugnación, MORENILLA ALLARD, P., *Los derechos fundamentales...*, (con GIMENO SENDRA, V.; TORRES DEL MORAL, A.; DÍAZ MARTÍNEZ, M.), cit. pp. 889-890.

56 En general, sobre este medio de impugnación, ORTELLS RAMOS, M., *Derecho Procesal Civil* (con BONET NAVARRO, J., MASCARELL NAVARRO, M. J.; CÁMARA RUIZ, J.; JUAN SÁNCHEZ, R.; BELLIDO PENADÉS, R.; CUCARELLA GALIANA, L. A.; MARTÍN PASTOR, J.; ARMENGOT VILAPLANA, A.), cit. pp. 527-528.

Y por otro lado, la posibilidad de hacer uso de este medio de impugnación está sometida a plazo. En concreto, seis meses a contar desde la fecha en que la parte conoció ese hecho decisivo.

La competencia para conocer de la demanda de revisión de una sentencia firme la tiene la Sala que dictó la sentencia que se impugna o la que por sorteo se establezca. El Reglamento solamente contempla la posibilidad de revisar las sentencias dictadas por las Sala. Nada dice acerca de la posibilidad de revisar las sentencias de la Gran Sala, sin embargo, nos inclinamos por sostener esa posibilidad.

RÉGIMEN DE RECURSOS EN EL INCIDENTE DE OPOSICIÓN A LA EJECUCIÓN Y DOCTRINA DEL TRIBUNAL SUPREMO SOBRE EL ALCANCE DE LA COSA JUZGADA: UNA COMBINACIÓN IMPRUDENTE[1]

Gemma García-Rostán Calvín
Profesora Titular de Derecho Procesal
Universidad de Murcia

I. PLANTEAMIENTO

El objetivo de la presente comunicación es poner de manifiesto el casi insalvable obstáculo que el legislador, sobre todo tras una puntual reforma del recurso de apelación acontecida en el año 2009, y el Tribunal Supremo, mediante su doctrina jurisprudencial sobre la extensión de la cosa juzgada material, han construido para que los conflictos en torno a cláusulas insertas en contratos de financiación entre empresarios no accedan a casación y, por ende, para que pueda establecerse sobre tal materia jurídica una jurisprudencia actualizada a la realidad socioeconómica. Si nuestro legislador de principio de siglo estaba inspirado al configurar el sistema de recursos de la LEC por el loable propósito de procurar que ninguna materia de Derecho privado, independientemente de la cuantía económica de los conflictos a que diese lugar, quedara al margen de la casación[2], la realidad actual es que parcelas de trascendencia jurídica y económica indiscutible de esa rama del Derecho han

[1] Trabajo realizado en el marco del proyecto de investigación DER2014-53758-R, *Instrumentos para la tutela del emprendedor y el consumidor sin menoscabo de la debida protección del crédito en el ámbito de la justicia civil*, investigadores principales GARCÍA-ROSTÁN CALVÍN y SIGÜENZA LÓPEZ.

[2] Dispone textualmente la Exposición de Motivos de la LEC: "La presente Ley ha operado con tres elementos para determinar el ámbito de la casación. En primer lugar, el propósito de no excluir de ella ninguna materia civil o mercantil".

quedado excluidas de la labor que la Sala primera del Tribunal Supremo lleva a cabo a través del mencionado recurso extraordinario, con el consiguiente efecto de inseguridad que ello genera entre quienes habitualmente se mueven dentro de tales ámbitos[3].

II. LA DOCTRINA DEL TRIBUNAL SUPREMO

La doctrina jurisprudencial a la que nos referimos se creó, en relación con la ley procesal vigente, mediante la STS, Sala Primera en pleno, 462/2014, de 24 de noviembre (RJ/2014/5985), y se consolidó con la STS, también constituyéndose en pleno la Sala Primera, 463/2014, de 28 de noviembre (RJ/2014/6052). En ambas se toma posición sobre el alcance de la eficacia de cosa juzgada material en los incidentes de oposición a la ejecución dineraria derivada de títulos ejecutivos extrajudiciales. A fin de poder aprehender toda la trascendencia del criterio jurisprudencial sentado, estimamos procedente dejar constancia del *iter* procesal que siguieron sendos casos.

Los dos procesos coincidieron en gran medida en cuanto a los sujetos intervinientes en calidad de parte: una misma entidad financiera como actora y cuatro sociedades mercantiles demandadas, dos de ellas en los dos litigios. Asimismo, ambos se desarrollaron en el mismo partido y provincia, Burgos, aunque por aplicación de las reglas de reparto fueron conocidos por juzgados y secciones de la Audiencia Provincial distintos, si bien los pronunciamientos fueron esencialmente idénticos en primera y segunda instancia y en casación.

Con carácter previo a los procesos de los que traen causa las sentencias recurridas en casación, la entidad financiera había instado procesos de ejecución

---

3 Como se su día manifestó HERRERO PEREZAGUA, a propósito de alguno de los criterios del Acuerdo de la Sala Primera del Tribunal Supremo de 12 de diciembre de 2000, "se advierte que el segundo grado jurisdiccional adquiere unos tintes que el texto legal no inducía a sospechar… La seguridad jurídica, por tanto, se predicará por provincias –por las demarcaciones propias de los órganos de segunda instancia– o, incluso, por secciones de las Audiencias cuando el reparto no obedezca a criterios meramente cuantitativos. Nos encontramos con el otorgamiento de un papel protagonista a los tribunales de segundo grado que no figuraba en el guión y que afecta no ya a la confianza depositada por el legislador en una u otra instancia, sino a la que los ciudadanos tienen en la propia justicia, en definitiva, en la legitimación democrática de ésta". "El lugar de los Tribunales de segundo grado en la elaboración de doctrina jurisprudencial" *Tribunales de Justicia, Revista Española de Derecho Procesal,* 12 diciembre, 2003, p. 55.

dineraria presentando como título ejecutivo en cada uno una póliza de contrato de préstamo mercantil intervenida por notario. En cada proceso de ejecución se reclaman 10 y 7 millones de euros respectivamente, como consecuencia de la aplicación de una cláusula de vencimiento anticipado. Ninguna de las sociedades demandadas presenta escrito de oposición a la ejecución, por lo que ésta sigue su curso.

Meses más tarde, las demandadas inician dos procesos declarativos ordinarios ante juzgados de primera instancia, solicitando fundamentalmente que se declarase que la cláusula de vencimiento anticipado era oscura y no podía ser interpretada en el sentido de que el impago de una sola cuota –se había pactado el pago de las cuotas por trimestres– determinase su aplicación. Como medida cautelar solicitaban que se suspendiesen los procesos de ejecución promovidos por parte de la entidad financiera sobre la base de la declaración unilateral de vencimiento anticipado de las pólizas de crédito.

Los juzgados de primera instancia, en la sentencia, y no en el momento de la audiencia previa, que habría sido técnicamente lo más correcto, aprecian la excepción de cosa juzgada. Pero, además, *ad cautelam*, razonan sobre el rechazo que en cuanto al fondo merece la petición de las demandantes –así consta expresamente en el Fundamento de Derecho tercero de la sentencia de casación de 24 de noviembre, sin que el Tribunal Supremo realice consideración alguna sobre la legalidad procesal de semejante forma de actuar–. La Audiencia Provincial confirmó las sentencias de primera instancia e, igualmente, entró a conocer "a mayor abundamiento" –palabras textuales de una de las sentencias, la 311/2012, de 31 de julio (AC/2012/1531)– sobre la interpretación de la cláusula relativa al vencimiento anticipado para afirmar su validez.

La apreciación de la cosa juzgada no se basó en la efectiva existencia de pronunciamientos jurisdiccionales firmes ya vertidos sobre las cuestiones planteadas en el juicio ordinario, sino en una muy discutible aplicación de la ficción prevista en el párrafo 2 del art. 400 de la LEC, ubicado en el libro segundo, y cuyos preceptos, por tanto, a diferencia de los contenidos en el libro primero, no son de aplicación supletoria a procesos que no sean declarativos[4]. Consideran juzgado y audiencia que las sociedades deudoras podían

[4] Suele argumentarse que al ser el incidente de oposición un conjunto de actuaciones jurisdiccionales de naturaleza declarativa, debe quedar afectado por las normas generales previstas en

haber planteado la oscuridad e inaplicación de la cláusula de vencimiento anticipado en el proceso de ejecución iniciando el incidente de oposición. Pero lo cierto, no obstante, es que al menos las sentencias de primera instancia no tienen claro qué causa de oposición es aquella que engloba las discusiones en torno a la aplicación de una cláusula de vencimiento anticipado, y proponen dos. Preferentemente, la procesal del art. 559.1.3°, en su versión anterior a la reforma de 2012, es decir "nulidad radical del despacho de la ejecución por... no cumplir el documento presentado los requisitos legales exigidos para llevar aparejada ejecución o por infracción, al despacharse ejecución, de lo dispuesto en el art. 520 de esta Ley" (la LEC). Pero también podría haberse amparado el deudor en el pago, acreditado documentalmente, que, como motivo de fondo, contempla el art. 557.1.1ª. La audiencia provincial, en cambio, rechaza la causa del pago –en esto indiscutiblemente acierta-[5], pues las deudoras en todo momento reconocieron expresamente que no habían pagado una de las cuotas trimestrales liquidadas. El motivo de oposición procesal del 559.1.3°, sin embargo, sí le parece al órgano *ad quem* de segunda instancia el cauce procesal adecuado para que los deudores discutan el vencimiento anticipado, pese a que ni el 517, al regular la póliza mercantil como título ejecutivo, ni el art. 520 aludan expresamente a que para que el título tenga fuerza ejecutiva la deuda que recoja tenga que estar vencida. Se apoya el órgano de apelación en que uno de los requisitos para que el documento lleve aparejada ejecución

---

el libro de la LEC relativo a los procesos declarativos, y concretamente por la del art. 400. Así, ATIENZA LÓPEZ, "Ejecución de títulos no judiciales; causas de oposición (Comentario a la STS de 24 de noviembre de 2014)", *Revista CEFLEGAL*, 168, enero de 2015, p. 48. Aunque así fuera, repárese que para que el supuesto de hecho del art. 400 pueda operar es imprescindible que se haya presentado una demanda ("cuando lo que se pida en la demanda...), cuyo equivalente en el incidente de oposición sería el escrito de oposición a la ejecución, escrito que no se presentó en las ejecuciones a que nos estamos refiriendo. Y es que el art. 400 tiene por finalidad forzar a los litigantes a que, una vez planteada la contienda procesal, todos los elementos a valorar sean alegados, a fin de que ésta se resuelva definitivamente, no imponer a quien pretende demandar el momento en que debe hacerlo. Esa imposición la hacen, en relación con el proceso de ejecución, los arts. 556 y ss. y en ellos no se indica que cualquier motivo de oposición a la exigibilidad de la deuda pueda ser planteado. Por el contrario, se enumeran, precedidas por el adverbio "solo", las causas de oposición alegables.

[5] El cauce de oposición del pago es insostenible. En todo caso podía pensarse en la pluspetición, en el sentido de considerar que, al no ser aplicable el vencimiento anticipado, solo se deben las cuotas vencidas, no la totalidad de la deuda.

es la exigibilidad de la deuda, y si se estima que esta no ha vencido, es que no es exigible.

Al margen del error jurídico en que incurren la audiencia y el juzgado de primera instancia en canalizar como cuestión de índole procesal una discusión que es estrictamente de fondo[6], y de la consecuencia práctica para ulteriores procesos que de dicho error cabe extraer (a saber, que cualquier objeción relativa a la exigibilidad de la deuda reclamada es oponible en el incidente de oposición), lo más censurable a nuestro juicio de la actuación jurisdiccional plasmada en estas resoluciones es la severa consecuencia que impone a los deudores a partir de una interpretación indiscutiblemente muy forzada de los preceptos legales[7]. Porque interpretar los preceptos más allá de sus términos con fines tuitivos, esto es, para permitir al deudor alegar en el incidente de oposición motivos que no están expresamente previstos en las normas sobre el incidente de oposición, en vez de posponerlos para un ulterior declarativo, puede estar amparado por principios rectores del sistema jurídico, pero hacerlo con la consecuencia final de impedir que los tribunales se pronuncien, tanto en el proceso de ejecución como en el ulterior declarativo, sobre una cuestión en la que existe confrontación entre las partes es contrario, a nuestro juicio, al derecho fundamental de acceso a la justicia.

El Tribunal Supremo, sin embargo, ratifica el criterio de los órganos inferiores. Utiliza para ello una fundamentación extensa, aunque plagada de reproducciones de normas, de argumentaciones de las partes y de las sentencias precedentes. En realidad, la *ratio decidendi* se concentra en apenas dos fundamentos de Derecho (sexto y séptimo) de los diez que tiene la resolución[8].

Por un lado, aborda el alto tribunal si los deudores podían y debían haberse opuesto a la ejecución discutiendo la cláusula de vencimiento antici-

---

[6] En este sentido, y con todo detalle, MORENO GARCÍA, "La carga de alegar los aspectos relativos al vencimiento de la obligación en la ejecución de títulos extrajudiciales", *Práctica de Tribunales*, 115, 2015, LA LEY 4629/2015, pp. 6 y 8.

[7] Obsérvese que en primera instancia no se impuso la condena en costas a los actores por estimar que el asunto presentaba serias dudas de Derecho.

[8] Ambos procesos se habían determinado en función de la cuantía, y ésta era muy superior a los 600.000 €, por aplicación de la regla octava del art. 251 ("En los procesos que versan sobre la existencia, validez o eficacia de un título obligacional, su valor se calculará por el total de lo debido, aunque sea pagadero a plazos"), por lo que accedieron al recurso extraordinario por la vía del art. 477.2.2º.

pado. Tras reconocer que hay "argumentos de peso en apoyo de esa posición contraria", entre los que menciona la supresión en 2012 a la referencia que el art. 559.1.3° contenía al incumplimiento en el documento presentado de los requisitos legales para llevar aparejada ejecución, decide dar preponderancia al art. 564 –del que parece deducir que al permitir la alegación en un proceso ulterior de todos los hechos o actos acontecidos después de precluidas las posibilidades de alegación en juicio, implícitamente y *a contrario* está prohibiendo la alegación en dicho proceso de aquellos actos o hechos acontecidos antes– y al control de oficio que imponen los arts. 549, 551 y 552. A juicio del alto tribunal, ese control de oficio, que tiene lugar en el momento de dictar el auto de despacho de la ejecución, abarca el examen acerca de si la cláusula de vencimiento anticipado justificaba que un solo impago parcial de intereses pudiera ser determinante de la resolución del contrato. Y si cabe el control de oficio, inexorablemente, entiende el tribunal, debe proceder la alegación de parte. En consecuencia, el art. 559.1.3° comprende, como defecto procesal, todos los defectos inherentes al propio título de la ejecución, "como son la falta de nacimiento de la obligación por estar supeditada a condición suspensiva, su carácter no exigible por no haber vencido todavía…".

Con base en esa premisa se pronuncia a continuación sobre la fuerza de cosa juzgada material, aplicando el apartado 2 del art. 400, cuya norma define como principio general. El tribunal omite al respecto toda consideración sobre lo dispuesto en el art. 561, a propósito del auto resolutorio de la oposición por motivos de fondo, según el cual, el auto resuelve "a los solos efectos de la ejecución". Aunque lo cierto es que tal silencio es coherente con su consideración de que las discusiones en tono a si la obligación ha de reputarse vencida o no son de naturaleza procesal, no sustantiva, y, por tanto, quedan al margen de la previsión del art. 561.

No obstante, como el Tribunal Supremo es consciente de que no todas las audiencias siguen su criterio sobre qué puede ser alegado en el incidente de oposición a la ejecución[9] y de que difícilmente podrá imponerlo, como desarrollaremos más adelante, reconoce expresamente que "si la oposición sí se formula pero se rechaza única y exclusivamente porque las circunstancias que consten en el propio título no pueden oponerse en el proceso de ejecución,

9 Buena prueba de ello es el asunto del que trae causa la reciente STC 39/2015, de 2 de marzo.

entonces el ejecutado sí podrá promover un juicio declarativo posterior sobre la misma cuestión".

Corona el Tribunal Supremo su argumentación con un lacónico y desolador aserto: "En suma, esta Sala considera que su doctrina jurisprudencial sobre el art. 1479 LEC de 1881 debe ser mantenida en la interpretación del art. 564 de la vigente LEC de 2000"[10]. A nuestro juicio, es triste la imagen de anquilosamiento e inmovilismo que revela aferrarse en el siglo XXI y en una materia en plena metamorfosis como es la ejecución de títulos extrajudiciales a criterios jurisprudenciales de antaño. Pero lo verdaderamente desolador es que esos criterios, que eran abiertamente *contra legem*[11], pues dicho art. 1479 expresamente prescribía "las sentencias dictadas en los juicios ejecutivos no producirán la excepción de cosa juzgada" tenían como base una relación de causas de oposición que podía alegar el deudor según la LEC de 1881 que no son comparables a las actuales. Concretamente, entre los motivos de nulidad del juicio, contemplaba claramente el art. 1467 en su número 2° que "el título no tuviere fuerza ejecutiva, ya por defectos extrínsecos, ya por no haber vencido el plazo o no ser exigible la cantidad o ser ésta ilíquida"[12]. Es decir, la Ley de 1881 expresamente indicaba que el deudor podía discutir en el juicio ejecutivo sobre el vencimiento de la obligación, algo que la vigente LEC en absoluto contempla, ni explícita ni implícitamente. El Tribunal Supremo asume

---

[10] Antes de que se dictaran estas sentencias del Tribunal Supremo, ya defendimos el criterio de que la doctrina del art. 1479 de la LEC de 1881 no es trasladable al régimen vigente. Cfr., "Efectos del pronunciamiento sobre cláusulas abusivas obtenido en el incidente de oposición a la ejecución forzosa: cosa juzgada y posibilidad de extensión a consumidores que no han sido parte", en *Intereses colectivos y Legitimación Activa* (CARBONELL PORRAS, dir. CABRERA MERCADO, coord.), Aranzadi, 2014, pp. 551-557. También en el mismo sentido, ORTELLS RAMOS, *Derecho Procesal Civil*, Aranzadi, 2008, pp. 750-751, y muy recientemente BERNARDO SAN JOSÉ, "El despacho de la ejecución...", cit., pp. 289 y ss.

[11] Así lo señalaba autorizada doctrina. Concretamente, MONTERO AROCA, *Derecho Jurisdiccional II*, 7ª ed. (con ORTELLS RAMOS, GÓMEZ COLOMER, MONTÓN REDONDO), Tirant lo Blanch, 1997, pp. 607-609. Otros autores, aun asumiendo la conveniencia del criterio del Tribunal Supremo, advertían de su carácter abiertamente corrector de la ley y afirmaban que el órgano de casación no lo seguía de forma decidida y consecuente. Concretamente, MIGUEL ÁNGEL FERNÁNDEZ, *Derecho Procesal Civil IV* (con DE LA OLIVA), CEURA, 1991, pp. 66-69.

[12] También se preveía expresa y claramente la posibilidad de alegar la nulidad de la obligación, motivo de oposición que igualmente desaparece en la LEC de 2000. Sobre el particular, SENÉS MOTILLA, *Disposiciones Generales sobre la Ejecución Forzosa*, La Ley, 2000, pp. 107 y ss., en especial, 117 y ss. Recientemente, MORENO GARCÍA, "La carga de alegar..." cit., pp. 4 y ss.

sin rastro de autocrítica una interpretación vertida sobre un conjunto normativo esencialmente diferente al vigente, lo que, además de abundar en la actuación *contra legem* e ignorar del sometimiento de todos los tribunales al imperio de la ley, genera grave inseguridad jurídica.

Si algún atisbo de esperanza cabía albergar en cuanto a la revisión de esta doctrina jurisprudencial, la reciente Ley 42/2015 de reforma de la LEC lo ha volatilizado. Era un dato en absoluto baladí que el Tribunal Supremo insistiese en que el criterio vertido en estas dos sentencias se basaba en la redacción del art. 559.1.3° en su versión aplicable al caso, esto es, la anterior a 2012, dejando la puerta abierta, en consecuencia, a una futura modificación de su criterio. Modificación no ya en relación con la fuerza de cosa juzgada de la resolución que decida el incidente de oposición a la ejecución, sino en lo atinente a qué causas de oposición deben plantearse con base en el art. 559.1.3°. La Ley de Mediación reformó este artículo no solo para incluir como causa de oposición que el acuerdo de mediación no reúna los requisitos exigidos para llevar aparejada ejecución, sino también para suprimir la relativa a que los títulos ejecutivos extrajudiciales no reúnan cualquiera de tales requisitos. Solo se contemplaba el incumplimiento de uno de ellos, esto es, el prescrito en el art. 520. Sin embargo, la, hasta la fecha, última ley de reforma de nuestro texto procesal, la 42/2015 recupera la alusión a que el documento aportado como título extrajudicial no cumpla los requisitos exigidos para llevar aparejada ejecución.

III. LA REFORMA SOBRE LA RESOLUCIÓN DE LA APELACIÓN

Expuesto el criterio jurisprudencial, procede a continuación examinar el panorama legal en materia de recursos frente al auto que resuelve el incidente de oposición a la ejecución.

La regulación originaria de la LEC en materia de apelación era un tanto confusa en lo relativo al tipo de resolución jurisdiccional que debía dictarse para resolver el recurso. Y en alguna medida esa confusión se ha mitigado tras la reforma del art. 465 por la Ley 13/2009. Al margen de que se haya conservado la incomprensible previsión de que se adopte la providencia para declarar la nulidad de actuaciones cuando proceda el reenvío a primera instancia, se ha eliminado la desconexión que existía entre el art. 456, que en su definición del ámbito del recurso de apelación deja entrever que la decisión de apelación debe adoptar la forma de auto o de sentencia según se haya recurrido uno u otro tipo de resolución, y el art. 465, que, bajo la rúbrica *Sentencia de apelación*, en ningún momento preveía el auto como forma de resolver este recurso ordinario. El actual art. 465 se titula ahora *Resolución de la apelación* y expresamente dispone en su apartado 1 que el "Tribunal resolverá sobre el recurso de apelación mediante auto cuando el mismo hubiera sido interpuesto contra un auto y mediante sentencia en caso contrario".

Como regla, los autos no resuelven cuestiones de fondo en nuestro sistema procesal civil, pero hay una excepción relevante, que es el auto que resuelve el incidente de oposición a la ejecución, que puede tener contenido tanto procesal como sustantivo, según la naturaleza del motivo de oposición que se haya estimado.

El auto que resuelva la oposición a la ejecución por cuestiones de fondo es apelable, independientemente de que sea estimatorio o desestimatorio, por disponerlo así el art. 561.3, y la apelación, a la vista del vigente art. 465, se resolvería por medio de auto. Dicho auto devendría firme, pues, aun siendo indiscutible que incluye pronunciamientos sobre Derecho sustantivo, tiene vetado el acceso al recurso extraordinario de casación –el art. 477 claramente indica que solo son recurribles en casación las sentencias-[13]. En consecuencia, las cuestiones jurídicas que quedan comprendidas en el incidente de oposición de fondo quedan al margen de la creación y actualización de doctrina jurisprudencial.

Lo cierto es que la mayoría de las causas de oposición se basan en elementos predominantemente fácticos, pero es indiscutible que también pueden suscitarse discusiones jurídicas sobre las que el Tribunal Supremo no se podrá pronunciar.

---

[13] En este sentido LÓPEZ SÁNCHEZ, *Los Recursos Extraordinarios por Infracción Procesal y de Casación*, Thomson Aranzadi, 2004, pp. 25-27. Por contraposición, el art. 2.1 de la Ley catalana 4/2012, de 5 de marzo, del recurso de casación civil de Cataluña sí prevé el recurso de casación frente a autos. Sobre los diversos regímenes de casación en España nos hemos pronunciado recientemente en "El sistema de recursos", *Coherencias e Incoherencias de las Reformas del Proceso Civil* (HERRERO PEREZAGUA, dir.), Thomson Reuters Aranzadi, 2015, pp. 220-227.

Una consideración particular merece la causa de oposición séptima, esto es, que el título contenga cláusulas abusivas. Es patente que la creación de jurisprudencia sobre esta materia no queda impedida por el hecho de que se contemple su alegación en el incidente de oposición, pues se están desarrollando procesos declarativos sobre la materia. Pero el veto a la casación de los autos dictados en el incidente de ejecución limita considerablemente la función uniformadora de la jurisprudencia y, en cualquier caso, deja íntegramente a merced de las audiencias provinciales aplicar o no dicha jurisprudencia[14].

Pero dicha situación no es grave si se compara con la que se presencia en relación con el auto que resuelve la oposición por causas procesales, entre las que se encuentran, según ha declarado el Tribunal Supremo en las sentencias que antes nos han ocupado, las relativas a la exigibilidad de la obligación. La

---

[14] El criterio jurisprudencial del órgano de casación se ha seguido, por ejemplo, en la SAP de Guipúzcoa (secc. 2ª) 36/2015, de 12 de febrero. En ella se ha impedido a unos consumidores discutir en un proceso declarativo sobre el carácter abusivo de una cláusula de afianzamiento que relevaba a la entidad financiera de toda obligación de notificación por falta de pago del deudor afianzado, aduciendo el tribunal que la Disposición Transitoria 4ª de la Ley 1/2013 concedía a estos el plazo preclusivo de un mes dentro del proceso de ejecución para plantear oposición, de modo que, no utilizada esa oportunidad, y por efecto del art. 400.2, la cosa juzgada impide a los tribunales pronunciarse sobre el carácter abusivo de tal cláusula en un ulterior proceso.

Esta forma de proceder de los tribunales, al menos en relación con los consumidores, no se puede seguir sosteniendo. Ante la cuestión prejudicial planteada por el Juzgado de Primera Instancia 4º de Martorell, el TJUE, en su sentencia de 29 de octubre de 2015, As. C-8/14, ha considerado evidente que tal plazo, en la medida en que empieza a correr desde la publicación en el BOE de la Ley 1/2013, y no desde una notificación personal al deudor ejecutado, imposibilita o dificulta en exceso el ejercicio de los plazos conferidos por la Directiva 93/13. Sobre la citada sentencia del TJUE, vid. CORDÓN MORENO, "Después de la Ley 9/2015, de 25 de mayo, subsisten las dudas sobre la conformidad a la Constitución del régimen transitorio aplicable a los recursos en procedimientos de ejecución hipotecaria pendientes", *Centro de Estudios de Consumo*, www.uclm.es/centro/cesco

Alguna sentencia, incluso, ha llegado a extender el criterio del Tribunal Supremo al ámbito de la ejecución hipotecaria. Concretamente, SAP Valencia –secc. 9ª– 10/2015, de 21 de enero de 2015, (JUR/2015/97055), aunque también nos constan otros pronunciamientos judiciales que consideran que la tesis del Tribunal Supremo vertida en las sentencias de noviembre de 2014 para procesos de ejecución ordinaria no puede extenderse a un proceso especial como es la ejecución hipotecaria. Se trata del auto del JM de San Sebastián de 17 de marzo de 2015 (JUR/2015/110526), que se apoya en otra reciente sentencia del Tribunal Supremo, la 70/2015, de 11 de febrero (RJ/2015/336) en la que se afirma, en relación con el antiguo procedimiento del art. 131 de la LH, que la doctrina sobre el alcance de la cosa juzgada en el juicio ejecutivo no es aplicable a un procedimiento tan rigorista y con causas de oposición tasadas como el del art. 131 de la LH.

LEC guarda silencio en el art. 559 –el propiamente referido a la sustanciación y resolución de la oposición por motivos procesales– acerca de si el auto es o no recurrible. A nuestro juicio, no procede aplicar supletoriamente ante ese silencio el art. 562 (que impediría la apelación por no estar expresamente prevista), pues tal precepto regula el régimen de impugnaciones de aquellas infracciones que no queden cubiertas por el incidente de oposición, es decir, se proyecta sobre un campo radicalmente diferente al que ahora estamos analizando. Más apropiado resulta, dada la naturaleza declarativa del incidente, seguir el régimen de recursos de los procesos declarativos, lo que permitiría la apelación si el auto es definitivo, pero no si es interlocutorio[15]. De forma que, retomando el caso del que parten las sentencias del Tribunal Supremo estudiadas, la decisión en sentido desestimatorio de la oposición basada en que la deuda no está vencida, en la medida en que permite que la ejecución siga su curso, no es susceptible de ser revisada por un tribunal superior. El deudor solo va a disponer de un pronunciamiento jurisdiccional a su petición de tutela, aun cuando la cuantía fuera, como aconteció en los casos comentados, de millones de euros[16]. Otra suerte, en cambio, corre el acreedor, la entidad financiera, pues de estimarse la oposición sí podrá plantear recurso de apelación. Descartado en todo caso queda el recurso extraordinario, que, a partir del sinsentido de estimar que las discusiones sobre la exigibilidad de la obligación quedan comprendidas en el nº 3º del art. 559.1, habría de ser el extraordinario por infracción procesal y que, por aplicación de la DF 16ª está restringido a sentencias.

---

[15] Realiza una exposición rigurosa y sistemática sobre las distintas posiciones mantenidas por las audiencias provinciales BERNARDO SAN JOSÉ, "El despacho de la ejecución y la oposición del ejecutado, en *El proceso de ejecución forzosa. Problemas actuales y soluciones jurisprudenciales*, GUTIÉRREZ BERLINCHES (coord.), La Ley, 2015, pp. 254-256.

[16] Ante situaciones como la descrita, HERRERO PEREZAGUA sugiere una interpretación laxa de la procedibilidad de la apelación, a fin de que al menos se pueda formar una doctrina procesal por parte de las audiencias provinciales relativa a las cuestiones planteadas en ejecución. Esta opción, sostiene el autor, no consigue la deseable uniformidad interpretativa –esto solo se lograría a través de recurso extraordinario encomendado a un único órgano–, pero es preferible a la mayor pluralidad hermenéutica que habrá de producirse si la intelección de las normas procesales de la ejecución se confían sin posibilidad de corrección a los juzgados de primera instancia. Vid., "El lugar de los tribunales de segundo grado..." cit., p. 60.

IV. EL ACCESO A LOS TRIBUNALES DE LOS CONFLICTOS SOBRE CONTRATOS DE CONCESIÓN DE CRÉDITO ENTRE ENTIDADES FINANCIERAS Y PYMES O EMPRENDEDORES

Aunque no contamos con datos estadísticos que lo avalen, consideramos una percepción generalizada que los conflictos en torno a la interpretación de los negocios de acceso al crédito celebrados por entidades financieras con otros sujetos no consumidores surgen, si no exclusiva sí primordialmente, como consecuencia del incumplimiento de los segundos, y se canalizan través del proceso de ejecución dineraria (general o hipotecario), pues tales negocios constan casi siempre en documento con fuerza ejecutiva.

Así como en relaciones con consumidores la actuación a través de procesos declarativos es algo más frecuente, ya sea mediante el planteamiento por parte del propio consumidor de acciones individuales antes de que la reclamación en ejecución forzosa haya comenzado, ya mediante la actuación de quienes están legitimados para la defensa de intereses colectivos o difusos, en contratos celebrados entre entidades financieras y empresarios es raro discutir judicialmente las condiciones pactadas o establecidas si no hay ya un incumplimiento que determine el inicio de la ejecución forzosa.

Partiendo de esta realidad, y aplicándole la doctrina del Tribunal Supremo y el régimen de recursos que se ha expuesto en páginas precedentes, se llega a la conclusión, ya apuntada al inicio, de que los excesos por parte de las entidades financieras frente a empresarios que generen situaciones de desequilibrio entre las partes contratantes –excesos frecuentes si la deudora es pyme, emprendedor o profesional autónomo– únicamente serán fiscalizados por órganos judiciales de primer o, a lo sumo, segundo grado. La labor del Tribunal Supremo creando jurisprudencia y adaptándola a los tiempos y circunstancias será verdaderamente excepcional. Dependerá de los aislados casos en los que se acuda a los tribunales antes de que el ejercicio de la acción ejecutiva haya tenido lugar y además, evidentemente, de que se cumplan los rigurosos requisitos establecidos para la casación. Y cuando se consiga, su efectividad en ulteriores procesos de ejecución quedará a mereced de los tribunales inferiores, dada la imposibilidad de recurso extraordinario frente a los autos dictados en el incidente de oposición a la ejecución.

CRITERIOS DE ADMISIÓN DEL CERTIORARI NORTEAMERICANO

IBON HUALDE LÓPEZ
Profesor Titular de Derecho procesal
Universidad de Navarra

I. LA JURISDICCIÓN DEL TRIBUNAL SUPREMO

1. Jurisdicción originaria y jurisdicción revisora

La sección segunda del artículo tercero de la Constitución de los Estados Unidos recoge un listado de «casos» y «controversias» sobre las que el Tribunal Supremo de este país puede o debe conocer, según el supuesto de que se trate[1]. Y, a continuación, subdivide aquellos en dos grupos diferentes para disponer que, sobre el primero, disfruta de jurisdicción originaria (*original jurisdiction*), mientras que, sobre el segundo, su jurisdicción tiene naturaleza revisora (*appellate jurisdiction*). La jurisdicción originaria hace referencia a la potestad del Tribunal Supremo de resolver un asunto por vez primera, esto es, como órgano de instancia, sin necesidad de que el caso haya sido visto por un tribunal intermedio. La eficacia de esta jurisdicción deriva directamente del texto constitucional, sin ser precisa ninguna acción complementaria del Congreso. En contraposición a este tipo de jurisdicción se encuentra la revisora,

---

[1] El hecho de que la literalidad del precepto se refiera a «casos» y «controversias» ha dado origen a una serie de doctrinas (*justiciability doctrines*), en virtud de las cuales la posibilidad de acceso de un asunto a los tribunales se condiciona al cumplimiento de ciertas exigencias. En definitiva, se trata de verificar la existencia de un verdadero caso o controversia, ya que, en caso contrario, el asunto no sería justiciable. *Vide* HESSICK, F.A., "Cases, Controversies, and Diversity", *Northwestern University Law Review*, 24 de febrero, 2014. Disponible en: http://ssrn.com/abstract=2400660.

que supone la posibilidad de reexaminar un asunto previamente resuelto por otro tribunal distinto, federal o estatal[2].

A) Jurisdicción originaria

Dentro de la jurisdicción originaria, el citado precepto constitucional incluye los litigios que afectan a ciertos funcionarios públicos como cónsules o embajadores y aquellos en los que una de las partes implicadas es un Estado. No obstante, estos casos también podrían ser llevados ante los tribunales federales de distrito (*district courts*). Los únicos sobre los que la jurisdicción del Tribunal Supremo es improrrogable son los que tienen como partes a dos Estados[3]. En parecidos términos se pronuncia el Código de los Estados Unidos (*United States Code*), que reconoce al Tribunal Supremo jurisdicción originaria y exclusiva sobre todas las controversias entre dos o más Estados, así como originaria pero no exclusiva sobre todas las acciones o procedimientos en los que sea parte el personal diplomático extranjero; todas las controversias entre los Estados Unidos y un Estado; y todas las acciones o procedimientos incoados por un Estado contra los ciudadanos de otro o contra extranjeros. Las resoluciones emanadas de dicho tribunal en el ejercicio de su jurisdicción originaria no son susceptibles de recurso[4].

B) Jurisdicción revisora

La mayor parte de los asuntos de los que conoce el Tribunal Supremo traen causa de su jurisdicción revisora. Hay que hacer una diferenciación, dentro de este ámbito, entre el sistema judicial federal y el estatal. Por lo que

---

[2] *Cfr.* BAUM, L., *The Supreme Court*, 10ª ed., CQ Press, 2010, pp. 7-10.

[3] Normalmente, este tipo de procesos tienen por objeto dirimir disputas relativas a la jurisdicción territorial de los distintos Estados. *Vide*, por ejemplo, *State of New Jersey v. State of New York* (1998). En el reseñado caso, ese primer Estado reclamaba su soberanía sobre una parte de Ellis Island. No obstante, otros muchos tienen que ver con controversias concernientes a derechos sobre aguas. A este respecto, *vide* BALDAS, T., “A deluge of water wars”, *National Law Journal*, 24 de marzo, 2008.

[4] *Vide* sección 1251 del título 28 del Código de los Estados Unidos (*United States Code*) y norma 17 de las Normas del Tribunal Supremo de los Estados Unidos (*Rules of the Supreme Court of the United States*).

se refiere al federal, es preciso distinguir entre los tribunales de primera y segunda instancia. Así, en determinados supuestos, la ley federal permite recurrir de modo directo ante el Tribunal Supremo ciertas resoluciones procedentes de los tribunales especializados de distrito, que son órganos de instancia[5]. En la actualidad, tal posibilidad de recurso está prácticamente reducida a la materia de elecciones[6]. Pero la mayoría de las resoluciones que se someten a la revisión del Tribunal Supremo proceden de los tribunales de apelación (*courts of appeals*) existentes en los distintos circuitos judiciales federales y, en menor medida, de los tribunales de apelación especializados[7]. A este respecto, el instrumento procesal comúnmente utilizado por la parte perjudicada para presentar su caso ante el Tribunal Supremo es la petición de *certiorari*. Ocasionalmente, puede ocurrir que el propio tribunal de apelación solicite, de oficio, la revisión por aquel de una determinada cuestión de interés público (*certified question*)[8].

Por otra parte, cabe que el Tribunal Supremo revise, también a través de *certiorari*, casos procedentes de tribunales que forman parte del sistema judi-

---

[5] *Vide* sección 1253 del título 28 del Código de los Estados Unidos (*United States Code*) y norma 18 de las Normas del Tribunal Supremo de los Estados Unidos (*Rules of the Supreme Court of the United States*).

[6] *Vide Voting Rights Act*. Con anterioridad a una reforma legal llevada a cabo en 1988, eran más numerosos los supuestos en los que, en concurrencia de determinadas circunstancias, el Tribunal Supremo estaba obligado a resolver los recursos (*mandatory appeals*) interpuestos contra resoluciones emanadas tanto de los tribunales federales inferiores como de los tribunales estatales superiores; recursos que traían como consecuencia un aumento considerable de la carga de trabajo del Tribunal Supremo, pero que, frecuentemente, planteaban casos de escasa enjundia jurídica, sin contribuir al desarrollo de su doctrina. Ello dio lugar a numerosas críticas, incluso dentro del propio órgano jurisdiccional. *Vide* O'CONNOR, S.D., *The Majesty of the Law: Reflections of a Supreme Court Justice*, Random House, 2004, pp. 130-131; HALL, K.L., ELY, J.W. y GROSSMAN, J.B., *The Oxford Companion to the Supreme Court of the United States*, Oxford University Press, 2005, p. 47; MOORE, R.L. y MURRAY, M.D., *Media Law and Ethics*, 3ª ed., Taylor&Francis Group, 2008, p. 36.

[7] Por ejemplo, en ciertos supuestos es posible la revisiónde las resoluciones del Tribunal de Apelación Militar (*Court of Appeals for the Armed Forces*). *Vide* sección 1259 del título 28 del Código de los Estados Unidos (*United States Code*).

[8] *Vide* sección 1254 (2) del título 28 del Código de los Estados Unidos (*United States Code*) y norma 19 de las Normas del Tribunal Supremo de los Estados Unidos (*Rules of the Supreme Court of the United States*). No obstante, muy pocos casos han sido objeto de revisión por aquél a través de esta vía. En concreto, *United States v. Rice* (1946); *United States v. Barnett* (1964); y *Moody v. Albemarle Paper Co.* (1974). *Cfr.* PERRY, H.W., *Deciding to decide*, Harvard University Press, 1991, p. 27.

cial estatal. Sin entrar en las peculiaridades existentes en los distintos Estados[9], dicho sistema judicial estatal suele tener una estructura paralela al federal, con tribunales de primera instancia (*trial courts*); tribunales de apelación (*appelate courts*); y un tribunal de última instancia (*court of last resort*). En los Estados que siguen tal esquema, este tribunal de última instancia disfruta de discrecionalidad (*discretionary jurisdiction*) para pronunciarse sobre los recursos interpuestos contra las resoluciones procedentes de los tribunales de apelación. No obstante, hay Estados, normalmente de escasa densidad demográfica, que prescinden de estos tribunales intermedios y solo cuentan con tribunales de primera instancia y otro que actúa como órgano de segunda instancia. Este último conoce de los recursos interpuestos frente a las resoluciones de los anteriores[10]; y su denominación varía también según los Estados. Pues bien, el Tribunal Supremo de los Estados Unidos puede conocer de asuntos decididos por los tribunales estatales superiores o de última instancia (*courts of last resort*)[11], incluido el Tribunal de Apelación del Distrito de Columbia (*District of Columbia Court of Appeals*)[12] y el Tribunal Supremo de Puerto Rico (*Supreme Court of Puerto Rico*)[13]. Ello siempre que se encuentre implicada alguna ley federal y en aras a su aplicación e interpretación uniforme.

2. Jurisdicción constitucional

A diferencia de lo que ocurre en muchos países europeos como España, que prevén un órgano ajeno al Poder Judicial encargado del control de la constitucionalidad de las leyes, en los Estados Unidos esta función la cumple su Tribunal Supremo. Pero ello no se deduce de la Constitución norteamericana, sino que fue consecuencia de una doctrina jurisprudencial desarrollada por el mencionado órgano jurisdiccional a partir de un caso del que tuvo la oportuni-

---

[9] Cabe constatar la existencia de diferencias en la organización judicial de uno a otro Estado, debido a la libertad de que disfrutan para configurar sus propias instituciones. En el siglo pasado hubo un movimiento de considerable éxito, que no llegó a consolidarse, dirigido a la unificación de la estructura y administración en el sistema judicial de los Estados (*movement for «court unification»*). *Vide* BAUM, L., *American Courts: Process and Policy*, 7ª ed., Wadsword, Boston, 2013, p. 38.

[10] *Vide* BAUM, L., *American Courts,* cit., pp. 39-42.

[11] *Vide* sección 1257 (a) del título 28 del Código de los Estados Unidos (*United States Code*).

[12] *Vide* sección 1257 (b) del título 28 del Código de los Estados Unidos (*United States Code*).

[13] *Vide* sección 1258 del título 28 del Código de los Estados Unidos (*United States Code*).

dad de conocer con fundamento en su jurisdicción originaria[14]. Al respecto, hay que señalar que la referida función constituye la principal vía de supervisión del Poder Judicial sobre el Legislativo. Inversamente, el Poder Legislativo tiene la posibilidad de dejar sin efecto normas derivadas de la jurisprudencia del Tribunal Supremo a través de la promulgación de una nueva legislación contraria a esa jurisprudencia[15].

II. LA ADMISIÓN DE LA PETICIÓN DE CERTIORARI

1. Criterios legales

La norma décima de las Normas del Tribunal Supremo contiene la referencia fundamental sobre la admisión de asuntos por este órgano a través de la petición de *certiorari*. De acuerdo con ella, el *certiorari* no constituye un derecho, sino que entra dentro de la discrecionalidad judicial, y su solicitud solo será admitida «por razones imperiosas» («*compelling reasons*»); y, tras esta declaración, enumera una serie de criterios cuya concurrencia aumenta las probabilidades de que un caso sea seleccionado por el Tribunal Supremo, aunque sin condicionar o limitar su discrecionalidad. Estos criterios están basados en la función de este órgano de contribuir a la seguridad y coherencia de la ley. Se refieren, básicamente, a la presencia de materias relevantes de Derecho federal sobre las que el Tribunal Supremo aún no se ha pronunciado; a la existencia de conflictos sobre importantes cuestiones legales entre

---

[14] *Vide Marbury v. Madison* (1803). Con ocasión de la resolución de este caso, el Tribunal Supremo tuvo la oportunidad de pronunciarse, por vez primera, sobre la inconstitucionalidad de una ley, en concreto, una parte de la Ley Judicial de 1789 (*Judiciary Act*). Sobre el referido caso y su impacto, *vide* CLINTON, R.L., *Marbury v. Madison and judicial review,* University Press of Kansas, 1989, pp. 81 y ss.; GILLMAN, H. y CLAYTON, C., *The Supreme Court in American politics*, University Press of Kansas, 1999, pp. 28 y ss.; NELSON, W. E., *Marbury v. Madison: The Origins and Legacy of Judicial Review*, University Press of Kansas, 2000, pp. 72 y ss. En otros casos surgidos con posterioridad el Tribunal Supremo declaró inconstitucional alguna otra ley, por ejemplo, *Dred Scott v. Sandford* (1857); o, inversamente, su constitucionalidad. *Vide Heart of Atlanta Motel v. United States* (1964).

[15] Esta fue la motivación del Congreso cuando aprobó la normativa tendente a posibilitar a los discapacitados el acceso al transporte aéreo (*Air Carrier Access Act*), después de que una resolución del Tribunal Supremo declarase la inaplicación a ese ámbito de la regulación federal para la protección de los derechos civiles de dicho colectivo. *Vide U.S. Department of Transportation v. Paralyzed Veterans of America* (1986).

las resoluciones dictadas por los tribunales federales de apelación (*United States courts of appeals*) o/y las de los tribunales estatales de última instancia (*State courts of last resort*)[16]; o entre estas y las resoluciones previas del Tribunal Supremo; y a si los tribunales federales de apelación (*United States courts of appeals*) se han apartado del curso normal del proceso judicial o han permitido hacerlo a un tribunal inferior[17]. La doctrina ha criticado que la generalidad de esta norma no suministra criterios significativos para el foro, especialmente en términos de importancia de las cuestiones implicadas. Asimismo, se ha sugerido que el Tribunal Supremo explique con detalle en todas sus resoluciones escritas las razones por las que una petición de *certiorari* es admitida; y que periódicamente publique un *memorándum*, en ciertos casos representativos, que especifique por qué resultan rechazados. Sin embargo, tales críticas y sugerencias no han servido para que ese órgano modifique su costumbre de abstenerse de detallar los motivos que dan lugar a las inadmisiones; y los que invoca cuando admite algún asunto a menudo son poco más que declaraciones conclusivas, las cuales pueden responder a meras reflexiones tardías del ponente[18].

Como consecuencia de la reforma operada en aquellas normas en 1995, el último párrafo de la norma décima (*Rule 10*) establece que una petición de *certiorari* es raramente concedida cuando el defecto invocado consiste en errores en la determinación de los hechos o en la aplicación de una norma jurídica. Una explicación doctrinal a la relativamente reciente incorporación de dicha declaración es la constatación de una multitud de solicitudes basadas en la existencia tales errores. En este contexto, se ha considerado necesaria la reiteración de la ineficacia o esterilidad de su invocación. Y es que la función del reseñado órgano jurisdiccional no se reduce a corregirlos, sino que tiene por objeto la resolución de aquellos asuntos en los que se encuentran involu-

---

[16] De conformidad con el estudio realizado por GOLDSTEIN, T., "One Plugged, Thousands to Go", *Legal Times*, 18 de Noviembre, 2002, p. 68, el ochenta por ciento de los casos admitidos por el Tribunal Supremo conllevaban conflictos entre tribunales federales de apelación.

[17] *Cfr.* BAUM, L., *The Supreme*, cit., pp. 90-91.

[18] GRESSMAN, E., GELLER, K.S., SHAPIRO, S.M., BISHOP, T.S. y HARTNETT, E.A., *Supreme Court Practice*, 9ª ed., BNA books, 2007, pp. 240-241. *Vide* también PERRY, H.W., *Deciding*, cit., p. 34, quien insinúa la posibilidad de que el Tribunal Supremo no quiera que los abogados sepan lo que ese órgano considera importante; y a la vez pone de manifiesto las quejas de los jueces hacia ese colectivo por plantearles casos no susceptibles de ser admitidos.

cradas cuestiones de relevancia en el ámbito nacional. Es en este caso cuando adquiere importancia, a efectos de *certiorari*, la denuncia de algún error en la decisión procedente de un tribunal inferior[19].

Pero la presencia de los mencionados criterios en el caso planteado no garantiza su admisión. Prueba de ello es que se rechazan muchos en los que concurren uno o varios de ellos. Por el contrario, el Tribunal Supremo escoge asuntos en los que no se manifiesta ninguno, lo que lleva a concluir que también aplica otros criterios distintos a los previstos en la referida norma; criterios que han de ser extraídos de las opiniones expresadas por sus miembros integrantes para justificar, en unos supuestos, la admisión de la petición de *certiorari* o para denegarla en otros. No obstante, la manifestación de tales justificaciones no es habitual y tampoco existe ningún registro de los votos de aquellos. Partiendo del secretismo que rodea a sus decisiones, el modo a través del cual proceden a la selección de los casos entre los miles que se les presentan continúa siendo un misterio[20]. El procedimiento que conlleva el *certiorari* carece de los elementos que acompañan a la adopción de una resolución sobre el fondo como la deliberación colegiada, existencia de reglas bien definidas, sujeción al precedente o responsabilidad pública. Por esto, nadie, a veces ni siquiera los propios jueces del Tribunal Supremo, conocen las razones exactas conducentes a inadmitir una solicitud de *certiorari*[21]. Eso sí, la denegación de la misma no equivale a la conformidad de aquel con la resolución del tribunal inferior, esto es, no tiene valor jurisprudencial. El único efecto es dar firmeza a dicha resolución[22].

---

[19] *Cfr.* GRESSMAN, E., GELLER, K.S., SHAPIRO, S.M., BISHOP, T.S. y HARTNETT, E.A., *Supreme Court,* cit., p. 239.

[20] CORDRAY, M.M., y CORDRAY, R., "Strategy in Supreme Court Case Selection: The Relationship Between Certiorari and the Merits", *Ohio State Law Journal*, vol. 69, 2008, p. 29.

[21] CORDRAY, M.M., y CORDRAY, R., "The Philosophy of Certiorari: Jurisprudential Considerations in Supreme Court Case Selection", *Washington University Law Quartely*, vol. 82, 2004, p. 452. Entre otras críticas doctrinales, *vide* HARNETT, E.A., "Questioning certiorari: some reflections seventy-five years after the judges' bill", *Columbia Law Review*, vol. 100, 2000, pp. 1723-1725.

[22] *Cfr.* PACELLE, R.L., *The role of the Supreme Court in American politics*, Westview Press, 2002, p. 19.

2. Otros posibles criterios

La doctrina norteamericana ha tratado de identificar otros posibles criterios que, junto a los recogidos en la norma décima de las Normas del Tribunal Supremo de los Estados Unidos, son susceptibles de influir en la decisión de los jueces de este órgano a la hora de admitir una solicitud de *certiorari*[23]; admisión que se encuentra condicionada al voto favorable de cuatro de los nueve que lo componen.

A) Importancia de asunto

La importancia de los asuntos presentados ante el Tribunal Supremo es un elemento de gran relevancia a la hora de acordar su admisión o rechazo. Sobre todo si existe un conflicto entre los tribunales inferiores, aunque esto no es indispensable cuando la cuestión planteada es de mucha importancia[24]. Normalmente las cuestiones importantes generan conflictos, pero no siempre

[23] Entre los muchos estudios realizados tanto por politólogos (*political scientists*) como por académicos del Derecho (*legal scholars*), merece ser destacada la denominada *cue theory*. De conformidad con UNAH, I., *The Supreme Court in American politics*, Palgrave Macmillan, 2009, pp. 101-104, esta teoría, desarrollada por JOSEPH TANENHAUS junto a un grupo de colegas en los años sesenta, defiende que los jueces del Tribunal Supremo atienden a ciertos indicios fácilmente identificables que les alertan sobre la pertinencia de una petición de *certiorari*. Estos indicios pueden ser clasificados en legales (*legal cues*), que son los criterios contenidos en la reseñada norma décima de las Normas del Tribunal Supremo de los Estados Unidos; y políticos (*political cues*), que constituyen factores no legales cuya concurrencia en un caso hace que aumente las probabilidades de que sea admitido como que el solicitante sea el gobierno norteamericano; que la petición conlleve materias de derechos y libertades civiles; o que la resolución del tribunal inferior sea incoherente con las políticas del Tribunal Supremo. *Vide* también PROVINE, D. M., *Case selection in the United States Supreme Court*, University of Chicago Press, 1980, pp. 77 y ss.; PERRY, H.W., *Deciding*, cit., pp. 114 y ss.; BAIRD, V.A., *Answering the call of the court: how justices and litigants set the Supreme Court agenda*, University of Virginia Press, 2007, pp. 24 y ss.

[24] Hay que puntualizar que el Tribunal Supremo no puede, a iniciativa propia, pronunciarse sobre un asunto que le parezca de importancia, sino que debe esperar a que dicho asunto se plantee primero ante los tribunales inferiores. En otras palabras, antes de que el Tribunal Supremo admita un caso, es preciso que el mismo haya sido debidamente filtrado a través de los tribunales inferiores. *Vide* PERRY, H.W., *Deciding*, cit., pp. 230-234; TOOBIN, J., *The nine*, Anchor Books, 2007, p. 43.

los conflictos versan sobre cuestiones importantes[25]. El Tribunal Supremo es consciente de que a través de la resolución de casos que afecten a una gran colectividad puede amplificar su impacto en la sociedad. Tal exigencia da lugar a la eliminación automática de las peticiones de *certiorari* en las que la cuestión planteada tiene una escasa enjundia y una reducida trascendencia social, o esta se limita a las partes. Ello a pesar de la injusticia que las mismas hayan podido padecer[26]. No existe una referencia exacta para medir la importancia de los asuntos, sino que constituye un factor relativo dependiente de la cuestión suscitada; la forma en que fue decidida por los tribunales inferiores y la corrección de su decisión; la situación legal; y la naturaleza y número de las personas afectadas[27]. A veces se trata de casos dramáticos desde el punto de vista social; en otros esa importancia se ciñe a las cuestiones técnicas que en ellos se plantean. En definitiva, asuntos cuya admisión es percibida por aquellos como un deber más que como una opción[28]. No obstante, partiendo de las limitaciones del Tribunal Supremo, tampoco el hecho de que se trate de un caso de gran importancia garantiza su admisión. En realidad, los asuntos que podrían merecerla son muchos más de los que el Tribunal Supremo puede resolver. Así, es frecuente que rechace un caso sobre una cuestión importante porque entienda que la resolución del tribunal inferior es correcta; o porque todavía no quiera pronunciarse sobre ella; o porque esté esperando la llegada de otro que, según su parecer, sea

---

25 *Cfr.* PERRY, H.W., *Deciding,* cit., p. 253.

26 *Vide* PERRY, H.W., *Deciding,* cit., pp. 220 y 265, quien escribe que el Tribunal Supremo no se ve a sí mismo como un lugar para corregir errores en casos individuales, sino para clarificar la ley. No obstante, en ocasiones puede admitir un asunto cuando, a pesar de no presentar una cuestión jurídica especialmente importante, se ha producido una grave injusticia o un flagrante desconocimiento de su doctrina (*egregious cases*).

27 *Cfr.* GRESSMAN, E., GELLER, K.S., SHAPIRO, S.M., BISHOP, T.S. y HARTNETT, E.A., *Supreme Court,* cit., p. 262.

28 En este sentido se pronunciaba el magistrado presidente (*Chief Justice*) WILLIAM REHNQUIST, en su discurso anual para el Cuarto Circuito de Tribunales de Apelación, sobre la admisión de los asuntos surgidos en el ámbito de la Ley federal de Seguridad de los Ingresos de los Empleados en la Jubilación de 1974 (*Employee Retirement Income Security Act*). *Vide* MAURO, T., "Court Aces", *Legal Times*, 14 de Julio, 2003, p. 11. Disponible en: http://www.appellate.net/articles/courtside_mauro_071403.pdf

más apropiado[29]. También los asuntos que se intuyen como especialmente problemáticos, polémicos o controvertidos[30] tienden a resultar rechazados[31].

B) Área/s implicada/s

Existen ciertas áreas cuya inclusión en las solicitudes de *certiorari* hace que aumente la probabilidad de que las mismas sean admitidas. Entre ellas las relativas a las libertades civiles, que combinan materias de naturaleza constitucional y procesal, recogidas en la Carta de Derechos (*Bill of Rights*). Sobre todo cuando los casos planteados involucran más de una sola previsión constitucional[32]. También los asuntos referentes a los derechos civiles, en los que se manifiestan ciertas políticas gubernametales que conllevan algún tipo de discriminación por razón de raza, sexo, edad, minusvalía, estado civil, recursos económicos, etc.; y que pueden suponer una violación de la décimo cuarta Enmienda de la Constitución norteamericana[33]. El Tribunal Supremo tiende a aceptar este tipo de casos para luchar contra la discriminación; y es receloso con las leyes que clasifican a las personas en categorías, si no es por razones imperiosas, con independencia del tratamiento favorable o desfavorable que aquellas puedan darles[34]. Contra-

---

[29] En el ámbito del Tribunal Supremo se asume que, si una cuestión es verdaderamente importante, se volverá a presentar con posterioridad. Esto le permite esperar a que llegue un caso que constituya un buen vehículo (*good vehicle*) para pronunciarse sobre tal cuestión. Sin embargo, una vez que dicho órgano entiende que ha llegado ya el momento de abordarla, el elemento temporal viene a limitar el abanico de casos entre los que puede elegir. *Cfr.* PERRY, H.W., *Deciding,* cit., p. 236.

[30] Ejemplo paradigmático fue el rechazo del Tribunal Supremo a valorar la posible inconstitucionalidad de la participación de los Estados Unidos en la guerra de Vietnam sin una declaración de guerra.

[31] *Cfr.* BAUM, L., *The Supreme,* cit., pp. 91-95.

[32] Por ejemplo, en *Employment Division of Oregon v. Smith* (1990) se encontraban implicados la libertad de expresión y la libertad de religión.

[33] Un estudio estadístico con el número de asuntos por áreas admitidos por el Tribunal Supremo entre los años 1953 a 2000 puede verse en BAIRD, V.A., *Answering the call of the court,* cit., pp. 84 y ss. Sobre la intervención del Tribunal Supremo en el ámbito de las libertades y derechos civiles, *vide* McCLOSKEY, R.G., *The American Supreme Court*, 4ª ed., revisada por LEVINSON, S., The University of Chicago Press, 2005, pp. 148 y ss. *Vide* también HALL, M.E.K., *The nature of the Supreme Court power*, Cambridge University Press, 2011, pp. 23 y ss.

[34] *Cfr.* UNAH, I., *The Supreme Court*, cit., pp. 102-103. *Vide* PROVINE, D. M., *Case selection,* cit., pp. 83 y ss. No obstante, PERRY, H.W., *Deciding,* cit., p. 260, matiza que, según se

riamente, existe algún área jurídica que los jueces del Tribunal del Supremo consideran casi inabordable (*intractable*)[35].

C) *Presentación*

También favorece la admisión por el Tribunal Supremo de un asunto el hecho de que en el mismo se presente de manera clara la cuestión controvertida. Dicho de otro modo, cuando la presentación de esta se realiza de una forma desordenada o confusa, el caso tiende a ser rechazado. Es común referirse a tal situación diciendo que el asunto presenta «malos hechos» (*bad facts*). Ello no constituye un problema cuando el caso se sigue ante los tribunales inferiores. Pero sí suele suponer un obstáculo para que el Tribunal Supremo pueda entrar en la cuestión principal que se plantea. Hemos de tener en cuenta que el objetivo de este órgano no es resolver la contienda suscitada entre las partes, sino dar respuesta a cuestiones verdaderamente importantes que surgen en la realidad social. Además, según una regla jurisprudencial de carácter general, los asuntos son decididos en el ámbito más reducido posible. A título de ejemplo, nunca entrará el Tribunal Supremo en la cuestión central del caso, si el mismo puede ser rechazado por algún motivo procesal; y, si es factible, se resolverá a través de la aplicación de normas de naturaleza no constitucional. En definitiva, partiendo de la fungibilidad de los casos que pueden llegar al Tribunal Supremo, la reacción de este órgano ante uno con «malos hechos» será rechazarlo en espera de que llegue otro más adecuado[36].

D) *Valores e ideología*

Los valores e ideología política de los miembros integrantes del Tribunal Supremo constituye otro de los elementos que inciden en la selección de los asuntos. El presidente de los Estados Unidos y sus consejeros eligen a los jueces de ese órgano no solo con apoyo en criterios de competencia y ética, sino

deriva de los resultados de sus entrevistas a jueces del Tribunal Supremo, las áreas de interés no son universales, sino que cada uno tiene las suyas propias.

[35] Por ejemplo, los casos relativos a la incompetencia del letrado (*ineffective assistance of counsel*) o los de naturaleza fiscal (*tax cases*), si bien difieren las razones por las que se suelen rechazar unos y otros. *Vide* PERRY, H.W., *Deciding*, cit., pp. 239-245.

[36] *Cfr.* PERRY, H.W., *Deciding*, cit., pp. 234-236.

también de afinidad política. Así, lo normal será que el nombramiento recaiga sobre personas que compartan su proyecto político. Pues bien, la reacción de los jueces del Tribunal Supremo ante un concreto caso suele ser coherente con su tendencia política, liberal o conservadora. En otras palabras, los valores e ideología política de los jueces generan una cierta predisposición hacia la admisión o rechazo del asunto planteado; y a ello contribuye decisivamente el hecho de que ejerzan su cargo con carácter vitalicio, no estando su conducta mediatizada por presiones derivadas de la conservación del mismo o de promoción profesional[37].

E) Políticas públicas

Doctrinalmente se ha admitido desde hace ya mucho tiempo que el Tribunal Supremo hace política a nivel nacional cuando resuelve asuntos que conllevan un interés público; e incluso también cuando decide no pronunciarse sobre alguno de ellos[38]. Así, al rechazar una solicitud de *certiorari*, permite que la resolución del tribunal inferior adquiera firmeza y declina la posibilidad de pronunciarse sobre la cuestión que se le plantea[39]. Evidentemente, si la decide es más fácil comprobar ese rol del Tribunal Supremo. Ello porque emite una resolución escrita que constituye un precedente y vincula a los tribunales inferiores y al propio Tribunal Supremo en casos similares que puedan surgir en el futuro. Pero también hace política cuando anula ese precedente, interpreta una previsión legal o constitucional o declara la adecuación o inadecuación de una norma a la Constitución. No obstante, la forma de hacer política varía dependiendo de si el Tribunal Supremo quiere limitar su decisión a las partes involucradas en el proceso o pretende implantar cambios a gran escala; esto es, opta por un activismo judicial (*judicial activism*), en contraposición a una

---

[37] *Cfr.* PACELLE, R.L., *The role of the Supreme Court*, cit., pp. 147-148. *Vide* SEGAL, J.A., EPSTEIN, L., CAMERON, C.M. y SPAETH, H.J., "Ideological Values and the Votes of U.S. Supreme Court Justices Revisited", *The Journal of Politics*, vol. 57, 1995, pp. 812-823.

[38] *Cfr.* HARPER, F.V. y ROSENTHAL, A.S., "What the supreme court did not do in the 1949 term", *University of Pennsylvania Law Review*, vol. 99, 1950, p. 293. Disponible en: http://scholarship.law.upenn.edu/cgi/viewcontent.cgi?article=8193&context=penn_law_review

[39] Por ejemplo, durante años el Tribunal Supremo evitó pronunciarse sobre cuestiones relacionadas con los homoxesuales y lesbianas, lo que constituía una forma de hacer política.

moderación o restricción judicial (*judicial restraint*)[40]. En cualquier caso, toda decisión del Tribunal contiene dos resultados comúnmente admitidos: la disposición sobre el caso planteado, que determina que la disputa se dirima a favor de una de las partes implicadas; y la doctrina legal que subyace en la fundamentación jurídica de su resolución, que puede tener consecuencias de mayor alcance al determinar el desenlace de futuras contiendas[41].

F) Estrategias

El Tribunal Supremo es un órgano que hace política a través de sus resoluciones; y, lógicamente, el ámbito de esa política viene determinado por la lista de asuntos (*agenda*) sobre los que, previa su admisión, decide pronunciarse. Pues bien, los miembros de dicho órgano se sirven del procedimiento a través del cual se configura esa lista (*agenda-setting process*), esto es, se admiten los asuntos, para cumplir sus propios objetivos en cuanto a las políticas a implantar. Con carácter general, si entienden que la postura sostenida por el tribunal inferior al resolver el asunto cuya revisión se solicita es correcta, su reacción normal será proclive a rechazarlo. En cambio, si consideran que la decisión del tribunal inferior es errónea, tratarán de que sea admitido. Resulta obvio que la valoración de la corrección o incorrección de las resoluciones de los tribunales inferiores por los jueces del Tribunal Supremo dependerá, en gran medida, de sus valores e ideología política.

Sin embargo, tal pauta general de comportamiento se ve modificada en la práctica por su actuación estratégica. En este sentido, los jueces tienen en cuenta, en el trámite de admisión de un asunto, cuál será el criterio de los demás al resolver sobre el fondo del mismo. Así, es frecuente que voten a favor de la admisión de un caso que estimen resuelto correctamente en la instancia, si creen que la resolución del Tribunal Supremo sobre el fondo será confirmatoria, a los efectos de darle alcance nacional. Pero votarán en contra

---

[40] *Cfr.* PACELLE, R.L., *The role of the Supreme Court*, cit., pp. 19-20, quien matiza que, cuando los analistas definen el activismo judicial (*judicial activism*) y la restricción judicial (*judicial restraint*), normalmente se refieren al poder del Tribunal Supremo de declarar inconstitucional una norma del Congreso o del presidente (*judicial review*).

[41] *Cfr.* HANSFORD, T.G. y SPRIGGS, J.F., *The politics of precedent on the US Supreme Court*, Princeton University Press, 2006, pp. 2-3.

si piensan que dicha resolución será revocatoria; y también cabe que, a pesar de que estimen que el asunto ha sido incorrectamente resuelto en la instancia, el voto sea de rechazo si calculan que la resolución final sobre el fondo será confirmatoria[42]. Ello se conoce comúnmente como «denegación defensiva» (*defensive denial*)[43].

G) *Influencia de los letrados ayudantes y del presidente del Tribunal Supremo*

La mayor parte de los jueces del Tribunal Supremo se han incorporado al denominado «*cert pool*», que consiste en un procedimiento a través del cual los ayudantes de los jueces adscritos al mismo trabajan conjuntamente en la revisión de las peticiones de *certiorari*. Así, las peticiones (copias) correspondientes a los jueces que participan en dicho procedimiento se agrupan y reparten, aleatoriamente, entre sus ayudantes (*Law clerks*); y, con posterioridad, estos elaboran, para cada una de las que se les han asignado, un *memorándum*, que es distribuido a los jueces parte en el procedimiento para su lectura. Entonces, un segundo ayudante realiza otro análisis (*mark-up memo*), que puede confirmar o discrepar con el anterior, para el juez al que asiste. Finalmente, todos los *memorándum*, incluido ese segundo análisis, son entregados a cada juez,

---

[42] *Cfr.* BAUM, L., *The Supreme*, cit., pp. 92-93; UNAH, I., *The Supreme Court*, cit., p. 103; MALZMAN, F., SPRIGGS, J.F. y WAHLBECK, P.J., *Crafting law on the Supreme Court. The collegial game*, Cambridge University Press, 2009, pp. 16 y ss.; HALL, M.E.K., *The nature*, cit., pp. 19-21.

[43] En este sentido, PERRY, H.W., *Deciding*, cit., pp. 198 y ss., explica que, siendo una solicitud de *certiorari* merecedora de admisión, los jueces del Tribunal Supremo la rechazarán si entienden que la resolución sobre el fondo no será conforme a su criterio; incluso cuando la resolución del tribunal inferior conlleve una grave injusticia. Ello para evitar que se extienda a todo el territorio nacional la doctrina contenida en dicha resolución. Inversamente, este autor acuña el término «admisión agresiva» (*agressive grant*) para el supuesto de que los jueces del Tribunal Supremo voten a favor de la admisión de un caso que, a pesar de no ser el mejor que pueden esperar, calculan que puede servir para que se imponga su criterio en la resolución sobre el fondo; y así desarrollar o modificar la doctrina jurisprudencial en un determinado sentido. *Vide* BOUCHER, R.L. y SEGAL, J.A., "Supreme Court Justices as Strategic Decision Makers: Aggressive Grants and Defensive Denials on the Vinson Court", *The Journal of Politics*, vol. 57, núm. 3, Agosto de 1995, pp. 824-837. Disponible en: http://www.jstor.org/stable/2960195?seq=1; CALDIERA, G.A., WRIGHT, J.R. y ZORN, C.J.W., "Sophisticated Voting and Gate-keeping in the Supreme Court", *Journal of Law, Economics, and Organization*, vol. 15, pp. 549-572.

junto con la petición de *certiorari* y demás escritos de las partes. En definitiva, mediante este sistema el juez no tiene que revisar todo el expediente de cada petición, sino solo la información contenida en los *memorándum*. Con ello se evitan duplicidades de esfuerzos y se reduce la carga de trabajo de los jueces[44]. Además, se garantiza que la petición va a recibir un cuidadoso examen por el ayudante al que se le asigna[45]. Pero ello no significa que vaya a ser escrutada una sola vez. Frecuentemente, los jueces piden a sus ayudantes que revisen el *memorándum* o los materiales originales de alguna petición para emitir una evaluación independiente; o lo hacen ellos mismos[46].

La doctrina e, incluso, algunos jueces han mostrado su preocupación por la confianza que los miembros del Tribunal Supremo tienen en los *memorándum* de los letrados ayudantes[47]. Posiblemente, una consecuencia de ese sistema es la reducción del número de asuntos admitidos por dicho órgano. Así, los ayudantes son reacios a la hora de recomendar la admisión de un asunto. Esto porque son perfectamente conocedores de que, de posicionarse en tal sentido, el expediente será revisado por los jueces mucho más rigurosamente que si la recomendación es de rechazo[48]; y, si el caso resulta indebidamente admitido por existir algún defecto que el ayudante ha pasado inadvertido, su imagen quedará negativamente afectada[49]. Las críticas también ponen de manifiesto que los letrados ayudantes, en su mayoría inexperimentados, prestan poca atención a casos de verdadera importancia en favor de otros que presentan cuestiones

---

[44] *Cfr.* PERRY, H.W., *Deciding,* cit., p. 42; GRESSMAN, E., GELLER, K.S., SHAPIRO, S.M., BISHOP, T.S. y HARTNETT, E.A., *Supreme Court,* cit., p. 40.

[45] *Cfr.* UNAH, I., *The Supreme Court*, cit., p. 98.

[46] *Cfr.* GRESSMAN, E., GELLER, K.S., SHAPIRO, S.M., BISHOP, T.S. y HARTNETT, E.A., *Supreme Court,* cit., pp. 316-317.

[47] *Vide* MAURO, T., "Roberts May Look to Stay Out of the Pool", *Legal Times*, 15 de agosto, 2005. Disponible en: wvw.legaltimes.com

[48] De hecho, si la recomendación de los ayudantes es denegatoria, los jueces no leen nada más que el *memorándum* emitido por aquellos. *Cfr.* PERRY, H.W., *Deciding,* cit., pp. 70-71.

[49] *Cfr.* STRAS, D.R., "The Supreme Court's Gatekeepers: The Role of Law Clerks in the Certiorari Process", *Texas Law Review*, vol. 85, 2007, pp. 972-976; WARD, E.F., "Clerks Avoid Getting Their DIGs In", *American Bar Association Journal*, vol. 93, Marzo de 2007, pp. 12-13; GRESSMAN, E., GELLER, K.S., SHAPIRO, S.M., BISHOP, T.S. y HARTNETT, E.A., *Supreme Court,* cit., p. 318; LIPTAK, A., "A Second Justice Opts Out of a Longtime Custom: The «Cert Pool»", *New York Times*, 28 de septiembre, 2008, p. A21; UNAH, I., *The Supreme Court*, cit., p. 99; BAUM, L., *The Supreme,* cit., p. 89.

legales más bien esotéricas[50]. Además, se ha denunciado la inconveniencia de que los ayudantes preparen evaluaciones de peticiones de *certiorari* para jueces que tienen distintas filosofías y puntos de vista[51]. Finalmente, otra desventaja del referido sistema es que estos se niegan a sí mismos la oportunidad de descender a los detalles del caso antes de emitir su voto; y el excesivo poder de que los ayudantes disfrutan desde el punto de vista del desarrollo jurisprudencial de la ley[52]. Sea como fuere, es difícil determinar el efecto que pueden generar los análisis y recomendaciones plasmados en los *memorándum*, pero constituye una realidad que los jueces depositan una considerable confianza en ellos. Ello se ve favorecido por la gran sobrecarga de trabajo y las presiones de tiempo a las que se ve sometido el Tribunal Supremo[53]. No obstante, esa confianza parece variar en función del miembro del Tribunal Supremo de que se trate; y también de la cuestión planteada[54].

Una vez el *memorándum*, con el segundo análisis (*mark-up memo*), relativo a cada petición de *certiorari* ha sido realizado, el Presidente del Tribunal Supremo (*Chief Justice*) confecciona una lista (*discuss list*) con los asuntos que, a su criterio, son merecedores de discusión en la posterior sesión (*conference*) del Tribunal Supremo; y se incluyen también todos aquellos que recibieron una recomendación favorable en los correspondientes *memorándum* de los letrados ayudantes. Parece que tal función le permite ejercer una primera influencia sobre la determinación de los asuntos que van a ser debatidos. No obstante, con cierta antelación a las deliberaciones, esa lista se distribuye a todos los jueces integrantes de este órgano, quienes pueden añadir nuevos asuntos a la misma. La lista no se hace pública; y solo los asuntos que figuren en la misma, bien originalmente o como consecuencia de tal adición

---

50 *Cfr.* STARR, K.W., "Rule of Trivial Pursuits at the Supreme Court", *Wall Street Journal*, 6 de Octubre, 1993, p. A17; STARR, K.W., "Rule of the Supreme Court Needs a Management Revolt", *Wall Street Journal*, 13 de Octubre, 1993, p. A23; POSNER, R.A., *The Federal Courts. Challenge and Reform*, Harvard University Press, 1999, p. 82; GRESSMAN, E., GELLER, K.S., SHAPIRO, S.M., BISHOP, T.S. y HARTNETT, E.A., *Supreme Court,* cit., p. 317.

51 *Cfr.* GRESSMAN, E., GELLER, K.S., SHAPIRO, S.M., BISHOP, T.S. y HARTNETT, E.A., *Supreme Court,* cit., p. 318.

52 *Cfr.* UNAH, I., *The Supreme Court*, cit., p. 99.

53 BAUM, L., *The Supreme,* cit., p. 89.

54 *Cfr.* PROVINE, D. M., *Case selection,* cit., pp. 24-25, quien señala que la presión que padecen los jueces fuerza a cada uno a buscar un equilibrio entre su propio trabajo de investigación sobre la cuestión planteada y la confianza en sus ayudantes.

ulterior, van a ser debatidos. Los demás, que son la inmensa mayoría, quedan rechazados automáticamente. En las deliberaciones es también el Presidente quien presenta cada caso incluido en la lista a discutir (*discuss list*), realizando un breve resumen sobre el mismo. Ello salvo que se trate de algún asunto añadido a dicha lista a iniciativa de otro juez, en cuyo caso le corresponde a este su presentación. Pero cabe también que, a instancias del Presidente, un caso sea remitido a una deliberación posterior, pasando a ser debatido con los que integran otra lista distinta. La admisión de los asuntos requiere el voto de, al menos, cuatro jueces (*Rule of four*); y, en caso afirmativo, aquel puede invitarles a que lo confirmen en una sesión posterior, a los efectos de reconsiderar su postura. No obstante, si los cuatro persisten en ella, el asunto será discutido[55]. Asimismo, el Presidente dirige las deliberaciones, determinando cuándo ponerles fin y proceder a la subsiguiente votación. En definitiva, ejerce un liderazgo indiscutible en el procedimiento de selección de los asuntos. Eso sí, la intensidad con la que lo explota variará en función del carácter y personalidad de quien ostenta el cargo[56].

H) Identidad del solicitante y grupos de presión

Existen ciertos elementos extrínsecos al Tribunal Supremo que también pueden influir en la decisión de sus jueces sobre la admisión o rechazo de un asunto. Entre ellos, la identidad del sujeto que pide el *certiorari* y la posible existencia de grupos de presión. Así, especial éxito como solicitante tiene el Gobierno Federal norteamericano, representado por el Procurador General (*Solicitor General*), cuya Oficina depende del Ministerio de Justicia (*Justice Department*) y está integrada por más de una veintena de letrados, especializados en la litigación ante el Tribunal Supremo. El Procurador General se encuentra subordinado al Abogado General (*Attorney General*), que está a la cabeza del Ministerio de Justicia[57]. El cargo de Procurador General recae en alquien que comparte los puntos de vista, en cuanto a las políticas a desarrollar, del Presidente de los Estados Unidos; y defiende las posiciones de su Gobierno cuando litiga en representación de este. No obstante, la Oficina del Procura-

[55] *Cfr.* PERRY, H.W., *Deciding,* cit., pp. 50-51.

[56] *Cfr.* PROVINE, D. M., *Case selection,* cit., pp. 34-37.

[57] *Vide* sección 503 del título 28 del Código de los Estados Unidos (*United States Code*).

dor General trata de mantener su credibilidad a base de evitar tomar posturas partidistas; por ejemplo, defendiendo el mismo criterio del Gobierno anterior sobre un concreto asunto, aunque el nuevo Gobierno sostenga otro distinto. Asimismo, realiza una estricta selección de los asuntos que, en representación del mismo, podría llevar al Tribunal Supremo, intentando guardar un equilibrio entre las limitaciones de este órgano y las presiones gubernamentales; selección que genera una buena predisposición del Tribunal Supremo a admitir los casos que le presenta el Procurador General y da muestra de que este disfruta de cierta independencia[58]. Pero el Procurador General no solo puede actuar ante el Tribunal Supremo en representación del Gobierno Federal como parte, sino también en calidad de *amicus curiae*. En ciertas controversias interviene así sosteniendo la posición ideológica del Gobierno correspondiente; por ejemplo, en el ámbito de los derechos y libertades civiles[59]. En otras muchas, sin embargo, adopta una posición neutra, sobre todo cuando es invitado a participar en el litigio por el propio Tribunal Supremo[60]. Ello revela la estrecha vinculación existente entre este órgano y el Procurador General[61].

Igualmente, los votos de los jueces del Tribunal Supremo sobre la admisión o rechazo de una petición de *certiorari* pueden verse influenciados si la misma está respaldada por uno o varios grupos de presión. Es frecuente que estos grupos busquen casos, susceptibles de ser planteados ante ese órgano, que les sirvan para poner de manifiesto la injusticia de una ley que pretendan derogar o para modificar las políticas públicas[62]. La motivación que tienen aquellos para invertir medios económicos destinados a litigar ante el Tribunal Supremo hay que buscarla en que sus resoluciones son sumamente visibles; y, a su vez, dichas resoluciones suelen afectar a muchos de los intereses defendidos por

---

[58] *Cfr.* PROVINE, D. M., *Case selection,* cit., pp. 87-88. *Vide* también STERN, R.L., "The Solicitor General's Office and Administrative Agency Litigation", *American Bar Association Journal*, vol. 46, 1960, pp. 154 y ss.; SCIGLIANO, R., *The Supreme Court and the Presidency*, Free Press, New York, 1971, pp. 166 y ss.

[59] *Vide* PACELLE, R.L., "Amicus Curiae or Amicus Praseidentis? Reexamining the Role of the Solicitor General in Filing Amici", *Judicature*, Mayo-Junio, 2006, pp. 317-325.

[60] *Cfr.* BAUM, L., *The Supreme,* cit., pp. 83-85 y 94.

[61] Hasta el punto de que el Procurador General disfruta de un despacho en el edificio del Tribunal Supremo, además de otro en el Ministerio de Justicia; y ha llegado a ser calificado doctrinalmente como el décimo juez de dicho órgano jurisdiccional. *Vide* PACELLE, R.L., *The role of the Supreme Court*, cit., p. 102.

[62] *Cfr.* BAIRD, V.A., *Answering the call of the court,* cit., p. 29.

tales grupos. La forma de participación de los mismos en el ámbito del Tribunal Supremo puede adoptar distintas formas, siempre partiendo de la inadmisibilidad de cualquier tipo de contacto directo con los jueces que lo integran. Por un lado, desde fuera de un proceso; por ejemplo, mediante la convocatoria de manifestaciones o de la contratación de determinados medios de comunicación para que se dé una publicidad favorable a su posicionamiento en algún asunto que se sigue ante ese órgano. Y, por otro, desde dentro de un proceso, pudiendo en ciertos casos promoverlo y participar en los distintos trámites que lo integran en defensa de sus pretensiones. En otros les falta legitimación (*standing*) para intervenir en su propio nombre, pero prestan todo el apoyo económico necesario desde el inicio del proceso. Pero también tal patrocinio puede ser más limitado y concretarse en un momento procesal posterior.

Por último, pueden intervenir presentando al Tribunal informes en calidad de *amicus curiae* (*amicus curiae briefs*) como complemento a las alegaciones de las partes. Ello con el consentimiento de estas, lo que se verifica la mayoría de las veces; o el permiso del Tribunal, que casi nunca es denegado. La emisión de estos informes es la forma más común de participación de cualquier grupo de presión en el ámbito del Tribunal Supremo; y pueden ser presentados tanto en el trámite de admisión del asunto como con posterioridad, haciendo directamente alegaciones sobre el fondo[63]. Esta forma de participación, además de ser relativamente sencilla, resulta mucho más económica que el patrocinio, pleno o limitado, del proceso[64]. Para los jueces del Tribunal Supremo la presentación de un gran número de informes procedentes de esos terceros constituye una referencia de la importancia del asunto, si bien tampoco su escasez es sinónimo de la falta de enjundia jurídica del mismo[65]. Además, estos informes cumplen una función informativa para el Tribunal Supremo que le ayuda en el procedi-

---

[63] *Vide* COLLINS, P.M., *Friends of the Supreme Court: Interest Groups and Judicial Decision Making*, Oxford University Press, New York, 2008, pp. 24 y ss.; BAUM, L., *The Supreme,* cit., pp. 76 y ss.

[64] *Vide* COYLE, M., "Court Hears Many Voices in One Case", *The National Law Journal*, 1 de mayo, 2000, pp. A12-A13. Sobre el tema, *vide* también HANSFORD, T.G., "Information Provision, Organizational Constraints, and the Decision to Submit an Amicus Curiae Brief in a U.S. Supreme Court Case", *Political Reseach Quarterly*, vol. 57, Junio, 2004, pp. 219 y ss.

[65] *Vide* CALDIERA, G.A. y WRIGHT, J.R., "Organized Interests and Agenda Setting in the U.S. Supreme Court", *American Political Science Review*, vol. 82, 1988, pp. 1109-1128; UNAH, I. y HANCOCK, A.M., "Supreme Court Decision Making, Case Salience, and the Attitudinal Model", *Law and Policy*, vol. 28, 2006, pp. 295-320.

miento de adopción de sus decisiones[66]. Pero hay que tener en cuenta que las normas que regulan este órgano reclaman que la información que se contenga en tales informes sea nueva y relevante[67]. Por último, aunque los jueces del Tribunal Supremo son sabedores de que los *amicus curiae* suelen tomar partido a favor de alguna de las partes, no siendo sus informes necesariamente neutrales, también es cierto que contribuyen a la honestidad de estas respecto a la información que aportan al proceso[68].

III. CONCLUSIÓN

Si bien existen ciertos criterios legales y de otra naturaleza que pueden incidir en la decisión final de los jueces del Tribunal Supremo, la libertad de que disfrutan para posicionarse a favor o en contra de la admisión de un asunto es plena. Esta situación se ve favorecida por un cúmulo de circunstancias. Entre ellas, la vaguedad de las disposiciones constitucionales; la falta de una guía clara en las leyes federales; y la existencia de precedentes jurisprudenciales contradictorios a los que pueden recurrir para defender sus posicionamientos. Además, los jueces de este órgano jurisdiccional ejercen su cargo con carácter vitalicio, por lo que no padecen presiones derivadas del riesgo de perderlo[69]. Antes o después, prácticamente todo tipo de asunto va a ser planteado ante el Tribunal Supremo, pudiendo, incluso, hacer una llamada o invitación para que se le presente uno del que desea conocer[70]. Esto le da la posibilidad de rechazar cualquier caso en espera de que le llegue otro, sobre la misma materia, que considere más conveniente.

A mayor abundamiento, el Tribunal Supremo tiene la facultad de limitar su eventual admisión a uno o varios de los aspectos que se encuentren involucrados en la resolución de un litigio, excluyendo aquellos que no sean merecedo-

---

66 SPRIGGS, J.F. y WAHLBECK, P., "Amicus Curiae and the Role of Information at the Supreme Court", *Political Research Quarterly*, vol. 50, 1997, pp. 365-386.

67 *Vide* la norma 37.1 de las Normas del Tribunal Supremo (*Rules of the Supreme Court of the United States*).

68 *Cfr.* UNAH, I., *The Supreme Court*, cit., p. 104.

69 *Cfr.* PACELLE, R.L., *The role of the Supreme Court*, cit., p. 136.

70 *Cfr.* PERRY, H.W., *Deciding*, cit., p. 286.

res de su atención[71]; y puede también sugerir a las partes que se aborde alguna cuestión que no han introducido. Igualmente, una vez admitido un caso, puede ser objeto de una consideración plenaria (*full consideration*), lo que supone que se da a las partes la posibilidad de presentar nuevos escritos de alegaciones (*briefs on the merits*) y de que se celebre vista oral (*oral argument*); o de una consideración sumaria (*summary consideration*), lo que significa que el Tribunal Supremo resolverá el asunto con fundamento en los materiales remitidos inicialmente por las partes, sin nuevos escritos de alegaciones ni vista oral[72]. En la mayor parte de los casos que son objeto de consideración sumaria (*summary consideration*), el Tribunal Supremo dicta una resolución conocida como *GVR order* (*Grant-Vacate-Remand*). Ello conlleva la admisión de la petición de *certiorari*, la anulación de la resolución del tribunal inferior y el reenvío a este órgano del asunto para su reconsideración[73]. En otros casos el Tribunal Supremo acuerda decidir sumariamente el fondo del asunto y emite una opinión, de extensión variable, que se denomina *per curiam* y tiene el mismo valor legal que una opinión firmada por cualquiera de sus miembros[74].

Finalmente, en ciertas ocasiones, a pesar de la admisión del caso, el Tribunal Supremo declina después pronunciarse sobre el mismo, a través de una resolución denominada *DIG* (*Dismissed as Improvidently Granted*). La emisión de esta resolución tiene lugar cuando los escritos posteriores a la admisión de la petición de *certiorari* (*briefs on the merits*) o las alegaciones realizadas en la vista oral (*oral argument*) revelan que el caso no merece el pronunciamiento del Tribunal Supremo. Es decir, dicho órgano jurisdiccional comprueba entonces que el asunto fue admitido indebidamente. Esto puede acontecer tanto por motivos procesales como sustantivos; y supone dejar sin

---

[71] *Vide* GRESSMAN, E., GELLER, K.S., SHAPIRO, S.M., BISHOP, T.S. y HARTNETT, E.A., *Supreme Court,* cit., pp. 339-341.

[72] *Vide* la norma 16.1 de las Normas del Tribunal Supremo (*Rules of the Supreme Court of the United States*).

[73] Este poder fue ejercido por el Tribunal Supremo por primera vez en el caso *Missouri ex rel. Wabash Ry. Co. v. Public Service Comm'n* (1927). *Vide* SEGAL, J.A. y SPAETH, H. J., *The Supreme Court and The Attitudinal Model Revisited,* ed. Cambridge University Press, 2002, p. 247; ROSE, W.M., *United States Supreme Court Reports*, 2ª ed., 2007, p. 274; KU, S., "The Supreme Court's GVR Power: Drawing a Line Between Deference and Control", *Northwestern University Law Review*, vol. 102, núm. 1, 2008, pp. 383-419.

[74] *Vide* GRESSMAN, E., GELLER, K.S., SHAPIRO, S.M., BISHOP, T.S. y HARTNETT, E.A., *Supreme Court,* cit., pp. 349-356; BAUM, L., *The Supreme,* cit., p. 86.

efecto todos los esfuerzos realizados por las partes para obtener la admisión del caso y preparar los escritos de alegaciones y la vista oral, con la consiguiente frustración para ellas[75]. En definitiva, la situación que se acaba de describir favorece que, en última instancia, el Tribunal Supremo tenga mucha más eficacia en la implantación de su jurisprudencia.

[75] *Vide* PERRY, H.W., *Deciding,* cit., pp. 106 y ss.; GRESSMAN, E., GELLER, K.S., SHAPIRO, S.M., BISHOP, T.S. y HARTNETT, E.A., *Supreme Court,* cit., pp. 358-362; BAUM, L., *The Supreme,* cit., p. 86; HALL, M.E.K., *The nature,* cit., pp. 19 y ss.; SUNGAILA, M.C., "And After All That Work!: The Dreaded U.S. Supreme Court DIG", *The Legal Pulse, Washington Legal Foundation*, 31 de Enero, 2013; HUGHES, L.B., "Can you «DIG» it? The dismissal of appeals as improvidently granted", *Ohio Lawyer*, Septiembre/Octubre 2013, pp. 34-35.

LA RELACIÓN ENTRE EL TRIBUNAL CONSTITUCIONAL Y LA JURISDICCIÓN ORDINARIA

VICENTE PÉREZ DAUDÍ
Profesor Titular de Derecho Procesal
Universitat de Barcelona

I. INTRODUCCIÓN

El objeto de esta comunicación es analizar las relaciones entre el Tribunal Constitucional y la jurisdicción ordinaria y los conflictos que surgen entre ambas.

A través del recurso de amparo se denuncia la vulneración de los derechos fundamentales producidos en una sentencia firme. El recurso de amparo se regula en los artículos 161.2 y ss. de la Constitución Española y 41 y ss. de la Ley Orgánica del Tribunal Constitucional. El mismo se puede interponer por las personas directamente afectadas, el defensor del pueblo y el Ministerio Fiscal (art. 46.1.a LOTC) contra "las violaciones de los derechos y libertades susceptible de amparo constitucional, que tuvieran su origen inmediato y directo en un acto u omisión de un órgano jurisdiccional" (art. 44.1 LOTC).

Al desarrollar esta comunicación no pretendo analizar extensamente el recurso de amparo, sino la relación con la jurisdicción ordinaria Para ello plantearé su naturaleza jurídica, la posición que adopta en el sistema jurídico actual y la posibilidad de adoptar medidas cautelares para salvaguardar los derechos fundamentales presuntamente vulnerados.

II. EL PROCESO DE AMPARO

1. Naturaleza jurídica

Si atendemos a la terminología legal debemos concluir que nos hallamos ante un recurso. Sin embargo, desde un punto de vista técnico no responde a los caracteres de un recurso judicial. Según SERRA DOMÍNGUEZ el proceso de amparo es un auténtico proceso jurisdiccional [1]. En él el TC se pronuncia sobre el fondo del asunto cuando se trata de una cuestión propiamente jurisdiccional, pero en caso contrario debe retrotraer el proceso al momento en el que se ha producido la infracción constitucional. En este sentido el "recurso" de amparo es similar al proceso de revisión en cuanto su finalidad es anular lo actuado cuando sea contrario a los derechos fundamentales[2]. En todo caso se debe tener en cuenta que se ha producido la cosa juzgada de la sentencia y que el "recurso de amparo" es un proceso que revisa su correcta formación. Por ello no se puede considerar que esta institución sea contraria a la cosa juzgada. Lo que se altera en este caso es la preclusividad de los actos de tramitación ya que se puede acudir a este nuevo proceso para revisar la formación de la misma.

Por todo ello debemos concluir que nos hallamos ante un proceso jurisdiccional del que conoce un órgano jurisdiccional como es el Tribunal Constitucional[3].

---

1 SERRA DOMÍNGUEZ, *la Defensa de la Empresa ante el Tribunal Constitucional*, en "la Empresa Constitución Española", Fomento del Trabajo Nacional, AAVV, ed. Aranzadi, Pamplona, 1989, p. 617. Esta opinión es compartida por GIMENO SENDRA (*el Recurso de Amparo* –con CASCAJO CASTRO–, ed. Tecnos, Madrid, 1984, p. 88-89), de la OLIVA (*el Tribunal Constitucional como Última Instancia Jurisdiccional*, en "Boletín del Ilustre Colegio de Abogados de Madrid", 1982, ps. 9 y ss.) y PÉREZ GORDO (*el Tribunal Constitucional y sus Funciones*, ed. Bosch, Barcelona, 1982, p. 27 y ss).

2 SERRA DOMÍNGUEZ, *la Empresa...*, cit., p. 617.

3 Sobre la naturaleza jurisdiccional del Tribunal Constitucional ver ampliamente PÉREZ GORDO, en "el Tribunal Constitucional como órgano jurisdiccional", en Estudios de Derecho Procesal, Zaragoza, 1981, pp. 381 y siguientes.

2. Las relaciones entre el proceso de amparo y la jurisdicción ordinaria

Una vez delimitada su naturaleza jurídica se plantea la cuestión de cuál es la relación que existe entre el Tribunal Constitucional cuando resuelve un proceso de amparo y la jurisdicción ordinaria, especialmente con el Tribunal Supremo.

Desde un punto de vista histórico de forma recurrente han surgido conflictos entre el Tribunal Constitucional y el Tribunal Supremo. El origen lo tenemos que buscar en la existencia de unas competencias comunes en los procesos que tengan por objeto la posible vulneración de un derecho fundamental[4].

El artículo 123 de la Constitución Española prevé que el Tribunal Supremo "es el órgano jurisdiccional superior en todos los órdenes, salvo lo dispuesto en materia de garantías constitucionales". Con esta previsión se modifica la función que tradicionalmente se ha otorgado al Tribunal Supremo en la organización jurisdiccional, pero única y exclusivamente en los procesos que tengan por objeto la protección de los derechos fundamentales. Tal como afirma ARAGÓN REYES "en materia de derechos fundamentales amparables no hay relación de competencia entre el Tribunal Constitucional y el Poder Judicial, sino de jerarquía"[5].

Es decir, en materia de derechos fundamentales el Tribunal que tiene la función de interpretarlos y de establecer los criterios interpretativos, que son vinculantes para todos los órganos jurisdiccionales es el Tribunal Constitucional. Para realizarla la Constitución ha creado un Tribunal específico, que

---

[4] En el mismo sentido ARAGÓN REYES afirma que "en cuanto a la tutela de los derechos fundamentales frente sus vulneraciones producidas por actos de cualquiera de los poderes públicos (o de los particulares) o por normas con rango inferior a la ley, la confluencia entre ambas jurisdicciones es total" (en "Relaciones Tribunal Constitucional-Tribunal Supremo" en *Revista Iberoamericana de Derecho Procesal Constitucional*, 2007-8, p. 33). También ORTELLS RAMOS afirma que "en los recursos de amparo de lso derechos que la CE reconoce como derechos fundamentales, el ámbito de enjuiciamiento del TC coincide plenamente con el del tribunal ordinario para la tutela del derecho fundamental ante una lesión concreta del mismo" (en "El Tribunal Supremo Español: un tribunal en busca de identidad –primera parte–", en Revista Iberoamericana de Derecho Procesal Constitucional, 2005-3, p. 233).

[5] ARAGÓN REYES, en "25 años de justicia constitucional", en Revista Iberoamericana de Derecho Procesal 2004-2, p. 21.

está al margen de la jurisdicción ordinaria, y le ha dotado del instrumento del proceso de amparo. Éste tiene un objeto claramente específico y delimitado del proceso que se ha seguido ante la jurisdicción ordinaria, si bien en ocasiones existen elementos coincidentes.

Las coincidencias son inevitables porque a pesar de los intentos de separar el hecho del derecho, estos son inescindibles. Y precisamente por ello el Tribunal Constitucional debe, en ocasiones, revisar los hechos declarados probados por la jurisdicción ordinaria[6]. Lo cual provoca los conflictos entre la jurisdicción ordinaria y la función del Tribunal Constitucional cuando éste tiene que revisar la declaración de hechos probados efectuada por la primera[7].

Desde esta perspectiva el Tribunal Constitucional actúa como el último garante de los derechos fundamentales y por ello se legitima a cualquier "persona directamente afectada" para presentar la demanda de amparo. En todo caso debe valorarse que la última reforma de la LOTC realizada por la Ley Orgánica 6/2007, de 24 de mayo, ha limitado esta posibilidad al modificar el artículo 49.1 LOTC y exigir que en la demanda de amparo se justifique "la especial transcendencia constitucional del recurso"[8].

---

[6] ORTELLS RAMOS realiza un análisis de la relación del TC con los hechos (en "El Tribunal Supremo Español…", cit., pp. 235 y ss).

[7] En la Sentencia del pleno del Tribunal Constitucional de 5 de mayo de 2011, dictada en el caso Bildu, es donde se ha producido por última vez este conflicto entre el Tribunal Supremo y el Tribunal Constitucional. La sentencia de este último revisó los indicios analizados por el Tribunal Supremo y revocó la resolución dictada por éste, emitiendo cinco de los Magistrados sendos votos particulares en los que denunciaban el exceso de jurisdicción en el que había incurrido el TC al revisar los hechos declarados probados por el Tribunal Supremo.

[8] Esta modificación ha sido criticada por DE LA OLIVA SANTOS, que afirma que se ha modificado la naturaleza del recurso de amparo ya que "el recurso deja de tener la finalidad de amparar a sujetos jurídicos perjudicados por la violación de libertades y derechos fundamentales y se sustituye esa finalidad por la de declarar el sentido que el TC quiere atribuir a ciertos preceptos de la norma fundamental" (en "La perversión jurídica del amparo constitucional en España", en *Boletín Mexicano de Derecho Comparado*, nueva serie, número 124, enero-abril 2009, p. 381 –se puede consultar la versión digital en www.juridicas.unam.mx). En el mismo sentido la reforma ha sido criticada por VAZQUEZ SOTELO (en "Involución en el amparo constitucional español. La muy reciente reforma del Tribunal Constitucional español, introducida por la ley 6/2007, de 24 de mayo de 2007", en *Justicia*, año 2009, números 3-4, p. 49).

3. La posible adopción de medidas cautelares por el TC y su incidencia en la jurisdicción ordinaria

Otra de las relaciones que tiene el Tribunal Constitucional con la jurisdicción ordinaria es la posibilidad que tiene éste de adoptar medidas cautelares para asegurar la efectividad de un proceso de amparo. El artículo 56 LOTC prevé que la interposición del recurso de amparo no suspenderá los efectos del acto o sentencias impugnados, pero permite que se adopte como medida cautelar la suspensión cuando la sentencia impugnada produzca un perjuicio al recurrente que pudiera hacer perder al amparo su finalidad[9]. Este precepto fue modificado por la Ley Orgánica 6/2007, habilitando al TC para que pueda adoptar cualquier medida cautelar y resolución provisional prevista en el ordenamiento que puedan aplicarse en el proceso de amparo y eviten que el recurso pierda su finalidad.

El apartado cuarto regula el procedimiento de adopción de las medidas cautelares por el Tribunal Constitucional. El apartado quinto prevé que se podrá condicionar la suspensión a la prestación de fianza suficiente.

La regulación de las medidas cautelares en el proceso de amparo suscita muchas cuestiones que son resueltas de forma contraria a lo previsto en el proceso civil.

El artículo 56 LOTC no regula de forma expresa los presupuestos que deben concurrir para la adopción de las medidas cautelares en el proceso de amparo. En el artículo 728 LEC se prevé que para adoptar una medida cautelar en el proceso civil, ámbito en el que se redacta este trabajo, deben concurrir el fumus boni iuris, el periculum in mora y el solicitante debe ofrecer caución. De estos tres presupuestos el artículo 56 LOTC tan sólo regula expresamente como obligatorio la concurrencia de periculum in mora en el apartado segundo al prever que "cuando la ejecución del acto o sentencia impugnados produzca un perjuicio al recurrente que pueda hacer perder al amparo su finalidad...". La caución la configura como facultativa para el Tribunal en el apartado quinto y no hace ningún tipo de referencia a la concurrencia de fumus boni iuris.

---

[9] Ver ampliamente MONTERO AROCA y FLORS MATIES, *Amparo constitucional y proceso civil*, especialmente el capítulo sexto dedicado a la suspensión de la ejecución del acto judicial y otras medidas cautelares, Valencia, 2008, edición electrónica.

Del análisis de la jurisprudencia del Tribunal Constitucional resulta que sí que exige la concurrencia de fumus boni iuris. El artículo 50 LOTC regula los requisitos que deben concurrir para admitir a trámite la demanda de amparo, que se remite a lo previsto en los artículos 41 a 46 y 49 LOTC. Entre ellos destaca la necesidad de que el solicitante justifique la especial transcendencia constitucional del recurso (artículo 49.1 LOTC), por lo que su admisión implica un primer análisis de la viabilidad del recurso de amparo interpuesto. Además el Tribunal Constitucional es muy restrictivo, así durante el año 2014 dictó un total de 6889 providencias resolviendo sobre la admisión, de las que 6.691eran de inadmisión o de terminación del proceso y 208 de admisión de. recurso de amparo. Es decir, tan sólo se admitieron a trámite el 3,1% de los recursos de amparo durante el año 2014[10]. Esta estadística ya implica la existencia de un fumus boni iuris cualificado[11].

Por otro lado, en aquellos casos en los que el Tribunal Constitucional se ha pronunciado sobre la medida cautelar antes de admitir a trámite la demanda de amparo ha analizado si concurría o no la apariencia jurídica de que se había producido la vulneración del derecho fundamental alegado[12].

La exigencia del *periculum in mora* se regula de forma expresa en el artículo 56.2 LOTC. El Tribunal Constitucional se ha pronunciado muchas veces sobre el concepto de perjuicio irreparable[13]. Así el Auto de la Sala Segunda del TC número 203/2010, de 21 de diciembre, afirma que el "perjuicio irreparable se ha de entender aquel que provoque que el restablecimiento del recurrente en el derecho constitucional vulnerado sea tardío y convierta el amparo en meramente ilusorio y nominal (por todos AATC 274/2008, de 15 de septiembre, 26/2009, de 26 de enero, y 173/2009, de 1 de junio).

---

[10] Datos extraídos del cuadro número 17 de la Memoria del año 2014 del Tribunal Constitucional. Consulta realizada el 29 de noviembre de 2015 en http://www.tribunalconstitucional.es/es/tribunal/estadisticas/Paginas/Estadisticas2014.aspx.

[11] En el mismo sentido MONTERO AROCA y FLORS MATIES, op. cit., p. 8 de la versión electrónica correspondiente al capítulo sexto.

[12] Así entre otros el Auto de la Sala Primera del TC número 26/2011, de 25 de febrero que adopta la medida de suspensión tras analizar la vulneración denunciada. Por el contrario el Auto de la Sala Primera del TC número 103/1990, de 9 de marzo analiza la concurrencia del "fumus boni iuris" y llega a la conclusión de que no concurre, con lo que inadmite la demanda de amparo con lo que no adopta la medida cautelar solicitada.

[13] Ver ampliamente el análisis de la jurisprudencia que realizan MONTERO AROCA y FLORS MATIES, op. cit., pp. 12 y ss. de la versión electrónica del capítulo sexto.

Desde este concepto habrá que analizar la pretensión concreta para analizar si concurre o no el periculum in mora exigible. Así el Tribunal Constitucional ha exigido un riesgo adicional cuando nos hallemos ante procesos que tengan sólo efectos patrimoniales. En este caso afirma con carácter general que no se pueden adoptar medidas, salvo que haya alguna medida ejecutiva específica que pueda causar una situación jurídica irreversible como la enajenación forzosa de un bien inmueble o el lanzamiento de una vivienda o local de comercio[14].

El tercero de los presupuestos que se exige en el artículo 728 LEC es el ofrecimiento de caución para responder de los daños y perjuicios que ocasione la adopción de la medida cautelar solicitada. Ya he expuesto como el artículo 56.5 LOTC otorga facultades al TC para que condicione la suspensión de la ejecución y la adopción de las medidas cautelares a la prestación de la oportuna fianza, pudiendo delegarse su fijación y determinación al órgano jurisdiccional de instancia. En la práctica judicial la exigencia de caución es excepcional. El Tribunal Constitucional vincula su exigencia a la ponderación de los intereses de la parte contraria. Así el Auto del TC 38/1997, de 10 de febrero justifica la exigencia de caución para adoptar la medida cautelar de suspensión de un juicio hipotecario argumentando que:

> "como la providencia cuya ejecución se deja en suspenso contiene pronunciamientos favorables a la sociedad que promovió el juicio hipotecario, merecedora con la misma intensidad de una efectiva tutela judicial, se hace necesario un contrapeso para conseguir el justo equilibrio de los intereses en conflicto, mediante la exigencia de afianzamiento suficiente, cuya cuantía dejamos al prudente arbitrio del Juez encargado de llevar a puro y debido efecto lo decidido, quien habrá de concretar también la elección de la modalidad o modalidades en que haya de materializarse, dentro de las admitidas en Derecho, para asegurar a la contraparte la eventual indemnización de los perjuicios que pudiera sufrir como consecuencia de la medida cautelar adoptada, si al final de este trayecto triunfaran sus pretensiones".

---

[14] Ver por todas los Autos de la Sala Segunda del Tribunal Constitucional 199/2010, de 10 de diciembre, de la Sala Primera del Tribunal Constitucional 64/2009, de 23 de febrero y 28/2009, de 26 de enero.

El procedimiento para la adopción de la medida cautelar se regula en los apartados 4 y 6 del artículo 56 LOTC. En todo caso se exige la solicitud de parte, si bien el Tribunal puede decretarlas de oficio no he detectado ningún supuesto en que lo haya realizado.

El escrito de solicitud debe ser presentado junto con la demanda de amparo, si bien se puede solicitar de forma previa o durante la pendencia del proceso. El contenido mínimo que exige el Tribunal Constitucional es identificar la medida cautelar concreta que se solicita y acreditar el peligro para la efectividad de los derechos fundamentales cuya vulneración se alega si no se adopta la medida[15].

La regla general es que el procedimiento se tramitará con audiencia a las partes y al Ministerio Fiscal por un plazo común que no excederá de tres días. Sin embargo, si concurre un supuesto de urgencia excepcional se puede adoptar inaudita parte en la resolución de admisión a trámite del proceso de amparo. En este caso se podrá impugnar en el plazo de cinco días desde su notificación por el Ministerio Fiscal y demás partes personadas.

La problemática que ha planteado este precepto es si se puede adoptar la medida cautelar antes de la admisión a trámite. Es un hecho reconocido por todos los operadores jurídicos la situación de sobrecarga de trabajo que tiene el Tribunal Constitucional, lo cual genera dilaciones tanto en la admisión a trámite de las demandas de amparo como en la resolución del proceso.

Por este motivo, de forma excepcional, el Tribunal Constitucional ha adoptado la medida cautelar de suspensión incluso antes de admitir a trámite la demanda de amparo. Así el Auto de la Sala Primera del TC número 16/2011, de 25 de febrero lo justifica en el apartado 3 del artículo 56 LOTC afirmando que "lo que prevé este precepto es una protección cautelar en el proceso de amparo constitucional como mínimo equivalente a la existente en otros ámbitos del ordenamiento jurídico, debiendo recordarse en tal sentido que nuestro Derecho prevé expresamente la posibilidad de solicitar medidas cautelarísimas inaudita parte, y de ser acordadas por él órgano judicial, antes incluso de iniciarse el

[15] El Auto de la Sala Segunda del TC número 39/2008, de 11 de febrero rechaza la solicitud porque no se concretan los perjuicios que ocasiona la efectividad de la resolución judicial contra la que se ha interpuesto la demanda de amparo.

proceso judicial mediante la interposición de la correspondiente demanda, por razones de urgencia y necesidad".

En el caso concreto la situación de urgencia concurría porque se había alegado la vulneración del derecho a la intimidad por la adopción por un Juzgado de Primera Instancia de Madrid de una diligencia preliminar consistente en la entrega de los datos de todos los clientes del BBVA que hubieran suscrito un contrato de permuta financiera. El TC adoptó la medida de suspensión inaudita parte y antes de la admisión a trámite de la demanda para que el proceso de amparo no perdiera su finalidad legítima.

De todas formas es un supuesto excepcional que deberá ser valorado en cada caso concreto por el Tribunal Constitucional al analizar las solicitudes presentadas junto con las demandas de amparo.

Otra cuestión de carácter práctico que se plantea es que el Tribunal Constitucional ha permitido la adopción de medidas cautelares inaudita parte, pero siempre que se conceda la audiencia de forma deferida. El tenor literal del artículo 56.6 LOTC parece respetarlo, pero en muchos casos no será así. Lo que prevé este precepto es que la medida así adoptada podrá ser impugnada por el Ministerio Fiscal y demás partes personadas en el plazo de cinco días. La problemática que se va a generar es que el artículo 51 LOTC prevé que una vez se admita a trámite la demanda de amparo el Tribunal Constitucional requerirá al Juez o Tribunal que conoció del procedimiento precedente para que remita las actuaciones o testimonio de ellas y emplace a quienes fueron parte en el procedimiento antecedente para que puedan comparecer en el proceso constitucional en el plazo de 10 días.

Es decir, si la parte perjudicada por la adopción de la medida inaudita parte aún no ha comparecido ante el Tribunal Constitucional, como será prácticamente en la totalidad de las ocasiones ya que no tendrá conocimiento de que se ha interpuesto la demanda de amparo hasta la notificación de la admisión a trámite, no podrá impugnarla. De hecho, en los casos en que el Tribunal Constitucional ha adoptado la medida cautelar inaudita parte en un asunto proveniente de un proceso civil, el único que ha realizado alegaciones en el plazo de cinco días ha sido el Ministerio Fiscal. Así sucedió en el Auto de la Sala Primera del Tribunal Constitucional número 16/2010, de 25 de febrero, citado anteriormente.

En mi opinión esta posibilidad es contraria a la misma doctrina del Tribunal Constitucional y vulnera el derecho a la tutela judicial efectiva, lo que podría justificar la interposición de una demanda extraordinaria de nulidad de actuaciones al amparo del artículo 248 LOPJ. Sin embargo, el Tribunal Constitucional lo ha negado en el Auto TC 46/1998, de 24 de febrero, que niega la aplicación supletoria de la LOPJ[16].

La reforma del artículo 56 LOTC a través de la Ley Orgánica 6/2007, de 24 de mayo, añade el párrafo tercero del artículo 56 que permite que "la Sala o Sección podrá adoptar cualesquiera medidas cautelares y resoluciones provisionales previstas en el ordenamiento, que, por su naturaleza, puedan aplicarse en el proceso de amparo y tienda a evitar que el recurso pierda su finalidad". Lo que hace el legislador es adaptar la ley a una situación que ya se producía y que consistía en que el Tribunal Constitucional adoptaba medidas cautelares distintas a la suspensión como la anotación preventiva de la demanda. Esta actuación la realizaba al amparo del artículo 42.1 de la Ley Hipotecaria[17] y afirmaba que incluso lo podía realizar de oficio[18].

El artículo 56.4 i.f. LOTC permite que "La Sala o la Sección podrá condicionar la denegación de la suspensión en el caso de que pudiera seguirse perturbación grave de los derechos de un tercero, a la constitución de caución suficiente para responder de los daños o perjuicios que pudieran originarse"[19]. En mi opinión en este caso lo que se prevé es que se sustituya la medida de suspensión por una caución. Esta medida puede ser adecuada en aquellos casos en que nos hallemos ante una pretensión económica y exista el riesgo de que

---

16 Ver MONTERO AROCA y FLORS MATIES, op. cit., p. 30 de la versión electrónica del capítulo sexto.

17 Sobre esta cuestión obvia que este precepto debe considerarse abrogado por la aprobación de la Ley de Enjuciamiento Civil a través de la ley 1/2000, de 8 de enero, tal como ha reconocido de forma unánime la jurisprudencia de las Audiencias Provinciales. Ello se evidencia en que la totalidad de los autos analizados aplican los artículos 721 y ss. LEC, exigiendo la concurrencia de los presupuestos previstos en el artículo 728 LEC. Ver ampliamente mi trabajo sobre "los criterios jurisprudenciales de adopción de las medidas cautelares", Justicia, 2007, número 1, pp. 79 y ss.

18 En este sentido ver por todos lo Autos de la Sala Primera números 64/2009, de 23 de febrero, y 28/2009, de 26 de enero.

19 Ver ampliamente MONTERO AROCA, Y FLORS MATIES, op. cit., p. 26 de la versión electrónica del capítulo sexto.

no se pueda reintegrar la cantidad percibida si la sentencia del TC decreta el amparo.

En todo caso esta reforma legislativa permite que el Tribunal Constitucional adopte cualquiera de las medidas cautelares previstas en la LEC o en leyes especiales y que aseguren la efectividad de la sentencia que se dicte en su día.

EJECUCIÓN DE SENTENCIAS DEL TEDH: LA REVISIÓN NO ES LA MEJOR SOLUCIÓN[1]

JULIO SIGÜENZA LÓPEZ
Profesor Titular de Derecho Procesal
Universidad de Murcia

I. CONSIDERACIONES PREVIAS

Que la seguridad jurídica exige que la discusión que todo pleito conlleva tenga un momento final, alcanzado el cual la conclusión obtenida devenga inatacable, no admite duda. Que en el proceso civil no solo está en juego la victoria de los litigantes, sino también la Justicia y la salvaguardia del ordenamiento jurídico[2], tampoco. La revisión de sentencias firmes viene, así, a resolver la pugna entre dos fundamentales principios, base de todo enjuiciamiento: el de seguridad jurídica, que determina la irrevocabilidad de la decisión contenida en las sentencias firmes, y el de que se haga justicia, fin superior de todo litigio. Solo partiendo de la dicotomía entre uno y otro es posible encontrarle sentido[3].

---

[1] El presente trabajo forma parte del Proyecto de Investigación "Instrumentos para la tutela del emprendedor y del consumidor sin menoscabo de la debida protección del crédito en el ámbito de la justicia civil", financiado por el Ministerio de Economía y Competitividad (DER2014-53758-R).

[2] Cfr. CARRERAS LLANSANA, J., "Proceso, guerra y juego", en *Estudios de Derecho Procesal* (con Fenech Navarro), Barcelona, 1962, pág. 78.

[3] Su razón de ser también se ha intentado explicar, desde un punto de vista parcialmente distinto, atendiendo tan solo a la seguridad jurídica, señalándose que su estimación o desestimación permite controlar la existencia de posibles vicios que afectan a la correcta producción de la cosa juzgada que, de no haber existido, muy probablemente hubiesen determinado que se fallase de distinto modo (cfr. la STS de 26 de septiembre de 1986 [RJ 1986, 4791], Pte. Sr. Martín-Granizo Fernández). Siendo ello así, se dice, "no se quiebra el valor seguridad al revisar la sentencia, sino que se robustece", de suerte que "el proceso no se revisa porque la sentencia sea injusta, sino por la irregularidad del iter generativo de la misma" (RAMOS MÉNDEZ, F., *Derecho Procesal Civil*, t.

La revisión constituye, de este modo, un instituto de singular importancia en todo ordenamiento jurídico. También en el nuestro. Consciente de ello, en las líneas que siguen pretendo destacar las notas más relevantes de dicho instituto[4] y reflexionar sobre si, tal y como se ha dispuesto recientemente por el legislador patrio, constituye el cauce procesal adecuado para facilitar la ejecución de las sentencias del Tribunal Europeo de Derechos Humanos (TEDH, en lo sucesivo) que declaren que, en un proceso jurisdiccional seguido en nuestro país, se ha desconocido alguno de los derechos reconocidos en el Convenio de Roma o en sus Protocolos, o si existen, por el contrario, otras vías más apropiadas a tal fin.

II. LA EJECUCIÓN EN NUESTRO PAÍS DE SENTENCIAS DICTADAS POR EL TEDH

1. Planteamiento

Como es sabido, la relevancia del Convenio Europeo de Derechos Humanos (en adelante, CEDH) se explica, en gran medida, por el mecanismo de control que establece para garantizar los derechos y libertades que enuncia, que, en la actualidad, tras la firma del protocolo adicional número 11, descansa en dos instituciones:

- El TEDH, con sede en Estrasburgo, que constituye un tribunal internacional encargado de asegurar que se respetan los compromisos asumidos por los Estados que han suscrito el referido Convenio y sus Protocolos,

---

II, 5ª ed., Barcelona, 1992, págs. 761-762), lo que nos parece correcto siempre y cuando se matice que ello es debido a que el fin de todo litigio, que es la justicia, demanda que la cosa juzgada se alcance según Derecho o razón, propósito que no depende de modo exclusivo de la perfección técnica de los procedimientos, "ni siquiera, con ser ello importante, de la mayor o menor medida en que las exigencias de la justicia y de la seguridad logren informar la estructura y la dinámica del proceso, sino también –y de modo muy decisivo– de los conocimientos jurídicos (teóricos y prácticos), del talante (páthos) y del carácter (êthnos) ético de sus protagonistas; de su disposición para buscar y conocer en cada momento los contenidos de la justicia y, como preconizara Ihering, luchar por ella" (MONTORO BALLESTEROS, A., *Conflicto social, Derecho y proceso*, Universidad de Murcia, 1980, págs. 103 y 104).

4 Sobre esta materia: SIGÜENZA LÓPEZ, J., *La revisión de sentencias firmes en el proceso civil*, Thomson-Aranzadi, Navarra, 2007.

al que se reconoce competencia para conocer de diversas materias. En concreto, de todos los asuntos relativos a la interpretación y aplicación de las citadas normas que le someta alguna Alta Parte Contratante de conformidad con lo previsto en los artículos 33, 34, 46 y 47 del CEDH; de los incumplimientos de lo dispuesto en el Convenio y en sus Protocolos que una Alta Parte Contratante achaque a otra; de las demandas en las que una persona física, organización no gubernamental o grupo de particulares denuncie que una Alta Parte Contratante ha infringido derechos reconocidos en el Convenio o sus Protocolos; así como para emitir opiniones consultivas, a petición del Comité de Ministros, acerca de cuestiones jurídicas relativas a la interpretación del Convenio y sus Protocolos (arts. 19, 32, 33, 34 y 47 del CEDH); y

- El Comité de Ministros, que es el órgano político principal del Consejo de Europa, al que el CEDH confiere la potestad específica de supervisar la ejecución de las sentencias del TEDH.

La ejecución de las sentencias del TEDH reviste, pues, capital importancia. Ello explica que los Estados que reconocen su autoridad se comprometan a acatar sus decisiones *"en los litigios en que sean partes"* (art. 46.1 del CEDH); que se disponga que las sentencias que tengan el carácter de `definitivas´ se remitirán al Comité de Ministros, para que éste vele *"por su ejecución"* (art. 46.2 del CEDH); que a continuación se añada que, si el Comité de Ministros *"considera que una Alta Parte Contratante se niega a acatar una sentencia definitiva sobre un asunto en que es parte, podrá, tras notificarlo formalmente a esa Parte y por decisión adoptada por mayoría de dos tercios de los votos de los representantes que tengan derecho a formar parte del Comité, plantear al Tribunal la cuestión de si esa Parte ha incumplido su obligación en virtud del párrafo 1"* (art. 46.4 del CEDH); que se prevea que si, como consecuencia de lo anterior, el tribunal concluye que el Estado obligado a acatar una sentencia no lo ha hecho, comunicará dicha circunstancia al Comité de Ministros *"para que examine las medidas que sea preciso adoptar"* (art. 46.5 del CEDH); y que, si el TEDH declara que ha habido violación del Convenio o de sus protocolos, y el derecho interno de la Alta Parte Contratante solo permite de manera imperfecta reparar las consecuencias de dicha violación, *"el Tribunal concederá a la parte perjudicada, si así procede, una satisfacción equitativa"* (art. 41 del CEDH).

De lo que acaba de apuntarse pueden deducirse, al menos, cinco consideraciones generales:

- que la sentencia en la que se estime que el Estado demandado ha infringido un derecho reconocido en el Convenio de Roma o sus Protocolos es declarativa[5], ya que se limita a proclamar la violación producida. Dicha regla solo quiebra en un supuesto: aquel en el que no sea posible reparar las consecuencias del quebranto producido con arreglo al derecho interno de ese Estado, hipótesis en la cual el TEDH puede conceder al actor una satisfacción equitativa que deberá satisfacer el demandado;
- que el órgano encargado de vigilar la ejecución de las sentencias del tribunal de Estrasburgo no es dicho tribunal, sino el Comité de Ministros del Consejo de Europa[6];
- que los particulares carecen de "legitimación" para intervenir en el proceso antedicho, destinado a dar cumplimiento a las sentencias del TEDH;
- "que el Estado demandado, como responsable de una violación de la Convención o de sus protocolos, viene llamado no solamente a abonar una satisfacción equitativa, sino también a elegir, bajo el control del Comité de Ministros, las medidas generales o, según el caso, individuales a adoptar en el orden jurídico interno a fin de poner término a la violación constatada por el Tribunal y de borrar en la medida de lo posible sus consecuencias (cfr. *mutatis mutandis*, STEDH de 31 de octubre de

---

[5] A juicio de GARBERÍ LLOBREGAT, aunque formalmente declarativas, las sentencias estimatorias del TEDH son, en realidad, sentencias de condena, por cuanto, en la mayoría de los casos, su cumplimiento estricto exige la realización de una prestación a cargo del Estado condenado: "(por ejemplo, la anulación de una resolución judicial o de una norma legal, o, en su caso, el pago de una indemnización pecuniaria en concepto de satisfacción equitativa o de costas procesales)". Vid. "La ejecución en España de las sentencias del Tribunal Europeo de Derechos Humanos", en *Diario La Ley* [en línea], nº 8178, 25 de octubre de 2013 [referencia base de datos LA LEY 8308/2013].

[6] Ello explica por qué, cuando los beneficiados por una STEDH han acudido a dicho tribunal con el propósito de que la haga cumplir, éste ha alegado su falta de competencia (decisiones de 10 de mayo de 2005 [asunto *Riera Blume c. España*] y 9 de noviembre de 2009 [asunto *Perote Pellón c. España*], citadas por LÓPEZ GUERRA, L., "El diálogo entre el Tribunal Europeo de Derechos Humanos y los tribunales españoles. Coincidencias y divergencias", en *Teoría y Realidad Constitucional*, UNED, nº 32, 2013, pág. 154).

1995, asunto *Papamichalopoulos y otros*)" –STEDH de 13 de julio de 2000, asunto *Scozzari y Giunta c. Italia*–, lo que, rectamente entendido, supone que los Estados tienen libertad, bajo el control del Comité de Ministros, para elegir los medios con los que acatar las decisiones dictadas por el TEDH en los asuntos en que hayan sido parte mientras sean compatibles con las conclusiones contenidas en la sentencia del tribunal[7];

- y, en consecuencia, que, si bien en algún caso, el pago de "una satisfacción equitativa" puede ser suficiente, en otros será preciso adoptar medidas legislativas, reglamentarias, administrativas o jurisprudenciales que permitan prevenir eficazmente violaciones semejantes a las que ya han sido apreciadas. Y, en no pocos supuestos, medidas individuales que permitan dar satisfacción real a quienes las han padecido[8], entre las que están llamadas a tener especial importancia las que permitan reabrir los procesos internos en los que el quebranto se ha producido para que vuelva a analizarse la cuestión controvertida, tal y como sugirió el Comité de Ministros del Consejo de Europa en su Recomendación (2000) 2, de 19 de enero, en la que señaló la conveniencia de que los Estados miembros de dicho Consejo garantizasen que, en determinados casos, sus ordenamientos autorizan la reapertura de las actuaciones concluidas por sentencia firme como consecuencia de lo dispuesto en las sentencias del TEDH[9].

---

7 No obstante, es posible que, si el Estado no elige un medio idóneo para subsanar la violación constatada, el propio TEDH ordene directamente la medida a adoptar en el caso. El tribunal de Estrasburgo hizo uso de posibilidad por vez primera en 2004, al ordenar, en dos asuntos, la liberación de los demandantes detenidos arbitrariamente, lo que quebrantaba lo dispuesto en el art. 5 del Convenio (SSTEDH de 8 de abril de 2004, asunto *Assanidze c. Georgia*, y 8 de julio de 2004, asunto *Ilascu c. Rusia y Moldavia).*

8 Así, en su sentencia de 13 de octubre de 2013, asunto *Del Río Prada c. España*, el TEDH decidió –por dieciséis votos a favor y uno en contra– que España debía garantizar que la demandante sería puesta en libertad *"en el más breve plazo"*.

9 Así, en la STEDH de 27 de noviembre de 2008, asunto *Salduz c. Turquía,* señaló: *"El Tribunal reitera que la forma más apropiada de remediar una violación del artículo 6.1 sería asegurar que el recurrente se viera restituido, en lo posible, a la posición en que se encontraría si no hubiera transgredido tal disposición (...). El Tribunal considera que este principio es aplicable también en este caso. En consecuencia, estima que el remedio más apropiado sería la nueva celebración del juicio del recurrente, esta vez de acuerdo con los requisitos del artículo 6.1 del Convenio, si el recurrente así lo solicitase"*.

2. La reforma del art. 510 de la LECiv para introducir un nuevo motivo de revisión

Esta evidencia, y la constatación de que, a falta de regulación legal, los tribunales sugerían soluciones muy dispares[10], determinó recientemente que se modificase nuestra normativa y se haya reformado, en lo que ahora importa, la LECiv para dar cabida a un nuevo motivo de revisión que permite revisar una sentencia firme *"cuando el Tribunal Europeo de Derechos Humanos haya declarado que dicha resolución ha sido dictada en violación de alguno de los derechos reconocidos en el Convenio Europeo para la Protección de los Derechos Humanos y Libertades Fundamentales y sus Protocolos, siempre que la violación, por su naturaleza y gravedad, entrañe efectos que persistan y no puedan cesar de ningún otro modo que no sea mediante esta revisión, sin que la misma pueda perjudicar los derechos adquiridos de buena fe por terceras personas"* (art. 510.2)

Tal medida, pese a suponer un avance en relación con la situación precedente, por cuanto garantiza que en el orden civil de la jurisdicción existe un cauce para dar eficacia a las resoluciones del TEDH, no resulta, sin embargo, adecuada ni satisfactoria. No es satisfactoria porque desconoce la naturaleza

---

[10] En este punto resulta sumamente ilustrativa la STC 240/2005, de 10 de octubre, en la que el máximo intérprete en materia de garantías constitucionales, si bien desestimó la demanda de amparo presentada por varias personas, razonó de forma minuciosa la necesidad de que la Sala Segunda del Tribunal Supremo modificase su doctrina y considerase *pro futuro* que las sentencias del TEDH en las que se declarase que nuestros tribunales habían desconocido algún derecho reconocido en el Convenio Europeo de Derechos Humanos debían ser consideradas un "hecho nuevo" a los efectos del proceso de revisión penal.

También lo es la STC 245/1991, de 16 de diciembre, que reconoció efectos anulatorios a una sentencia del TEDH que había declarado la violación del derecho a un proceso justo del art. 6.1 del CEDH, aun cuando el propio Tribunal Constitucional señaló posteriormente que dicha sentencia tenía un carácter *"rigurosamente excepcional por las muy especiales circunstancias que se dieron en el caso en ella enjuiciado"* (ATC 119/2010, de 4 de octubre).

De igual modo, resulta relevante lo dispuesto en el ATS 3ª de 13 de mayo de 2013 (Cendoj, Roj: ATS 4127/2013), Pte. Sr. De Oro-Pulido López, en el que se indicó que *"el incidente de nulidad de actuaciones del art. 241 LOPJ es (...) el único cauce procesal útil para articular las reclamaciones de retracción de actuaciones procesales basadas en sentencias estimatorias del TEDH (siempre partiendo del carácter excepcional de este efecto anulatorio)"*, aun cuando no acordó la nulidad en el caso de que se trataba por haber transcurrido más que sobradamente el plazo para interponer el correspondiente incidente.

y esencia del proceso de revisión. Y no es adecuada porque, como analizaremos más adelante, existen otros remedios más apropiados para el fin que se pretende.

3. Caracteres definitorios de la revisión en el derecho procesal patrio: razones por las que la solución adoptada no parece adecuada

Los preceptos que la Ley de Enjuiciamiento Civil dedica al proceso de revisión, al utilizar expresiones como *"revisión de sentencias firmes"* (art. 509 y, en parecidos términos: arts. 510.1, 511 y 512.1) o rescisión *"de la sentencia impugnada"* (vid. el art. 516.1 y, con igual sentido, el art. 514.1), dan a entender que la revisión no es sino un peculiar expediente procesal dirigido a impugnar una sentencia firme, de donde cabría deducir que lo que se revisa es, precisamente, la resolución que normalmente pone fin a un proceso.

Sin embargo, si se reflexiona con detenimiento, enseguida se repara en que semejante conclusión no parece acorde ni con las causas o razones clásicas de la revisión ni con los efectos que se derivan de su estimación. Pues quien la solicita reconoce, con carácter general, que se ha fallado con arreglo a lo que constaba en autos, y, si se estima la acción impugnativa, se anula todo el proceso anterior, no solo la resolución cuestionada, como procedería si la impugnación se dirigiese realmente contra la sentencia firme.

De ahí que pueda afirmarse que la revisión no es sino un peculiar expediente procesal que tiene como objeto inmediato la anulación, total o parcial, del procedimiento que ha conducido a determinada resolución y, como objeto mediato, la anulación total o parcial de ésta[11].

---

[11] Cfr. PRIETO-CASTRO Y FERRÁNDIZ, L. *Tratado de Derecho Procesal Civil,* t. II, 2ª ed., Pamplona, 1985, pág. 596.

No es, pues, un recurso[12], del que le separan numerosas e importantes diferencias[13]. Y el hecho de que no lo sea significa, entre otras consecuencias, que en la revisión no es posible:

- *"examinar o enjuiciar la actuación procesal del Juzgado o del Tribunal que dio lugar a la sentencia combatida"*[14], argumentando una disconformidad que *"pudo ser objeto de recursos ordinarios procesalmente previstos y dejados de utilizar"*[15];
- pretender *"un nuevo análisis de la cuestión debatida y resuelta"*[16];

---

[12] Pese a que así lo denomina el legislador en el nuevo apartado 2 del art. 510 de la LECiv, introducido por la LO 7/2015, de 21 de julio, y en el nuevo art. 5 bis de la LOPJ, añadido por la LO 7/2015, antes citada.

Sin duda, ello trae causa de que la revisión se regulase en la LECiv de 1881 como un recurso, por lo que cabe preguntarse por el motivo por el que se hizo así. La razón posiblemente se encuentre en que, en la época de dicha ley, toda impugnación de un acto definitivo –lo mismo si era jurisdiccional que administrativo– se configuraba como un recurso. Así lo apunta FENECH NAVARRO, M., *Derecho Procesal Penal*, vol. II, Barcelona, 1960, pág. 1200, nota a pie núm. 1.

[13] A este respecto, puede consultarse mi obra *La revisión de sentencias firmes en el proceso civil*, Thomson-Aranzadi, Navarra, 2007, en la que señalo hasta diez diferencias.

[14] Cfr. SSTS de 16 de abril de 1996 (RJ 1996, 2957), Pte. Sr. Barcalá Trillo-Figueroa; 2 de febrero de 1999 (RJ 1999, 531), Pte. Sr. Sierra Gil de la Cuesta; 14 de septiembre de 2000 (RJ 2000, 7627), Pte. Sr. Martínez-Pereda Rodríguez; 18 de febrero de 2002 (RJ 2002, 1353), Pte. Sr. O'Callaghan Muñoz; 21 de febrero de 2005 (RJ 2005, 1685), Pte. Sr. O'Callaghan Muñoz; 28 de febrero de 2005 (RJ 2005, 4038), Pte. Sr. O'Callaghan Muñoz; 14 de julio de 2006 (RJ 2006, 4966), Pte. Sr. Auger Liñán; y 10 de junio de 2013 (Cendoj, Roj: STS 4000/2013), Pte. Sr. Xiol Ríos. También, el ATS de 22 de enero de 2007 (JUR 2007, 44281), Pte. Sr. González Poveda.

[15] SSTS de 4 de octubre de 1989 (Cendoj, Roj: STS 5058/1989 y Cendoj, Roj: STS 9664/1989), ambas con ponencia del Sr. Casares Córdoba. También, STS de 11 de octubre de 2000 (RJ 2000, 9904), Pte. Sr. Corbal Fernández.

[16] Cfr. SSTS de 16 de abril de 1996 (RJ 1996, 2957), Pte. Sr. Barcalá Trillo-Figueroa; 2 de febrero de 1999 (RJ 1999, 531), Pte. Sr. Sierra Gil de la Cuesta; 30 de junio de 1999 (RJ 1999, 5896), Pte. Sr. Sierra Gil de la Cuesta; 28 de septiembre de 1999 (RJ 1999, 7086), Pte. Sr. Sierra Gil de la Cuesta; 16 de noviembre de 2000 (RJ 2000, 10427), Pte. Sr. Romero Lorenzo; 23 de julio de 2001 (RJ 2001, 8414), Pte. Sr. Martínez-Calcerrada y Gómez; 18 de febrero de 2002 (RJ 2002, 1353), Pte. Sr. O'Callaghan Muñoz; 21 de enero de 2003 (RJ 2003, 564), Pte. Sr. O'Callaghan Muñoz; 29 de marzo de 2004 (RJ 2004, 2311), Pte. Sr. O'Callaghan Muñoz; 13 de junio de 2005 (RJ 2005, 6640), Pte. Sr. O'Callaghan Muñoz; 14 de julio de 2006 (RJ 2006, 4966), Pte. Sr. Auger Liñán; 10 de junio de 2013 (Cendoj, Roj: STS 4000/2013), Pte. Sr. Xiol Ríos; y 1 de diciembre de 2013 (Cendoj, Roj: STS 6460/2013) Pte. Sr. O'Callaghan Muñoz. Como acertadamente señala la STS de 14 de julio de 1988 (RJ 1988, 5693), Pte. Sr. Albácar López, la revisión no permite suscitar *"un nuevo examen de las cuestiones planteadas en el pleito origen del recurso, ni para*

- plantear *"cuestiones o extremos que ya tuvieron su lugar adecuado en el correspondiente pleito"*[17];
- o *"subsanar deficiencias procedimentales que pudo reparar la parte, ya que, siguiendo el principio dispositivo, al ejercitarse una facultad, se ha de pechar con las consecuencias perjudiciales o cargas que de ello se deriven"*[18].

Lo que implica que no es un nuevo remedio *"que permita sanar las omisiones de las partes o los hipotéticos errores que se hubieran podido cometer en el enjuiciamiento del asunto"*[19], ni es posible utilizar este instituto *"con el objetivo de cambiar el análisis probatorio relativo al juicio originario"*[20] y, desde luego, que no es procedente cuando en dicho proceso *"pudieron quedar acreditados los mismos extremos que en este excepcional recurso de revisión (se) pretende replantear"*[21].

Presupone, al contrario que los recursos, que inciden en una relación jurídico procesal aún abierta, y eventualmente la prolongan, una relación procesal ya cerrada, por lo que cabe configurarla como una acción impugnativa autónoma[22] con la que se pretende modificar, por motivos limitados y concretos, una situación jurídica anterior protegida por la cosa juzgada[23].

---

alegar otras nuevas al amparo de las mismas, adicionando pruebas relativas a extremos que ya estuvieron sometidos a la apreciación de los Juzgadores a quo".

[17] STS de 14 de enero de 1988 (RJ 1988, 119), Pte. Sr. López Vilas. En igual sentido: SSTS de 6 de noviembre de 1997 (RJ 1997, 7934), Pte. Sr. Barcalá Trillo-Figueroa; 11 de mayo de 1999 (RJ 1999, 3105), Pte. Sr. Barcalá Trillo-Figueroa; 11 de octubre de 2000 (RJ 2000, 7721), Pte. Sr. Martínez-Pereda Rodríguez; y 7 de julio de 2005 (RJ 2005, 9549), Pte. Sr. Corbal Fernández. En parecidos términos, la STS de 11 de octubre de 2000 (RJ 2000, 9905), Pte. Sr. Corbal Fernández, señala que no cabe a través de la revisión plantear *"aquellas cuestiones, sustantivas o procesales, que se debatieron o pudieron ser suscitadas o debatidas en el proceso a que se refiere la pretensión de revisión".*

[18] SSTS de 21 de diciembre de 1988 (RJ 1988, 9743), Pte. Sr. Fernández-Cid de Temes; 23 de abril de 2001 (RJ 2001, 5290), Pte. Sr. Martínez-Calcerrada Gómez; y 14 de enero de 2002 (RJ 2002, 7), Pte. Sr. Martínez-Calcerrada Gómez.

[19] STS de 11 de octubre de 2000 (RJ 2000, 9905), Pte. Sr. Corbal Fernández.

[20] STS de 15 de febrero de 2001 (RJ 2001, 1485), Pte. Sr. García Varela.

[21] STS de 18 de enero de 1989 (RJ 1989, 106), Pte. Sr. Casares Córdoba.

[22] Cfr., entre otros: DÍEZ-PICAZO GIMÉNEZ, I., *Derecho Procesal Civil. El proceso de declaración* (con De la Oliva Santos), 3ª ed., Madrid, 2004.

[23] La revisión no tiene por objeto corregir los defectos de que pudiera adolecer el proceso que se quiere rescindir; supone una vía excepcional que permite actuar frente a vicios de enjuiciamiento

Ante la probabilidad de que la resolución dictada en su día sea injusta o errónea, habida cuenta determinadas circunstancias, por lo general acaecidas fuera del proceso, conocidas posteriormente, el ordenamiento posibilita que se revise la cuestión ya decidida por sentencia firme y que prevalezca en su caso el valor justicia sobre los efectos de cosa juzgada que la seguridad jurídica demanda.

Sin embargo, esta opción, claramente excepcional, exige que se determinen taxativamente las causas o razones que permiten promoverla, finalidad que, hasta el 1 de octubre pasado, cumplía en exclusiva el art. 510.1 de la LECiv, que reproduce casi idénticamente el contenido del art. 1796 de la ley procesal civil de 1881. Su análisis pormenorizado permite señalar que son notas características comunes a todas ellas las siguientes:

a) Tienen carácter de *numerus clausus*, lo que significa que el proceso de revisión solo puede promoverse con base en los específicos supuestos que expresamente enumera la ley[24], los cuales no son susceptibles de aplicación extensiva a casos distintos de los formalmente previstos en ella[25].

b) Han de interpretarse restrictivamente[26], pues lo contrario conduciría *"a la inseguridad de situaciones reconocidas o derechos declarados en la*

---

cualificados por su transcendencia o novedad respecto a los elementos que se tuvieron en cuenta en un proceso anterior; supone la apertura de un nuevo proceso que tiene por finalidad la rescisión de la sentencia firme que se pronunció en un pleito ya concluido (cfr. STS de 14 de diciembre de 2000 [RJ 2000, 9898], Pte. Sr. González Poveda).

24 Cfr. los AATS de 15 de septiembre de 2006 (JUR 2006, 239142), Pte. Sr. Auger Liñán; 21 de septiembre de 2006 (Cendoj, Roj: ATS 12601/2006), Pte. Sr. O'Callaghan Muñoz; y 3 de junio de 2015 (Cendoj, Roj: ATS 4338/2015), Pte. Sr. Sancho Cargallo, así como la STS de 23 de mayo de 2006 (RJ 2006, 5826), Pte. Sr. Salas Carceller.

25 Vid. SSTS de 21 de enero de 1952 (RJ 1952, 270), Pte. Sr. Marín; 25 de octubre de 1962 (RJ 1962, 4069), Pte. Sr. Bonet Ramón; 8 de junio de 1963 (RJ 1963, 3324), Pte. Sr. Aguado González; 31 de octubre de 1967 (RJ 1967, 4485), Pte. Sr. Taboada Roca, Conde de Borrajeiros; 16 de octubre de 1975 (RJ 1975, 3598), Pte. Sr. Cantos Guerrero; 13 de abril de 1981 (RJ 1981, 1538), Pte. Sr. Sánchez Jáuregui; 24 de enero de 1996 (RJ 1996, 642), Pte. Sr. González Poveda; y 15 de abril de 1996 (RJ 1996, 2951), Pte. Sr. Gullón Ballesteros. En igual sentido: AATS de 23 de septiembre de 2005 (JUR 2005, 219329), Pte. Sr. Sierra Gil de la Cuesta; 24 de junio de 2015 (Cendoj, Roj: ATS 5009/2015), Pte. Sr. Sastre Papiol; y 24 de junio de 2015 (Cendoj, Roj: ATS 5218/2015), Pte. Sr. Sastre Papiol.

26 Cfr., entre otras muchas, SSTS de 15 de marzo de 1951 (RJ 1951, 618), Pte. Sr. Gil Casares; 17 de octubre de 1969 (RJ 1969, 4794), Pte. Sr. De Vicente Tutor y Guelbenzu; 16 de octubre de

sentencia, con quebrantamiento del principio de autoridad de la cosa juzgada"[27], lo que no impide que deban interpretarse *"en el sentido más favorable para permitir la tutela en la fase jurisdiccional de los derechos fundamentales"*[28].

c) Han de fundarse en hechos distintos a los alegados y discutidos en el pleito en que se dictó la sentencia que puso fin al juicio impugnado, pues el desconocimiento o errónea valoración de los ya invocados debió haberse denunciado, en su caso, a través de los oportunos recursos antes de que dicha resolución adquiriese firmeza[29].

d) Tales hechos deben haberse descubierto con posterioridad al último momento en que hubiere sido posible alegarlos en el proceso en que se dictó la sentencia cuya rescisión se pide[30].

e) Ha de existir un nexo causal eficiente entre el hecho que integra el motivo de revisión que se alega y la sentencia firme dictada en el proceso cuya rescisión se ambiciona[31], sin que proceda la revisión cuando se

---

1975 (RJ 1975, 3598), Pte. Sr. Cantos Guerrero; 30 de mayo de 1980 (RJ 1980, 1976), Pte. Sr. Seijas Martínez; 9 de diciembre de 1987 (RJ 1987, 9284), Pte. Sr. López Vilas; 24 de enero de 1996 (RJ 1996, 642), Pte. Sr. González Poveda; 11 de enero de 2001 (RJ 2001, 2), Pte. Sr. Sierra Gil de la Cuesta; 16 de enero de 2002 (RJ 2002, 18), Pte. Sr. Martínez-Calcerrada y Gómez; 6 de julio de 2002 (RJ 2002, 8230), Pte. Sr. O'Callaghan Muñoz; 4 de mayo de 2005 (RJ 2005, 4688), Pte. Sr. Ferrándiz Gabriel; 13 de junio de 2005 (RJ 2005, 6640), Pte. Sr. O'Callaghan Muñoz; y 19 de diciembre de 2013 (Cendoj, Roj: STS 6460/2013), Pte. Sr. O'Callaghan Muñoz.

[27] Consúltense, entre otras resoluciones, las SSTS de 21 de febrero de 2005 (RJ 2005, 1685), Pte. Sr. O´Callaghan Muñoz; 31 de octubre de 2006 (recurso núm. 22/2005), Pte. Sr. Salas Carceller; y 18 de diciembre de 2013 (Cendoj, Roj: STS 6461/2013), Pte. Sr. Seijas Quintana.

[28] SSTC de 15 de noviembre de 1990 (RTC 1990, 185), Pte. Sr. Gabaldón López; 16 de diciembre de 1991 (RTC 1991, 245), Pte. Sr. Rodríguez-Piñero y Bravo-Ferrer; y 30 de enero de 1996 (RTC 1996, 15), Pte. Sr. Cruz Villalón.

[29] Cfr., entre otras, las SSTS de 13 de abril de 1981 (RJ 1981, 1538), Pte. Sr. Sánchez Jáuregui; 5 de noviembre de 1986 (RJ 1986, 6208), Pte. Sr. Santos Briz; 12 de abril de 1996 (RJ 1996, 3189), Pte. Sr. Barcalá Trillo-Figueroa; 23 de septiembre de 1998 (RJ 1998, 6749), Pte. Sr. González Poveda; y 1 de marzo de 1999 (RJ 1999, 1365), Pte. Sr. Martínez-Calcerrada y Gómez.

[30] Vid. las SSTS de 12 de abril de 1996 (RJ 1996, 3189), Pte. Sr. Barcalá Trillo-Figueroa; 29 de marzo de 2007 (Cendoj, Roj: STS 3006/2007), Pte. Sr. Montes Penades; y 10 de febrero de 2011 (Cendoj, Roj: STS 272/2011), Pte. Sra. Roca Trias. También: ATS de 4 de noviembre de 2015 (Cendoj, Roj: ATS 8887/2015), Pte. Sr. Seijas Quintana.

[31] SSTS de 12 de abril de 1996 (RJ 1996, 2918), Pte. Sr. Barcalá Trillo-Figueroa; 16 de abril de 1996 (RJ 1996, 2957), Pte. Sr. Barcalá Trillo-Figueroa; y 17 de abril de 1996 (RJ 1996, 2959), Pte. Sr. Marina Martínez-Pardo.

intente fundar en extremos que pudieron haber quedado acreditados en el juicio ya concluido[32].

f) El accionante ha de precisar el ordinal del precepto en que basa su petición[33] y probar cumplidamente tanto la realidad de los hechos que fundamentan el motivo que aduce como la existencia de un nexo causal entre éstos y la resolución judicial que estima viciada[34].

Cuanto antecede pone de manifiesto que la revisión se fundamenta –o así lo hacía hasta ahora– en hechos distintos a los alegados y discutidos en el proceso cuya rescisión se interesa, ajenos por tanto a los que tuvo en cuenta el juzgador en su momento, quien resolvió el litigio de conformidad con los elementos probatorios que se pusieron de manifiesto en el pleito que resolvió y de conformidad con las normas aplicables al caso.

Sin duda se dirá que, siendo ello así, no existe inconveniente alguno en que las sentencias del TEDH en las que se declara que una sentencia firme dictada en nuestro país ha quebrantado algunos de los derechos reconocidos en el CEDH y sus Protocolos puedan determinar la revisión del proceso en que dicha violación se produjo. Sin embargo, si se piensa con detenimiento, enseguida se reparará en que se trata de una impresión equivocada. Pues, aunque es cierto que la revisión supone una concesión del ordenamiento a la justicia, en detrimento de la seguridad jurídica, que tiene su razón de ser en la posibilidad de que la resolución que se impugna sea injusta, no en la certeza de que efectivamente lo sea, también lo es que solo cabe ante situaciones fácticas producidas o conocidas con posterioridad a la sentencia que decidió el pleito que se pretende rescindir, no por errores o vicios de carácter jurídico. Toda vez que, como señalé anteriormente, una de las características más destacadas de

32 Cfr. entre otras, SSTS de 18 de enero de 1989 (RJ 1989, 106), Pte. Sr. Casares Córdoba; 4 de octubre de 1989 (RJ 1989, 6885), Pte. Sr. Casares Córdoba; y 20 de octubre de 1997 (RJ 1997, 7271), Pte. Sr. Fernández-Cid de Temes.

33 Cfr. STS de 17 de abril de 1996 (RJ 1996, 2960), Pte. Sr. Ortega Torres, y STSJ de Cataluña de 4 de marzo de 1994 (RJ 1994, 2846), Pte. Sr. Corbal Fernández. También la STS de 10 de septiembre de 2001 (RJ 2001, 7067), Pte. Sr. De Asís Garrote, donde se señala: *"Es necesario que las causas en que se funde el recurso queden perfectamente delimitadas y determinadas, siendo responsabilidad del recurrente su fijación en este sentido, entre otras, las sentencias de 23-6-1997 (RJ 1997, 5204), 21-9-1998 (RJ 1998, 6550) y 11-10-2000 (RJ 2000, 7721)"*.

34 Cfr. SSTS de 8 de junio de 1963 (RJ 1963, 3324), Pte. Sr. Aguado González; y 31 de octubre de 1967 (RJ 1967, 4485), Pte. Sr. Taboada Roca.

este instituto es la de que ha de fundarse en hechos distintos a los alegados y discutidos en el pleito que puso fin al juicio impugnado, bien por haber acontecido con posterioridad a su conclusión, bien por ser de nueva noticia, lo que desde luego no acontecería en el supuesto que nos ocupa, ya que la sentencia del tribunal de Estrasburgo no supondría el conocimiento de hechos nuevos sino una nueva valoración jurídica de los originariamente conocidos.

En consecuencia, con esta nueva causa de revisión se pretende rescindir una sentencia firme no porque ésta adolezca de un vicio de hecho que los tribunales nacionales no hayan tenido en cuenta a la hora de juzgar, sino por ser contraria a alguna disposición del Convenio Europeo de Derechos Humanos o sus Protocolos, olvidando con ello que ésta es una cuestión jurídica que debió haber sido tenida en cuenta –y posiblemente lo fue– por dichos tribunales cuando tuvieron que decidir, que, por ello mismo, resulta ajena a la revisión, tal y como tradicionalmente se ha concebido ésta en nuestro ordenamiento jurídico.

4. Alternativas a la solución legal. Opción que se propone

Tal conclusión obliga a buscar otras soluciones distintas a la proporcionada por la LO 7/2015, de 21 de julio, que, en lo que ahora importa, introdujo el art. 5 bis de la LOPJ y el segundo apartado del art. 510 de la LECiv, que, por lo que acabamos de exponer, no parece la más apropiada.

Una de ellas podría ser la de permitir que, con fundamento en la sentencia del tribunal de Estrasburgo en la que declarase que en un proceso jurisdiccional seguido en nuestro país se ha vulnerado un derecho contemplado en el CEDH o sus Protocolos, pudiese solicitarse la nulidad de las actuaciones practicadas, bien introduciendo a tal fin un nuevo motivo de nulidad en el art. 238 de la LOPJ[35], bien a través del cauce previsto en el art. 241.1 de dicha

[35] Según refiere SALADO OSUNA, en el curso académico 1988-1989, un grupo de alumnos de la Facultad de Derecho de la Universidad de Sevilla propuso la introducción de un apartado 4° en el art. 238 de la LOPJ que tuviese la siguiente redacción: "Cuando una sentencia del Tribunal Europeo de Derechos Humanos declare que una decisión judicial española, dictada con fuerza de cosa juzgada, ha violado alguna de las obligaciones contenidas en el Convenio Europeo para la protección de los Derechos Humanos y de las Libertades Fundamentales y sus Protocolos facultativos ratificados en España" (SALADO OSUNA, A., "Ejecución de sentencias del Tribunal Europeo de Derechos Humanos. [Comentarios a la STC (Sala Pleno) de 16 de diciembre de 1991]", en *La Ley*, 1992, 3, págs. 88-89).

norma, que permite que los tribunales ordinarios puedan declarar la nulidad de las actuaciones, pese a que haya recaído sentencia firme, si aprecian cualquier vulneración de alguno de los derechos fundamentales referidos en el art. 53.2 de la Constitución, convirtiéndose así en los primeros garantes de los derechos fundamentales en nuestro sistema jurídico.

Sin embargo, si se piensa con tiento, no parece que éste sea el mecanismo adecuado para que las sentencias del TEDH puedan ser ejecutadas en España. En primer lugar, porque, como se ha dicho, la nulidad de actuaciones solo procede en nuestro derecho cuando la vulneración del derecho fundamental *"no haya podido denunciarse antes de recaer resolución que ponga fin al proceso"*, lo que únicamente acontecerá cuando el quebranto se haya producido en ésta, sin que haya existido oportunidad de debatir sobre él con anterioridad[36]. Y, en segundo término, porque, según lo dispuesto en el art. 241.1 de la LOPJ, esta decisión puede ser acordada por tribunales distintos a la Sala Primera del Tribunal Supremo, lo que no parece adecuado en el supuesto que nos ocupa, toda vez que la nulidad de actuaciones decretada por el juzgador de instancia a consecuencia de una sentencia del tribunal de Estrasburgo supondría poner en cuestión decisiones alcanzadas por tribunales jerárquicamente superiores a él, e incluso la adoptada en su momento por el Tribunal Constitucional, al que habrá debido acudirse antes de solicitar amparo ante el tribunal de Estrasburgo (cfr. el art. 35.1 del CEDH). Lo anterior podría parecer un argumento menor si la nulidad de actuaciones fuese en todo caso inevitable tras la censura realizada por dicho tribunal internacional, pero no lo es si tenemos en cuenta que la decisión de éste solo debe determinar una decisión tan drástica cuando no sea posible otra menos contundente. De ahí que no resulte conveniente atribuir competencia para realizar dicha ponderación a un órgano jurisdiccional distinto al Tribunal Supremo[37] –tribunal superior en todos los órdenes, salvo

---

[36] Normalmente, ello ocurrirá cuando la resolución infrinja normas procesales que vulneren el art. 24 CE (por ejemplo, porque incurra en incongruencia omisiva generadora de indefensión); solo muy excepcionalmente podrá considerarse que vulnera *ex novo* y por sí misma un derecho fundamental "sustantivo" no debatido en el proceso (lo que podría ocurrir si se lesionase el derecho de igualdad en la aplicación de la ley [cfr. entre otras, las SSTC 100/1993, de 22 de marzo; 27/2006, de 30 de enero; y 246/2006, de 24 de junio]).

[37] En el caso de que el tribunal que hubiese dictado la sentencia firme fuese la Sala de lo Civil del Tribunal Supremo, el tribunal llamado a decidir si procede, o no, acordar la nulidad de lo actuado debería ser necesariamente otro distinto: por imperativo de lo dispuesto en el art. 24 de la Constitución, en cuanto consagra los derechos fundamentales al juez objetivamente imparcial

lo dispuesto en materia de derechos y garantías constitucionales, en que lo es el Tribunal Constitucional–, que, sin duda, sería el más idóneo para realizar dicho análisis.

Estos inconvenientes –fundados y nada irrelevantes– evidencian la necesidad de encontrar una opción más adecuada, que, tras lo dicho, muy bien podría consistir en regular un cauce específico en el que fuese el Tribunal Supremo el que decidiese, a la vista de las circunstancias concurrentes en cada supuesto y de lo dispuesto por el TEDH, si procede la reapertura de los procesos cuestionados y, en su caso, el reenvío de las actuaciones a los órganos jurisdiccionales ante los que se produjo la violación denunciada para que procedan a realizarlas debidamente y con todas las garantías.

Dicho trámite, que permitiría solventar los inconvenientes antes mencionados, debería completarse, como es lógico, con las oportunas previsiones sobre legitimación para interesarlo y plazo para formularlo. La primera debería concederse tanto al interesado como al Ministerio Fiscal, no solo a aquél, toda vez que éste tiene encomendada, entre otras misiones, la tarea de velar por la justicia en defensa de la legalidad (art. 124.1 de la Constitución) y, en consecuencia, ser garante de los derechos fundamentales que ésta reconoce. El segundo debería preverse por un tiempo no demasiado largo, a contar en todo caso desde que se hubiese notificado a la parte interesada y al Estado la sentencia definitiva del TEDH.

Por lo demás, como apuntamos anteriormente, parece razonable que la sentencia del tribunal encargado de la interpretación del Convenio de Roma y sus Protocolos no deba determinar siempre y en todo caso la reapertura del proceso nacional, ya que ello solo deberá tener lugar tras ponderar dos aspectos esenciales: en primer lugar, si la violación apreciada por el tribunal de Estrasburgo ha influido decisivamente en el contenido de la sentencia dictada

---

y a la efectividad de la tutela judicial (consúltese a este respecto MORENILLA ALLARD, P., y CASTRO MARTÍN, J. L. DE, "Sobre la inconstitucionalidad del artículo 241.1.II LOPJ, en cuanto que atribuye la competencia para el conocimiento y resolución del incidente excepcional de nulidad de actuaciones al mismo Tribunal que dictó la resolución judicial firme cuya resolución se postula", en *Diario La Ley* [en línea], nº 7784, 26 de enero de 2012 [referencia base de datos LA LEY 22352/2011]) o, en su caso, por elementales razones de justicia, ya que la experiencia acredita que cuando un tribunal toma una decisión tras la pertinente reflexión, difícilmente modifica el criterio inicialmente adoptado.

en el proceso nacional; y, seguidamente, si la misma no puede ser reparada con el abono de una satisfacción equitativa, tal y como dispone el art. 46.2 del CEDH, o de otra forma distinta a la reapertura del proceso en el que se produjo el quebranto. Únicamente cuando se responda afirmativamente a la primera cuestión, y negativamente a la segunda, la nulidad devendrá inevitable. Lo que no significa, nótese bien, que acordada la reapertura del proceso anulado, éste deba concluir con una resolución de signo distinto a la que se dictó en el proceso viciado, pues obviamente ello dependerá de lo que se alegue y pruebe ante el tribunal competente, tras haberse respetado debidamente todas las garantías inherentes al proceso jurisdiccional.

Cuanto antecede permite concluir que la revisión no constituye un cauce adecuado para rescindir las sentencias firmes que el TEDH ha declarada contrarias a alguna disposición del Convenio Europeo de Derechos Humanos o sus Protocolos. Y que no lo es porque dicho instituto, el de la revisión, se fundamenta en hechos distintos a los alegados y discutidos en el proceso cuya resolución se interesa, no en una valoración jurídica distinta a la que se realizó en el proceso ya concluido con fuerza de cosa juzgada, que es lo que propiamente sucedería si el legislador español no rectifica lo dispuesto en la LO 7/2015, de 21 de julio, norma que ha introducido en nuestro sistema procesal civil un motivo de revisión ajeno a nuestra tradición jurídica y a la esencia y caracteres propios de esta institución. De donde se deduce que es preciso buscar una solución más adecuada que, respetando la naturaleza y cualidades inherentes a los institutos jurídicos ya existentes, permita resolver adecuadamente el problema que se suscita cuando el tribunal de Estrasburgo declara contraria al CEDH o a sus Protocolos una sentencia firme dictada por alguno de nuestros órganos jurisdiccionales civiles. En el presente trabajo sugiero una que, probablemente, no es la única que puede cumplir dicho cometido, pero que, modestamente, creo que apunta en la dirección correcta. Pues, como es sabido, en el derecho, como en la vida, el fin no justifica los medios.

SECCIÓN TERCERA
TENDENCIAS DE CAMBIO EN LOS RECURSOS EN EL PROCESO CIVIL: DERECHO FRANCÉS Y DERECHO ITALIANO

LES VOIES DE RECOURS FACE AUX CONTRAINTES BUDGETAIRES

SORAYA AMRANI MEKKI
Professeure agrégée des facultés de droit
Université Paris Ouest Nanterre La défense
Membre du Conseil supérieur de la Magistrature

1. – « *Economiquement, l'appel est un non-sens. Pourquoi refaire ce que des juges ont déjà fait ?* »[1]. Telle a été la remarque déconcertante d'une collègue auditionnée lors des travaux de la commission Magendie sur la réforme de la procédure d'appel[2]. Pourquoi, en effet, permettre de rejuger une affaire, que ce soit en fait et en droit en appel ou seulement en droit lorsqu'il s'agit de la cassation ? La réponse pourrait être de vérifier que les juges de premier degré ou d'appel n'ont pas commis d'erreur. Mais alors, cela revient à poser la question de la confiance dans le travail des juges. M. R. Marcus, lors d'une conférence à Varsovie sur les Cour suprêmes, critiquait ainsi le modèle français: « *vous acceptez largement les voies de recours en France parce que vous n'avez pas confiance en vos juges* »[3].

Ces deux remarques acerbes permettent de mettre en lumière les enjeux qui sous-tendent l'organisation des voies de recours. La question centrale réside dans le fait de savoir si le luxe que constitue le contrôle des décisions de justice par des juridictions supérieures peut résister aux contraintes budgétaires.

2. – L'économie de la justice est aujourd'hui au cœur des réflexions procédurales. Depuis 1990, sous l'influence de l'OCDE, le service public de la justice est perçu comme une administration comme une autre qui doit rendre des comptes. Elle doit de ce fait intégrer les contraintes budgétaires et se ré-

---

1 Réflexion de Marie-Anne Frison Roche.

2 J.-C. Magendie, *Qualité et célérité de la voie d'appel*, La documentation française, 2008.

3 Réflexion de Richard Marcus au colloque de l'IAPL à Varsovie sur les Cours suprêmes.

former pour améliorer ses « performances ». Si elle n'est pas une entreprise comme une autre, le *new public management* s'y applique. La crise économique de 2008 n'a fait qu'accélérer le mouvement. Dès lors, les procédures civiles en Europe mais aussi, plus largement, dans le monde se réforment pour s'adapter aux contraintes budgétaires. Ce n'est plus un choix mais une nécessité. L'économie procédurale se présente ainsi comme une puissance vecteur d'harmonisation des procédures civiles car partout la question est la même : comment faire aussi bien avec moins de moyens ? Les mêmes réflexions autour de la déjudiciarisation, du développement des modes alternatifs de règlement des litiges comme mode de gestion de la pénurie se déploient donc.

3. – L'organisation des voies de recours n'y échappe pas dès lors qu'il y a déjà eu un accès au juge de première instance. D'ailleurs, il ne faut pas perdre de vue qu'il n'existe pas de droit à une voie de recours selon la jurisprudence de la Cour européenne des droits de l'homme. Selon elle, « « *le droit à un tribunal, dont le droit d'accès constitue un aspect, n'est pas absolu et se prête à des limitations implicitement admises (...) car il appelle de par sa nature même une réglementation de l'État, lequel jouit à cet égard d'une certaine marge d'appréciation »*[4]. Ce n'est que dès lors qu'une voie est ouverte qu'il faut alors qu'elle respecte les garanties du procès équitable. Autrement dit, l'absence de recours choque moins qu'un semblant de recours. A partir de là, les réformes vont bon train qui envisagent de renouveler la conception des voies de recours, qu'il s'agisse de la voie d'appel ou de celle de cassation.

La procédure d'appel a d'ores et déjà été profondément révisée par un décret du 9 décembre 2009 mais son application, qui a posé maintes difficultés et nourrit un contentieux abondant, reste très largement en deçà des attentes formulées. L'espoir qu'avait nourri la réforme est déçu[5]. Un groupe de travail planche actuellement à la Chancellerie pour réviser la procédure d'appel et imposer toujours plus de concentration[6].

---

[4] CEDH, 17 janv. 2006, *Barbier c/ France, D.* 2006, 1208, Deferrard et Durtette ; CEDH 26 oct. 1984, *De Cubber c/ Belgique*, req. nº 9186/80, § 32.

[5] S. Amrani Mekki, *Le décret Magendie : un espoir déçu ?, in Les métamorphoses de la procédure civile, Gaz. Pal.* 30-31 juillet 2014, pp. 30 et s.

[6] V. le discours du premier Président B. Louvel sur le site de la Cour de cassation du 4 décembre 2015, https://www.courdecassation.fr/publications_26/discours_publications_diverses_2039/discours_2202/premier_president_7084/civile_vers_33158.html : « *Les réformes en cours de préparation comportent cependant deux avancées significatives nouvelles inspirées de ce souci*

Quant à la voie de cassation, c'est la Cour de cassation elle-même qui s'est saisie de la question de sa réforme en créant de nombreux groupes de travail en son sein pour tenter de repenser son office[7]. Les travaux sont publiés sur son site internet et des conférences permettent de susciter la contradiction des auteurs de doctrine.

Parallèlement, ce sont des réglementations substantielles qui impactent l'organisation des voies de recours. Il en est ainsi de la loi Macron n° 2015-990 du 6 août 2015 sur l'économie, la croissance et l'égalité des changes économiques. Prise sans concertation avec le ministère de la justice, elle part du postulat que la procédure prud'homale est un frein à l'économie pour envisager des réformes de procédure allant de l'instauration de la médiation à la révision de la procédure en première instance et sur recours[8]. La structuration des voies de recours est ainsi dépendante de considérations d'économie procédurale mais aussi substantielles.

4. – Qu'il s'agisse de la voie d'appel ou de celle de cassation, l'idée est toujours de concentrer le travail juridictionnel en première instance et de réduire l'accès aux juridictions supérieures. La restriction des voies de recours ne peut se faire qu'à partir du moment où le premier degré de juridiction est de qualité. La réflexion doit donc être globale. L'ancien premier Président de la Cour de cassation, Guy Canivet disait qu'il faut avoir de l'intelligence en procédure civile et que celle-ci passe par une réflexion d'ensemble sur les différents degrés de juridictions[9]. Il n'est pas possible de penser la cassation sans une réflexion sur l'appel et la première instance. Vouloir restreindre l'accès aux voies de recours suppose ainsi de prendre du champ et d'analyser les équilibres procéduraux. En outre, l'économie procédurale, qui ne doit

---

de cohérence : la concentration des moyens dès le premier jeu des conclusions devant le juge d'appel, et l'extension à la matière sociale de l'interdiction des demandes nouvelles en appel ».

7 V. l'annonce qui en a été faite par le Premier président lors de l'audience de rentrée solennelle de la Cour de cassation le 12 janvier 2015.

https://www.courdecassation.fr/venements_23/audiences_solennelles_59/debut_annee_60/m._bertrand_30829.html. Les travaux sont accessibles sur le site de la Cour de cassation.

8 V. not. A. Bugada, *La procédure prud'homale revue par la Loi Macron, Cahiers sociaux*, 1er oct. 2015, pp. 534 et s. V. Orif, *Loi « Macron » : Dispositions relatives à la justice prud'homale (art 258), lexbase* édition sociale, 3 sept. 2015.

9 G. Canivet, avants propos, De l'intelligence en procédure civile, *in Le NCPC (1975 – 2005),* J. FOYER et C. PUIGELIER (dir.), Economica, études juridiques n° 25, 2006, spéc. p. XXXIX.

pas être synonyme de gestion de la pénurie mais d'équilibre des impératifs, conduit aussi à repenser la manière dont les recours sont gérés. Plutôt que de limiter l'accès pour tous aux recours, il peut être plus opportun de les traiter différemment. C'est cette voie plus raisonnable, cette économie procédurale équitable, qui semble préférable.

Après avoir exposé les tendances visant à limiter les voies recours (I), nous nous attacherons donc à envisager la manière de mieux les gérer (II).

I. LIMITER LES VOIES DE RECOURS

5. – Limiter les voies de recours peut se faire, d'une part, par la limitation pure et simple à l'accès aux juridictions de recours (A). Elle peut se faire, d'autre part, moins directement, par la limitation de l'étendue des voies de recours (B).

1. Limiter l'accès aux recours

6. – La limitation de l'accès aux voies de recours est déjà une réalité. Le principe de double degré de juridiction n'est pas un principe fondamental[10]. Il existe des taux de ressort en appel (4 000 euros) et de nombreuses décisions sont insusceptibles de tout recours. Pour l'heure, il n'est pas prévu de limiter plus l'accès aux Cours d'appel comme cela peut exister dans certains pays où il faut l'autorisation des juges de premier degré pour contester leur décision en appel.

La question de la limitation de l'accès concerne, en France, plus spécifiquement la voie de cassation. Son premier Président a clairement mis en cause la nécessité que la Cour de cassation française statue sur 30 000 pourvois par an[11]. La justification des propositions de restriction est évidemment à recher-

[10] Cons. const, 12 févr. 2004, n° 2004-491, *Rev. cons. const*, p. 60 § 4 ; *D.* 2005, somm. 1125, obs. Ogier-Bernaud et C. Serverino. V. Van Compernolle et Saletti (dir.), *Le double degré de juridiction*, Bruxelles, 2010, Bruylant ; M. Deguergue, Le double degré de juridiction, *AJDA*, 2006, 1308 ; Justice et double degré de juridiction, *Justices*, 1996, n° 4.

[11] Discours de rentrée solennelle 2015, *op. cit* : « Nous avons encore reçu près de 30 000 pourvois en 2014, soit environ un millier de plus qu'en 2013 ». v. aussi, le discours « La Cour de cassation face aux défis du XXIe siècle », mars 2015, accessibles sur www.courdecassation.fr. V.

cher dans la nécessité de gérer ce flux contentieux mais pas seulement. Il s'agit également de repositionner la Cour de cassation en tant qu'institution face à ses homologues internes que sont le conseil d'état et le conseil constitutionnel mais aussi européens qu'il s'agisse des autres cours suprêmes nationales ou des Cours européennes (CJUE et CEDH). La démarche n'est pas que gestionnaire mais aussi institutionnelle (1°) et justifie des projets plus ou moins alarmistes oscillant entre filtre économique ou doctrinal (2°).

A) Entre raisons économiques et institutionnelles

7. – La Cour de cassation rend 30 000 arrêts par an. Ce nombre impressionnant, sans commune mesure avec les quelques centaines voire dizaines d'arrêts rendus par d'autres cours suprêmes est à mettre en relation avec la conception dite démocratique de l'accès au juge de cassation[12]. Le pourvoi en cassation est en effet fondé sur un critère de légalité. Si un plaideur peut se plaindre de l'un des motifs d'ouverture à cassation, son pourvoi sera traité. Or, les cas d'ouverture à cassation, non listés par le Code de procédure civile sont si vastes qu'ils ne constituent aucunement un filtre. Il suffit d'invoquer un défaut de réponse à conclusion, extrêmement souple, pour pouvoir accéder à la Haute Cour.

8. – Des motifs d'économie procédurale peuvent donc inciter à limiter l'accès à la cassation d'autant qu'il y a déjà eu un, voire deux degrés, de juridiction. Le droit au juge n'est donc pas directement en péril selon la jurisprudence de la Cour européenne des droits de l'Homme. Pourtant, il faut noter de suite que la procédure de cassation fonctionne bien en France et sans retard[13]. Il est dès lors possible de se demander pourquoi remettre en cause un modèle qui marche ?

9. – La première raison consiste en une volonté de réallocation des moyens. Le bon fonctionnement de la Cour de cassation est en effet possible par le tra-

---

les articles critiques B. Haftel, *Libres propos sur l'avant projet de réforme de la Cour de cassation, D.* 2015, 1378 ; E. Dreyer, *Le filtrage des pourvois ou la tentation de la Cour de cassation d'agir comme en cour suprême, Gaz. Pal. 13 juin 2015*, pp. 6 et s.

[12] J. et L. Boré, *La cassation en matière civile, La cassation en matière civile*, 4ème éd. Dalloz, 2009-2010.

[13] V. les chiffres clé de la justice. http://www.justice.gouv.fr/publication/chiffres_cles_20151005.pdf.

vail de ceux qui sont nommés vulgairement les « bébés Canivet » du nom de l'ancien premier Président de la Cour de cassation qui avait eu une politique volontariste de recrutement sans précédent de nombreux conseillers et avocats généraux référendaires. Il s'agit de magistrats de moins de 47 ans qui viennent à la Cour de cassation pour 8 ans maximum afin d'aider les conseillers ordinaires qualifiés de « conseillers lourds ». Diminuer la charge de travail devrait « mécaniquement » permettre de réaffecter ces magistrats référendaires aux juridictions du fond.

10. – La deuxième raison est d'ordre institutionnel. Cette lourde charge juridictionnelle brouille le message jurisprudentiel et fait de la Cour de cassation une juridiction qui traite le tout venant sans pouvoir se consacrer à sa mission normative. Si la jurisprudence n'est pas source officielle de droit en France, la Cour de cassation invoque son rôle normatif sans fausse modestie. Son message jurisprudentiel est brouillé car pris dans un nuage épais de décisions disciplinaires sans intérêt doctrinal. Cette mission normative lui est pourtant vivement contestée par nombre d'auteurs qui, s'ils concèdent que ses arrêts peuvent avoir une portée normative, rappellent que tel n'est pas sa fonction. *« L'institution se qualifie de « cour normative » en prétendant renouer avec sa mission première qui était d'unifier la jurisprudence des cours d'appels alors qu'elle se reconnaît un pouvoir législatif au mépris du principe de séparation des pouvoirs et des textes qui la régissent. Ce qu'elle avait toujours voulu cacher apparaît à présent au grand jour : elle reconnaît qu'elle n'est pas le serviteur de la loi ou plutôt qu'elle ne la sert que dans les limites qu'elle juge bonnes dès lors qu'elle dispose du pouvoir de la corriger, de l'orienter, voire de la neutraliser »*[14].

Par ailleurs et surtout, la Cour de cassation souffrirait d'être ainsi en décalage avec les autres cours européennes. C'est ainsi son positionnement institutionnel qui est en jeu face au conseil d'état notamment. A cet égard, la concurrence des cours suprêmes est visible dans les discours du premier Président. La Cour de cassation souffrirait de moins d'égard face aux pouvoirs publics dans la mesure où son budget dépend du ministère de la justice alors

---

[14] E. Dreyer, *op. cit.*, spéc. n° 4.

que le conseil d'état jouit d'un budget indépendant, ce qui a pu être qualifié d'anomalie[15].

B) Entre filtre financier et doctrinal

11. – L'idée d'instaurer un filtre à la Cour de cassation n'est pas nouvelle. Une chambre des requêtes a existé jusque 1947 avant d'être supprimée pour inefficacité criante: elle alourdissait le contentieux au lieu de le réduire. La nécessité de réinstaurer un filtre a subsisté et a conduit à la création en 2002 de la procédure de non admission des pourvois précisément créée pour moins juger afin de mieux juger[16]. Or, cette procédure n'accélère en rien la procédure. Elle permet de déclarer non admis des pourvois irrecevables ou non fondés sur un moyen sérieux de cassation mais à travers une procédure aussi lourde qu'un pourvoi qui justifierait cassation. En outre, si son apport pédagogique reposait sur son absence de motivation, celle ci est en pratique réapparue avec la pratique d'un rapport communiqué aux avocats aux conseils, sorte de motivation exogène de la non-admission[17]. L'idée d'instaurer un filtre plus énergique a donc vite refait surface.

12. – La construction de ce filtre est aujourd'hui en question qui se fonde parfois artificiellement sur des études de droit comparé. L'artifice provient de ce que la comparaison est faite sur le seul filtrage des pourvois sans compréhension de l'équilibre propre à chaque Etat des différents degrés de juridiction et de la question centrale de l'autorité de la chose jugée. Le premier filtre pourrait être financier. Il existe en Allemagne mais aussi en Espagne où

---

[15] L. Cadiet (dir.), L. Cadiet (dir.), Pour une administration au service de la justice, http://www.leclubdesjuristes.com/wp-content/uploads/2012/06/Pour-une-administration-au-service-de-la-justice.compressed.pdf, spéc. p. 72 ; S. Amrani Mekki, *L'économie procédurale*, RIDP à paraître 2016.

[16] S. Amrani Mekki, La sélection des pourvois à la Cour de cassation, *in Le juge de cassation en Europe*, Ordre des avocats aux conseils (dir.), Dalloz Thèmes et commentaires, 2012, p. 53 *sq.* ; D. Garreau, Du bon usage de la procédure de non admission des pouvoirs, *D.* 2012, 1137 ; V. Vigneau, Le régime de la non admission des pourvois devant la Cour de cassation, *D.* 2010, 102 ; J. Buffet, Le critère de la non-admission, Quelle rationalité ?, *in* L. Cadiet et S. Amrani Mekki, (dir.), *La sélection des pourvois à la Cour de cassation,* Economica, 2004, p. 103-109, spéc. p. 104 ; A. Perdriau, La non-admission des pourvoir, préc., n° 87.

[17] V. Vigneau, *op. cit.*

il est particulièrement rigoureux[18]. Un tel filtre est quasiment unanimement condamné en France partant du principe que la complexité du litige, son intérêt doctrinal ou les droits fondamentaux sous-tendus par le pourvoi sont sans lien avec le montant du litige. En outre, cela construirait une justice à deux vitesses qui existe déjà en appel avec le taux de ressort à 4 000 euros mais qui est précisément rattrapé par l'assurance d'avoir une aune correcte application du droit grâce au pouvoir en cassation.

13. – Le deuxième filtre possible concerne le fond du pourvoi. Il peut s'agir, d'abord, d'abandonner la fonction disciplinaire de la Cour de cassation qu'on a qualifiée de « *fonction pastorale* »[19]. Il s'agit alors non pas de définir une politique jurisprudentielle mais ne rectifier des erreurs techniques, un défaut de motivation, un défaut de réponses à conclusion. Ce filtre pose cependant deux difficultés. La première concerne la nécessité de rectifier de telles erreurs que certains souhaitent voir basculée devant le cours d'appel. Elles seraient alors juges par une sorte d'appel circulaire de la discipline de leurs consœurs, ce qui pose d'énormes difficultés en terme d'autorité comme de légitimité[20]. La seconde est plus profonde car il pourrait y avoir artifice de distinguer les pouvoirs disciplinaires des autres car ils sont parfois entremêlés. En outre, c'est parfois à l'occasion d'un pourvoi disciplinaire que se révèle une question de principe.

14. – Cet abandon du disciplinaire permettrait de se recentrer ensuite sur la fonction normative en ne traitant que des pouvoirs posant une question de principe. On y ajoute parfois, pour éviter le *cherry picking* américain une extension aux pourvois qui posent une question relative aux droits fondamentaux. Or, toutes les questions de procédure peuvent être reliées aux garanties du procès équitable. Surtout, c'est un changement profond de conception du rôle de la Cour de cassation qu'on arriverait en consacrant une conception aristocratique de ses fonctions[21]. Cette possibilité fortement soutenue par certains groupes de

---

[18] 600 000 euros pour former pourvoi en matière administrative, v. in, L.-M Diez Picazo, *La régulation des contentieux devant les cours suprêmes, l'Espagne, in* http://www.leclubdesjuristes.com/wp-content/uploads/2014/10/CDJ_Rapports-2014_Cours- suprêmes_Oct.2014_Web.pdf. spéc. p. 60.

[19] A. Tunc, *La Cour suprême idéale, RIDC* 1978, pp. 433 et s., spéc. p. 437.

[20] Club des juristes, La régulation des contentieux devant les cours suprêmes, *op. cit.*

[21] L. et J. Boré, op. cit. spéc. n° 23-12 : Les auteurs traitent de la conception aristocratique en considérant que dans un tel cas, « *le bon plaisir du prince judiciaire qui peut ouvrir ou refermer son*

réflexion est également fortement combattue par une large part de la doctrine universitaire aussi bien que praticienne[22]. Les avocats aux conseils aussi bien que certains conseillers y sont opposés et préfèrent s'intéresser à une modulation des procédures plutôt qu'à l'accès à la Cour de cassation.

Vouloir limiter les recours peut en effet aussi se faire en limitant non pas leur accès mais leur étendue.

2. Limiter l'étendue des recours

15. – Les réflexions visant à limiter les voies de recours sont globales. Il ne s'agit pas seulement de limiter la saisine possible des juridictions sur recours mais de limiter aussi la nature de leur contrôle. Cette limitation est particulièrement visible en ce qui concerne la voie d'appel pour laquelle un retour à une stricte voie de réformation est préconisé (1°) alors même que celui-ci est conditionnée par un environnement processuel et judiciaire dont il n'est pas possible de faire abstraction (2°).

A) Retour à une stricte voie de réformation ?

16. – L'appel est la voie de recours par excellence, qualifiée d'ordinaire ou de normale. Il n'a pas toujours existé historiquement[23] et est parfois encore

---

prétoire selon l'état d'encombrement de celui-ci, et réaliser son rêve de ne juger que les grandes affaires et de ne rendre que de grands arrêts. Il se comporte en législateur et non en juge ». Il en est ainsi aux Etats-unis ou en Autriche par exemple. Une proposition de loi actuellement en Belgique préconise de réformer l'article 1015bis du Code judiciaire belge pour écarter les pourvois ne requérant « *pas de réponse à des questions de droit dans l'intérêt de l'unité de la jusrisprudence ou du développement du droit* », ce qui est fort contesté par la doctrine, V. P. Gérard, H. Boularbah et J.-F. Van Drooghenbroeck, *Pourvoi en cassation en matière civile,* Rép. Pratique du droit belge, Bruylant 2010, p. 301 et 319.

22 V. not. Les articles de B. Haftel et E. Dreyer préc.

23 J. Hilaire, Un peu d'histoire, *in Le double degré de juridiction*, Justices, nº 4, 1996 p. 9 *sq.* L'auteur explique qu'elle a même fonctionné comme une voie de cassation à Rome. V. aussi, M. Servon, avocat général à Grenoble pendant la Constituante, propos cités par R. de la Grassière, *De la justice en France et à l'étranger au XX*e *siècle*, Sirey, 1914, t. II, spéc. p. 716 : « « *Lorsqu'il s'agissait de ruiner le système féodal et d'établir sur ses ruines l'autorité royale, les appels furent peut-être une institution politique, mais, comme institution judiciaire, les appels me semblent pour le moins inutiles* ».

contesté économiquement en son principe même[24]. La voie d'appel permet d'obtenir l'annulation ou la réformation du jugement. Cependant, il est possible d'hésiter entre deux conceptions de la voie d'appel selon qu'on l'envisage comme une voie d'achèvement du litige ou comme une stricte voie de réformation[25], la Cour d'appel faisant dans cette seconde acceptation office de Cour de cassation en fait et en droit des jugements de premier degré. Ce choix conceptuel est éminemment lié à des contraintes budgétaires, une « real politique » processuelle qui doit éviter que l'appel soit trop accueillant au risque d'encombrer les juridictions. En effet, si l'appel est une garantie de bonne justice *« s'inscrivant dans la chronologie, il offre des tentations dilatoires »*[26]. Le régime de cette voie de recours doit ainsi résulter d'un équilibre subtil et délicat, mais souvent contesté, entre l'esprit des droits de l'homme et celui du marché, « *Efficience versus équité* »[27].

17. – En France, la conception de l'appel comme voie d'achèvement du litige issue d'une conception germanique de l'appel, a été adoptée dans les années soixante-dix. Elle avait pour objectif d'améliorer la procédure d'appel en l'accélérant, ce qui semble aujourd'hui paradoxal. Il s'agissait de perdre un peu de temps en appel en admettant une certaine évolution du litige depuis le jugement de première instance pour en gagner dans le traitement des procédures en général en évitant de nouveaux procès. L'évolution du litige ainsi admise permet de conserver une unité substantielle au litige. Cela évite des procès futurs et d'éventuelles contrariétés de décisions. En ce sens, l'évolution est respectueuse du souci de célérité de la procédure[28]. Admettre l'évolution du litige, c'est également faire preuve de réalisme car les procès s'étalent dans le temps et que le litige n'est pas figé. L'évolution du litige n'est synonyme de dilatoire quand elle est indépendante de la volonté des parties. En cas de changement d'avocat entre les deux instances, ce qui n'est pas illégitime quand

---

[24] Economiquement, Il n'y a pas d'utilité à refaire ce qui a été fait.

[25] Sur l'importance d'opposer voie d'achèvement à une « stricte » voie de réformation, la première incluant la seconde, Th. Le Bars, Faut-il supprimer la voie d'achèvement ?, *in Les métamorphoses de la procédure civile, Gaz. Pal.* Août 2014. V. sur ces questions le colloque des instituts d'études judiciaires, *La voie d'appel*, Aix en Provence, 1963 ; C. Lefort, Théorie générale de la voie d'appel, th. Angers 2000, spéc. n° 852 *sq*, p. 716 *sq*.

[26] J. Buffet, préface à J.-L. Gallet, *La procédure devant la Cour d'appel,* Litec, 2003, spéc. IX.

[27] L. Cadiet, Efficience versus équité, *in Mél. Van Compernolle*, Bruylant, 2004, p. 25 *sq*.

[28] S. Amrani Mekki, Le principe de célérité, *RFAP* 2008, n°125, pp. 143 et s.

le justiciable pense que son premier avocat a failli à sa mission, l'évolution de la matière litigieuse permet un renouvellement de la stratégie judiciaire. Tous ces avantages ont permis le déploiement d'une conception de l'appel conçue comme une voie d'achèvement du litige. L'appel ne vise pas à vérifier que les premiers juges ont bien accompli leur office ; il sert à rejuger un litige potentiellement différent. L'appel peut alors développer des « *dimensions nouvelles* »[29].

18. – Cette conception de la voie d'appel porte cependant atteinte au double degré de juridiction dès lors que ce qui sera soumis pour la première fois à la cour d'appel n'aura pas fait l'objet d'un double examen. L'absence de valeur constitutionnelle du double degré de juridiction empêche cependant d'en faire un obstacle dirimant[30]. Cette conception de l'appel peut également apparaître contraire au principe d'immutabilité de l'objet du litige qui justifierait que le litige soit figé au seuil de la première instance. Mais là encore, la réalité conduit à préférer une mutabilité contrôlée ou maîtrisée du litige.

En vérité, ce sont essentiellement des considérations de politique processuelle qui peuvent faire barrage à l'admission de l'évolution du litige. Si l'achèvement du litige pouvait être perçu comme une voie d'accélération des procédures dans les années mil neuf cent soixante-dix, il n'en est rien aujourd'hui. Les Cours d'appel sont les juridictions les plus encombrées, celles sur lesquelles il faut concentrer les efforts d'accélération. C'est ainsi que le rapport Coulon en 1997 alertait sur une véritable crise de la voie d'appel. Il préconisait déjà d'interdire la présentation de moyens nouveaux et de nouvelles pièces devant la cour d'appel même si c'était limité à l'instance d'appel sur renvoi après cassation[31]. De plus, la possibilité de faire un second procès en appel nuit à l'autorité de la décision des premiers juges en réduisant la première instance à un simple « *galop d'essai* ». Le renforcement de la qualité de la première instance doit permettre de réduire le rôle de l'instance d'appel. L'histoire procédurale est en ce sens, ainsi que le révèle le principe 27 des principes de procédure civile transnationale qui limite l'appel « *aux demandes*

[29] J. Vincent, Les dimensions nouvelles de l'appel en matière civile, *D.* 1973, 179.

[30] Cons. const, 12 févr. 2004, n° 2004-491, *Rev. cons. const*, p. 60 § 4 ; *D.* 2005, somm. 1125, obs. Ogier-Bernaud et C. Serverino. V. Van Compernolle et Saletti (dir.), *Le double degré de juridiction*, Bruxelles, 2010, Bruylant ; M. Deguergue, Le double degré de juridiction, *AJDA*, 2006, 1308.

[31] J.-M. Coulon, *Réflexions et propositions sur la procédure civile*, la Documentation française, 1997, p. 96 s.

et défenses présentées en première instance » sauf si l'intérêt de la justice requiert d'admettre de nouveaux faits et de nouvelles preuves (principe 27.3).

19. – Par une sorte de mouvement de balancier, le retour à une stricte voie de réformation est alors tentant. Il s'agit d'un retour à la fonction originaire de l'appel qui est essentiellement correctrice. Telle était la conception romaine de l'appel. Il corrige une erreur de fait ou de droit du jugement soit en critiquant la substance même de la chose jugée (*error in judicando*), soit en contestant le processus d'élaboration (*error in procedendo*). Ce retour à la voie de réformation se justifie encore par le fait que, si comparaison n'est pas raison, le contentieux administratif a montré la volonté de faire de l'appel une sorte de cassation en fait et en droit car « *lorsqu'il existe,* (le double degré de juridiction) *ne doit pas être conçu par les justiciables comme une loterie qui offrirait une double chance avec le même bulletin* »[32]. Le jugement de première instance ne peut être nié et doit constituer le point de départ de l'appel. L'arrêt fondateur est celui de l'affaire *Office HLM de Caen* du 11 juin 1999[33] qui imposait aux parties la présentation de moyens d'appel constituant la critique du jugement de première instance. Il était alors impossible de se contenter de faire référence à la requête initiale. Cette jurisprudence audacieuse a cependant été bornée par l'arrêt *Mahdi* du 27 juin 2005 qui se contente d'une motivation distincte de celle adressée aux premiers juges sans qu'il y ait cependant une critique en règle du jugement. Les rigueurs jurisprudentielles n'ont pas résisté à la pratique[34]. Outre cette comparaison interne, un regard rapidement porté

---

[32] C. Bergeal, La motivation du recours d'appel par référence au mémoire de première instance, *RFDA* 2000, 331.

[33] CE Sect, 11 juin 1999, *Office HLM de Caen*, *Rec.* 478 ; *RFDA* 2000, 331, concl. Bergeal, *adde* C. Guettier, *RDP* 2000, 384 et D. Giltard, *AJDA* 2003, 1801. - CE 4 oct. 1999, *Martin*, *Rec.* 981. - CE 28 juill. 2000, *Duchemin*, *Rec.* 1192. - CAA Lyon, 8 juill. 2003, *Djerbib*, *AJDA* 2004, 39, concl. Bonnet).

[34] CE 27 juin 2005, *Mahdi*, *Rec.* 257, *AJDA* 2005, 1959, concl. Chavaux ; *D.* 2005, 258, note Markus ; *DA* 2005, n° 146, note Boiteau. - CE 18 oct. 2006, *Société Entreprise sanitaire auboise*, *Rec.* 1039 : le juge d'appel ne peut, « *eu égard à son office, écarter un moyen au seul motif que le requérant se bornerait à reproduire le moyen tel qu'il avait été présenté en première instance et ne critiquerait pas les motifs du jugement attaqué* ». V. J. Benetti, La définition de l'office du juge d'appel par le Conseil d'État, Le juge administratif face au principe de réalisme, *AJDA* 2008, 2206.

sur les procédures allemande et espagnole pouvait donner l'impression d'une plus grande rigueur procédurale[35].

Cette tentation d'un retour à une pure voie de réformation a séduit la conférence des premiers Présidents de cours d'appel qui s'y est déclarée favorable[36] : « *la conférence préconise l'abandon de la voie d'achèvement et le retour à la tradition française de l'appel réformation avec des aménagements pour tenir compte par exemple des de la survenance entre le premier et le second degré de juridiction, de pièces ou de nouveaux faits* ». De même en est-il de l'Institut des Hautes Etudes du Judiciaire dans son rapport sur « *La prudence et l'autorité, l'office du juge du XXIème siècle* »[37]. Le rapport Delmas Goyon sur le juge du 21ème siècle préconise également de revenir à une voie de réformation en prévoyant comme soupape de sûreté de passage par une formation des recours qui devrait admettre au cas par cas la possibilité de soulever de nouveaux moyens ou nouvelles demandes en cas de « *révélation d'une circonstance de fait ou de droit, née du jugement ou postérieure à celui-ci, modifiant les données juridiques du litige* (propositions 31 et s.). La formation pourra en outre « *soulever d'office l'irrecevabilité des appels paraissant manifestement infondés* » (*proposition n° 37).* La création d'une formation nouvelle risquerait cependant de créer des lourdeurs et longueurs

---

[35] V. F. Ferrand, *V° Appel*, Encyclopédie Dalloz, 2012, spéc. n° 349 *sq.* Le droit allemand a modifié sa procédure par une réforme du 27 juillet 2001, entrée en vigueur le 1er janvier 2002, pour abandonner la conception de l'appel comme voie d'achèvement du litige. Les juges d'appel sont désormais tenus par les faits tels qu'ils ont été constatés en première instance et il n'est plus permis de formuler même des moyens de défense nouveaux.

[36] Conférence des premiers Président de Cour d'appel, Déclaration La Baule 2013, http://actualitesdudroit.lamy.fr/LinkClick.aspx?fileticket=Qr7bFWVWw7c%3D&tabid=88.

[37] IHEJ, *La prudence et l'autorité, l'office du juge du XXIème siècle, http://www.ihej.org/wp-content/uploads/2013/07/rapport_office_du_juge_mai_2013.pdf,* pp. 133 et s., spéc. p. 146 « Pour ces raisons, l'appel ne peut plus rejouer totalement la cause, car, en raison de l'évolution naturelle du litige dans sa phase de durative, ce serait proposer de la rejouer indéfiniment. Et le fait qu'il n'y ait pas « d'appel de l'appel » est, en soi, une anomalie quant aux droits fondamentaux du procès. Aussi faut-il abandonner l'appel général et l'effet dévolutif absolu en ne permettant qu'un appel limité à la question (il peut y en avoir plusieurs) qui pousse l'appelant à faire réformer la décision, ainsi que cela se fait dans la plupart des pays européens. Ce système est déjà prévu par les textes, mais alternativement avec la voie « générale » : cette dernière est largement préférée ».

procédurales[38]. Plus récemment, le premier président de la Cour de cassation s'y est également déclaré favorable[39].

On ne s'étonnera pas que ce sont les présidents de juridictions, manager de celles-ci qui prennent ainsi position. D'un point de vue de management, la position est tout à fait cohérente. Elle ne reflète cependant pas la position de tous les magistrats d'appel, loin s'en faut.

B) Nécessité d'une prise en compte de l'environnement judiciaire et processuel

20. – Parce que tout est affaire d'équilibre, la conception de la voie d'appel est à mettre en lien avec d'autres règles telles que l'autorité de la chose jugée ou l'office du juge par exemple. On s'aperçoit ainsi que les procédures qui sont rigoureuses en appel sont plus souples à accueillir de nouveaux procès et vice versa. Tout est affaire de mesure, ce qui permet de souligner qu'il y a une forte dépendance entre la conception de l'appel et celle de la chose jugée.

Or, dans la procédure civile française, il faut tenir compte de l'arrêt *Césaréo* de l'Assemblée plénière du 7 juillet 2006 qui a procédé à une concentration des moyens[40]. Désormais, tous les moyens doivent être concentrés dans un seul procès même si le motif de la Cour de cassation n'est pas limpide qui parle d'instance : « *il incombe au demandeur de présenter dès l'instance relative à la première demande l'ensemble des moyens qu'il estime de nature à fonder celle-ci* ». Qu'est-ce que l'instance relative à la première demande ? Les propos sont maladroits et auraient dû viser le procès et non l'instance mais l'on sait que la confusion est fréquente. Il suffit pour s'en convaincre de faire référence à la règle de l'unicité de l'instance en matière prud'homale qui vise en réalité l'unicité de procès. De fait il n'est plus possible de faire un deuxième procès en changeant de fondement juridique. Une demande n'est plus nouvelle au seul motif qu'elle reposerait sur un fondement juridique différent dès lors qu'elle tend aux mêmes fins que la demande antérieure. Autrement dit, on aligne le régime de l'autorité de chose jugée et le régime des

---

[38] S. Amrani Mekki et L. Raschel, Le rapport Delmas Goyon sur « le juge du 21ème siècle », *Gaz. Pal.* 9-11 mars 2014, pp. 5 et s.

[39] Discours du premier Président, Rencontres de procédure civile, 4 décembre 2015, préc.

[40] AP, 7 juil. 2006, *D.* 2006, 2135, Weiller, *Dr et proc.* 2006, 348, Fricero, *Procédures* 2006, repère, p. 1, n°201, Perrot, *RTDciv.* 2006, 825, Perrot.

demandes nouvelles en appel. La rigueur horizontale de la jurisprudence *Césaréo* doit ainsi se traduire par une souplesse verticale. Parce que la partie ne peut changer de stratégie dans un autre procès, il faut le lui permettre entre la première instance et l'instance d'appel. C'est la raison pour laquelle il n'est pas possible de figer ce litige en limitant l'appel à une critique du jugement.

21. – Ensuite, il faut avoir égard au rôle du juge. L'Assemblée plénière de la Cour de cassation a rappelé le 21 décembre 2007 que celui-ci n'a qu'une faculté et non une obligation de relever d'office les moyens de droit. La règle qu'il rappelle implique que le juge n'est pas un rempart contre l'erreur ou la négligence des parties. Cela renforce encore l'idée d'une souplesse nécessaire en appel. Autrement dit, « *n'achevons pas la voie d'achèvement* »[41].

22. – Surtout, ces restrictions des voies de recours ne peuvent se faire qu'à condition d'une confiance totale dans le jugement de première instance. Or il ne faut pas se cacher du fait que l'organisation judiciaire pose difficulté. Les litiges du travail sont justiciables des conseils de prud'hommes dont le fonctionnement est largement décrié du fait notamment d'un taux d'appel de 60% et l'impartialité mise en cause. Une réforme en cours vise d'ailleurs, suite à la loi Macron, à réformer la procédure prud'homale, pour le moment encore à la marge[42]. De même les tribunaux de commerce sont sur la sellette, partiellement réformé par la loi sur la justice du 21ème siècle[43]. Plus largement, la multiplication des jugements à juge unique et les difficultés procédurales à gérer la masse contentieuse justifient des craintes quant à la qualité de la décision de première instance.

Il faut peut être les repenser non pas quant à leur accès ou leur étendue mais quant à la procédure qui est menée. Cette approche plus qualitative est également à l'oeuvre parallèlement.

II. GERER LES PROCEDURE SUR RECOURS

23. – Le « *chantier permanent* »[44] qu'est la procédure civile est largement repris depuis quelques années et s'accélère concernant les voies de recours

[41] M. Parmentier, N'achevons pas la voie d'achèvement, *Gaz. Pal.* 14-16 juil. 2002, p. 20.

[42] Réforme de la justice sociale.

[43] J21 et juridiction commerciale.

[44] G. Wiederkehr, Le nouveau Code de procédure civile : la réforme permanente, *in Mélanges Jacques Béguin*, Litec, 2005, pp. 787 *sq*, spéc. p. 788.

depuis quelques mois. La Cour de cassation a mis en place des groupes de réflexion et d'expérimentation parallèles pour réviser ses méthodes de travail alors qu'un groupe de travail ministériel planche actuellement sur la voie d'appel.

Au delà de l'ouverture des voies de recours, la question de leur gestion se pose avec l'idée que la gestion du cours des procédures pourrait être plus efficace (A). Par ailleurs, les réflexions portent sur l'office des juridictions sur recours ce qui amène à(re)penser leur office jurisprudentiel (B).

1. Gérer le processuel

24. – Sans toucher à l'accès aux voies de recours, il est possible de mieux en gérer le processus. Cela peut se faire soit en imposant un principe de concentration procédurale (1°) soit en admettant une diversification du traitement procédural des affaires (2°).

A) Une concentration procédurale

25. – La concentration procédurale a été pensée et consacrée en France au stade de l'appel, précisément pour sauver sa conception de voie d'achèvement du litige. Le rapport dit Magendie II sur la célérité et la qualité de la voie d'appel a en effet proposé d'instaurer une voie d'achèvement maîtrisée de l'appel[45]. Cette voie d'achèvement maîtrisée ou contrôlée permet que le litige puisse toujours évoluer dans une certaine mesure entre la première instance et l'appel. Simplement, diverses règles techniques empêchent une évolution pendant l'instance d'appel. À la concentration substantielle du litige imposée par l'arrêt *Césaréo* s'ajoute une concentration procédurale au sein de l'instance d'appel[46]. Cela ne remet absolument pas en cause l'effet dévolutif de l'appel. L'affaire est encore roulée du rôle de première instance à celui d'appel. Selon le rapport Magendie, le litige pourra évoluer dans les mêmes circonstances qu'aujourd'hui, à savoir avec des moyens nouveaux, des pièces nouvelles, des

[45] J.-C Magendie, Qualité et célérité de la voie d'appel, op. cit.

[46] Y. Strickler, La concentration des moyens et la nouvelle procédure d'appel, *Dt et proc.* 2011, 166.

demandes qui tendent aux mêmes fins, des demandes virtuellement comprises dans les demandes initiales, des demandes reconventionnelles voire des interventions. La voie d'achèvement est ainsi préservée quoique limitée dans le temps. Et les critiques selon lesquelles « *l'impossibilité après un certain délai de prendre en considération l'évolution du litige risquerait de conduire la cour à rendre une décision inadaptée* »[47] doivent donc être tempérées.

26. – Cependant, il faut reconnaître que cette concentration procédurale est un échec total. D'abord, parce que l'article 912 CPC permet de passer outre les délais imposés lorsque le conseiller de la mise en état estime que de nouveaux échanges sont nécessaires, ce qui est une voie de secours dans laquelle de nombreuses juridictions se sont engouffrées. Ensuite, parce que les textes étant mal rédigés, la Cour de cassation a affirmé dans un avis du 21 janvier 2013 que les parties peuvent néanmoins déposer de nouvelles conclusions jusqu'à l'ordonnance de clôture[48]. Certains en déduisent alors que la partie « *doit donc pouvoir se borner, par exemple, à recycler le contenu de ses conclusions de première instance, pour satisfaire aux prescriptions de l'article 908 CPC* »[49], ce qui irait à contresens de ce qui a fondé l'esprit du décret du 9 décembre 2009. Autrement dit, les délais imposés pour concentrer la procédure ont seulement servit à ralentir celle-ci en fixant des délais respectés éventuellement en la seule forme dans l'attente d'un retour à la situation classique après usage de l'article 912 CPC[50]. En outre, les conseillers d'appel usent facilement en pratique de la procédure à bref délai de l'article 905 CPC pour éviter d'avoir à entrer dans les difficiles questions de computation des délais car la Cour

---

[47] C. Bléry et L. Raschel, Rapport Magendie : propositions pour un nouvel office des parties et du juge, *Procédures*, 2008, n°8-9, p. 2.

[48] Cass. Avis, 21 janv. 2013, n°130005 : « *dans la procédure ordinaire avec représentation obligatoire en appel, les parties peuvent, jusqu'à la clôture de l'instruction, invoquer de nouveaux moyens* ».

[49] J. Héron et Th. Le Bars, *Droit judiciaire privé*, Montchrestien, 5ème éd. 2012, spéc. n°784, p. 642.

[50] S. Amrani Mekki, *Le décret Magendie : un espoir déçu ?, in Les métamorphoses de la procédure civile, op. cit.*, spéc. n°19 : « De l'avis de nombreux conseillers d'appel, la réforme fonctionne bien dans ces cas là. En revanche, dès lors qu'il y a des parties multiples, le calcul des délais devient délicat, obligeant les conseillers de la mise à de savants calculs qu'ils préfèrent parfois éviter en faisant échapper la procédure aux délais légaux, soit en optant pour la procédure à bref délai de l'article 905, soit en occultant totalement leur application par un recours systématique à l'article 912 ».

de cassation considère que les délais d'appel ne sont pas applicables à cette procédure[51].

27. – Malgré tout, face à la résistance pour revenir à une stricte voie de réformation, la concentration procédurale semble être la seule voie. Il semblerait ainsi que le projet de décret de la procédure d'appel la confirme tout en assouplissant les délais qui étaient jugés trop rigoureux[52].

B) Une diversification procédurale

28. – Le deuxième axe fort d'une meilleure gestion des procédures concerne les circuits procéduraux qu'il conviendrait d'adapter. En première instance et en appel, il existe des circuits courts, moyens ou longs (art 760 à 762 CPC) selon la complexité de l'affaire. Or, rien de tel devant la Cour de cassation qui traite selon le même processus toutes les affaires, qu'elles donnent lieu à un arrêt de cassation en Assemblée plénière ou à une décision de non admission rendue par une formation restreinte. L'une des pistes de réflexions est donc de différencier le traitement procédural des affaires pour permettre de sauvegarder l'étendue du contrôle de la Cour de cassation. Il y a en effet indéniablement un lien entre l'accès au recours et la gestion des recours.

29. – Le premier circuit pourrait concerner la non admission des pourvois. A l'origine, il s'agissait de « *moins juger pour mieux juger* »[53]. L'absence de motivation des décisions de non admission permettait de livrer un message pédagogique aussi virulent par la partie que pour l'avocat aux conseils qui a soutenu le pourvoi, il n'y a pas lieu à statuer. Or, une motivation exogène s'est développée dans le rapport précisément parce que tant la procédure que le travail du conseiller rapport sont identiques à ceux d'un arrêts de cassation. Il n'y a pas de gain de temps. L'idée serait de renouveler le modèle. Devant le conseil d'état par exemple, la procédure n'est pas contradictoire et le conseil

---

[51] Cass. avis 3 juin 2013, *Gaz. Pal.* 3 sept. 2013, p. 43 *sq.* Amrani Mekki, *JCP* 2013, 758, Gerbay : « *les dispositions des articles 908 à 911 du Code de procédure civile ne sont pas applicables aux procédures fixées selon les dispositions de l'article 905 du même code* ». V. déjà, Civ. 2, 16 mai 2013, *Procédures* 2013, n°207, Perrot.

[52] V. projet en cours et l'allocation du premier Président de la Cour de cassation du 4 déc. 2015 qui y fait référence, supra note 6.

[53] S. Amrani Mekki, *La sélection des pourvois à la Cour de cassation, op. cit.*

peut décider à la seule vue du mémoire ampliatif, permettant ainsi de prendre rapidement une décision de non admission[54]. Il y a ici un moyen d'économie procédurale certain. Pour l'heure, seul le fait que la décision est rendue en formation restreinte de 3 conseillers au lieu de 5 est source d'économie, ce qui est très résiduel.

30. – Plus largement, il serait possible de construire des circuits différenciés selon la nature du contrôle de la Cour de cassation. On peut ainsi imaginer que dans sa fonction purement disciplinaire qui ne devrait pas avoir de portée normative, le circuit soit accéléré. Au contraire, si une décision doit avoir une portée normative plus importante, elle pourrait conserver un circuit classique qui deviendrait donc le circuit long. Il s'agit là d'une attitude raisonnable, gestionnaire dans le bon sens du terme et qui est en lien avec la nécessité de permettre à la Cour de cassation de se concentrer sur sa fonction normative en gérant mieux le jurisprudentiel.

2. Gérer le jurisprudentiel

31. – La concentration des moyens matériels sur la fonction normative de la Cour de cassation sert la volonté d'améliorer celle-ci. Ce n'est pas gagner du temps pour du temps mais pour mieux l'utiliser. L'objectif est assurément de mieux motiver les arrêts de cassation (1°) ce qui se fera en améliorer parallèlement le processus d'élaboration de la jurisprudence (2°).

A) La motivation des décisions sur recours

32. – L'une des critiques principales adressées aux arrêts de cassation concerne leur motivation. On a toujours parlé de leur brièveté et de leur caractère sibyllin, non seulement pour les justiciables mais pour les juges eux-mêmes[55]. Ainsi, les juges d'appel ne saisissent pas toujours le sens des

---

[54] Devant le conseil d'état, L. n° 87-1127, 31 déc. 1987, art. 11 et CJA, art. L. 822-1, art. R. 822-1 à 822-6. Voir C. Vigouroux, La non admission des recours au Conseil d'Etat, *in La sélection des pourvois à la Cour de cassation,* préc., pp. 33 *sq.* ; B. Stirn, Le filtrage des recours devant la juridiction administrative, *in Mélanges en l'honneur de Jacques Boré*, Dalloz, 2008, pp. 440 *sq.* ; R. Chapus, *Droit du contentieux administratif,* 13ème éd. 2008, spéc. n° 1418.

[55] A. Perdriau, Des arrêts brévissimes de la Cour de cassation, JCP 1996, 3943, spéc. n°30 et s.

cassations, ce qui nuit à l'harmonisation des jurisprudences. Surtout, la richesse des débats et des discussions menées est sans commune mesure avec la motivation brévissime qui en résulte. Un exemple flagrant nous est fourni par la récente décision en matière de gestation pour autrui qui tranche sensiblement avec les motivations fleuves de la CEDH.

L'arrêt d'Assemblée plénière du 3 juillet 2015 a en effet tranché en considérant que « *l'acte de naissance n'était ni irrégulier ni falsifié et que les faits qui y étaient déclarés correspondaient à la réalité, la cour d'appel en a déduit à bon droit que la convention de gestation pour autrui conclue entre M. X...et Mme Z... ne faisait pas obstacle à la transcription de l'acte de naissance* »[56]. On ne saura rien des motifs des motifs.

33. – A cette critique que l'on peut qualifier de classique, une nouvelle difficulté vient s'ajouter. En effet, la Cour de cassation française se voit parfois fort dépourvue lorsque ses décisions donnent lieu à condamnation de la France par la Cour européenne des droits de l'homme alors même que cette dernière opère un contrôle de proportionnalité qu'elle-même n'utilise pas. Le sentiment est dès lors de ne pouvoir concurrencer à égalité d'armes une jurisprudence et de ne pouvoir faire comprendre ses décisions. Cette difficulté risque encore de s'accroître si la ratification du protocole n°16 de la CEDH permettra demain à la Cour de saisir la CEDH d'une demande d'avis consultatifs sur des questions de principe relatives à l'interprétation ou à l'application des droits et libertés définis par la Convention ou ses protocoles[57]. Si les avis ne sont pas contraignants, ils positionneront un peu plus la cour de cassation en position de soumission symbolique, ce qui accroît le sentiment de nécessité de concurrencer la CEDH à égalité d'armes en opérant un contrôle identique.

La Cour de commence ainsi timidement à opérer expressément un contrôle de proportionnalité. Il en est ainsi dans un arrêt important du 4 décembre 2013 où la Cour a considéré que « *le prononcé de la nullité du mariage de Raymond Y... avec Mme Denise X... revêtait, à l'égard de cette dernière, le caractère d'une ingérence injustifiée dans l'exercice de son droit au respect de sa vie*

---

[56] Cass. AP 3 juillet 2015, n°15.50002.

[57] Protocole n°16, http://www.echr.coe.int/Documents/Protocol_16_FRA.pdf Le protocole n'est pas encore en vigueur car il lui un nombre de signature minimum.

privée et familiale dès lors que cette union, célébrée sans opposition, avait duré plus de vingt ans »[58].

Or, afin d'opérer un tel contrôle, il est parfois évoqué la nécessité de moins rendre des décisions pour se concentrer sur celles-ci. Un tel lien est contesté et contestable. D'abord, parce que ce contrôle n'a pas automatiquement à exclure les autres. Ensuite, parce que ce contrôle existe déjà même si la Cour de cassation ne l'affiche pas nécessairement de cette manière. Une étude est d'ailleurs à l'oeuvre pour envisager les décisions qui opèrent un tel contrôle sans l'afficher. En outre, comme l'indique M. Haftel, « *les mêmes remarques valent pour les comparaisons systématiques avec la Cour de justice de l'Union européenne (CJUE) et la Cour européenne des droits de l'homme (CEDH). Leur place dans l'ordre juridique, leur absence de plénitude de juridiction et leur pouvoir d'interprétation authentique confèrent nécessairement à leurs décisions une portée différente de celle de la Cour de cassation. Pour dire les choses plus clairement, sur les questions qui relèvent de leur compétence, la Cour de cassation leur est subordonnée, que cela plaise ou non, et aucune procédure de filtrage ne changera cela. Il y a là une question politique et non juridique. Et la règle est la même pour tous les États membres/signataires de la Convention européenne des droits de l'homme, quels que soient le nombre et la qualité de leurs décisions de justice* »[59].

34. – Qu'il s'agisse de ces décisions ou d'autres, le besoin d'améliorer la motivation est patent. Un groupe de travail présidé par le président A. Lacabarats est à l'oeuvre pour envisager les pistes possibles. La première consiste écrire les arrêts en style direct en supprimant les attendus pompeux. La seconde serait d'expliquer le pourquoi de la décision en retraçant exactement les éléments qui ont conduit à une solution donnée. Des expérimentations sont à l'œuvre. Il ne s'agit ni plus ni moins que d'une révolution dans les méthodes de travail des conseillers. Nul besoin de réforme textuelle, c'est un changement de culture qui est attendu[60]. Or, celle-ci est globale et ne se limite pas à la motivation. C'est la manière de faire la jurisprudence qui pourrait évoluer.

---

[58] Cass. Civ. 1, 4 décembre 2013, pourvoi n° 12-26.066, *Bull.* 2013, I, n° 234

[59] B. Haftel, *op. cit.* spéc.

[60] L'article de P. Deumier, https://www.courdecassation.fr/cour_cassation_1/reforme_cour_7109/cour_cassation_32582.html

B) *L'élaboration de la jurisprudence*

35. – C'est à propos de la procédure pour avis de la Cou de cassation que François Zénati disait « *cette manière de faire la jurisprudence nie la jurisprudence* »[61]. En effet, l'avis étant donné pour un texte qui pose une question nouvelle, il empêche la maturation de la réflexion, l'expérience des cas d'espèce et surtout le dialogue des juges. Pourtant, la procédure d'avis, instaurée en 1991, a le merveilleux avantage d'éviter des contentieux qui sont tués dans l'oeuf. La procédure d'avis sert en ce sens l'économie procédurale. Elle a des atouts formidables même si elle reste en demi teinte. En effet, d'une part, les juges ne sollicitent pas assez la Cour de cassation. D'autre part, les conseillers sont parfois trop frileux et n'usent pas toujours de la possibilité de faire des *obiter dicta*[62]. Or, la réponse à une question amène souvent d'autres questions pour lesquelles il faut parfois attendre une salve d'avis. Ainsi en est-il, par exemple, de la procédure d'appel à propos de la communication des pièces qui a nécessité deux avis[63], une résistance de la deuxième chambre civile[64] pour se clore par un arrêt d'assemblée plénière[65] confortant la deuxième chambre contre l'avis précédemment donné.

36. – L'élaboration de la jurisprudence questionne encore le rôle du parquet général de la Cour de cassation dont le procureur général répète qu'il est l'illustration de la magistrature la plus indépendante. Ce parquet ne conduit en effet pas l'action publique, il fait office d'une sorte de commissaire du gouvernement pour donner un autre regard sur le pourvoi, enrichi au besoin de données non strictement juridiques qui permettent d'éviter le recours à l'*amicus curiae*. Or, le rôle du parquet général n'est plus « performant » pour

---

61 F. Zenati, *D.* 1992, p. 249 *sq.*

62 Pour une exemple d'avis avec un *obiter dictum*, Cass. Avis. 10 juillet 2000 à propos des conclusions récapitulatives.

63 Cass. Avis 25 juin 2012, n°1200005, J. Junillon et R. Laffly, La communication des pièces en appel, *JCP* 2012, p. 157 ; *Gaz. Pal.* 7-8 déc. 2012, 46, Foulon et Strickler. V. aussi, C. Alcade, L'exigence de simultanéité, nouveau principe directeur du procès civil, *D.* 2012, 2435 ; J. Junillon et R. Laffly, La communication simultanée des pièces en appel : c'est maintenant !, *JCP* 2012, 944. V. aussi ; Cass. Avis 21 janvier 2013, n°130003, J. Pellerin, Les conclusions et les pièces dans la procédure d'appel après les trois avis de la Cour de cassation du 21 janvier 2013, *Gaz. Pal.* 9 mars 2013, p. 25 *sq.*

64 Cass. Civ. 2, 30 janvier 2014, n°24,145, *JCP* 2014, I, 161, Travier et Guichard.

65 Cass. AP. 5 octobre 2014, n°13-27501.

reprendre un vocabulaire économique depuis que la jurisprudence *Slimane Kaid* et *Reinhardt* de la Cour européenne des droits de l'homme lui a interdit d'avoir communication du rapport du conseiller rapporteur et de participer, voire d'assister, au délibéré[66]. Privé d'information, les 22 avocats généraux sont devenus 58 pour pouvoir assurer le travail « en double aveugle ». L'objectif serait de mieux utiliser les ressources du parquet, notamment en réinterprétant les exigences européennes. L'idée de diminuer le nombre d'avocats généraux pourrait dès lors aller de pair.

37. – D'autres discussions portent encore sur les modalités de diffusion des arrêts de cassation comme d'appel pour permettre de constituer une jurisprudence lisible. La diffusion de toutes les décisions sur légifrance est en effet un piège dans la mesure où la hiérarchie des décisions n'est plus respectée par la doctrine ou les avocats qui ont accès à tout et utilisent le tout sans nuance[67]. La communication des rapports des avocats généraux et des avis sur internet pourrait en outre permettre de mieux saisir la jurisprudence en complément d'une motivation renouvelée.

*****

38. – La vivacité des débats actuels est à la hauteur des enjeux. Il s'agit bien là de définir l'économie des voies de recours au sens d'équilibre entre les différentes instances. Si les contraintes budgétaires doivent entrer en ligne de compte par une nécessaire réal politique procédurale, elles ne doivent pas dicter la norme procédurale. Penser la réforme des voies de recours devrait

---

66 CEDH, 31 mars 1998 *Slimane Kaid* et *Reinhardt, RTDciv*. 1999, 511, Marguénaud. – CEDH 25 janv. 2000, *Slimane Kaid c/ France, D.* 2000, 186, Fricero. V.S. Guinchard, Touche pas à mon code, *in Mél. J. Buffet*, préc. p. 269 *sq*, spéc. p. 277 ; C. Popineau-Dehaullon, Les communications de pièces aux parties devant la Cour de cassation – Bilan de l'application du principe européen du contradictoire : dix ans après l'arrêt Reinhardt et Slimane Kaid, *JCP* 2008, I, 139.

67 J. HERON, *L'infériorité technique de la norme jurispruentielle, RRJ,* 1993, pp. 1083 et s., spéc. p. 1087 : « Les publications poursuivent un double but : elles visent d'abord à faire connaître le contenu même de la décision, pour que chacun puisse y lire la règle énoncée. Mais elles visent aussi à opérer une sélection entre les décisions, à faire ressortir les plus importantes, celles qui font jurisprudence ». Or, tel n'est plus le cas depuis l'accès à l'intégralité des décisions de la Cour de cassation sur le site legifrance.gouv.fr.

se faire avec sobriété. Comme le disait Portalis, il faut être « *sobre de nouveauté* »[68] lorsqu'on codifie. La maxime se confirme en procédure civile plus qu'ailleurs car la norme procédurale n'est qu'une des nombreuses facettes des voies de recours qui intègrent des réflexions d'administration de la justice et de pratiques des juridictions. Le vent de réforme qui souffle ne doit pas faire voler en éclat l'édifice judiciaire, seulement le conforter.

[68] Portalis, Discours prononcé lors de la présentation du projet de la commission du gouvernement, le 1er pluviôse an IX (21 janvier 1801) : « Il ne doit point perdre de vue que les lois sont faites pour les hommes, et non les hommes pour les lois ; qu'elles doivent être adaptées au caractère, aux habitudes, à la situation du peuple pour lequel elles sont faites ; qu'il faut être sobre de nouveautés en matière de législation, parce que s'il est possible, dans une institution nouvelle, de calculer les avantages que la théorie nous offre, il ne l'est pas de connaître tous les inconvénients que la pratique seule peut découvrir ; qu'il faut laisser le bien, si on est en doute du mieux ; qu'en corrigeant un abus, il faut encore voir les dangers de la correction même ; qu'il serait absurde de se livrer à des idées absolues de perfection, dans des choses qui ne sont susceptibles que d'une bonté relative ; qu'au lieu de changer les lois, il est presque toujours plus utile de présenter aux citoyens de nouveaux motifs de les aimer ; que l'histoire nous offre à peine la promulgation de deux ou trois bonnes lois dans l'espace de plusieurs siècles ; qu'enfin, il n'appartient de proposer des changements qu'à ceux qui sont assez heureusement nés pour pénétrer d'un coup de génie et par une sorte d'illumination soudaine, toute la constitution d'un État ».

LE TENDENZE DI MODIFICA NEL SISTEMA DELLE IMPUGNAZIONI NEL PROCESSO CIVILE ITALIANO

PAOLO BIAVATI
Ordinario dell'Università di Bologna

SOMMARIO. I. Introduzione. – II. Le modifiche al giudizio di appello. - III. L'appello inammissibile per mancanza di probabilità di accoglimento. – IV. Ulteriori prospettive di riforma dell'appello. – V. La Cassazione come corte del precedente. – VI. La limitazione del controllo della motivazione in Cassazione. – VII. Il filtro in Cassazione. – VIII. Ulteriori prospettive di riforma del giudizio in Cassazione. – IX. Brevi conclusioni e una domanda.

I. INTRODUZIONE

Il sistema delle impugnazioni civili in Italia è organizzato secondo tre livelli di giudizio. In primo grado, a seconda delle regole che attribuiscono la competenza per materia, valore e territorio, i giudizi civili ordinari sono decisi dal giudice di pace, ovvero dal tribunale e in talune ipotesi residuali dalla corte d'appello. Contro le sentenze del giudice di pace è normalmente ammesso l'appello al tribunale e contro le sentenze del tribunale è proponibile l'appello dinanzi alla corte d'appello. Le decisioni della corte d'appello e quelle del tribunale come giudice di appello possono essere rese oggetto di ricorso di legittimità dinanzi alla Corte di cassazione a Roma, in base a specifici motivi.

Oltre all'appello e al ricorso per cassazione, l'ordinamento civile italiano conosce altre due forme di impugnazione ordinaria (tale, cioè, che la sua pendenza o la sua proponibilità impedisce il passaggio in giudicato della decisione impugnata o da impugnare). Si tratta del regolamento di competenza, che si può proporre dinanzi alla Cassazione contro le decisioni in materia di competenza e della revocazione c.d. ordinaria, che si propone entro un breve termine dinanzi allo stesso giudice che ha emanato la decisione in alcuni casi specifici.

Vi sono poi due ipotesi di impugnazione straordinaria, che si possono proporre anche contro decisioni passate in giudicato. Sono la revocazione straordinaria, possibile in alcuni casi tassativi, e l'opposizione di terzo.

Il sistema italiano è quindi disciplinato dal principio del doppio grado di giurisdizione, per cui una decisione può essere rivista in un secondo grado di merito. Il doppio grado di giurisdizione non ha, però, rilievo costituzionale e può essere derogato dalla legge ordinaria.

Il controllo di legittimità dinanzi alla Corte di cassazione è invece reso oggetto da una precisa disposizione della Costituzione italiana, l'art. 111, comma 7°. La presenza di questa norma ha l'effetto di rendere sempre possibile il ricorso alla suprema corte per violazione di legge, tanto più che la stessa Cassazione ha sempre interpretato la norma nel senso di comprendere non solo le sentenze, ma ogni tipo di provvedimento, anche se denominato in altro modo, purché definitivo e tale da incidere su diritti soggettivi. Quando il ricorso in Cassazione viene proposto al di fuori dei limiti del codice di procedura civile e delle leggi speciali ma unicamente in forza della norma costituzionale, si parla di ricorso straordinario[1].

Negli anni recenti, la struttura del sistema delle impugnazioni civili è rimasta invariata; sono state modificate, però, in modo sensibile, le condizioni per la proposizione dei singoli mezzi di impugnazione, in chiave restrittiva.

In Italia come altrove, la giustizia civile si trova davanti a due problemi. Da un lato, l'esigenza di assicurare una tutela efficace e quindi rapida induce a limitare le possibilità di riesame delle decisioni. Dall'altro, le risorse che lo Stato può dedicare all'amministrazione della giustizia sono poche e comunque non idonee ad affrontare le crescenti esigenze di protezione giudiziaria di una società complessa. Il legislatore, quindi, oltre a percorrere altre vie di

---

[1] Per alcuni riferimenti istituzionali su questi aspetti, v. PROTO PISANI, *Lezioni di diritto processuale civile*, Napoli, 2014, p. 451 ss.; LUISO, *Diritto processuale civile*, II, Milano, 2015, p. 281 ss.; BALENA, *Istituzioni di diritto processuale civile*, II, Bari, 2015, p. 331 ss.; CONSOLO, *Spiegazioni di diritto processuale civile*, II, Torino, 2014, p. 407 ss.

soluzione (come l'incremento delle misure alternative alla giurisdizione) è indotto a restringere le possibilità di ottenere una nuova pronuncia sulle cause già decise in primo grado[2].

In particolare, si deve sottolineare come la disposizione costituzionale sul ricorso per cassazione, introdotta a scopo garantista dalla Carta repubblicana del 1948, impedisca al legislatore di limitare l'accesso alla corte suprema, che si trova costretta ad affrontare una mole considerevole di lavoro, senza poter curare adeguatamente la coerenza interpretativa e venendo meno alla sua essenziale funzione di custode delle leggi[3]. Ne segue che il mezzo di impugnazione che si può più facilmente comprimere è l'appello, che, però, costituisce l'unica impugnazione idonea a ottenere una piena revisione del merito della decisione di primo grado.

Lo scenario attuale della politica della giustizia civile in Italia si muove quindi su questa linea: esigenze di celerità e scarsità di risorse spingono per una limitazione delle impugnazioni e in particolare dell'appello[4]; al contempo, la tutela dei diritti, consacrata dall'art. 24 della Costituzione, impone di offrire al cittadino mezzi ragionevoli per ottenere la verifica di eventuali errori del giudice. Occorre trovare un corretto equilibrio fra questi due obiettivi.

II. LE MODIFICHE AL GIUDIZIO DI APPELLO

Si tratta di prendere in esame le modifiche più recenti al giudizio di appello. In particolare, va preso in esame l'intervento attuato dalla legge n. 134 del 7 agosto 2012[5].

---

[2] Non si deve dimenticare la pressione che viene esercitata sul legislatore dagli ambienti economici e finanziari internazionali, che spinge ad esibire risultati di rapidità. Si leggano le interessanti note di CAPONI, *Doing business come scopo del processo civile ?,* in *Foro it.*, 2015, V, p. 10 ss.

[3] La Corte di cassazione è costretta a decidere circa 30.000 cause civili all'anno. Ad esempio, nel 2013 sono pervenuti alla Cassazione 29.094 ricorsi civili e ne sono stati definiti 30.167.

[4] Per una panoramica su questi profili v. la recente monografia di M. PACILLI, *L'abuso dell'appello*, Bologna, 2015.

[5] In generale sulla riforma v. BALENA, *Le novità relative all'appello nel d.l. n. 83/2012*, in *Il giusto proc. civ.*, 2013, p. 335 ss.; COSTANTINO, *La riforma dell'appello*, in *Il giusto proc. civ.*, 2013, p. 21 ss.

La prima innovazione significativa riguarda la struttura dell'atto di appello. In Italia, l'appello si propone con un atto di citazione a comparire all'udienza davanti al giudice competente. La citazione in appello, già nel testo precedente, richiedeva, a pena di inammissibilità, l'indicazione specifica dei motivi. La l. n. 134 del 2012 innova l'art. 342, comma 1°, c.p.c., rafforzando proprio questo requisito.

Infatti, la norma prescrive ora che "l'appello deve essere motivato" (con un impiego del concetto di motivazione quasi desunto da quello valido per i provvedimenti giudiziari) e che la motivazione (o meglio, il supporto argomentativo) dell'atto di appello deve contenere, sempre a pena di inammissibilità: 1) l'indicazione delle parti del provvedimento che si intendono appellare e delle modifiche che vengono richieste alla ricostruzione del fatto compiuta dal giudice di primo grado, e 2) l'indicazione delle circostanze da cui deriva la violazione della legge e della loro rilevanza ai fini della decisione impugnata.

Lo scopo del legislatore è quello di circoscrivere ulteriormente l'impatto dell'appello sulla sentenza gravata e di agevolare il lavoro del giudice dell'impugnazione, che, dalla sola lettura dell'appello, può facilmente isolare le questioni sollevate e farsene un'idea immediata.

La dottrina si è posta il problema di evitare che un'ermeneutica troppo rozza della nuova norma renda l'appello uno strumento di difficile ammissibilità[6], in specie criticando alcune letture che, nell'immediato, avevano immaginato di porre a carico dell'appellante la redazione di un vero e proprio progetto di sentenza[7]. Intanto, non sembra che entrambi i requisiti di cui ai numeri 1) e 2) dell'art. 342, comma 1°, debbano sussistere necessariamente insieme. La censura può essere di mero fatto, e allora non sarà necessaria l'indicazione dei punti in cui la legge è stata violata; oppure, può essere di puro diritto, e in

---

[6] BRIGUGLIO, *Un approccio minimalista alle nuove disposizioni sull'ammissibilità dell'appello*, in *Riv. dir. proc.*, 2013, p. 573 ss.; POLI, *Il nuovo giudizio di appello*, ivi, 2013, p. 120 ss.; TEDOLDI, *I motivi specifici e le nuove prove in appello dopo la novella "iconoclastica" del 2012*, ivi, 2013, p. 145 ss.

[7] SCARSELLI, *Il nuovo contenuto dell'atto di appello* ex *artt. 342 e 434 c.p.c., ovvero della pretesa che gli avvocati scrivano progetti di sentenza*, in *Il giusto proc. civ.*, 2013, p. 481 ss.

questo caso non si dovrà indicare alcuna richiesta di modifica alla ricostruzione del fatto[8].

È' poi delicato stabilire quali sono "le parti" della sentenza che si intendono impugnare. In forza del principio devolutivo, potrebbero essere appellati solo alcuni capi della sentenza, e questo dovrà risultare chiaro. Nel contempo, si dovranno precisare i passaggi motivazionali della sentenza che si vogliono criticare. È' molto importante che la giurisprudenza si orienti nel senso di un rispetto sostanziale di queste disposizioni, evitando interpretazioni formalistiche.

Il legislatore ha anche modificato in modo analogo l'art. 434, comma 1°, c.p.c., riferito all'appello nel rito del lavoro, con la sola ovvia precisazione che i nuovi requisiti si intendono riferiti all'atto introduttivo di quel tipo di giudizio, vale a dire al ricorso.

La netta volontà legislativa di restringere lo spazio ai mezzi di impugnazione si è espressa poi in un'ulteriore accentuazione dell'appello come mera *revisio prioris instantiae*. In particolare, è stato modificato l'art. 345 c.p.c., sotto il profilo dei casi residuali di ammissibilità di nuovi mezzi di prova. La norma permetteva di ammettere sia i mezzi di prova e i documenti che avrebbero potuto essere prodotti in precedenza, ma ritenuti indispensabili dal giudice ai fini della decisione della causa, sia quelli che la parte dimostri di non aver potuto produrre o proporre per causa ad essa non imputabile. Ora, la prima delle due ipotesi (vale a dire, le prove indispensabili) viene eliminata, mentre rimane in vigore la seconda.

Questa restrizione ha importanti ricadute concettuali. Da un lato, sottolinea l'onere di diligenza e la responsabilità delle parti e dei loro difensori, che non possono – per così dire – tenere in tasca elementi probatori decisivi per le fasi di impugnazione. Dall'altro, segna un punto a favore della mera certezza nei confronti della verità sostanziale.

---

[8] V. in dottrina VERDE, *Diritto di difesa e nuova disciplina delle impugnazioni*, in *Riv. trim. dir. proc. civ.*, 2013, p. 507 ss.; D. GROSSI, *Il diritto di difesa e i poteri del giudice nella riforma delle impugnazioni*, ivi, 2013, p. 1021 ss.

III. L'APPELLO INAMMISSIBILE PER MANCANZA DI PROBABILITÀ DI ACCOGLIMENTO

La modifica più radicale apportata dal legislatore all'istituto dell'appello è quella prevista dall'art. 348-*bis* c.p.c., introdotto con la citata legge del 2012. La norma prevede che il giudice dell'appello dichiari inammissibile l'impugnazione quando essa non ha una ragionevole probabilità di essere accolta[9].

L'innovazione va compresa nell'ottica di un'esigenza di risparmio di risorse e di evidente sfavore per la ripetizione di verifiche sulla medesima controversia. Per il legislatore del 2012, le impugnazioni, seppure non possano considerarsi un evento eccezionale, non sono però neppure più un dato, per così dire, fisiologico e comune di un giudizio.

Prima di tutto, è bene segnalare l'impiego atecnico della nozione di inammissibilità. Infatti, secondo la lezione classica, sono inammissibili le impugnazioni che risultano carenti dei presupposti processuali, necessari per avanzare correttamente una critica alla decisione gravata. Per contro, il legislatore prevede qui che il giudice compia una valutazione a tutto tondo dell'impugnazione: sia per ragioni procedurali, che, soprattutto, nel merito. L'art. 348-*ter*, comma 1°, c.p.c., offre un'indicazione al riguardo, annotando che il provvedimento deve contenere una succinta motivazione, anche mediante il rinvio agli elementi di fatto riportati in uno o più atti di causa e il riferimento a precedenti conformi. Anzi, si deve rilevare che la norma è inapplicabile nei casi in cui le carenze processuali (e quindi, la vera inammissibilità e l'improcedibilità dell'appello) devono essere dichiarate con sentenza. Quindi, per non fare che un esempio, se l'appellante non si costituisce nei termini l'improcedibilità è dichiarata con sentenza; se, invece, l'appellante si costituisce regolarmente ma l'appello non ha ragionevole probabilità di essere accolto, l'inammissibilità è dichiarata con ordinanza.

Il punto di maggiore interesse è quello di stabilire che cosa sia la valutazione probabilistica affidata al giudice. Secondo l'impostazione classica, nel giudizio di appello un nuovo accertamento investe la controversia, sia pure nei limiti di quanto dedotto dall'appellante: un accertamento che può, a

---

[9] In dottrina, BOVE, *La pronuncia di inammissibilità dell'appello ai sensi degli articoli 348* bis *e 348* ter *c.p.c.*, in *Riv. dir. proc.*, 2013, p. 389 ss.

seconda dei casi, confermare, modificare o rovesciare completamente quello di primo grado. Invece, qui all'accertamento si sostituisce una valutazione di probabilità; alla certezza (sia pure la relativa e fallibile certezza di un giudizio) si sostituisce una prognosi.

Ai fini di un'applicazione razionale della norma, occorre fissare parametri in base ai quali il giudice possa formulare correttamente il giudizio di probabilità. Come si è rilevato, la verifica riguarda sia il fatto che il diritto. Si potrebbe forse affermare che l'accoglimento dell'appello è improbabile, quando emerge con assoluta evidenza almeno un elemento così fortemente ostativo da fare ritenere superflua una trattazione, il cui esito è già segnato in partenza.

La valutazione di probabile accoglimento o no riguarda tutte le cause[10] ed è discrezionale. Se il giudice non si sente di escludere che vi sia una ragionevole probabilità, la trattazione segue l'iter comune. In ogni caso, la scelta sulla ragionevole probabilità suppone che il giudice abbia studiato a fondo la questione, visto che, diversamente, si cadrebbe in un vistoso arbitrio. Inoltre, si deve valorizzare il dovere di sentire previamente le parti: ciò permetterà all'appellante di ribadire le tesi che militano, se non a favore di un evidente accoglimento dell'impugnazione, quanto meno nel senso della necessità di un'attenta riflessione. Ma allora, più che di ragionevole probabilità, si dovrebbe parlare di un sintetico accertamento anticipato e, più che di inammissibilità, si dovrebbe parlare di manifesta infondatezza. Tuttavia, il legislatore costruisce questa pronuncia in chiave di inammissibilità, vale a dire di decisione sul rito, proprio per toglierle ogni efficacia di accertamento: e poco importa se l'iter logico-giuridico non è molto diverso dal sillogismo giudiziale classico.

Del resto, è tanto vero che il legislatore non ritiene la valutazione prognostica equivalente ad un accertamento, che, in caso di decisione che dichiari l'appello inammissibile per questo motivo, il ricorso per cassazione si può proporre non contro questa decisione, ma contro la sentenza di primo grado. La fase dell'appello, insomma, viene semplicemente elisa: con la conseguenza non secondaria, però, che la critica di merito non può più essere svolta e

---

[10] Alla verifica dell'art. 348-*bis* si sottraggono, in base al comma 2° della norma, solo due gruppi di cause: quelle di cui all'art. 70, comma 1° (relative all'intervento obbligatorio del pubblico ministero) e quelle svolte in primo grado con il rito c.d. sommario di cognizione, regolato dagli artt. 702-*bis* e seguenti del codice di procedura civile italiano.

alla parte appellante non resta che l'arma del ricorso per motivi di legittimità dinanzi alla Cassazione.

Per quanto riguarda le modalità di pronuncia, fermo restando che la fase introduttiva non cambia, si deve notare che, in forza dell'art. 348-*ter* c.p.c. (anch'esso introdotto nel 2012), il giudice, prima di iniziare la trattazione, sentite le parti, può pronunciare il provvedimento che dichiara l'appello inammissibile, in quanto privo di ragionevole probabilità di accoglimento. Naturalmente, può anche disporre di procedere con la trattazione, sia perché la sua valutazione è di probabile fondatezza, sia perché (e ciò potrebbe accadere spesso) non si riterrà in grado di formulare alcuna previsione.

Il legislatore precisa che, quando vi siano appelli incidentali, la valutazione di non probabile accoglimento deve riguardare tutti gli appelli: sia il principale, che gli incidentali. Se anche per uno solo di questi appelli (ad esempio, un appello incidentale in punto di spese) non si può parlare di mancanza di ragionevole probabilità, il giudice deve procedere alla trattazione dell'intero giudizio (art. 348-*ter*, comma 2°, c.p.c.)[11].

Nel caso che il giudice riscontri la mancanza di probabilità di accoglimento dell'appello, pronuncia con un'ordinanza, brevemente motivata, e decide sulle spese, ponendole a carico della parte soccombente, con esclusione della possibilità di compensarle[12].

Il punto interessante è che il giudice di appello, dovendo pronunciarsi sull'inammissibilità, si deve presentare all'udienza ben preparato sulla causa. Quindi, potrà pronunciare una decisione di inammissibilità per mancanza di ragionevole probabilità di accoglimento dell'appello; oppure, trovandosi già in grado di decidere, disporre l'immediata discussione e la decisione della causa nel merito (come gli è consentito di fare); oppure ancora, potrà avviare la causa

[11] La brevità di questa relazione non consente di approfondire i problemi posti dal coordinamento delle nuove disposizioni con le attività previste dal c.p.c. agli artt. 350 e 351 (fra cui, molto importante, la decisione sulla richiesta di sospensione della provvisoria esecutorietà della decisione di primo grado).

[12] Anche nel giudizio di appello secondo il rito del lavoro e secondo il rito locatizio si applicano le disposizioni relative all'inammissibilità dell'appello privo di ragionevole probabilità, con la sola precisazione che il momento applicativo è collocato all'udienza di discussione (artt. 436-*bis* c.p.c., di nuova introduzione, e art. 447-*bis* c.p.c., come modificato).

sui binari della trattazione ordinaria e quindi, per lo più, fissare l'udienza di precisazione delle conclusioni.

IV. ULTERIORI PROSPETTIVE DI RIFORMA DELL'APPELLO

La dottrina e gli operatori pratici hanno accolto con freddezza e sospetto le nuove disposizioni[13]. Vi era il timore che i giudici di appello le utilizzassero per liberarsi facilmente dei fascicoli, con gravi conseguenze sul diritto di difesa.

Non è stato così. Le corti d'appello hanno utilizzato le nuove norme con prudenza. In particolare, le ordinanze di inammissibilità per mancanza di probabilità di accoglimento dell'appello sono state emesse in pochi casi. Piuttosto, sono aumentati i casi in cui i giudici non si sono avvalsi del rito ordinario, ma hanno invitato le parti a discutere immediatamente la causa nel merito[14], il che era stato reso più facile da un'altra e più circoscritta riforma, introdotta nel 2011[15].

Questo atteggiamento, se è stato salutato con favore dalla dottrina e dai pratici, non è probabilmente piaciuto al legislatore, che si attendeva, in realtà, una più ampia eliminazione di giudizi di appello.

Ecco, allora, che il disegno di legge delega n. 2953, attualmente all'esame del Parlamento, punta a rivedere l'istituto, attraverso una serie di innovazioni. Una di queste è proprio la soppressione delle recenti norme sull'inammissibilità dell'impugnazione per mancanza di ragionevole probabilità di accoglimento. Come si vede, il legislatore italiano procede per tentativi[16].

---

[13] V. fra gli altri, oltre agli a. già citati, SANTAGADA, *Il giudizio di appello riformato e l'introduzione del filtro*, in *Riv. trim. dir. proc. civ.*, 2014, p. 611 ss.

[14] Si veda VERDE, *La riforma dell'appello civile: due anni dopo*, in *Riv. trim. dir. proc. civ.*, 2014, p. 881 ss.; PANZAROLA, *Le prime applicazioni del c.d. flitro in appello*, in *Riv. dir. proc.*, 2013, p. 715 ss.; MONTELEONE, *L'inammissibilità dell'appello* ex *art. 348* bis *e* ter *c.p.c. Orientamenti e disorientamenti della giurisprudenza*, in *Il giusto proc. civ.*, 2014, p. 675 ss.

[15] Su cui v. A. ROMANO, *Appunti sull'art. 27 legge 12 novembre 2011, n. 183, in materia di appello civile*, in *Il giusto proc. civ.*, 2013, p. 725 ss.

[16] Sul disegno di legge, v. la compiuta analisi di MENCHINI, *Il disegno di legge delega per l'efficienza del processo civile: osservazioni a prima lettura sulle proposte di riforma del giudizio ordinario di cognizione*, in *Giust. civ.*, 2015, p. 335 ss.

Lo scopo di limitare lo spazio applicativo dell'appello viene perseguito, invece, con le altre innovazioni.

In primo luogo, ci si propone il potenziamento del carattere impugnatorio dell'appello, anche attraverso la codificazione degli orientamenti giurisprudenziali e la tipizzazione dei motivi di gravame. Si tratterebbe del c.d. appello cassatorio, vale a dire di un'impugnazione di merito, ma in cui le censure alla decisione impugnata devono necessariamente rientrare nel quadro di alcune fattispecie generali prefissate, così come oggi avviene per il giudizio di legittimità in Cassazione.

Si pensa poi di introdurre criteri di maggior rigore per ciò che concerne l'onere dell'appellante di indicare i capi della sentenza che vengono impugnati e di illustrare le modificazioni richieste, anche attraverso la razionalizzazione della disciplina della forma dell'atto introduttivo. L'idea sembra quella di rendere più cogente il meccanismo già vigente dell'art. 342, imponendo all'appellante modalità formali che mettano subito in evidenza i punti di critica.

Importanti sono soprattutto le limitazioni al potere decisorio del giudice di appello, ottenute attraverso la compressione dei corrispondenti poteri difensivi delle parti. Si vorrebbe, infatti, rafforzare il divieto di nuove allegazioni in appello, anche attraverso l'introduzione di limiti alle deduzioni difensive e introdurre criteri di maggior rigore nella disciplina dell'eccepibilità o rilevabilità in appello delle questioni pregiudiziali di rito. Come si vede, qui si immagina di cristallizzare l'oggetto del giudizio di appello sovrapponendolo a quello di primo grado, non solo per ciò che concerne fatti nuovi, ma anche per quanto riguarda – sembra di capire – nuove difese in diritto. In questo modo, una parte male difesa in primo grado non potrebbe tutelarsi pienamente in appello mediante l'apporto di un nuovo e più valente difensore.

In attesa di valutare gli sviluppi dell'iniziativa legislativa in corso, se ne deve registrare la complessiva tendenza a concentrare lo sforzo dell'attività giurisdizionale in primo grado, togliendo importanza e spazio al controllo del giudice superiore. Ora, non è possibile ragionare su queste scelte in via puramente teorica, ma riflettendo sulle modalità concrete dell'esercizio della giurisdizione in prime cure, spesso affidata a giudici onorari e non a magistrati di carriera.

Occorre, quindi, molta prudenza prima di depotenziare l'appello. Ritornerò su questo aspetto nelle righe finali.

V. LA CASSAZIONE COME CORTE DEL PRECEDENTE

Gli interventi legislativi sulla Corte di cassazione e sul procedimento che davanti ad essa si svolge sono stati numerosi e non sempre coerenti. In particolare, occorre segnalare il decreto legislativo 2 febbraio 2006, n. 40, la legge 18 giugno 2009, n. 69 e la già ricordata legge n. 134 del 7 agosto 2012.

Il legislatore non poteva fare ciò che, ad avviso di molti, sarebbe auspicabile: limitare la possibilità di accedere alla corte suprema, come del resto accade nella maggior parte dei grandi paesi europei. Quindi, si è sforzato di incidere secondo due direttrici. La prima è quella di rendere più autorevole la giurisprudenza della Cassazione: la maggiore prevedibilità delle norme e della loro interpretazione avrebbe dovuto portare a un minore numero di ricorsi di legittimità. La seconda è quella di comprimere, se non i ricorsi, almeno la loro ammissibilità, sia modificando i motivi di ricorso, sia introducendo un controllo *in limine*, che, in maniera non del tutto appropriata, è stato chiamato "filtro" in cassazione.

Sotto il primo aspetto, si devono segnalare i seguenti profili.

L'elevato numero di ricorsi da decidere e il notevole numero di magistrati assegnati alla corte comportano che facilmente non vi sia uniformità di decisioni fra i singoli collegi giudicanti. Accade che una sezione della corte individua una certa soluzione ad un dato problema di interpretazione delle norme e una diversa sezione ne propone invece una soluzione diversa. Ciò genera incertezza e, in ogni caso, autorizza i difensori delle parti a proporre ricorsi in Cassazione tutte le volte che le questioni restano incerte.

Il codice italiano prevede che, in caso di contrasto, la decisione di un determinato ricorso sia affidata alla composizione più autorevole della Cassazione: le c.d. sezioni unite, vale a dire un collegio di nove magistrati. Tuttavia, posto che, per norma costituzionale, il giudice è soggetto soltanto alla legge (art. 101, comma 2°, della Costituzione italiana), anche quando le sezioni unite si pronunciano, ogni altro giudice (di merito o una sezione semplice della Cassazione) se ne può discostare.

Per combattere questo fenomeno, l'art. 374, comma 3°, del codice di procedura civile, introdotto nel 2006, stabilisce che la sezione semplice, se non condivide l'orientamento delle sezioni unite, non può decidere il caso secondo il suo convincimento difforme, ma deve rimetterlo alle sezioni unite, con ordinanza motivata, che esprimerà le ragioni del dissenso e, in un certo modo, potrà cercare di indurre le sezioni unite a un ripensamento[17].

Si cerca, insomma, di rafforzare l'autorità delle decisioni della Cassazione. In questa logica, una serie di norme sono state modificate per estendere i casi in cui la corte deve enunciare un principio di diritto. Il principio di diritto è una specie di *regula iuris*, non di derivazione legislativa, ma giurisprudenziale e diventa diritto vivente.

L'idea, dunque, è quella di rafforzare la funzione di nomofilachia della cassazione, che aspira a diventare una corte del precedente.

VI. LA LIMITAZIONE DEL CONTROLLO DELLA MOTIVAZIONE IN CASSAZIONE

Vediamo ora il secondo aspetto.

In Italia, il ricorso in cassazione non è proponibile per qualsiasi motivo, ma solo per uno dei cinque motivi elencati dall'art. 360, comma 1°, c.p.c. I primi quattro motivi sono quelli attinenti alla giurisdizione, alla violazione delle norme sulla competenza (quando non è prescritto l'apposito mezzo del regolamento di competenza), alla violazione o falsa applicazione di norme di diritto (e dei contratti o accordi collettivi nazionali di lavoro) e, infine, alla nullità della sentenza o del procedimento.

Il quinto motivo era dato dalla critica alla motivazione: vale a dire (nella versione anteriore alle più recenti riforme) per omessa, insufficiente o contraddittoria motivazione circa un fatto controverso e decisivo per il giudizio.

Nel contempo, è fondamentale ricordare che l'art. 111, comma 6°, della Costituzione italiana prescrive che tutti i provvedimenti giurisdizionali devono

---

[17] Su questi temi, v. FORNACIARI, *La decisione della Cassazione a seguito della riforma del 2006: l'enunciazione del principio di diritto, l'accoglimento con rinvio ed il vincolo delle sezioni semplici al precedente delle sezioni unite*, in *Il giusto proc. civ.*, 2013, p. 1091 ss.

essere motivati. La motivazione – è forse superfluo sottolinearlo – trova la sua ragione di essere non soltanto nel diritto delle parti di conoscere il percorso che ha condotto alla decisione, per meglio comprenderne il dispositivo e, se del caso, per impugnarla, ma anche nell'esigenza cogente che il popolo, nel cui nome la giurisdizione viene esercitata, possa verificare se il giudice ha realizzato, pur nella sua indipendenza, quella soggezione alla legge che garantisce l'uguaglianza fra i cittadini e il rispetto della democrazia.

Nella stagione della ragionevole durata e sotto la pressione di spinte, anche mediatiche, che vorrebbero privilegiare (com'è giusto) l'efficienza, ma con il rischio (e questo non è giusto) di diminuire le garanzie della decisione, la motivazione è sotto attacco. Se le norme che permettono al giudice civile di motivare con maggiore sintesi vanno salutate con favore, maggiore preoccupazione destano le tendenze che auspicano che il giudice si limiti ad un dispositivo, seppure potenziato, rendendo la motivazione eventuale e soggetta alla richiesta (supportata dal versamento di un adeguato contributo economico) delle parti interessate[18].

La legge del 2012 si inserisce in questa linea e modifica l'art. 360, comma 1°, n. 5, c.p.c., stabilendo che ora – ferma restando la norma costituzionale – è deducibile solo "l'omesso esame circa un fatto decisivo per il giudizio che è stato oggetto di discussione fra le parti".

Fra la vecchia e la nuova norma la differenza è evidente. Altro è il vizio di motivazione, che riguarda l'iter logico-giuridico seguito dal giudice per dare spiegazione della propria decisione e tutt'altra cosa è l'omessa presa in esame di un fatto, non solo decisivo, ma anche oggetto di dibattito espresso fra le parti. È' chiaro che il legislatore ha voluto comprimere in modo consistente il controllo sulla motivazione[19].

---

[18] V. TARUFFO, *Addio alla motivazione ?*, in *Riv. trim. dir. proc. civ.*, 2014, p. 375 ss.; MONTELEONE, *Riflessioni sull'obbligo di motivare le sentenze (motivazione e certezza del diritto)*, in *Il giusto proc. civ.*, 2013, p. 1 ss.

[19] V. per un completo *excursus* POLI, *Le modifiche relative al giudizio di Cassazione*, in PUNZI (a cura di), *Il processo civile. Sistema e problematiche. Le riforme del quadriennio 2010-2013*, Torino, 2013, p. 193 ss. V., per altri interventi sul tema, DIDONE, *Ancora sul vizio di motivazione dopo la modifica dell'art. 360 n. 5 c.p.c. e sul tassello mancante del modello di Toulmin*, in *Giusto proc. civ.*, 2013, p. 631 ss.; PICCININNI, *I motivi di ricorso in cassazione dopo la modifica dell'art. 360, n. 5. c.p.c.*, in *Riv. dir. proc.*, 2013, p. 407 ss.; DI IASI, *Il vizio di motivazione dopo la l. n. 134 del 2012*, in *Riv. trim. dir. proc. civ.*, 2013, p. 1441 ss.

Sennonché, la comprensibile preoccupazione di difendere le garanzie per le parti ha indotto taluni, in dottrina, a rilevare come la nuova dizione del codice non sia altro che il ritorno, pressoché testuale, della formulazione originaria, vale a dire dell'art. 360, comma 1°, n. 5 nella versione del 1940, modificata nel 1950. Ora, in quegli anni, si ammetteva comunque il controllo della Cassazione sul vizio motivazionale del giudice di appello: talché, se ne è tratta la conseguenza che, anche con la nuova versione della norma, il vizio di motivazione può essere ugualmente dedotto nel ricorso per Cassazione, anche dall'angolo prospettico dell'insufficienza[20].

Può essere utile segnalare che la stessa Cassazione, nella sua più autorevole composizione, vale a dire a sezioni unite, ha preso posizione in argomento, giungendo a stabilire che, alla luce del nuovo art. 360, comma 1°, n. 5, c.p.c., il sindacato sulla motivazione in sede di legittimità si riduce al minimo costituzionale. Secondo la Corte, che offre una lettura rigorosa del nuovo testo della norma, "l'anomalia motivazionale denunciabile in sede di legittimità è solo quella che si tramuta in violazione di legge costituzionalmente rilevante e attiene all'esistenza della motivazione in sé, come risulta dal testo della sentenza e prescindendo dal confronto con le risultanze processuali, e si esaurisce, con esclusione di alcuna rilevanza del difetto di "sufficienza", nella "mancanza assoluta di motivi sotto l'aspetto materiale e grafico", nella "motivazione apparente", nel "contrasto irriducibile fra affermazioni inconciliabili", nella "motivazione perplessa ed obiettivamente incomprensibile"[21].

VII. IL FILTRO IN CASSAZIONE

La riforma del 2009 si è segnalata soprattutto per l'introduzione del c.d. filtro in Cassazione.

---

20 V. specialmente BOVE, *Ancora sul controllo della motivazione in Cassazione*, in *Giusto proc. civ.*, 2013, p. 437 ss. Per altri contributi, che cercano di conservare un maggiore spazio per il controllo sulla motivazione in sede di legittimità, v. G.F. RICCI, *Il giudizio civile di cassazione*, Torino, 2013, spec. p. 186 ss. e DE CRISTOFARO, *Appello e cassazione alla riprova della ennesima "riforma urgente": quando i rimedi peggiorano il male (considerazioni di prima lettura del d.l. n. 83/2012)*, in *www.judicium.it.*, 2012.

21 Cass., Sezioni unite civili, sentenza 11 marzo – 7 aprile 2014, n. 8053.

A motivo della norma costituzionale a cui si è fatto cenno, il legislatore italiano non può introdurre limitazioni all'accesso alla Cassazione in sede civile. Esso, quindi, ha operato introducendo un meccanismo di selezione dei ricorsi, non prima della loro presentazione (come sarebbe auspicabile), ma subito dopo la loro introduzione. Questa selezione *in limine* opera con due modalità. La prima è quella di una griglia di condizioni di ammissibilità del ricorso, che si sovrappone ai cinque motivi sopra indicati. La seconda è quella di una modalità procedurale, per cui ogni ricorso viene vagliato da un'apposita sezione, denominata sezione filtro: i ricorsi manifestamente inammissibili (anche alla luce delle nuove condizioni) vengono posti in decisione in camera di consiglio (e quindi non all'udienza pubblica) e qui rapidamente decisi. La spinta verso la rapidità non opera, però, solo in senso sfavorevole al ricorrente, ma anche a suo favore e lo stesso percorso semplificato vale per i ricorsi manifestamente fondati. Si deve aggiungere che – come la stessa Cassazione ha riconosciuto – il controllo della sezione è in realtà un controllo sulla fondatezza (e non solo sulla semplice ammissibilità procedurale) del ricorso.

Mi soffermo specialmente sul punto delle nuove condizioni di inammissibilità.

Secondo l'art. 360-*bis* c.p.c., il ricorso è inammissibile: 1) quando il provvedimento impugnato ha deciso le questioni di diritto in modo conforme alla giurisprudenza della Corte e l'esame dei motivi non offre elementi per confermare o mutare l'orientamento della stessa; 2) quando è manifestamente infondata la censura relativa alla violazione dei principi regolatori del giusto processo[22].

In base al primo punto, con notevole analogia ai modelli di *common law*, il legislatore permette alla Corte di prendere in esame i ricorsi solo se la parte impugnante critica una decisione del giudice inferiore che si sia discostato dall'orientamento della Cassazione su un dato punto di diritto sostanziale o processuale: se il ricorrente censura l'orientamento della stessa Cassazione, enunciato in un principio di diritto, il ricorso è inammissibile (e, come ripeto, nella sostanza, infondato). Tutto questo, salvo che sia la stessa suprema Corte a individuare ragioni per modificare il proprio indirizzo. Ciò si pone in linea

[22] V. in tema FORNACIARI, *L'inammissibiltà del ricorso per cassazione* ex *art. 360-*bis *c.p.c.*, in *Riv. trim. dir. proc. civ.*, 2013, p. 645 ss.

con quanto si è detto prima circa l'idea della Cassazione come di corte del precedente: essa definisce punti di diritto, idonei a fare da guida agli operatori, con tale efficacia che, se è la parte a discostarsene, il ricorso sarà inammissibile e, se è un giudice di merito a farlo, il ricorso avrà invece possibilità di essere accolto.

Il secondo punto dell'art. 360-*bis* limita, poi, la ricevibilità dei ricorsi in materia procedurale. La dottrina si è affaticata e divisa per comprendere l'esatta portata della norma. Personalmente, ritengo che i ricorsi in materia di nullità della sentenza e del procedimento non siano ammissibili, se la violazione denunciata non viene a ledere l'effettiva correttezza del giudizio. Infatti, il riferimento al giusto processo[23] (che è nozione costituzionale, ma dai contorni sfuggenti) si deve intendere riferito al sostanziale rispetto del diritto di difesa e del contraddittorio, anche qualora il giudice fosse incorso in qualche illegittimità procedurale di minore importanza. In altre parole, eventuali nullità procedurali che non abbiano però avuto un'incidenza causale sulla correttezza della decisione del giudice del merito non permettono una valida proposizione del ricorso.

Il filtro restringe obiettivamente le possibilità di successo di ricorsi in cassazione, ma non le annulla. Ad esempio, a tutela della possibilità di conseguire il ribaltamento della decisione di appello sfavorevole, restano i profili di errata qualificazione giuridica del fatto, ciò che permette alla Cassazione di poter rimediare a molte ipotesi di sentenze errate[24].

---

[23] Sul giusto processo, limitandomi a qualche riferimento, v. PROTO PISANI, *Il nuovo art. 111 Cost. e il giusto processo civile*, in *Foro it.*, 2000, V, c. 242 ss.; COSTANTINO, *Il nuovo articolo 111 della Costituzione e il "giusto processo civile". Le garanzie*, in *Il nuovo articolo 111 della Costituzione e il "giusto processo civile"*, Atti del convegno dell'Elba (9-10 giugno 2000), Milano, 2001, p. 255 ss.; BOVE, *Art. 111 Cost. e "giusto processo civile"*, in *Riv. dir. proc.*, 2002, p. 479 ss.; TROCKER, *Il nuovo articolo 111 della Costituzione e il "giusto processo" in materia civile: profili generali*, in *Riv. trim. dir. proc. civ.*, 2001, p. 398 ss.; COMOGLIO, *Etica e tecnica del "giusto processo"*, Torino, 2004.

[24] Nella dottrina italiana, v. in tema SASSANI, *Il nuovo giudizio di cassazione*, in *Riv. dir. proc.*, 2006, p. 217 ss.; POLI, *Il giudizio di cassazione dopo la riforma*, ivi, 2007, p. 9 ss.; VERDE, *In difesa dello* jus litigatoris *(sulla Cassazione come è e come si vorrebbe che fosse)*, in *Riv. dir. proc.*, 2008, p. 1 ss.; CARRATTA, *Il "filtro" al ricorso per cassazione fra dubbi di costituzionalità e salvaguardia del controllo di legittimità*, in *Giur. it.*, 2009, p. 1563 ss.; CARPI, *Il tormentato filtro al ricorso in cassazione*, in *Corr. giur.*, 2009, p. 1443 ss.; PROTO PISANI, *Sulla garanzia*

Può essere utile, poi, riferire che la riforma del 2006 aveva introdotto il c.d. quesito di diritto[25]. Secondo l'art. 366-*bis* del codice di procedura civile, la parte ricorrente, a pena di inammissibilità, aveva l'onere di indicare quale, in definitiva, era il punto di diritto (sostanziale o processuale) in rapporto al quale la parte ricorrente criticava la sentenza impugnata. L'idea, in sé, era razionale: non obbligare la Cassazione a una faticosa lettura del ricorso, ma mettere in luce con chiarezza le questioni controversie (sempre sul piano della legittimità).

Purtroppo, la Cassazione ha fatto pessimo uso di questo strumento, dichiarando inammissibili ricorsi semplicemente a causa di una formulazione ritenuta non chiara del quesito, scendendo talvolta sul terreno della grammatica italiana. Le proteste degli operatori hanno portato, appena tre anni dopo, nel 2009, all'abrogazione di questa norma.

VIII. ULTERIORI PROSPETTIVE DI RIFORMA DEL GIUDIZIO IN CASSAZIONE

Lo sforzo di rendere più razionale il lavoro della Cassazione non è efficace.

In primo luogo, non è credibile che la funzione di nomofilachia sia svolta da una corte suprema che, anziché decidere poche centinaia di casi in un anno (come la Corte di giustizia di Lussemburgo o la Corte dei diritti dell'uomo di Strasburgo), deve occuparsi di trentamila cause civili. È' evidente che i profili di fatto riprendono spazio e che si confonde fra principio di diritto e precedente vero e proprio. Il precedente, per essere tale, deve avere deciso una fattispecie del tutto simile a quella esaminata nel caso successivo. Il medesimo principio

---

costituzionale del ricorso per cassazione sistematicamente interpretata, in *Foro it*., 2009, V, c. 380 ss.

[25] Per qualche riferimento, v. BRIGUGLIO, *La Cassazione e i "quesiti"*, in *Giust. civ*., I, 2007, p. 2736 ss.; ACONE, *Considerazioni sull'àmbito di applicazione del "quesito di diritto"*, in *Riv. dir. proc*., 2008, p. 1700 ss.; CIPRIANI, *Ricorsi alla Cassazione e quesito di diritto*, in *Foro it*., 2008, V, c. 116 ss.; E.F. RICCI, *Il quesito di diritto nel ricorso per cassazione: istruzioni per l'uso*, in *Riv. dir. proc*., 2008, p. 551 ss. Una rassegna degli orientamenti della Suprema corte si può leggere in S. STEFANELLI, *La Cassazione alla prova sul quesito di diritto*, in *Riv. trim. dir. proc. civ*., 2009, p. 1213 ss.

di diritto, proprio perché astratto, può non essere applicato se la diversa qualificazione del fatto fa emergere aspetti diversi[26].

Non basta. È' la stessa Cassazione a non essere fedele ai suoi orientamenti, quando, per ragioni di politica del diritto, improvvisamente li cambia. È' il fenomeno che è stato denominato *overruling*, senza approfondire il fatto che nel sistema di *common law* esso avviene in situazioni molto diverse. Il problema è emerso in alcune recenti situazioni, perché i cambi di orientamento hanno inciso su norme processuali, con l'effetto di un'applicazione immediata a processi in corso, in cui determinati comportamenti, del tutto in linea con l'interpretazione dominante, sono risultati a posteriori viziati e non conformi a legge, costringendo il legislatore a correre ai ripari con disposizioni normative apposite[27].

È' appena il caso di notare, a questo riguardo, che manca una qualsiasi chiara leggibilità (se non a posteriori e fra mille incertezze) che permetta di ricostruire la *policy* delle Sezioni unite e quindi, in qualche misura, di prevederne gli esiti. Se alla certezza del diritto abbiamo da tempo abdicato, un minimo livello di prevedibilità è essenziale per orientare il comportamento dei cittadini. Inoltre, ci si deve chiedere fino a che punto, nel quadro costituzionale italiano, la Corte di cassazione possa non solo interpretare, ma, nei fatti, modificare la legge scritta: una legge che, pur con tutte le possibili debolezze, proviene comunque dal parlamento della Repubblica e che il Parlamento (seppure forse colpevolmente, a motivo dei suoi endemici ritardi) non ha modificato[28].

Convivono, insomma, nella Cassazione italiana due anime: la sede ultima per la difesa dei diritti dei singoli e il ruolo di custode della legge. L'ambiguità di questa situazione, messa in luce da tempo da autorevole dottrina, è ancora

---

[26] CARLUCCIO, *Le prime riflessioni della dottrina*, in *La corte del precedente. Riflessioni su continuità ed innovazione per l'applicazione dell'art. 360 bis c.p.c.*, Roma, 2010, a cura dell'ufficio del massimario della Corte di cassazione; CALZOLAIO, *Riforma del processo di cassazione e precedente giudiziale: riflessioni nella prospettiva della comparazione "civil law-common law"*, in *Riv. trim. dir. proc. civ.*, 2009, p. 1003 ss.

[27] È' il caso dell'interpretazione data all'art. 645 c.p.c., in materia di termine per l'iscrizione a ruolo delle cause di opposizione a decreto ingiuntivo, su cui il Parlamento è poi intervenuto con la legge 29 dicembre 2011, n. 218.

[28] CARPI, *Osservazioni sulle sentenze "additive" delle sezioni unite della Cassazione*, in *Riv. trim. dir. proc. civ.*, 2010, p. 587 ss.; GRAZIOSI, *Riflessioni in ordine sparso sulla riforma del giudizio di Cassazione*, ivi, 2010, p. 37 ss.

lontana da essere risolta e, probabilmente, solo una modifica costituzionale potrebbe dare luogo ad un efficace miglioramento.

Del resto, nessuna soluzione decisiva sembra provenire dalla prospettiva di nuovi interventi di riforma. Il disegno di legge n. 2953, con minore incidenza rispetto all'appello, si propone soltanto di rivedere le modalità decisorie della Suprema corte, in specie eliminando l'udienza pubblica di discussione, sostituita da un'udienza in camera di consiglio e adottando meccanismi interni volti a favorire la coerenza delle decisioni della Cassazione. Ma, come ripeto, non si può chiedere al legislatore ordinario di sostituirsi al legislatore costituzionale.

IX. BREVI CONCLUSIONI E UNA DOMANDA

Il diritto processuale dei nostri giorni si deve misurare, ovunque nel mondo, con il problema della sostenibilità e della mancanza di risorse[29]. Le due linee che vengono prevalentemente seguite per affrontarlo sono, da un lato, il potenziamento dei mezzi alternativi di risoluzione delle controversie e, dall'altro, la limitazione delle impugnazioni. In entrambi i casi, si comprime il diritto dei cittadini di domandare giustizia. Tuttavia, i mezzi alternativi offrono ai litiganti una via che, certo, impone loro di valutare gli interessi più che i diritti, ma che non portando ad una pronuncia giudiziale, non conduce neppure ad una pronuncia ingiusta. La mancanza di possibilità di impugnare, invece, colpisce la parte dopo che è stata emessa una pronuncia –in tesi– ingiusta e sbagliata.

Se il processo civile deve necessariamente essere sostenibile, è anche vero che occorre porsi seriamente la questione della scala dei valori: da un lato, la rapidità e l'efficienza, che tutti pretendiamo, ma, dall'altro lato, la giustizia sostanziale. L'obiettivo è una giustizia efficiente e rapida, ma, nel frattempo, occorre chiedersi che cosa sia preferibile: se una decisione ingiusta pronunciata velocemente o una decisione giusta pronunciata dopo una lunga attesa.

Il diritto non di rado giustifica situazioni di incertezza e i fatti devono essere seriamente indagati. Per citare le parole di un autorevole maestro come Michele Taruffo, "non solo, dunque, la verità dei fatti non è irrilevante: al

---

[29] CAPPONI, *Il diritto processuale civile "non sostenibile"*, in *Riv. trim. dir. proc. civ.*, 2013, p. 855 ss. Mi permetto anche un riferimento a BIAVATI, *Tendencias recientes de la justicia civil en Europa*, in *Revista de derecho procesal*, 2008, p. 509 ss.

contrario, essa condiziona e determina la correttezza giuridica della soluzione della controversia. Come usa dire, nessuna norma si applica giustamente ai fatti sbagliati: come ha ricordato Bentham, la falsità è l'ancella dell'ingiustizia"[30].

Ora, alla base del sistema delle impugnazioni sta un dato che non è possibile dimenticare: il giudice può sbagliare e la sentenza può essere ingiusta. Altra cosa è evitare a priori una lite, scegliendo una soluzione di compromesso e altra cosa è vedere una decisione ingiusta e non poterla attaccare. Le impugnazioni sono di per sé frutto di una convenzione, nel senso che, per evidenti ragioni di certezza, non si può avere un numero indefinito di controlli (come, in pura teoria, sarebbe corretto), ma gli ordinamenti ne fissano un numero predefinito, anche quanto ai tempi e alle modalità. Se, però, il livello dei controlli viene ridotto al di sotto di una ragionevole soglia, si finisce per ammettere che possa sussistere una decisione ingiusta ma non eliminabile. E ammetterlo significa negare non solo il processo, ma anche i diritti che il processo protegge.

Certo, la misura di questa soglia può variare ed è difficile fissarla a priori. Non ci si deve dimenticare, però, che l'aspetto qualitativo non può che essere prevalente, pur nell'impegno di assicurare una trattazione rapida delle cause. La Commissione europea, nel suo documento denominato Quadro di valutazione della giustizia 2014[31], dove si prende in esame la situazione della giustizia civile nei paesi membri dell'Unione, mette in luce che occorre curare in primo luogo la qualità dell'amministrazione della giustizia, prima ancora che la velocità dei risultati: *quality before speed.*

Ma mi domando – e qui concludo – se ai legislatori di oggi, al momento di intervenire sul sistema, l'idea di giustizia sia davvero presente, così come dovrebbe.

[30] TARUFFO, *La semplice verità. Il giudice e la costruzione dei fatti*, Bari, 2009, p. 116.

[31] COM(2014) 155 def.

Made in United States
Orlando, FL
04 November 2026

90202177R10240